TECHNIQUES QUANTITATIVES DE GESTION

C. PÉROCHON

Diplômé Expert-Comptable
Agrégé des Techniques économiques de g
Docteur ès Sciences économiques
Professeur au Conservatoire National
des Arts et Métiers

COMPTABILITÉ GÉNÉRALE

Méthode et analyse comptables
Enregistrement des opérations courantes
Travaux de fin d'exercice

CONFORME AU
PLAN COMPTABLE GÉNÉRAL 1982
(Loi du 30 avril 1933 – Décret du 29 novembre 1983)
Mise à jour juillet 1992

FOUCHER
31, rue de Fleurus, 75006 Paris

NOTE AU LECTEUR

• Cet ouvrage est conforme au Plan Comptable général approuvé le 27-4-1982 par arrêté du Ministère de l'Économie et des Finances. (Loi du 30-04-1983 et décret du 29-11-1983). Complété et modifié le 9-12-1986 (4e édition du PCG 1987). Il est mis à jour au 1-3-1991.

• *Conseils d'utilisation :*

Les différents chapitres sont suivis de *questions et d'exercices,* en nombre élevé.

L'apprentissage de la comptabilité générale requiert non seulement la compréhension des méthodes et des analyses, mais aussi un entraînement systématique sans lequel les notions les plus simples ne sont qu'apparemment comprises, et ne sont pas véritablement assimilées. Comme en mathématiques, il faut, en comptabilité, traiter de nombreux exercices d'application pour s'assurer de cette assimilation.

C'est pourquoi l'auteur considère comme essentiels les **questions** et les **exercices** placés en fin de chapitre ; le lecteur doit s'attacher à répondre à *toutes les questions,* à traiter la *majorité des exercices* d'application.

ISBN 2-216-00133-3

SOMMAIRE

Première Partie

Méthode et analyse comptables

Chapitre 1

L'ENTREPRISE

Destinée à représenter et traduire, sur le plan des valeurs, l'activité de l'entreprise, la comptabilité ne peut être comprise qu'à partir d'une très bonne connaissance de l'entreprise, dont elle est une « **projection** ». Aussi ce chapitre est-il consacré à une présentation économique de l'entreprise, présentation qui en prépare l'analyse comptable.

I. QU'EST-CE QU'UNE ENTREPRISE ?

1° Communément on utilise le terme *entreprise* pour désigner certaines organisations ayant une activité bien précise ; tel est le cas des *entreprises :*

- de bâtiments et de travaux publics ;
- de transport ;
- de dépannage ;
- d'installation de sanitaire, etc.

et l'on appelle « entrepreneur » le chef, le « patron » de telles entreprises.

Par ailleurs, dans le langage courant, on oppose souvent les « grandes entreprises » aux « petites entreprises » (ou aux « petits commerçants ») ; on considère ici non le secteur d'activité de l'organisme, mais sa taille, sa dimension, voire sa puissance ; le mot « entreprise » est pris dans un sens plus large que précédemment.

C'est qu'en effet le mot « entreprise » correspond à une réalité très large, aux formes multiples : un supermarché, une banque, un salon de coiffure, une agence de voyages, une aciérie... sont des entreprises.

2° Définition générale.

De nombreuses définitions de l'entreprise sont proposées car les points de vue de ceux qui les adoptent sont souvent divers et différents ; nous retiendrons la définition la plus générale, proche de celle que retient la Comptabilité Nationale Française (1).

---

(1) Cours d'Économie Générale.

Une entreprise est un organisme financièrement indépendant, produisant pour le marché des biens ou des services.

Soulignons trois aspects essentiels dans cette définition :

a) L'entreprise *produit,* c'est-à-dire qu'elle crée (ou transforme) des *biens* ou *des services* susceptibles de satisfaire les besoins des individus, des autres entreprises ou des collectivités diverses.

b) L'entreprise produit *pour le marché,* c'est-à-dire qu'elle *vend* les biens ou les services produits.

c) L'entreprise est *financièrement indépendante :* cela signifie qu'elle produit et vend de sa propre autorité, sous sa responsabilité et à ses risques.

3° Exemples d'entreprises :

— Une épicerie, une pharmacie...

— Un supermarché, ou, plus précisément, une affaire exploitant un ensemble de supermarchés (le supermarché « Carrefour » de Dijon ou de Choisy n'est qu'un établissement de l'entreprise « Carrefour » qui possède et exploite une cinquantaine d'établissements semblables).

— Un cordonnier, un coiffeur, un installateur de chauffage central.

— La société Peugeot, la Régie Renault, Esso, Air France...

Dans la définition très large retenue les membres des professions libérales sont aussi des chefs d'entreprise (tels les avocats, les médecins, les architectes...), car les services qu'ils produisent sont effectivement *vendus,* c'est-à-dire donnent lieu au paiement d'un prix.

II. CLASSIFICATIONS DES ENTREPRISES

On peut classer les entreprises en se plaçant à des points de vue très variés, c'est-à-dire en choisissant divers *critères :*

1° D'après leur nature juridique.

Si l'on considère *à qui appartient* l'entreprise, on distingue :

a) **Les entreprises privées** qui appartiennent à des particuliers ; il peut s'agir :

— *d'entreprises individuelles,* propriété d'un seul individu, l'*exploitant ;* la majorité des petits commerces et des entreprises artisanales sont des entreprises individuelles ;

Exemples : *Coiffeur ; épicier ; chauffagiste.*

— *d'entreprises sociétaires* (ou *« sociétés »*) qui réunissent les apports de capitaux de plusieurs personnes ; le nombre des associés peut varier de deux personnes à plusieurs milliers (« actionnaires » des sociétés anonymes).

Exemples : *Société Dupond et Durand ; Peugeot.*

b) **Les entreprises publiques ou semi-publiques** qui appartiennent en totalité ou en partie à l'État. Bien que leur fonctionnement interne soit parfois légèrement différent de celui des entreprises privées, on peut considérer les entreprises publiques et semi-publiques comme jouant un rôle analogue à celui des entreprises privées dans l'activité économique.

Exemples : Régie Nationale des Usines Renault ; S.N.C.F. ; Air France.

2° D'après leur dimension.

En se fondant soit sur l'*effectif* du personnel employé, soit sur le *montant des ventes* (appelé *chiffre d'affaires*), soit sur *l'importance des capitaux* utilisés, on distingue :

— les grandes entreprises ;

— les petites et moyennes entreprises.

La quasi-totalité des grandes entreprises sont des sociétés ou des entreprises publiques ; la grande majorité des petites, des entreprises individuelles.

3° D'après leur domaine d'activité.

Ce domaine d'activité est appelé *« secteur d'activité »* (cf. économie générale) ; on peut regrouper les différents secteurs en grandes catégories :

a) **Entreprises commerciales** : leur objet principal est la *revente de marchandises « en l'état » ;* tel est le cas de l'épicier, du grand magasin, qui revendent des marchandises dans l'état même où ils les ont achetées, sans leur apporter de transformations.

On rattache à cette catégorie les *entreprises de services* (ex. agence de tourisme).

b) **Entreprises industrielles** : ces entreprises « produisent » au sens courant du terme, c'est-à-dire *fabriquent* des articles ou marchandises à partir de matières premières et de fournitures achetées ; elles *transforment* donc ces matières ; tel est le cas de l'industrie chimique, des aciéries, d'une usine de mécanique...

On peut rattacher à cette catégorie :

— les entreprises du *bâtiment,* souvent classées distinctement ;

— les entreprises *artisanales* qui diffèrent des entreprises industrielles non par leur objet (car elles fabriquent, transforment ou réparent), mais par leur dimension très modeste et leur caractère individuel ou familial.

c) **Entreprises agricoles,** dont l'activité bien particulière les fait distinguer des catégories précédentes. En fait l'agriculture compte encore trop peu d'entreprises véritables, mais plutôt des « exploitations » dont les modes de fonctionnement et les mobiles d'action diffèrent sensiblement de ceux des entreprises.

Ce manuel, consacré à la comptabilité d'entreprise, présentera les principes et les mécanismes comptables valables dans toutes les entreprises, quels que soient leur forme, leur dimension ou leur secteur d'activité (à l'exclusion toutefois des Banques et des Assurances, aux caractéristiques très spécifiques).

III. L'ACTIVITÉ ÉCONOMIQUE DE L'ENTREPRISE

L'objectif essentiel de la comptabilité est de **décrire, en termes de valeurs** (en francs, en France ; en dollars, aux États-Unis...), l'**activité de l'entreprise et la situation qui en résulte.** Aussi faut-il rappeler les traits caractéristiques de cette activité avant d'en donner la *traduction comptable.*

1° Les entreprises, agents économiques (au plan national).

L'activité économique d'une nation est faite de milliards d'opérations réalisées par les divers « agents » composant cette nation ; les opérations, en général bilatérales (échanges ; exemple : le salarié apporte son « travail » ; l'employeur verse un salaire et des charges sociales) se traduisent par des **mouvements de valeurs** ou **flux économiques ;** ces flux consistant en biens et services vendus, en travail apporté, en mouvements de monnaie (espèces, chèques...), en prêts et emprunts etc., relient entre eux les agents que l'on peut, pour simplifier, compter au nombre de quatre dans la nation, plus le « reste du monde » (extérieur) (cf. ci-contre, p. 9) :

— *Entreprises :* dont la fonction est la « production » (cf. ci-dessus) ;

— *Ménages :* qui apportent aux entreprises leur travail, leurs capitaux, et qui achètent la production en vue de la consommer ou d'investir (logements...) ;

— *Administrations* (État, Sécurité sociale...) qui fournissent aux autres agents des prestations publiques (éducation, sécurité et police, justice, aides sociales...) ;

— *Institutions financières* (banques, assurances...) par lesquelles transitent une majorité de flux de monnaie *(flux financiers).*

2° L'activité économique d'une entreprise (cf schéma page 10).

Représentons schématiquement cette activité, sous la forme des différents flux qui la composent (le terme *flux* est utilisé pour évoquer l'idée de mouvement, d'écoulement, comme un flux électrique, un flux de sang, le flux d'une rivière... ; ici ce sont des *valeurs* qui sont en mouvement).

• flux de biens et de services achetés ou vendus, appelés **flux réels** (car ils portent sur des « choses », en latin *« res »*) ;

• flux de prestations diverses reçues des autres agents économiques : les travailleurs (personnel), les prêteurs (ménages ou institutions financières), l'État ; nous appelons **flux quasi-réels** ces mouvements de valeurs en provenance des « facteurs de production » et consistant en :

— *travail apporté* par le personnel (prestation dont la mesure est le **salaire**) ;

— *prestations financières* rendues par les prêteurs (prestation dont la mesure est l'**intérêt**) ;

— *prestations publiques* fournies par l'État (dont la mesure est l'**impôt**) (1) ;

---

(1) Car, globalement, c'est bien la masse des impôts qui permet à l'État de fournir sans contrepartie directe les « prestations publiques » : éducation et formation professionnelle, infrastructures telles que routes, ponts, ports..., sécurité et police, justice, etc.

• **Flux financiers** de paiement des flux réels et quasi-réels ci-dessus, dont ils sont la contrepartie (cf. schéma ci-dessous).

Schéma des principaux flux financiers concernant l'agent « Entreprises », dans le cadre national.

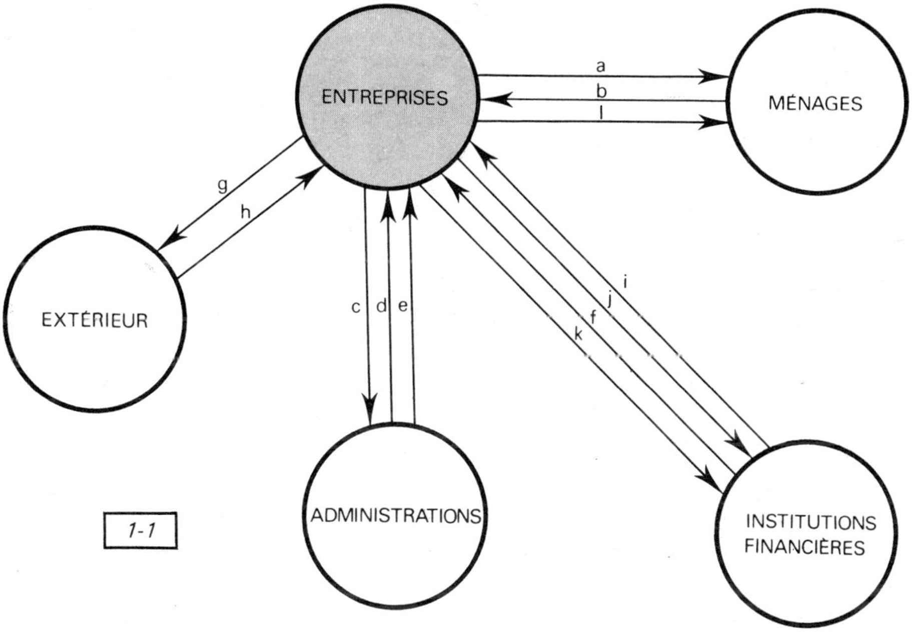

1-1

(Il s'agit ici des *seuls flux financiers* correspondant à des mouvements de monnaie.)

Flux *a :* paiement de salaires.

Flux *b :* paiement des achats de biens et services par les ménages.

Flux *c :* paiement d'impôts.

Flux *d :* subventions versées par l'État.

Flux *e :* paiement des achats de biens et services par les administrations.

Flux *f :* idem (par les Institutions financ.).

Flux *g :* paiement des importations.

Flux *h :* paiement des exportations.

Flux *i :* prêts des I.F. aux entreprises.

Flux *j :* paiement des intérêts dûs.

Flux *k :* remboursement des emprunts.

Flux *l :* paiement des dividendes (profits) aux ménages (d'entrepreneurs...).

On remarquera que l'on a séparé des flux ayant pourtant mêmes points de départ et d'arrivée (par exemple, *d* et *e, k* et *j...*), car ils sont de *nature différente.*

Schéma de l'activité économique externe de l'entreprise :

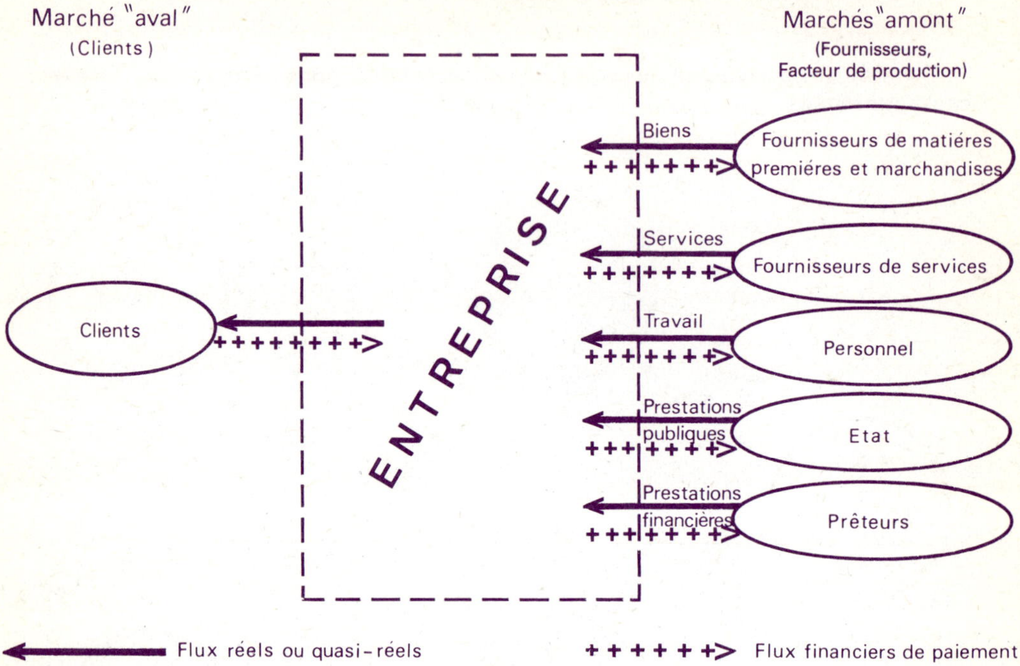

1-2

Ainsi, l'entreprise nous apparaît-elle, en première approche, comme **un centre d'échange de flux réels et quasi-réels (flux d'exploitation) contre des flux financiers.**

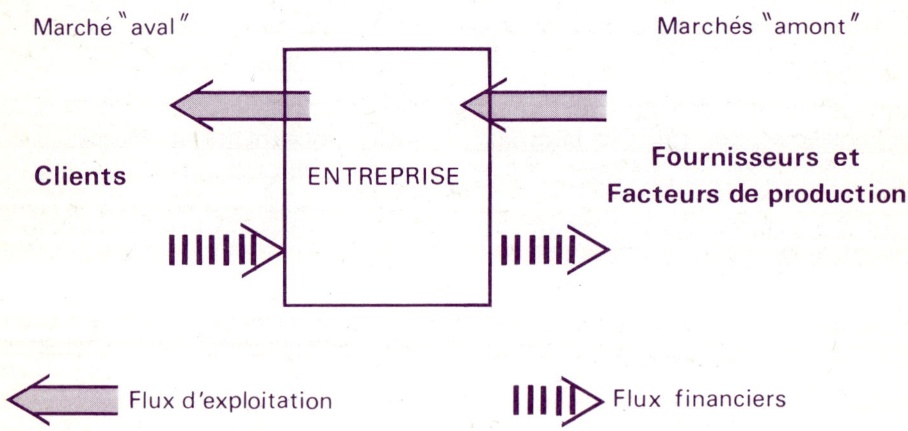

1-3

IV. LE CALCUL ÉCONOMIQUE DE L'ENTREPRISE

1° Principe.

Cette activité de l'entreprise ne saurait se dérouler dans le désordre ; elle est subordonnée à une rationalité, dans le cadre d'un calcul économique fondamental ; l'entreprise est un **centre de calcul économique,** calcul procédant à une comparaison systématique :

— des valeurs produites et vendues sur le marché-clients ; on appelle PRODUITS ces montants ;

— des valeurs utilisées pour les obtenir, qui sont constituées par les **coûts** engagés auprès des marchés-amont ; on appelle CHARGES ces montants.

On voit que les charges représentent les rémunérations versées aux fournisseurs et aux facteurs de production (achats de biens et services, salaires et charges sociales, impôts, intérêts...).

Le calcul de l'entreprise consiste donc à comparer **Produits** et **Charges** et à veiller à ce que :

$$\text{PRODUITS} \geqslant \text{CHARGES.}$$

• Dans l'**entreprise privée** (entreprises individuelles, sociétés...) la réalisation d'un *bénéfice* est recherchée :

$$\text{Produits} - \text{Charges} = \text{Bénéfice (si } P > C\text{).}$$

Le *bénéfice constitue la rémunération :*

— des **capitaux propres** (non empruntés) apportés dans l'affaire par les associés (sociétés) ou l'exploitant (entreprises individuelles) ;

— du **travail** et du **talent de l'exploitant** individuel (car, pour des raisons juridiques et fiscales, on ne considère pas ce travail comme constituant une charge de l'entreprise, mais bien comme devant être rémunéré par le bénéfice).

S'il s'avère que les charges sont supérieures aux produits ($P < C$) l'entreprise est en déficit ; elle subit une **perte** :

$$\text{Charges} - \text{Produits} = \text{Perte} \quad (P < C).$$

qui est supportée par les associés ou l'exploitant.

En appelant **Résultat** le bénéfice (**résultat** positif) ou la perte (résultat négatif), l'équation du calcul de l'entreprise est donc :

PRODUITS − CHARGES = RÉSULTAT

• Dans les **entreprises publiques** (telle la S.N.C.F.), la recherche d'un bénéfice est moins systématique que celle de la satisfaction de besoins d'intérêt général ; néanmoins cette recherche de bénéfice n'est pas exclue, car il constitue une source essentielle de financement de la croissance de l'entreprise. Qu'elle cherche à réaliser un bénéfice, à simplement équilibrer son résultat, ou à limiter son déficit, l'entreprise publique procède, comme l'entreprise privée, au calcul comparatif des charges et des produits ; les modalités et la finalité de ce calcul restent identiques.

2° Les éléments du calcul : produits et charges.

a) Les principaux produits.

• L'essentiel des produits de l'entreprise est formé des *Ventes* de marchandises (commerces), produits fabriqués (entreprises industrielles), prestations facturées (entreprises de services ; exemple : agence de voyages) ; le total de ces ventes ou facturations est appelé **« chiffre d'affaires »** de l'entreprise.

• Toutefois, dans l'entreprise industrielle, une partie de la production de l'exercice peut n'être pas encore vendue et rester *« en stock »*, il convient donc d'ajouter l'augmentation du stock de produits finis aux ventes, ou de retrancher la diminution de ce stock.

> ***Exemple*** *: Stock au début de l'année 15 000 F (produits finis). Ventes de produits finis : 79 000 F ; Stock en fin d'année : 19 000 F.*
> *La production de l'entreprise est de : Ventes, 79 000 F + Augmentation du stock produits finis, 4 000 F = 83 000 F.*

• Par ailleurs, dans certaines entreprises industrielles, ou du « Bâtiment », une partie des biens produits n'est ni vendue, ni « stockée » : elle est conservée dans l'entreprise à titre d'équipement (investissement).

> ***Exemple*** *: Durant l'année 1986, un entrepreneur de bâtiment a facturé à ses clients pour 2 800 000 F de travaux ; en outre, ses équipes ont construit, pour l'entreprise elle-même, un bâtiment ayant coûté 190 000 F.*
> *Production de l'entreprise :*

— Ventes (travaux facturés)	2 800 000
— Production investie dans l'entreprise	190 000
Total	2 990 000

En définitive, les principaux « PRODUITS » de l'entreprise sont :

— les **ventes ;**
— la **production stockée** (+ ou —) (entreprises industrielles) ;
— la **production immobilisée** (entreprises industrielles).

b) Les principales charges.

Ces charges sont constituées par les valeurs utilisées par l'entreprise pour réaliser ventes et autres produits, c'est-à-dire par les différents flux d'exploitation, réels ou quasi-réels, utilisés ; toutefois, le schéma 1-2 n'est pas tout à fait complet : les facteurs de productions utilisés par l'entreprise ne se limitent pas à ceux, tous externes à la firme, représentés dans ce schéma ; **il faut y ajouter un *facteur interne*** qui est formé de l'ensemble des équipements (bâtiments, matériels, installations diverses) et appelé *investissement.*

1. Charges « externes » (cf. schéma 1-2).

• **Achats de biens** (matières, marchandises, fournitures).

• **Achats de services** ; exemples : transports, loyers, honoraires d'experts, publicité, etc.

• **Charges de personnel** : salaires et charges sociales (qui représentent plus de 50 % des salaires directs).

• **Impôts**, tels la taxe professionnelle et l'impôt sur le bénéfice.

• **Intérêts** payés aux prêteurs ; ces intérêts, de nature financière, ne sont pas considérés comme des « services » ordinaires et sont donc classés distinctement.

2. Charges « internes ».

Il s'agit de constater, dans le calcul du résultat, *l'utilisation et la dépréciation des investissements* ; on appelle **amortissement** cette dépréciation qui s'explique par l'usure matérielle, par l'obsolescence (dépréciation due au progrès technique) ou par l'inadaptation technique (par suite de changement d'orientation de l'activité de l'entreprise).

***Exemple** : Un artisan possède comme tout équipement :*

— *quelques matériels et outillages, achetés 20 000 F et qu'il doit renouveler totalement tous les deux ans (car alors usagés, ou moins « performants » que les nouveaux outillages existant sur le marché) ,*

— *une voiture automobile, achetée 40 000 F et qu'il pense pouvoir utiliser 5 ans.*

Sous peine de se tromper gravement dans le calcul de son résultat, il doit inclure dans ses charges de l'année :

— l'amortissement du matériel, pour 10 000 F (car en deux ans, il aura bien inclus dans ses charges un total de 20 000 F, valeur initiale du matériel devenu sans valeur) ;

— l'amortissement du véhicule, pour $\frac{40\ 000\ F}{5} = 8\ 000\ F$ (au bout de 5 ans, il aura inclus dans ses charges $5 \times 8\ 000\ F = 40\ 000\ F$, valeur initiale du véhicule, considéré comme sans valeur au bout de 5 ans).

Ainsi, cet artisan devra-t-il ajouter à ses charges externes, 18 000 F au titre des amortissements. L'oubli de cette *charge « interne » calculée par la firme et non versée à d'autres agents,* fausserait totalement son résultat (qui serait augmenté fallacieusement de 18 000 F).

Les **charges d'amortissement** sont des charges importantes de toute exploitation.

Ainsi le calcul économique de l'entreprise se traduit-il par le tableau suivant :

Résultat

CHARGES		PRODUITS	
— Achats de biens et de services consommés		— Ventes	.....
— Salaires et charges sociales	.....	— Production stockée (+ ou —)	
— Impôts	.....	— Production immobilisée	.....
— Intérêts	.....	— Autres produits (par exemple : intérêts reçus)	.....
— Charges d'amortissements	.....		
Total des charges	C	Total des produits	P

Résultat = P — C
(bénéfice si P > C ; perte si P < C).

Remarque : dans l'**entreprise commerciale** (de revente en l'état) une étape capitale du calcul du résultat est la **« marge brute »** différence entre prix de vente et prix d'achat des marchandises.

> ***Exemple** : Un commerçant a vendu pour 600 000 F des chemises achetées 400 000 F , sa marge brute est de 200 000 F et représente ainsi $^1/_3$ ou $33^1/_3$ % des ventes (ou $^1/_2$ soit 50 % des achats).*

Dans le calcul de son résultat, ce commerçant peut porter 400 000 F dans les charges (achats) et 600 000 F dans les produits (ventes) ou, plus simplement, 200 000 F dans les produits (marge brute). Dans ce dernier cas, le calcul de son résultat se présentera ainsi :

Résultat

CHARGES		PRODUITS	
— Achats de services divers, consommés	.....	— Marge brute	.....
— Salaires et charges sociales	.....	— Autres produits	.....
— Impôts	.....		
— Intérêts	.....		
— Charges d'amortissements	.....		
	C		P

Résultat = P — C.

V. DES OPÉRATIONS A LA SITUATION FINANCIÈRE DE L'ENTREPRISE

L'étude de l'activité de la firme vient de nous montrer que celle-ci, pour réaliser ses objectifs économiques, réalise deux types d'opérations :

1° Opérations d'investissement-financement.

• Il faut réunir, et en général acquérir, des biens d'équipement constituant l'« outil de production » : terrains, bâtiments, matériels, installations, outillages... On appelle INVESTISSEMENTS l'acquisition de ces biens, en propriété, par l'entreprise (on désigne, plus précisément par **« immobilisations »** ces biens et par **investissements** l'action consistant à les acquérir ; mais très souvent, les deux mots sont confondus).

• Ces investissements peuvent être obtenus :

— à l'aide de *capitaux propres* à l'entreprise, apportés par les associés ou par l'exploitant individuel ; on appelle CAPITAL cette source privilégiée de financement, la première de la firme ;

— ils peuvent aussi être financés par des dettes envers des prêteurs ; on désigne sous le nom de DETTES FINANCIÈRES cette seconde source possible de financement (seconde, car les prêteurs ne consentent à apporter des fonds que si, préalablement, les associés ou l'exploitant ont déjà eux-mêmes effectué des apports).

Ainsi, toute entreprise connaît-elle, à sa création — et, de temps à autre, au fil de son développement et de sa croissance — une phase d'INVESTISSEMENT-FINANCEMENT.

INVESTISSEMENT	FINANCEMENT
En moyens durables d'exploitation **(« outil » de production).**	*Par des capitaux propres ou d'emprunts :*
Immobilisations — Terrains et bâtiments — Matériels — Installations — Brevets, logiciels...	– ***Capital :*** apports des associés ou de l'exploitant. – ***Dettes financières,*** envers les prêteurs (exemples : Crédit National, Banques...).

2° Opérations d'exploitation.

L'activité économique de la firme :

• lui fait acquérir et utiliser des biens, transformés ou revendus, telles les matières premières, les marchandises : ce sont les STOCKS ;

• lui fait contracter des opérations avec les divers autres agents, les TIERS ;

de ces opérations résultent normalement :

— des DETTES envers les fournisseurs et les autres facteurs de production (personnel, État...), car ces tiers ne sont que rarement payés au « comptant » et octroient généralement un certain « crédit » à l'entreprise (par exemple : paiement d'un fournisseur de marchandises à 30 jours « fin de mois » ; paiement de l'E.D.F. un ou deux mois après la consommation effective...) ;

— des CRÉANCES sur les clients, car les ventes sont souvent faites « à crédit » (une créance est le symétrique d'une dette : elle représente le droit qu'a une personne d'exiger d'une autre personne un certain paiement à une certaine date).

Ainsi, les flux d'exploitation, et les flux financiers qui en résultent, entraînent-ils, dans l'entreprise, un continuel mouvement de stocks, de créances, de dettes, et aussi de liquidités (au moment des divers règlements) ; le schéma de ce mouvement, établi à partir du schéma 1-3 peut être ainsi présenté :

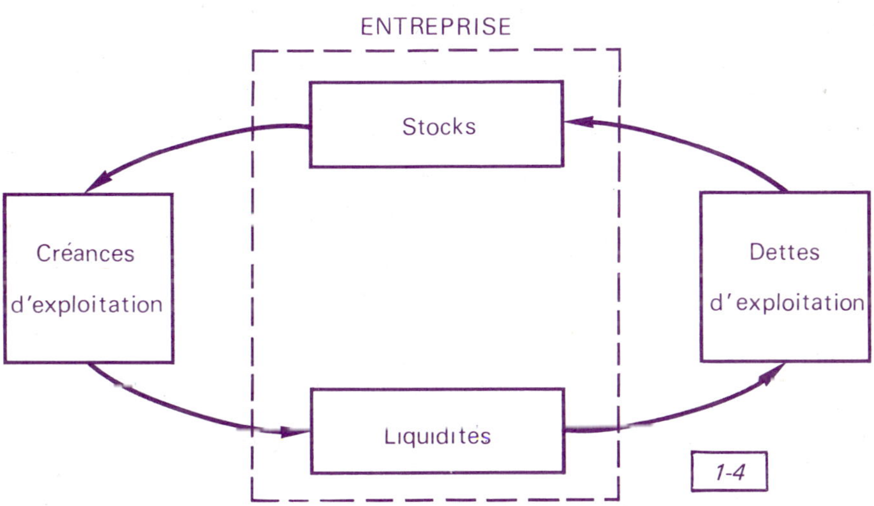

1-4

3° Notion de situation financière.

Représentée sous l'angle des *valeurs* qu'elle acquiert et utilise, l'entreprise se caractérise par les valeurs d'investissements, de financement et d'exploitation précédemment décrites ; ces valeurs peuvent se classer en deux groupes :

• celles qui représentent des sources de financement pour l'entreprise :

— **Capital ;**
— **Dettes financières ;**
— **Dettes d'exploitation.**

• celles qui correspondent à des valeurs obtenues par l'entreprise et qui sont sa propriété :

— **Immobilisations ;**
— **Stocks ;**
— **Créances d'exploitation ;**
— **Liquidités.**

Il paraît clair que ces dernières valeurs constituent l'emploi économique des diverses valeurs en provenance des sources (ou ressources) précédentes ; d'où le tableau suivant, qui donne une représentation de la situation financière de la firme :

SITUATION FINANCIÈRE

Emplois	Ressources
IMMOBILISATIONS	CAPITAL
STOCKS	DETTES FINANCIÈRES
CRÉANCES D'EXPLOITATION	DETTES D'EXPLOITATION
LIQUIDITÉS	

QUESTIONS

A. *Les établissements suivants sont-ils des « entreprises » ?*
Café-bar ; librairie ; gare S.N.C.F. de votre ville ; garage ; clinique privée ; R.A.T.P. (métropolitain) ; magasin « Casino » de votre ville ; théâtre municipal ; Bureau de poste de votre ville ; Service des P. et T. (France entière) ; horlogerie-bijouterie.
Lesquels ont pour but la réalisation d'un profit ? Quels autres buts peut-on discerner ?

B. *Établir la liste des entreprises d'une petite commune, ou d'une rue que vous connaissez bien. Classer ces entreprises de plusieurs façons possibles.*

C. *Pourquoi les entreprises individuelles sont-elles le plus souvent des petites entreprises ?*

D. *On désigne sous le nom de « fonction commerciale » les actions de vente et d'achat de l'entreprise ; dans l'entreprise commerciale, cette fonction est évidemment primordiale ; existe-t-il une fonction commerciale dans l'entreprise industrielle ?*

E. *Considérer le schéma des flux 1-1 ; trouver des flux reliant administrations et ménages ; des flux reliant institutions financières et ménages.*

F. *Citer des flux « réels » de biens achetés ou vendus par une entreprise ; puis des flux « réels » de services achetés ; enfin, des flux « quasi-réels » de prestations fournies à l'entreprise par d'autres agents économiques ; pourquoi les flux « quasi-réels » sont-ils très proches, dans leur nature, des flux dits « réels » de services ? Quelle conclusion pratique en tirer pour distinguer les uns des autres (un flux de « services » est, strictement, un flux de prestations fournis par une* autre entreprise, *et non par une banque, par l'État, ou par un particulier).*

G. *Dans son « calcul économique », un paysan a compté pour une année 290 000 F de produits et 150 000 F de charges ; il a omis dans son calcul : 10 000 F de production non vendue et consommée par lui-même et sa famille ; 50 000 F d'amortissements. Quel résultat a-t-il trouvé ? Quel est son résultat rectifié ?*

H. *Éléments du calcul du résultat d'une firme industrielle : achats de matières et fournitures, 510 000 F ; charges de personnel, 280 000 F ; ventes, 1 050 000 F ; impôts, 37 000 F ; intérêts dûs aux prêteurs et aux banques, 28 000 F ; amortissements, 92 000 F.*
— Quel est le montant du résultat ?
En fait, on a omis de tenir compte de 77 000 F de produits finis, non vendus, restant en stock en fin d'année ; par ailleurs, une partie des matières achetées n'a pas été utilisée et reste en stock en fin d'année : 35 000 F ; enfin, il faut tenir compte de 8 000 F de loyers à recevoir par l'entreprise (pour un local dont elle n'a pas l'utilisation, qu'elle loue à une autre entreprise) ; calculer le résultat rectifié.

I. *Éléments de calcul du résultat d'une entreprise de commerce.*
Ventes, 880 000 F (cette entreprise réalise une « marge brute » de 15 % de ses prix de vente) ; achats de services divers, 43 000 F ; salaires, 53 000 F ; charges sociales, 22 000 F ; impôts, 30 000 F ; intérêts payés, 21 000 F. Calculer le résultat.

J. *Présenter le tableau de calcul du résultat de la société PARIS :*
Ventes, 2 400 000 F ; salaires et charges sociales, 863 000 F ; achats de matières et fournitures 1 100 000 F ; impôts, 82 000 F ; intérêts payés, 63 000 F ; services divers achetés 293 000 F ; transports payés, 39 000 F ; intérêts reçus, 12 000 F ; amortissements, 106 000 F ; augmentation du stock de matières et fournitures au 31-12, par rapport au 1-1 : 67 000 F ; diminution du stock de produits fabriqués, — 49 000 F ; production affectée à l'équipement de l'entreprise : 180 000 F. (Expliquer le raisonnement suivi en ce qui concerne l'incidence des variations de stocks).

K. *La « situation financière » présente-t-elle tous les éléments concourant à la production de l'entreprise ? Commenter.*

Chapitre 2

LES OPÉRATIONS DE L'ENTREPRISE ; LES FLUX

I. LES OPÉRATIONS DE L'ENTREPRISE

La vie économique de l'entreprise est faite de multiples opérations que, dans le chapitre précédent, nous avons classées en opérations d'investissement-financement et en opérations d'exploitation.

1° Les opérations d'investissement-financement sont exceptionnelles :

création de l'entreprise ; renouvellement des équipements ; nouveaux investissements correspondant à une croissance...

a) *Dans les petites et moyennes entreprises,* on n'en compte souvent qu'une ou deux tous les cinq ou six ans :

— dans un commerce : réaménagement du magasin et des installations, ou achat d'un véhicule par exemple ;
— chez un artisan : acquisition d'une nouvelle machine ; souscription d'un emprunt auprès d'une banque en vue de l'extension de l'atelier, etc.

Exceptionnellement, ces opérations peuvent être plus fréquentes : tel est le cas d'une entreprise de transport, qui, disposant d'une dizaine de camions, est amenée à en remplacer deux ou trois par an ; mais il ne s'agit là que d'investissements de « remplacement » qui ne modifient pas sensiblement la capacité de production de l'entreprise.

b) *Dans les grandes entreprises,* les remplacements ou renouvellements sont plus fréquents, mais les investissements correspondant à une croissance réelle de la firme sont également peu nombreux.

On peut résumer ce caractère exceptionnel de l'investissement — et du financement correspondant — par le graphique 2-1 : la croissance technique de l'entreprise est en « marches d'escalier » peu nombreuses en général (cf. graphique, page 20) :

L'entreprise, créée l'année 1, a procédé à un investissement accroissant sa capacité de production l'année 4, puis l'année 6. La « capacité de production » est généralement mesurée et exprimée par une grandeur physique : nombre de mètres cubes produits, nombre de tonnes transportées, nombre d'unités fabriquées...

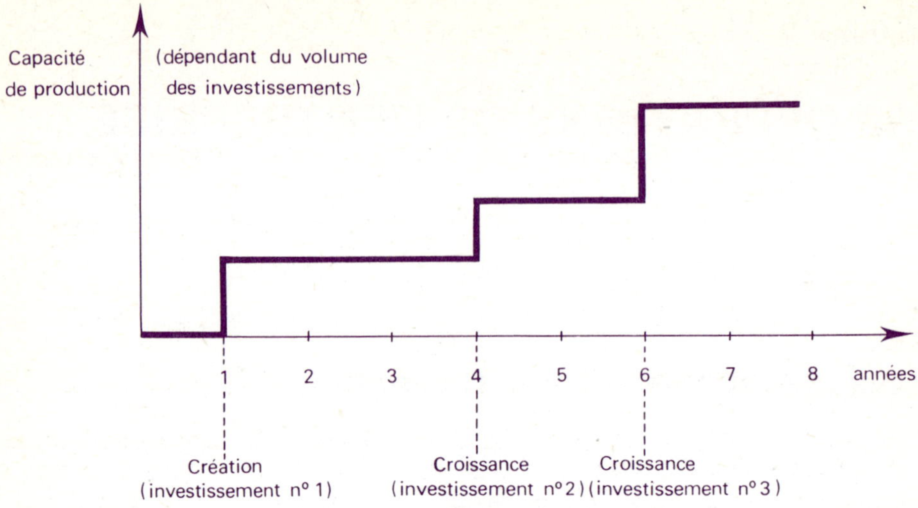

2-1

On notera que l'*activité réelle de l'entreprise est nécessairement inférieure ou égale à sa capacité de production :* une usine peut ne produire une année que 100 000 paires de chaussures (si l'entreprise n'a pas trouvé suffisamment de commandes) quand bien même sa capacité annuelle est de 300 000 paires. Il est évident que si *le niveau de l'activité réelle* est très inférieur à la capacité, l'entreprise connaîtra des difficultés puisqu'elle disposera d'un « outil de production » partiellement inutilisé *(sous-activité).*

2° Les opérations d'exploitation sont nombreuses et cycliques :

• **De caractère répétitif,** ces opérations permettent de réaliser l'objet même de l'activité de l'entreprise :

— vente de marchandises (commerces) ;
— élaboration et vente des services ;
— fabrication et vente de produits.

Elles correspondent aux divers éléments du « calcul économique » présenté dans le chapitre précédent, éléments classés en « charges » et en « produits » :

— achats de marchandises, matières premières, fournitures... ;
— achats de services divers ;
— utilisation des facteurs de production rémunérés par l'entreprise sous forme de salaires et charges sociales, d'impôts, d'intérêts, d'amortissements... ;
— ventes des biens et services.

• **Ces opérations se renouvellent, en fonction d'un cycle plus ou moins long.** La durée du cycle peut être :

— de quelques jours (commerces de journaux, de fromages frais et produits laitiers...) ;

— de quelques semaines ou quelques mois (fabrication d'appareils ménagers, commerces de vêtements...) ;
— de longue durée pouvant excéder l'année : commerce d'antiquités de haut luxe, constructions navales, travaux publics...

3° Liens entre opérations d'exploitation et opérations d'investissement.

a) *L'exploitation détermine la nature et le volume de l'investissement.*

L'investissement est en effet choisi en fonction de l'*exploitation* envisagée ; c'est ainsi que :
— le commerçant acquiert le magasin, les installations, constituant son « investissement » en fonction du type d'activité commerciale qu'il poursuit (un magasin de meubles est fort différent d'un magasin de fruits...) ;
— l'industriel achète les matériels propres à fabriquer les produits qu'il a l'intention de vendre, pour lesquels il a trouvé un « marché »...

b) *Inversement, l'investissement conditionne l'exploitation.*

Celle-ci, dans sa nature comme dans son volume maximal (égal au plus à la capacité de production), est directement liée à l'investissement ; ainsi :
— une usine de fabrication de meubles de cuisine, ne peut guère fabriquer que ce type de meubles ou des produits très voisins (par exemple, meubles de jardin, de collectivités...) ;
— une boulangerie équipée de fours permettant de fabriquer au maximum 2 000 pains par jour ne peut en fabriquer 3 000 qu'en modifiant son équipement (investissements supplémentaires...).

4° Des opérations aux flux.

En vue de leur analyse comptable, les opérations d'investissement-financement, les opérations d'exploitation doivent être étudiées de façon détaillée, par une **décomposition en flux** élémentaires :
— *flux « externes »,* réels, quasi-réels ou financiers, reliant l'entreprise et ses partenaires économiques ;
— *flux « internes »* constatés au sein de l'entreprise, dans le cadre de son analyse et de son calcul économiques.

Cette analyse des opérations en termes de *flux* rend nécessaire une définition précise de ceux-ci :

• les **flux économiques** sont des *mouvements de valeurs homogènes* (n'amalgamant donc pas des valeurs de nature différente, par exemple des impôts et des salaires, ou des biens matériels et de la monnaie...) ;

• observés entre deux agents économiques : *flux externes ;*

Exemple :

• ou observés au sein de l'activité interne d'un même agent : *flux internes.*

Exemple : Entreprise A

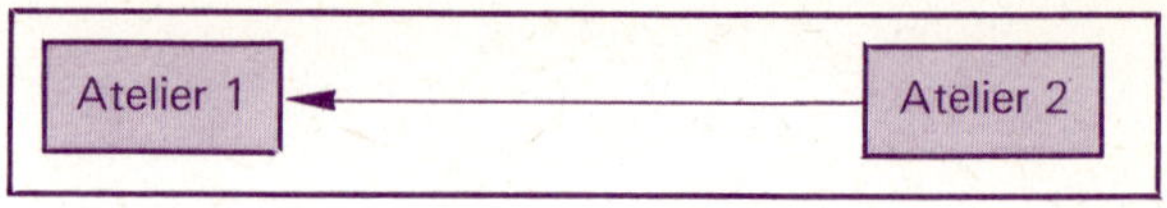

II. L'ENTREPRISE, CENTRE D'ÉCHANGE DE FLUX EXTERNES

1° Principe.

a) *Caractère bilatéral des opérations.*

La majorité des opérations effectuées par l'entreprise avec les autres agents ont un **caractère bilatéral,** elles procèdent de **l'échange.** Le type même en est l'achat d'un bien payé au comptant :

— l'entreprise acquiert le bien (constituant pour elle un investissement, ou une « marchandise » destinée à la revente, selon sa nature) ;

— elle fournit des espèces, de la monnaie, en paiement.

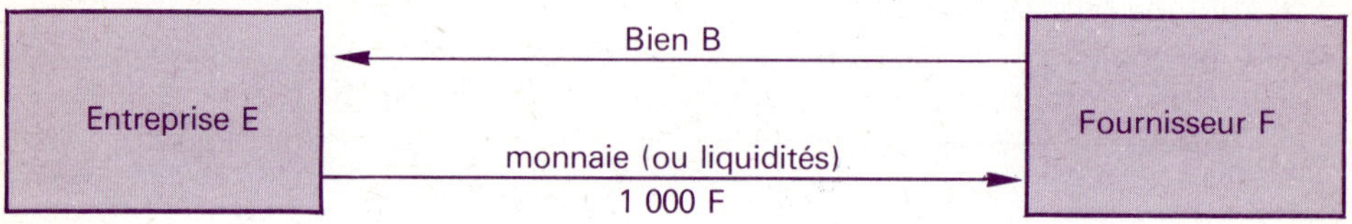

b) *Interprétation économique du schéma.*

• Le schéma ci-dessus représente une analyse de l'opération valable pour chacun des deux agents, l'entreprise A et le fournisseur X.

— L'entreprise E acquiert le bien B à l'aide des fonds remis au fournisseur F (1 000 F) ; en d'autres termes, les 1 000 F remis au fournisseur représentent le moyen d'obtenir le bien B (emploi de fonds).

— Le fournisseur F se dessaisit du bien B pour obtenir les 1 000 F de monnaie.

• On appelle EMPLOI la valeur obtenue par chaque agent en échange de la RESSOURCE qu'il a fournie.

Pour l'entreprise E :	*Pour le fournisseur F :*
Emploi : Bien B	**Emploi** : Liquidités
Ressource : Liquidités	**Ressource** : Bien B

Ces termes de ressource et d'emploi sont ici utilisés dans un sens bien précis de :

— **Ressource, au sens de source de valeur ;**

— **Emploi, au sens d'emploi de la valeur.**

2° Les types de flux externes.

a) *Flux réels* portant sur des *biens et des services vendus* par les entreprises :

— pour le **vendeur,** ces flux constituent une **ressource** (flux « sortant » de l'entreprise) de vente ;

— pour l'**acheteur,** ils sont des **emplois** en investissements (s'il s'agit de matériels, équipements...) ou en achats de marchandises ou matières (opérations d'exploitation) ; ce sont des flux entrant dans l'entreprise.

b) *Flux quasi-réels* portant sur les prestations fournies par les agents économiques autres que les entreprises industrielles et commerciales :

— *flux de travail* dont la mesure est le total des salaires et charges connexes ;

— *flux de prestations financières* dont la mesure est le montant des intérêts à payer ;

— *flux de prestations publiques* dont la mesure (indirecte) est le total des impôts à payer.

c) *Flux financiers* qui se décomposent en :

- **flux de monnaie et de quasi-monnaie** (chèques) ;
- **flux de créances-dettes** dont il convient d'analyser la nature spécifique :

— La majorité des opérations économiques ne se dénouent pas par un paiement immédiat (comptant) mais le plus souvent par un paiement différé (opération dite « à crédit »).

— **Il résulte de ce décalage un lien de droit entre vendeur et acheteur** :

— le *vendeur possède une créance sur l'acheteur ;*

— réciproquement, *l'acheteur a une dette envers le vendeur.*

— Cette **« créance-dette »** ne s'éteindra qu'après paiement du montant dû.

— Représentation du flux de créance-dette :

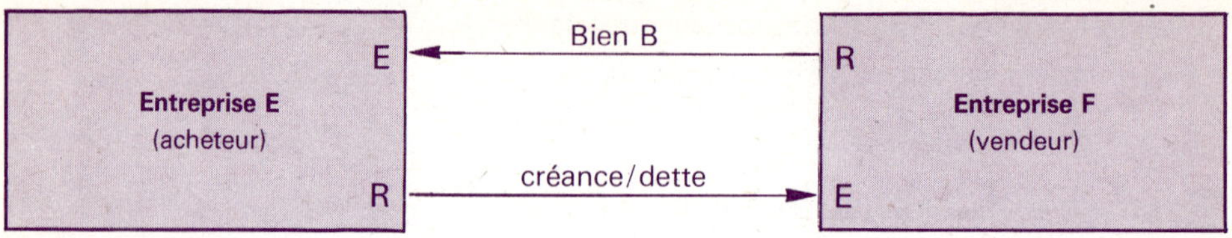

• Ce flux représente une **dette** pour E (acheteur) : « ressource » permettant d'obtenir l'« emploi » en Bien B.

• Il représente une **créance** pour F (vendeur) : « emploi » obtenu à l'aide de la « ressource » en Bien B.

3° Valeur des flux externes.

a) *Flux financiers.* Leur valeur est connue sans aucune difficulté puisqu'elle est inscrite sur les documents de base, supports du flux :

— elle figure sur les billets de banque ou les chèques (monnaie et quasi-monnaie) ;

— elle est inscrite sur le document faisant la preuve de la créance-dette : ce document peut être une facture, un bon de livraison, une « reconnaissance de dette » ; il spécifie la somme due et l'*échéance* (date) du paiement futur.

b) *Flux réels et quasi-réels.*

• *Cas général :* Ces flux ont comme contrepartie un flux financier ; ils sont donc évalués au montant de ce flux financier.

Exemple :

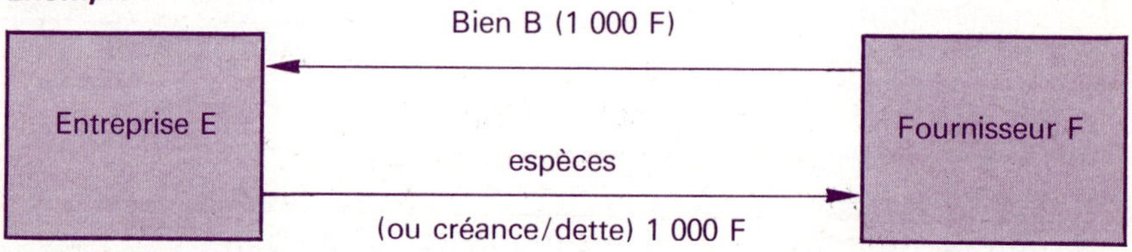

Cette valeur du flux de bien, 1 000 F, est une valeur « externe » égale à son prix défini dans le contrat ; nous verrons plus loin que pour F la valeur « interne » du bien était sans doute différente (inférieure si F a réalisé un bénéfice).

• *Cas particulier :* exceptionnellement, un flux réel ou quasi-réel peut aussi avoir comme contrepartie un autre flux réel ou quasi-réel ; tel est le cas d'un « troc ».

Exemple :

L'entreprise E échange un stock de marchandises qu'elle détient contre une camionnette de livraison :

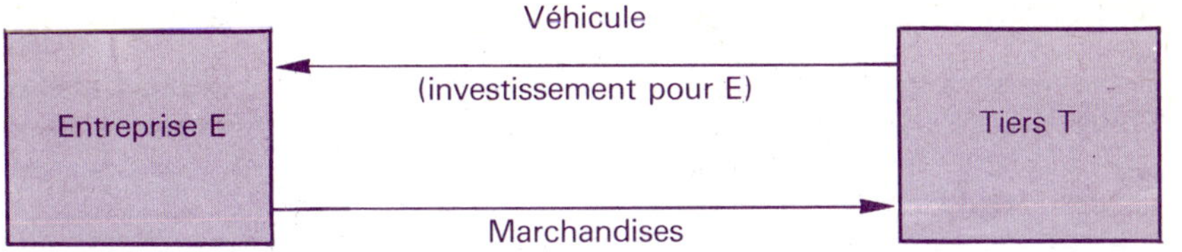

La mesure de ces deux flux suppose une « évaluation » définie par E et T. Les cas de « troc » sont pratiquement très rares dans l'économie moderne.

III. L'ENTREPRISE, CHAMP DE FLUX INTERNES

1° Les flux internes.

Les flux « externes » sont sans doute les flux les plus importants, car ils ajoutent à leur dimension économique une dimension *juridique* essentielle puisqu'ils correspondent à des contrats passés avec les « tiers » (autres agents) où à des dispositions légales (impôts).

Mais les mouvements de valeurs se prolongent et se développent aussi dans l'entreprise, dans son cadre d'activité propre. Dans cette **zone « interne »** de l'entreprise, on observe donc des **flux internes** qui comportent :

a) *des flux réels :* par exemple, passage d'une matière première d'un atelier à un autre ;

b) *des flux financiers :* par exemple, transport de fonds de la caisse d'un magasin à la caisse du « Siège » ;

c) *des flux de transformation économique des valeurs internes.*

Les transformations de valeurs constituent l'essentiel des flux internes qui décrivent l'évolution de la valeur dans l'entreprise et notamment le circuit :

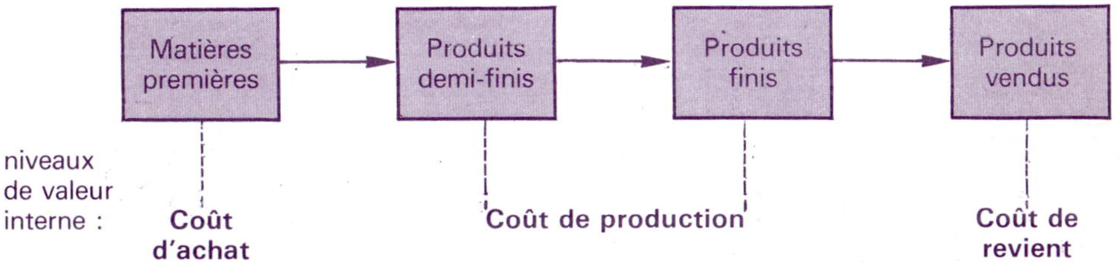

La « valeur interne » des matières et marchandises achetées est leur **« coût d'achat »,** total des charges engagées pour les obtenir.

La valeur interne des « produits finis » (ou demi-finis, en cours de transformation) est leur *« coût de production »,* total des charges engagées pour les obtenir, dans l'état et le lieu où ils sont.

La valeur interne des produits vendus (marchandises pour les commerces, produits finis pour les industries) est leur *« coût de revient »,* total des charges engagées pour chacun d'eux, jusqu'à leur vente finale (y compris livraison et « Service après-vente »).

2° Les flux de résultat.

Parmi les flux internes, les **flux de résultat** (perte ou bénéfice) sont sans doute les plus importants ; ils constatent :

(Flux de pertes)	**(Flux de bénéfice)**
La **destruction de valeur** par l'entreprise : consommations physiques, pertes matérielles, dégradation de valeur des biens, utilisation de facteurs de production sans contrepartie positive...	La **création de valeur** par l'entreprise, du fait de son action économique : bénéfice réalisé sur les ventes.

a) Exemples de flux de pertes.

- **Flux d'amortissement.**

C'est le flux interne constatant la transformation d'une valeur employée sous forme de bien (investissement), donc récupérable, en une valeur désormais irrécupérable, la « perte », emploi irréversible pour l'entreprise :

- **Perte matérielle d'un bien.**

Constatation qu'un bien (marchandises) de valeur 1 000 F vient d'être volé (a disparu) ; il s'agit là encore d'une transformation d'une valeur récupérable en une valeur définitivement disparue :

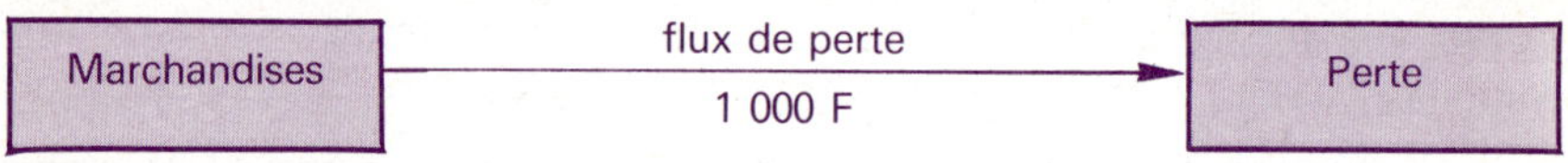

- **Revente avec perte.**

Un bien acquis pour 1 000 F est revendu 800 F :

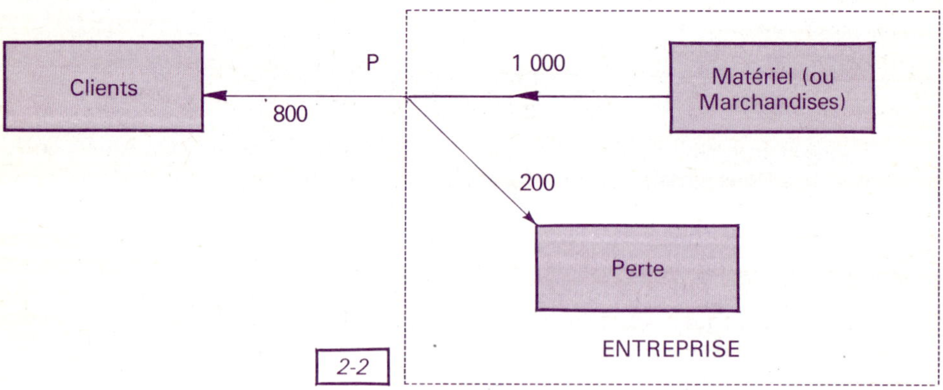

2-2

La **valeur « interne »** de 1 000 ne se transforme qu'en une **valeur externe** (Prix) de 800 ; il y a emploi interne de valeur, définitif car irrécupérable, de 200 (Perte) ; au point P de contact avec le « marché », la valeur interne de 1 000 F se contracte en une valeur de 800 F (l'entreprise ne « retrouvé » que 800 sur le marché...).

b) Exemples de flux de bénéfice.

• Pour des raisons tenant au droit commercial ainsi qu'à un principe général de **prudence,** la *création de valeur* par l'entreprise **n'est constatée que si elle est réalisée c'est-à-dire encaissée ou, du moins, transformée en une créance certaine sur un acheteur.** Par conséquent le fait économique suivant, qui constitue un « flux interne », n'est pas enregistré comme tel : un bien acquis par l'entreprise il y a quelques mois pour 1 000 F est actuellement estimé 1 400 F ; les 400 F de « plus-value » du bien ne sont pas enregistrés aussi longtemps que le bien n'est pas vendu (à 1 400 F).

• **Revente avec bénéfice.**

Un bien acquis pour 1 000 F est revendu 1 400 F :

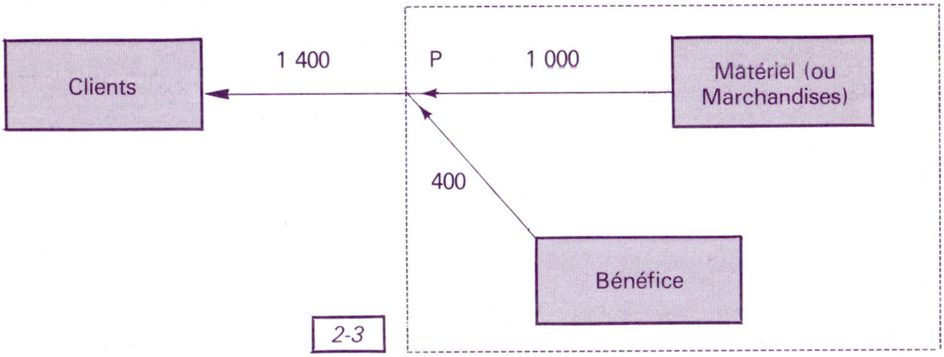

2-3

Au point P de contact avec le « marché », l'entreprise transforme une valeur « interne » de 1 000 en une valeur externe (prix) de 1 400 ; d'où une source interne de valeur (ressource) de 400.

IV. APPLICATION. GRAPHE GÉNÉRAL DES FLUX EXTERNES ET INTERNES

Utilisons les concepts qui précèdent pour représenter en termes de flux l'activité de l'entreprise.

1° Principe.

Le graphique va s'attacher à décrire :

— l'activité externe de l'entreprise : échange de flux externes avec les fournisseurs, les clients, l'État... ;

— l'activité interne par un **suivi de la valeur dans l'entreprise ;** pour simplifier, nous nous placerons d'abord dans le cas d'une *entreprise commerciale* de « revente en l'état » (exemple : chemiserie), puis dans celui d'une *entreprise industrielle,* fabriquant des « produits finis » à partir de « matières premières » qu'elle achète à l'extérieur.

2° Création de l'entreprise : investissement-financement.

L'entreprise ne peut réaliser son activité d'exploitation que si elle a constitué son « investissement » (magasin et installations ; ateliers...) qu'il lui faut financer principalement à l'aide des apports des associés (ou de l'exploitant seul), pour le reste par des emprunts.

Cette phase initiale d'investissement-financement peut être représentée par le graphique suivant :

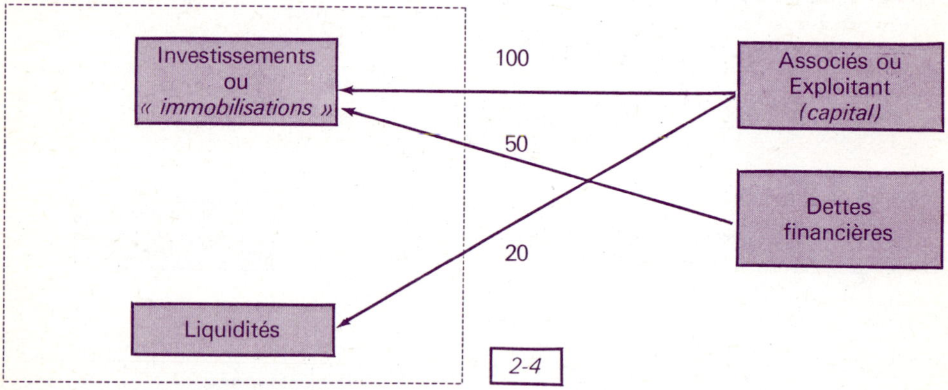

2-4

Une fois réalisée cette phase d'investissement-financement, l'entreprise se présente donc ainsi (E = Emploi ; R = Ressource) :

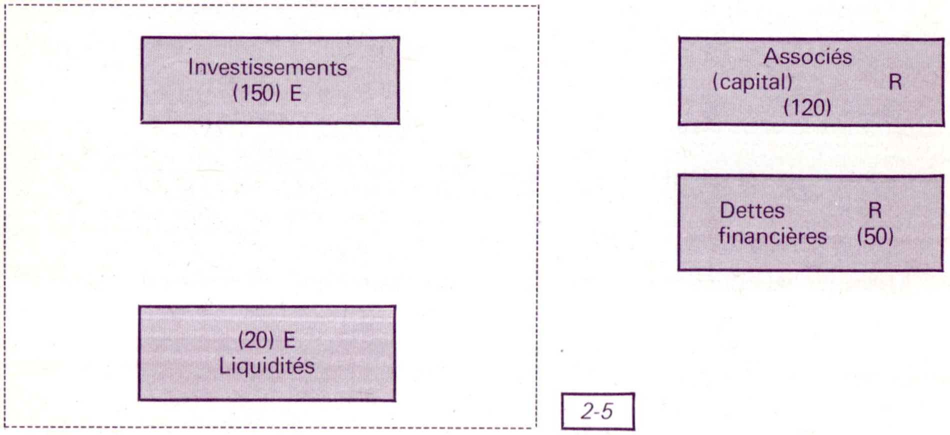

2-5

Elle peut alors commencer ses opérations d'exploitation, dont nous donnons le schéma ci-dessous, d'abord dans le cas d'une entreprise commerciale.

3° Cycle d'exploitation d'une entreprise commerciale.

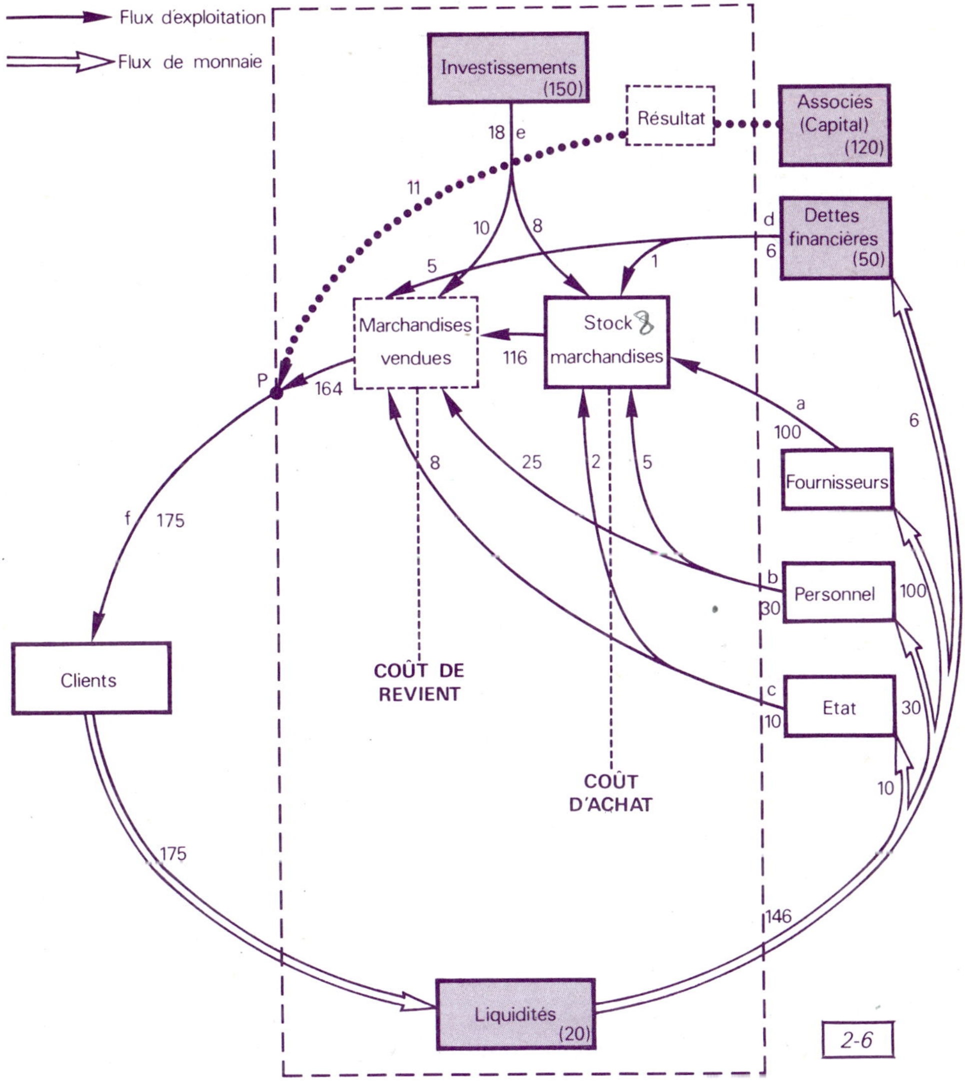

2-6

Commentaire :

• La firme achète des marchandises et des services divers à ses « *Fournisseurs* » (flux *a*, 100), et reçoit des prestations des autres facteurs de production que sont le *Personnel* (flux *b*, de salaires et charges sociales, 30), l'*Etat* (flux *c*, de services publics considérés comme égaux aux impôts, 10), les *Prêteurs* dont les services fournis sont mesurés par l'intérêt (flux *d*, 6, soit, si le schéma est celui d'une année, 12 % du montant des emprunts, 50) ; le cycle d'exploitation absorbe donc *les flux externes a, b, c,* et *d*.

• En outre, elle utilise ses *immobilisations* (investissements) qui, durant la période considérée, supposée ici égale à l'année, voient leur valeur diminuer de 18 (flux interne *e* d'*amortissement*).

• Si toutes les marchandises achetées sont revendues — ce qui est supposé ici — on voit que le total des charges est celui des flux *a, b, c, d* et *e,* soit :

Total charges = 100 + 30 + 10 + 6 + 18 = 164.

C'est le **coût de revient** des marchandises vendues.

• *Suivi des flux internes :* le cheminement des flux internes — qui implique une analyse détaillée de l'organisation et de la gestion de l'entreprise — correspond à la description de la *formation de la valeur dans l'entreprise ,* de caractère commercial, celle-ci s'attache à connaître deux stades internes de formation de cette valeur :

— le stade de l'achat : **Coût d'achat des marchandises** une fois achetées et stockées dans le magasin ;

— puis le stade final du **coût de revient des marchandises vendues.**

Comme le montre le schéma, ce *calcul des valeurs internes,* ou **coûts,** suppose un éclatement des flux *a, b, c, d* et *e* entre les deux niveaux du coût d'achat et du coût de revient.

C'est ainsi que les 30 de « travail » se répartissent à raison de :

— 5 au niveau du coût d'achat (salaires des employés occupés aux opérations d'achat et de stockage) ;

— 25 au niveau du coût de revient (autres salaires : vendeurs, comptables, « administratifs » ...).

Une telle répartition est toujours délicate et nous verrons bientôt que la comptabilité « générale » renonce à ce type de calcul, très lourd.

• *Au point P de contact avec le marché,* la valeur interne de 164 (coût de revient) est transformée en une valeur externe (prix de vente) de 175 d'où naissance d'un **flux interne de bénéfice** (11), bénéfice qui rémunérera le capital apporté.

• *Les flux financiers* (Clients à Liquidités, Liquidités à État, etc.) correspondent aux paiements.

• Dans ce schéma on a, pour simplifier, supposé une **« boucle complète »** :

— toutes les marchandises achetées ont été revendues ;

— tous les paiements ont été effectués.

En réalité, la boucle n'est jamais complète si on l'observe sur une **année comptable** (appelée **« exercice »**) :

— une partie des marchandises peut n'être pas vendue (existence d'un stock final) ;

— les créances et les dettes ne sont pas intégralement payées.

Nous étudierons plus loin le cas de variation des stocks et des créances-dettes.

4° Cycle d'exploitation de l'entreprise industrielle.

On retrouve un schéma identique au précédent, sauf sur un point ; le suivi interne des valeurs distingue trois stades et non plus deux :

- **Coût d'achat** des matières et fournitures achetées ;
- **Coût de production** des produits fabriqués ;
- **Coût de revient** des produits vendus.

Le schéma des flux internes s'en trouve donc alourdi :

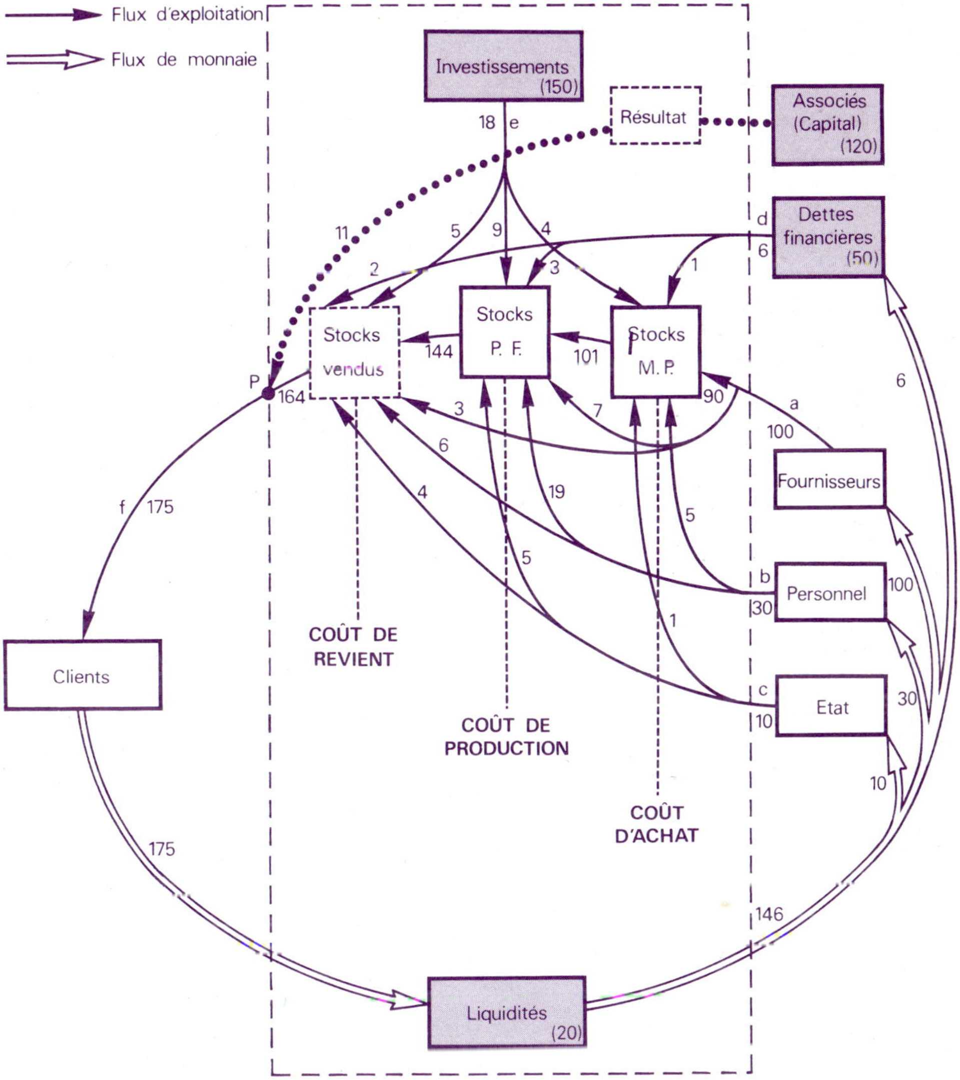

2-7 **Le cycle d'exploitation : boucle « complète ».**

V. COMMENTAIRE ÉCONOMIQUE ET FINANCIER DU CIRCUIT DE L'ENTREPRISE

1° Valeurs internes ; valeurs externes.

• **Les valeurs internes** (celles des stocks, du coût de revient...) **sont des coûts,** *grandeurs calculées,* qui comportent inévitablement une part de subjectivité (évaluation du montant de l'amortissement ; répartition des éléments de coûts entre les divers niveaux, les divers produits...).

• **Les valeurs externes sont des « prix »,** résultant de contrats passés (avec les clients, les fournisseurs, les prêteurs, etc.) ; elles sont nécessairement objectives.

2° Résultat.

Résultat = Prix de vente — Coût de revient.

Or, le coût de revient inclut des charges externes (flux *a, b, c* et *d*), mais aussi la charge interne d'amortissement, calculée par l'entreprise (flux *e*). Ainsi le résultat dépend d'évaluations faites par l'entreprise, donc discutables ; même les plus petites entreprises sont confrontées à ce problème.

Exemple : le « résultat » de l'activité du propriétaire-exploitant d'un taxi doit être calculé en tenant compte de l'amortissement du véhicule...

3° Cash-flow ou « capacité d'autofinancement ».

C'est une notion financière que révèle le schéma du circuit.

• Si l'on observe les *flux de monnaie du circuit,* on constate que :

— les clients sont amenés à verser 175 (montant des ventes) ;

— l'entreprise est amenée à décaisser 146 (règlements des salaires et charges sociales, impôts, intérêts et achats).

Pour la période, l'accroissement des liquidités est donc de :

$$175 - 146 = \underline{\underline{29.}}$$

Ainsi, un résultat bénéficiaire de 11 correspond, dans le cas présent, à un accroissement de la « trésorerie » de 29.

C'est qu'en effet l'entreprise a inclus dans le coût de revient le flux *e* d'amortissement (18) ; or cet amortissement ne correspond à aucun décaissement immédiat ; certes un décaissement aura lieu, mais ultérieurement, lors du renouvellement ou du remplacement de l'investissement.

Nous constatons ainsi que l'exploitation a entraîné un accroissement des liquidités ou *« cash-flow »* (1) que l'on peut calculer de deux façons :

CF = Recettes d'Exploitation — Dépenses d'exploitation

ou CF = Résultat + Amortissements.

Remarque : lorsque la « boucle » n'est pas complète, le cash-flow ne se confond pas avec l'accroissement des liquidités ; il faut tenir compte pour son calcul de la variation des stocks et de celle des créances-dettes.

• Le cash-flow est une grandeur financière de première importance : il représente la **« capacité d'autofinancement »** de l'entreprise ; en effet (cf. schéma 2-7), l'accroissement de liquidités (ici $\Delta L = 29$) n'est pas nécessaire au circuit d'exploitation (seuls 146 sont à payer) : le cash-flow est donc *disponible pour contribuer au financement des investissements ;* d'où le terme « capacité d'autofinancement » (financement par l'entreprise elle-même d'une partie de ses investissements).

4° Valeur ajoutée.

Du point de vue économique comme de celui de la gestion, la comparaison des *flux de biens et services vendus et consommés* est intéressante. Dans le circuit ci-dessus :

Biens et services vendus : 175 }
} différence 75
Biens et services consommés : 100 }

On appelle **valeur ajoutée** cette différence : l'entreprise a puisé, dans le marché « amont » de ses fournisseurs, des valeurs (sous forme de biens et services) de 100 ; elle déverse sur son marché « aval » des valeurs vendues au prix de 175 ; **elle a donc créé une « valeur ajoutée » de 75.**

Le schéma nous montre les deux façons de calculer la valeur ajoutée :

Approche soustractive :

VA = Production (de b. et s.) — Consommation (de b. et s.)

Approche additive :

VA = Somme des rémunérations des facteurs de production

=	Salaires (et charges sociales)	Personnel
+	Impôts	État
+	Intérêts	Prêteurs
+	Amortissement	Investissements
+	Résultat (bénéfice ou perte).	Capitaux propres

Remarque : lorsque la « boucle » n'est pas complète, production et consommation ne se confondent pas avec les flux *f* et *a* :

— la production est égale au flux *f* augmenté (ou diminué) de la variation de stocks de produits finis ;

— la consommation est égale au flux *a* diminué (ou augmenté) de la variation de stocks de matières premières et de marchandises.

(1) En anglais, flux de liquidités.

QUESTIONS

A. *Une usine a été conçue et construite pour fabriquer 10 000 pièces par mois ; analyser les conséquences économiques d'un niveau d'activité ne dépassant pas 60 % de cette capacité.*

B. *Rechercher des exemples d'entreprises dont la croissance peut se faire de façon très progressive (« petites marches d'escaliers » du schéma 2-1) ; d'autres au contraire dont les étapes de croissance technique sont très nettement marquées.*

C. *Citer des exemples de cycles courts et de cycles de longue durée de l'exploitation d'entreprises.*

D. *On appelle « décision de courte période » une décision de gestion qui ne modifie pas la structure de l'entreprise (c'est-à-dire investissement-financement), et « décision de longue période » celle qui modifie cette structure.*
Expliquer et commenter cette terminologie. En donner des exemples.

E. *Présenter les schémas des flux externes correspondant aux opérations suivantes :*
1. Achat de marchandises, à crédit, par l'entreprise E à son fournisseur F : 8 000 F.
2. Ventes de marchandises, au comptant (espèces), par E : 6 000 F.
3. Paiement partiel (5 000 F) de la dette 8 000 F envers le fournisseur F (cf. n° 1).

F. *Analyser en « ressources » et « emplois » tous les flux figurant dans le graphique du circuit de l'entreprise commerciale (2-6).*

G. *Représenter par des graphiques de flux les opérations suivantes :*
1. Transformation des matières A (300) et B (500) en un produit fini P dont le coût de production est également formé de salaires (250) et d'amortissements (80).
2. Vente au prix de 3 000 F d'une marchandise d'un coût de revient de 2 400 F.
3. Vente au prix de 5 000 F d'un produit fabriqué dont le coût de revient est de 6 000 F.

H. *Étudier le graphique 2-6 ; comment a été obtenu le montant de 116 du flux de sortie du stock de marchandises ? Le montant 164 du coût de revient ?*

I. *Représenter la situation de l'entreprise commerciale après exécution de toutes les opérations représentées sur le graphique 2-6, par un graphique semblable au graphique 2-5.*

J. *Même question en supposant que les règlements financiers de l'année ont été les suivants :*
— règlements des clients 126 ;
— paiements 93 (5 à l'État, 28 au Personnel et 60 aux Fournisseurs).

K. *Observer le graphique 2-6. On suppose dans cette question qu'une partie des marchandises, d'un coût d'achat de 8, n'a pas été vendue, tous les autres flux restant inchangés.*
Calculer :
— la « valeur ajoutée » de l'entreprise ;
— la capacité d'autofinancement ;
— le résultat.

L. *Observer le graphique 2-7. On suppose dans cette question que les matières premières utilisées dans la fabrication avaient un coût d'achat de 95 (donc que le stock s'est accru de 6) et que les produits finis vendus avaient un coût de production de 130, tous les autres flux étant inchangés.*
1. Quelle est la situation finale de l'entreprise ? (présentée sous forme d'un graphique du type 2-5).
2. Calculer la valeur ajoutée (en précisant le montant de la production et celui de la consommation).
3. Calculer le cash-flow ou capacité d'autofinancement.
4. Calculer le résultat.

M. *Une entreprise a calculé son résultat de l'exercice n ; c'est une perte de 18 000 F ; elle a inclus dans ses charges pour 89 000 d'amortissements ; quelle est la capacité d'autofinancement de cet exercice ?*

N. *Pourquoi le calcul de la « capacité d'autofinancement » est-il plus « fiable » que celui du résultat ?*

Chapitre 3

TRADUCTION COMPTABLE DES FLUX ; PARTIE DOUBLE ; COMPTE

La comptabilité dite « en partie double » résulte d'une longue pratique, qui, de même que pour beaucoup d'autres disciplines, a précédé la théorie explicative. Les théories de la comptabilité sont nombreuses, la première étant l'œuvre d'un moine italien du XVIe siècle, Lucca Pacciolo ; certaines insistent sur la dimension mathématique de la comptabilité ; d'autres sur sa dimension juridique, d'autres enfin sur l'aspect économique de cette technique.

C'est cette approche économique de l'explication de la comptabilité qui nous paraît la plus complète et la plus convaincante : les chapitres précédents nous ont familiarisé avec l'analyse économique de la vie de l'entreprise ; il nous reste à passer à la traduction comptable de cette vie, traduction qui procède d'un **enregistrement systématique des flux.**

I. PRINCIPE DE L'ANALYSE : EMPLOIS ET RESSOURCES

La comptabilité est conçue de façon à **enregistrer les divers flux** caractéristiques de l'activité de l'entreprise ; à partir de ces enregistrements systématiques, elle pourra établir, périodiquement (et au moins une fois par an), des **documents de synthèse** décrivant l'**activité de la période** et la **situation** qui en découle.

Les graphiques précédents ont permis de décrire et de visualiser les mouvements de valeurs qui traversent l'entreprise et la relient à l'extérieur ; ils n'ont qu'un but pédagogique d'illustration et la comptabilité ne saurait enregistrer sous cette forme les milliers d'opérations qu'elle effectue. C'est pourquoi elle enregistre les flux sous une forme permettant le traitement massif de ces informations.

1° Analyse comptable d'un flux.

Soit un flux observé entre deux pôles 1 et 2 du champ d'analyse (externe ou interne) de l'entreprise, par exemple entre le pôle « Fournisseurs » et le pôle « Stocks marchandises ».

Chaque flux est défini par :

- **son pôle de départ** (ici pôle 1) qui est à l'origine de ce flux et qui sera désigné par le terme **« ressource »** du flux (au sens de « source » de la valeur transférée) ;

- **son pôle d'arrivée** (ici pôle 2) qui correspond à la destination de la valeur dont la source est le pôle 1 ; il est désigné par le terme **« emploi »** (au sens de « emploi » de la valeur) ;

- **son montant** *m,* exprimé, en France, en francs.

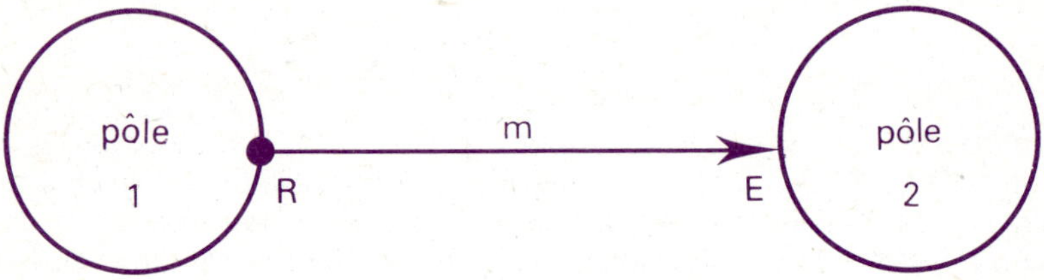

Ainsi, pour enregistrer le flux

la comptabilité notera :

Emploi		*Ressource*	
Stock marchandises	1 000	Fournisseurs (« dette fournisseurs »).	1 000

(Par tradition, la ressource est notée à droite, l'emploi, à gauche.)

2° Flux et opérations.

a) *Flux externes.* Les opérations externes ont toujours un caractère bilatéral : elles se décomposent donc en deux flux de sens opposé, comme l'indiquait le schéma de base, page 8, relatif à une *opération d'achat au comptant :*

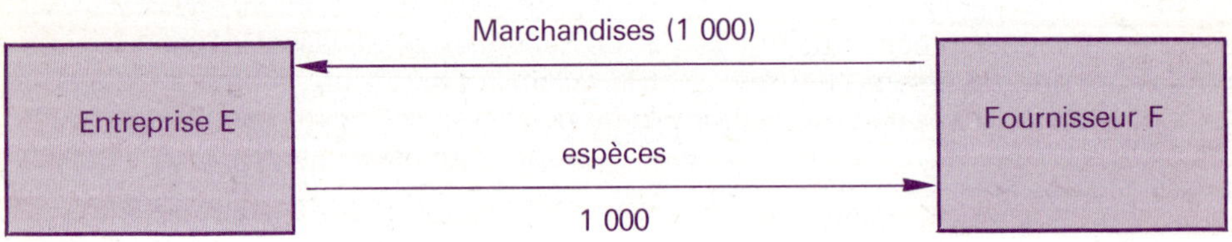

On voit que chez chaque coéchangiste, sont à enregistrer une ressource R et un emploi E de deux flux différents :

Entreprise E	*Fournisseur F*
Emploi : Marchandises 1 000	**Emploi** : Caisse 1 000
Ressource : Caisse 1 000	**Ressource** : Marchandises 1 000

On remarque que le graphique des flux concerne aussi bien l'entreprise E que l'entreprise F : en fait, chaque entreprise n'est, pour sa propre comptabilité, intéressée que par deux fractions de flux :

— le flux sortant (ressource) ;

— le flux entrant (emploi).

Ainsi, pour l'entreprise E, la partie utile du graphique est-elle seulement :

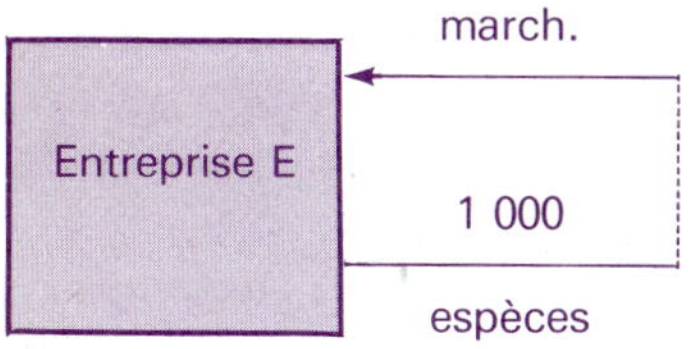

qui se ramène donc au suivant :

que l'on représente comme ci-contre :

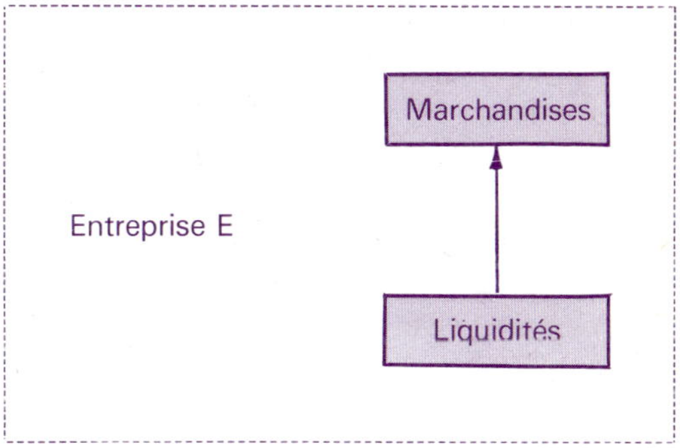

Conclusion : **dans la comptabilité d'une entreprise donnée, l'échange de deux flux externes prend l'apparence d'un flux unique** ; c'est ainsi que le flux *a* du graphique 2-4

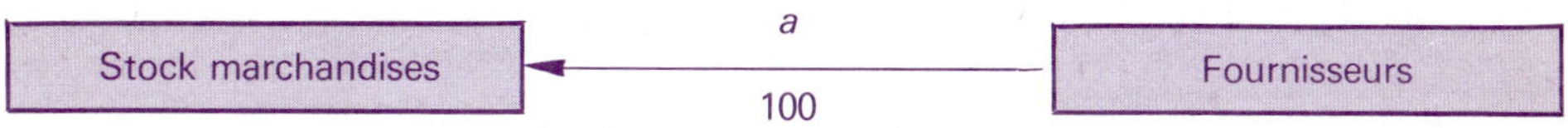

correspond en fait à l'échange d'un flux réel (marchandises 100) contre un flux financier (dette, 100).

b) *Flux internes ;* les opérations « internes » n'ont pas le caractère bilatéral d'échange ; elles se traduisent non par deux flux, mais par **un seul flux interne.**

Exemple : On constate qu'un lot de marchandises d'un coût d'achat de 500 F est détérioré et a perdu toute valeur de revente :

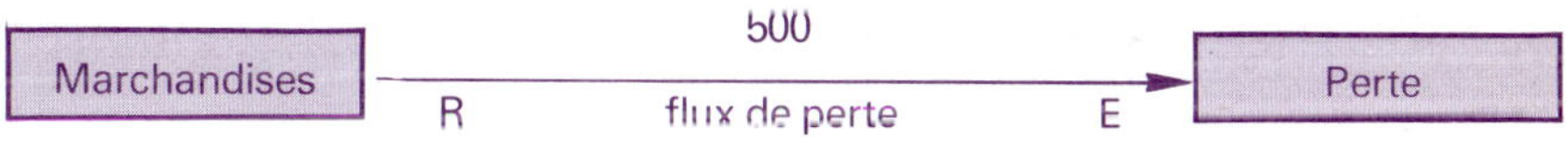

Emploi : Perte 500 ; *Ressource :* Marchandises 500.

En résumé, toute opération, externe ou interne est traduite en comptabilité par :

un « **emploi** » (ou plusieurs en cas d'opérations complexes).

une « **ressource** » (ou plusieurs en cas d'opérations complexes).

II. L'ÉGALITÉ : TOTAL EMPLOIS = TOTAL RESSOURCES

Les schémas qui précèdent montrent que la comptabilité enregistre le mouvement de valeur de son pôle de départ à son pôle d'arrivée : le montant de la ressource R est donc nécessairement égal au montant de l'emploi E :

(1) **Montant Emploi = Montant Ressource.**

Cette égalité est le plus souvent évidente.

Lorsqu'il n'en est pas ainsi, c'est que l'opération est génératrice d'un **résultat** (perte ou bénéfice) ; or, **la perte constituant un « emploi »** de la valeur (emploi définitif, irréversible), le **bénéfice, une ressource** (définitivement acquise car non remboursable à un tiers), l'égalité (1) est systématique.

Exemple :

Vente avec bénéfice		*Vente avec perte*	
Revente à 500 F d'une marchandise ayant coûté 400 F.		Revente à 320 F d'un article ayant coûté 400 F.	
Emploi :		**Emploi :**	
• Caisse (ou créance client)	500	• Caisse (ou créance client)	320
		• Perte	80
Ressource :		**Ressource :**	
• Marchandises	400	• Marchandises	400
• Bénéfice	100		

Ainsi, le **résultat** rétablit-il systématiquement l'égalité des emplois et des ressources :

— *le bénéfice est bien une ressource* (interne) : utilisant une valeur (interne) de 400, j'obtiens en « emploi » une valeur de 500 ; les 100 F d'excédent ont comme *« source » le bénéfice* que j'ai su créer (ressource) ;

— *la perte est un emploi* (interne) de valeur : utilisant une valeur de 400, je n'en obtiens, sur le marché, que 320 ; sur les 400 de valeur initiale, seulement 320 se retrouvent en un emploi économique (espèces, ou créance) et *80 sont employés de façon irréversible et définitive en une perte subie.*

En conclusion, l'égalité **total Emplois = total Ressources** est tautologique* et résulte de la définition même de la perte comme emploi, du bénéfice comme ressource ; cette égalité est celle de la *« comptabilité en partie double »,* intéressante autant sous l'angle du raisonnement économique que sous celui de ses conséquences arithmétiques (en matière de contrôles notamment).

III. APPLICATION : ANALYSE D'OPÉRATIONS USUELLES

1° Condition préalable : définition d'un « modèle » d'analyse.

Malgré leur apparence parfois concrète (tels les flux « réels » de biens et services), les flux à enregistrer sont des *concepts,* c'est-à-dire des outils intellectuels construits par l'homme pour mieux saisir et décrire une réalité complexe.

---

* Tautologie : répétition inutile d'une même idée en termes différents (pléonasme).

Exemple : Une entreprise possède un magasin de vente à Paris, un autre à Lyon ; elle transfère 100 000 F en espèces de la caisse de Lyon à celle de Paris.

• Si le « modèle » comptable retenu a prévu un pôle « Caisse Paris » et un autre « Caisse Lyon », la comptabilité doit enregistrer le flux :

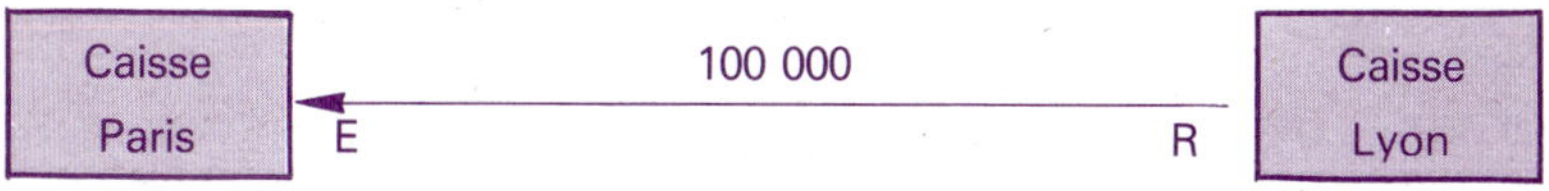

Emploi : Caisse Paris 100 000 ; *Ressource :* Caisse Lyon 100 000.

• Si, par contre, le « modèle comptable », plus global, n'a prévu qu'un pôle unique « Caisse » pour l'ensemble des magasins, aucun flux n'apparaît dans le « champ d'analyse ».

Conclusion : **l'enregistrement comptable suppose une définition préalable des pôles d'analyse, dont l'ensemble constitue le « modèle comptable » de l'entreprise.**

Dans les applications suivantes, nous utiliserons les modèles d'analyse des graphiques 2-7 et 2-6 (11 pôles d'analyse dans l'entreprise commerciale, 12 dans l'entreprise industrielle, ces 11 et 12 pôles permettant une description relativement complète, et concise, de la zone interne et de la zone externe de l'entreprise).

2° Analyse d'opérations usuelles.

Opérations	**Emplois**		**Ressources**	
a) Achat (à crédit) de matières, 3 000 F.	Stock matières premières	3 000	Fournisseurs (dette envers eux).	3 000
b) Paiement de 2 300 F à ces fournisseurs (a).	Fournisseurs (créances sur eux).	2 300	Liquidités	2 300

(On notera que les dettes contractées représentent des « ressources », les créances acquises des « emplois ».)

Opérations	Emplois		Ressources	
c) Emprunt de 50 000 F auprès d'un établissement financier.	Liquidités	50 000	Dettes financières	50 000
d) Acquisition pour 75 000 F d'un nouvel équipement (payé comptant).	Investissements (ou « Immobilisations ».)	75 000	Liquidités	75 000
e) Encaissements de créances sur les clients pour 18 000 F.	Liquidités	18 000	Clients (dettes envers eux).	18 000

f) Constatation du coût de revient de marchandises vendues : « sorties de stocks » pour 1 000 F ; salaires 300 F ; impôts 50 F ; amortissements 80 F ; total : 1 430 F.	Coût de revient des marchandises vendues 1 430	Stocks marchandises 1 000 Personnel (dette) 300 État (dette) 50 Immobilisations 80
g) Paiement des salaires ci-dessus enregistrés (en *f*).	Personnel 300	Liquidités 300
h) Vente au prix de 1 700 F des marchandises de coût de revient 1 430 F (vente à crédit).	Clients (créances) 1 700	Coût de revient des marchandises vendues 1 430 Bénéfice 270
i) Constatation d'un vol de matières premières stockées : 4 000 F.	Perte 4 000	Matières premières 4 000

Conclusion : pour se familiariser avec le principe de l'analyse comptable, il convient d'enregistrer ainsi en « emplois » et en « ressources » les flux de l'entreprise :

— dans certains cas, c'est d'abord la « ressource » qui apparaît comme plus évidente ; on détermine ensuite l'emploi (ou les emplois) ;

— dans d'autres cas, on note d'abord l'emploi, puis la ressource (ou les ressources) : ainsi, pour l'opération *h*, l'emploi apparaît d'abord (créance acquises sur les clients) ; ensuite, on analyse la ressource : valeur en marchandises (coût de revient, 1 430) et, par différence, le bénéfice 270.

IV. LE COMPTE

1° Des « pôles d'analyse » aux comptes.

Les graphiques de flux précédents ont montré que chaque pôle d'analyse peut être, en fonction des opérations effectuées, point de départ ou point d'arrivée de flux :

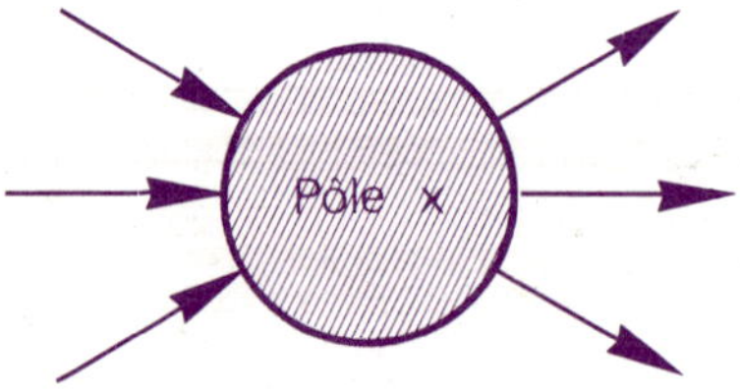

Puisque la comptabilité enregistre ces flux en « emplois » et en « ressources », chaque pôle est donc :

— « emploi » pour certains flux ; | — « ressource » pour d'autres flux ;

C'est pourquoi, elle note ces *emplois et ces ressources concernant un même pôle* dans un **tableau à deux colonnes appelé COMPTE, dont la partie gauche est réservée aux emplois, la partie droite aux ressources** ; on désigne sous le nom de *débit* et de *crédit* ces deux parties.

Schéma de flux :

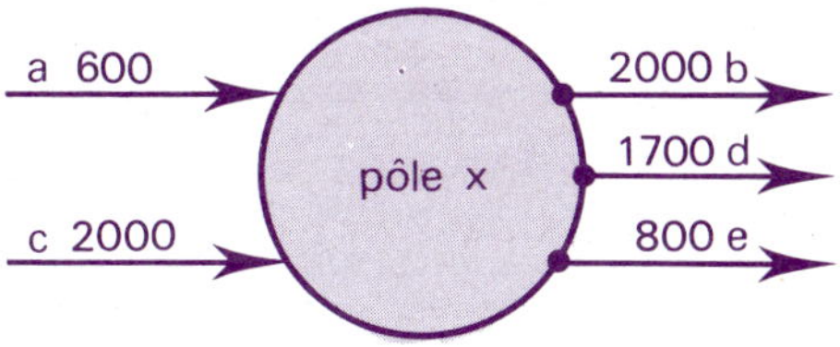

Compte correspondant :

DÉBIT (Emplois)		Compte X	CRÉDIT (Ressources)
Opération *a*	600	Opération *b*	2 000
Opération *c*	2 000	Opération *d*	1 700
		Opération *e*	800

2° Terminologie usuelle.

a) *Imputation.*

L'inscription d'une somme dans un compte, à son débit ou à son crédit, est appelée imputation.

Débiter un compte, c'est porter une somme à son débit. *Exemple :* 600, 2 000.

Créditer un compte, c'est porter une somme à son crédit. *Exemple :* 2 000, 1 700, 800.

Le symbole F n'est pas reporté sur le compte et est sous-entendu en France. Les sommes portées au débit ou au crédit sont appelées *« mouvements »* du compte.

b) *Jeu des comptes.*

Un compte est crédité si, pour l'opération qui le concerne, **il enregistre une ressource.**

Exemples :

— *le compte « Capital », lors du premier apport du propriétaire-exploitant, 50 000 F ;*

— *le compte « Fournisseur Musy », lorsque nous achetons à ce fournisseur et à crédit des marchandises, 400 F ;*

— *le compte « Caisse », lorsque l'on verse 1 000 F au Crédit Lyonnais.*

Un compte est débité si, pour l'opération qui le concerne, **il enregistre un emploi.**

Exemples :

— *le compte « Caisse », lors de l'apport en espèces du propriétaire-exploitant de l'entreprise, 50 000 F ;*

— *le compte « Marchandises », lorsqu'on achète à crédit 15 000 F de marchandises au fournisseur Picat.*

Schéma des comptes :

Débit	CAPITAL	Crédit
		50 000

Débit	FOURNISSEUR MUSY	Crédit
		400

Débit	CAISSE	Crédit
50 000		1 000

Débit	MARCHANDISES	Crédit
15 000		

c) *Solde d'un compte.*

Les mouvements de valeurs intéressant le compte étant notés, soit à son débit, soit à son crédit, *le montant net d'un compte à une date donnée est égal à la différence entre le total de ses débits et le total de ses crédits ou à la différence opposée.* Cette différence est appelée **solde du compte.**

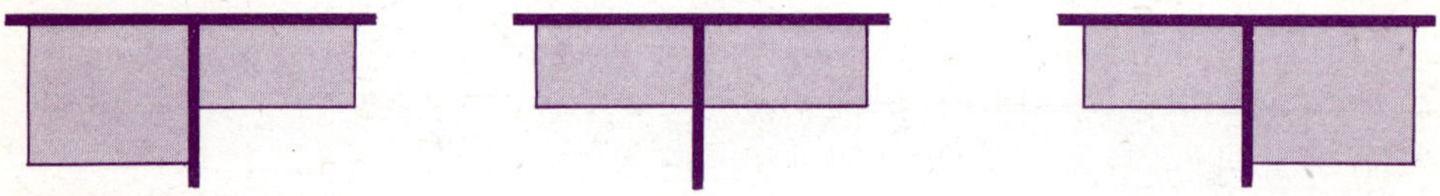

Compte « débiteur » (emploi net)	Compte à *solde nul*	*Compte créditeur* (ressource nette)

Dans l'exemple précédent du « compte X » en 1°, on obtient :

Total des débits : 2 600	Total des crédits : 4 500

Donc C > D ; **solde créditeur** de 1 900.

Après l'opération *e,* ce compte est créditeur de 1 900 F et représente pour l'entreprise une *« ressource nette »* de ce montant.

3° Exemple de fonctionnement d'un compte : le compte « Caisse ».

Inscrire dans le compte « Caisse » les opérations suivantes :

1er mars.	*Création de l'entreprise, apport de l'exploitant en espèces*	*20 000 F*
3 mars.	*Achat au comptant de marchandises contre espèces*	*8 000 F*
4 mars.	*Recettes en espèces de la journée*	*2 000 F*
5 mars.	*Versé en banque en espèces*	*5 000 F*
	Recettes de la journée en espèces	*1 500 F*

Les inscriptions demandées supposent l'analyse préalable des opérations effectuées, en « emplois » et « ressources », c'est-à-dire la recherche des comptes débités et crédités. Bornons-nous pour le moment à noter les conséquences, pour le compte « Caisse », des flux créés en remarquant que, pour les espèces, « emplois » et « ressources » correspondent à « entrées » et à « sorties ».

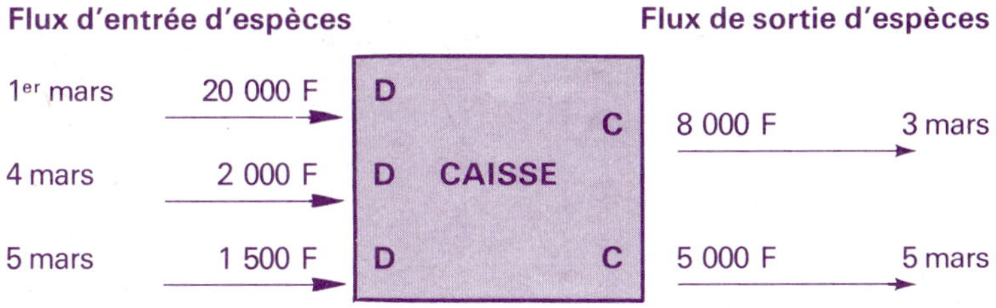

La caisse :

— a constitué l'emploi pour trois des opérations étudiées (ce qui a entraîné les débits de 20 000 F, 2 000 F et 1 500 F ; entrées en caisse) ;

— a constitué la ressource des deux autres opérations (ce qui justifie les crédits de 8 000 F et 5 000 F ; sorties de caisse) ;

Le compte « Caisse » se présente alors ainsi :

Débit **CAISSE** **Crédit**

Dates	Libellés explicatifs	Sommes	Dates	Libellés explicatifs	Sommes
1er mars	Apport initial.	20 000	3 mars	Achat de march.	8 000
4 mars	Ventes de ce jour	2 000	5 mars	Versement en banque .	5 000
5 mars	Ventes de ce jour	1 500			
	Total du débit . .	23 500		Total du crédit .	13 000

Solde débiteur (ou existant en caisse) : 10 500.

(Dates et « libellés » sont utiles à l'explication et au contrôle.)

4° Tracé usuel des comptes.

a) *Tracé classique :* à gauche débit ; à droite crédit (cf compte Caisse ci-dessus).

b) *Tracé avec colonnes de soldes.*

Dans ce type de tracé, toutes les opérations sont inscrites les unes après les autres, et le solde du Compte est dégagé ligne par ligne, après chaque opération.

Le Compte Caisse ci-dessus se présenterait ainsi dans ce type de tracé :

CAISSE

Dates	Libellés	Sommes		Soldes	
		D	C	D	C
1-3	Apport initial	20 000		20 000	
3-3	Achat marchandises		8 000	12 000	
4-3	Ventes	2 000		14 000	
5-3	Versement en banque ...		5 000	9 000	
5-3	Ventes	1 500		10 500	

V. JEU DES COMPTES - PARTIE DOUBLE

Reprenons les cinq opérations figurant dans le compte Caisse ci-dessus. Analysons chacune d'elles à la fois en ressources et en emplois et déduisons les enregistrements à effectuer dans les comptes.

(1) Premier apport de l'exploitant dans son entreprise, 20 000 F (en espèces).

Ressource (compte à créditer) : Capital . 20 000 F
Emploi (compte à débiter) : Caisse ...... 20 000 F

(2) Achat au comptant de marchandises contre espèces, 8 000 F.

Ressource (compte à créditer) : Caisse .. 8 000 F
Emploi (compte à débiter) :
Marchandises .... 8 000 F

(3) Ventes au comptant de la journée, 2 000 F (en espèces) ; les marchandises vendues ont coûté 1 600 F.

Ressources (comptes à créditer) :
Marchandises .... 1 600 F
Bénéfice .... 400 F
Emploi (compte à débiter) : Caisse ...... 2 000 F

Rappelons qu'il s'agit là, en fait, de deux flux élémentaires :

— la sortie de marchandises au prix coûtant (1 600 F) ;

— la constatation d'un profit (400 F).

(4) Versement d'espèces en banque, 5 000 F.

Ressource (compte à créditer) :
Caisse .... 5 000 F
Emploi (compte à débiter) : Banque ..... 5 000 F

(5) Ventes au comptant de la journée, 1 500 F (en espèces) ; les marchandises vendues ont coûté 1 200 F.

Ressources (comptes à créditer) :
Marchandises .... 1 200 F
Bénéfice .... 300 F
Emploi (compte à débiter) : Caisse ...... 1 500 F

La remarque faite au paragraphe 3 vaut évidemment pour le paragraphe 5.

CAISSE

(1)	20 000	8 000	(2)
(3)	2 000	5 000	(4)
(5)	1 500		
	23 500	*13 000*	

CAPITAL

		20 000	(1)

MARCHANDISES

(2)	8 000	1 600	(3)
		1 200	(5)
		2 800	

BÉNÉFICE

		400	(3)
		300	(5)
		700	

BANQUE

(4)	5 000		

Les égalités déjà justifiées en II, page 38, s'appliquant à :

— une opération élémentaire :

Emploi = Ressource

— un ensemble d'opérations :

Total des emplois = Total des ressources

on déduit les égalités suivantes :

Débit = Crédit | **Total des débits = Total des crédits**

qui caractérisent la comptabilité à partie double.

PRINCIPE

Toute opération simple intéresse deux comptes, un compte qui est débité, un compte qui est crédité d'un égal montant.

COROLLAIRE

Pour un ensemble d'opérations, le total des débits est égal au total des crédits.

Vérification sur l'exemple précédent :

Débits	Crédits
—	—
23 500	13 000
8 000	2 800
5 000	20 000
	700
36 500	36 500

Le principe de la partie double a, en comptabilité, de nombreuses applications, en matière de contrôles notamment.

VI. REMARQUE

A compter du chapitre suivant, il conviendra d'enregistrer systématiquement les opérations dans les comptes qui seront donc débités et crédités en fonction des flux les concernant. Toutefois, pour bien comprendre la signification de chaque flux et pour trouver les pôles d'analyse (comptes) concernés, le raisonnement en « Emplois » et « Ressources » devra être poursuivi aussi longtemps que les termes techniques de « Débit » et de « Crédit » ne seront pas assimilés.

Quand cette assimilation sera acquise, il sera souvent utile, au niveau du raisonnement, de l'analyse, de décomposer l'opération à enregistrer en « Ressources » et « Emplois » pour en bien saisir la nature.

QUESTIONS

A. *Les entreprises A et B réalisent l'opération suivante :*

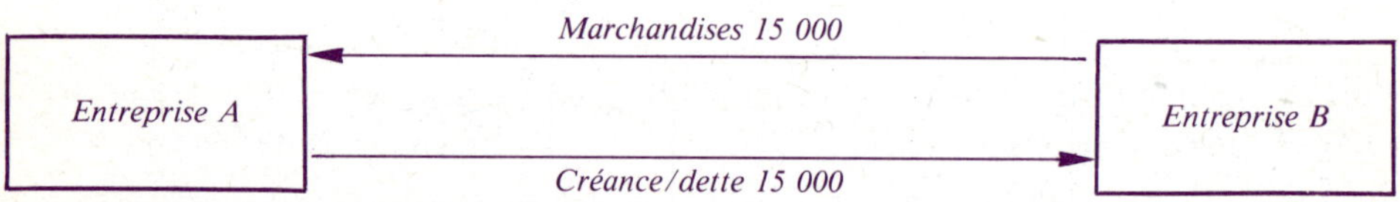

Présenter le graphique des flux propre à chacune des entreprises A et B, sachant que :
— les « marchandises » sont des machines à écrire fabriquées par B et destinées à l'équipement des bureaux de A ;
— le coût de revient était chez B de 13 800 F.

B. *Une entreprise commerciale de vente de mobilier et matériel de bureau décide de prélever sur son « stock » 2 machines à écrire d'un coût d'achat total de 12 000 F pour équiper le secrétariat de direction.*
Présenter le graphique du ou des flux correspondants.

C. *Une opération commerciale entre deux entreprises se traduit par les flux suivants :*

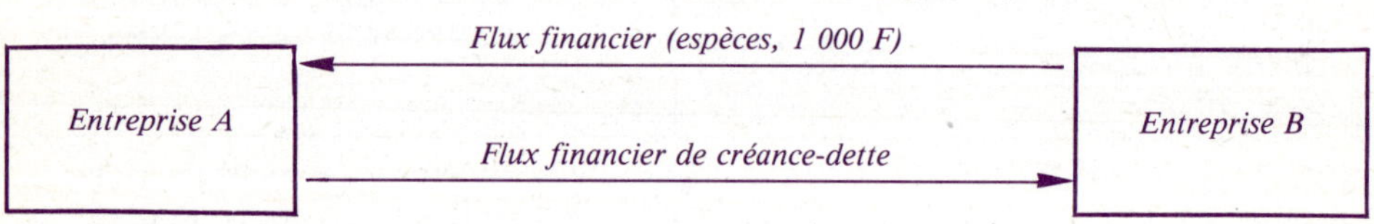

Procéder à l'analyse comptable de cette opération (en emplois et ressources) :
— dans la comptabilité de l'entreprise A,
— dans celle de l'entreprise B.

D. *Une entreprise vend, au comptant, 1 000 F un lot de marchandises acheté à ce même prix. Indiquer le schéma des flux et l'analyse comptable de cette opération.*

E. *Dans le bilan d'une entreprise, les « marchandises » figurent pour un montant de 35 000 F. Un contrôle du magasin révèle qu'une partie de ces marchandises, évaluée à 2 000 F, a disparu, sans doute par suite de vol. Traduire ce fait en flux et donner son analyse comptable.*

F. *Analyser les opérations suivantes :*

a) *Achat de marchandises payées par chèque bancaire sur le Crédit Lyonnais, 3 000 F ;*

b) *Emprunt à la Société de Développement régional de 500 000 F, portés à notre avoir au Crédit Lyonnais ;*

c) *Constatation d'une dépréciation de 1 000 F du mobilier de bureau ;*

d) *Encaissement d'une créance de 300 F sur le client René ;*

e) *Vente au comptant, pour 900 F, de marchandises ayant coûté 700 F ;*

Vérifier, pour l'ensemble de ces opérations, l'égalité fondamentale des ressources et des emplois.

G. *Montrer, sur des exemples précis, en vous aidant d'une représentation graphique des flux, qu'une créance constitue un « emploi », une dette une « ressource ».*

H. *Présenter le compte schématique correspondant au graphique suivant :*

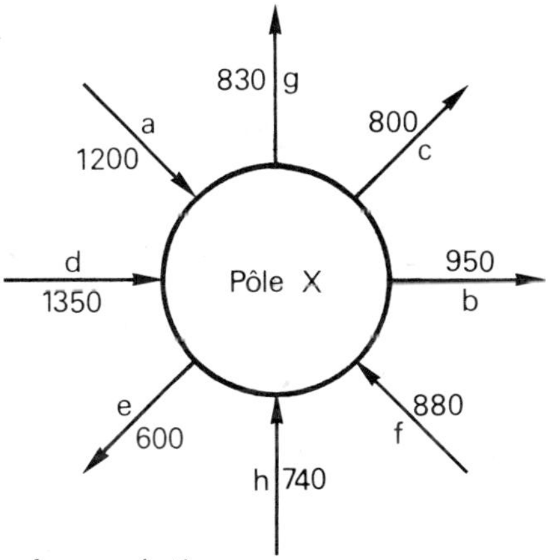

Calculer son solde à l'issue de ces opérations.

*En supposant que les opérations ont été effectuées dans un ordre chronologique correspondant à l'ordre alphabétique (*a*, puis* b, *puis* c, *etc.), déterminer le solde du compte après l'opération* d ; *après l'opération* g.

I. *Un compte « Caisse » se présente ainsi :*

Débit — *CAISSE* — *Crédit*

Dates	Libellés	Sommes	Dates	Libellés	Sommes
1er fév.	Avoir en caisse	12 000	2 fév.	Payé le fournisseur Dufour	3 000
3 fév.	Recettes du jour	2 500	3 fév.	Payé des frais de transport .	700
4 fév.	Recettes du jour	3 000	5 fév.	Versé en banque	5 000
5 fév.	Reçu du client Bénard	900			

Quel est le solde du compte ? Quels sont les comptes jouant en contrepartie du compte « Caisse » pour les opérations des 2, 4 et 5 février ? Présenter ce compte dans un tracé avec colonnes de soldes.

J. *Le compte « Client Tosi » se présente ainsi, schématiquement (il est précisé qu'un compte « Client » est, normalement, débiteur, mais qu'il peut être, exceptionnellement, créditeur) :*

Débit		*CLIENT TOSI*	*Crédit*
3 mai	*850*	*14 mai*	*400*
2 juin	*900*	*31 mai*	*450*
		5 juin	*300*
		30 juin	*600*
		10 juillet	*200*

Quel est le solde du compte ? Où figure-t-il dans le bilan établi au 10 juillet ? Est-ce une position normale ? Comment peut-on l'expliquer ?

Commenter succinctement les mouvements inscrits dans le compte du 3 mai au 10 juillet.

K. *Considérer le compte du fournisseur Staller :*

Débit — *FOURNISSEUR STALLER* — *Crédit*

10 déc.	*Mon versement d'espèces*	*1 000*	*8 déc.*	*Mon achat à crédit*	*3 000*
31 déc.	*Mon chèque bancaire pour solde*	*?*	*17 déc.*	*Mon achat à crédit*	*1 500*
			20 déc.	*Mon retour de marchandises*	*300*

Sur la base des imputations dans le compte telles qu'elles ont été faites, quel est le montant du chèque du 31 décembre ?

Ces imputations vous paraissent-elles toutes exactes ? Présenter le compte tel qu'il aurait dû être établi et indiquer le montant du chèque du 31 décembre.

Expliquer, par un schéma, le jeu des comptes concernés par les opérations ci-dessus.

L. *On extrait d'un compte « Caisse » les renseignements suivants :*

D		*CAISSE*	*C*
	...		...
	...		...
Acheté timbres-poste	*180*	*Reçu du Client Yves*	*750*
	...	*Payé SNCF*	*177*
			...

solde débiteur *863*

Quelles erreurs constatez-vous ?

Calculez le solde exact après rectification.

M. *Un compte dont le solde a été calculé comme créditeur et égal à 8 752 F se présente ainsi, la somme x étant illisible ; calculer cette somme x (le solde calculé est exact).*

D	*COMPTE..*	*C*
6 341		*8 590*
11 837		*17 325*
6 945		*x*
21 470		*6 317*

EXERCICES

• **1.** Voici un compte :

Débit — CAISSE — Crédit

Dates	Libellés	Sommes	Dates	Libellés	Sommes
10-6	Solde débiteur	980	11-6	Payé frais d'entretien	47
13-6	Reçu du client Pierre	3 000	12-6	Payé à la S.N.C.F.	132
17-6	Recette sur ventes au comptant	780	15-6	Acheté des fournitures de bureau	?
			16-6	Payé le fournisseur Bertrand	1 530

Solde, le 17 juin au soir : 2 817.

Retrouver le montant des fournitures de bureau achetées le 15 juin.

Déterminer les soldes successifs du compte les 11, 12, 13, 15 et 16 juin. Contrôlez ce dernier solde par comparaison avec celui du 17 juin.

• **2.** L'entreprise Ricard a réalisé les opérations suivantes :

15 octobre.	Espèces en caisse	18 000 F
16 octobre.	Ventes au comptant contre espèces	1 200 F
18 octobre.	Payé des frais de transport	450 F
	Payé des frais de téléphone	1 230 F
19 octobre.	Réglé la facture n° 56 du fournisseur Rollet	560 F
21 octobre.	Versé à la banque (Crédit Lyonnais), au compte de l'entreprise	1 000 F
	Payé un achat au comptant de marchandises	780 F
22 octobre.	Vendu contre espèces un mobilier usagé	1 150 F
24 octobre.	Payé divers impôts..................................	1 890 F
	Reçu un versement en espèces du client Fidelio	560 F
26 octobre.	Réglé un achat de fournitures de bureau	85 F
28 octobre.	Réglé une quittance d'électricité à l'E.D.F.	950 F
	Reçu un versement en espèces du client Moreau	340 F
29 octobre.	Payé un achat de timbres-poste	50 F
30 octobre.	Retiré de la banque	4 000 F
	Versé au fournisseur Gros, un acompte	500 F
31 octobre.	Payé les salaires du personnel, net	8 250 F
	Acheté au comptant une machine à écrire.............	4 300 F

Présenter le compte « Caisse » et calculer le solde au 31 octobre.

• **3.** Présenter le compte « Caisse » d'une entreprise, après enregistrement des opérations suivantes :

2 novembre.	Avoir en caisse	2 452,37 F
3 novembre.	Payé le loyer de novembre	1 500 F
	Vendu au comptant des marchandises pour	1 448,44 F
4 novembre.	Acheté des marchandises au comptant pour	405,42 F
5 novembre.	Versé en banque (Crédit Lyonnais)	1 600 F
6 novembre.	Vente au comptant	1 203,77 F
7 novembre.	Payé le fournisseur Giraud	417,31 F
10 novembre.	Payé des fournitures diverses de papeterie	247,32 F
12 novembre.	Reçu du client Charlieu	1 317,25 F
13 novembre.	Payé une avance au personnel	1 500 F
15 novembre.	Retiré de la banque	1 000 F

Déterminer le solde au 15 novembre.

• **4.** L'entreprise Huvolin a effectué les opérations suivantes avec la « Société Générale » (banque française), au cours de la première quinzaine du mois d'octobre :

1er octobre.	Solde débiteur à nouveau	12 000 F
2 octobre.	Versement de divers chèques remis par les clients	1 650 F
	Chèque n° 210, en règlement du fournisseur Dreux ...	680 F
4 octobre.	Chèque n° 211, en règlement de frais de transport	320 F
6 octobre.	Versement en espèces provenant de la caisse	900 F
7 octobre.	Virement du client Roy en notre faveur	685 F
10 octobre.	Chèque n° 212, en règlement d'un achat au comptant .	730 F
12 octobre.	Chèque n° 213, retrait de M. Huvolin pour alimenter la caisse	5 000 F
13 octobre.	Chèque n° 214, règlement du loyer d'octobre	450 F
14 octobre.	Virement du client Marcelin en notre faveur	1 150 F
15 octobre.	La Société Générale paye, pour notre compte, un client	475 F

Présenter le compte « Société Générale » et calculer le solde au 15 octobre.

• **5.** Reprendre le graphique 2-6 du chapitre 2.

On suppose les opérations *a, b, c, d, e* et *f* réalisées et constatées dans cet ordre.

a) Présenter l'analyse comptable de ces opérations en « débits » et « crédits » (sous forme de deux colonnes).

b) Présenter ensuite les comptes schématiques, en reportant dans les comptes « Investissements », « Capital » et « Dettes financières » les montants initiaux indiqués sur le graphique.

c) Enregistrer ensuite dans les comptes les règlements suivants (après en avoir présenté l'analyse compable) :

— clients : 148 ;

— payé à l'État 7, au Personnel 29, aux fournisseurs 83, aux prêteurs 6.

d) Contrôler l'égalité fondamentale de la partie double : total des débits = total des crédits.

e) Déterminer les soldes des comptes après ces opérations.

• **6.** Un compte, tenu par sommes et soldes se présente ainsi :

Dates	Opérations	Sommes D	Sommes C	Soldes D	Soldes C
3-3	Opération n° 1	23 000		?	?
6-3	Opération n° 2	?	?	?	?
9-3	Opération n° 3		14 000	?	?
15-3	Opération n° 4	6 000		4 000	
20-3	Opération n° 5	8 500		?	?
22-3	Opération n° 6	?	?		3 200

Retrouver sommes et soldes manquants.

Chapitre 4

APPLICATION : TRADUCTION DE LA VIE DE L'ENTREPRISE

Pour mieux comprendre le rôle et le fonctionnement des comptes, traduisons dans une comptabilité simplifiée mais complète la **création** puis l'**exploitation** d'une entreprise.

I. LES DONNÉES DE BASE : CRÉATION ET EXPLOITATION D'UNE ENTREPRISE COMMERCIALE, LA SOCIÉTÉ DEBAZ

Pour ne pas alourdir le graphique et l'exposé, nous considérons :
— une **entreprise commerciale,** d'achat pour revente ;
— dont l'activité porte sur **deux marchandises seulement** (M et N) ;
— dont le coût d'achat ne comprend, outre les achats, que des salaires (employés affectés aux achats) ;
— dont les impôts sont négligeables.

En outre, les sommes sont réduites et simplifiées.

La comptabilité de cette entreprise se veut complète (ou « intégrale ») et doit traduire flux externes et flux internes.

Opérations effectuées :

• *Début année A : (x)* création de l'entreprise ; les associés apportent en liquidités 800 F de capitaux propres ; ils achètent des locaux et des installations (magasin) pour un prix de 1 000 F, dont 400 F sont prêtés par un établissement de crédit, la SOFIC, le reste étant payé comptant.

• Les opérations d'*exploitation de l'année 1984* sont les suivantes (résumées) :

(a) Achats de marchandises M aux fournisseurs, à crédit : 20 unités à 150 F l'une, soit 3 000 F ;
achats de marchandises N, à crédit : 26 unités pour 5 100 F.

(b) Charges de personnel de l'année 2 600 F ; l'analyse de la gestion permet de les répartir ainsi :
– aux achats 160 (60 pour M et 100 pour N) ;
– aux ventes et à la gestion administrative : 2 440 (1 040 à M, 1 400 à N).

(c) les charges d'intérêt de l'année, payées fin 1984, se sont élevées à 15 % des emprunts, soit 15 % de 400 F = 60 F ; on considère qu'elles se répartissent par fractions égales entre les activités M et N.

(d) L'amortissement des investissements (immobilisations) est estimé à 20 % de leur valeur soit 200 F, et est à inclure pour 40 % de son montant dans le coût de revient des marchandises M, pour 60 % dans celui des marchandises N.

(e) Les ventes à crédit réalisées ont porté sur 18 unités M au prix total de 3 800 F et sur 23 unités N au prix de 7 000 F.

(f) Les règlements des clients ont été de 9 300 F.

(g) On a payé dans l'année l'intégralité des intérêts dus ainsi que 5 800 F aux fournisseurs et 2 530 F aux salariés.

(h) On s'aperçoit, en fin d'année, lors de « l'inventaire » (1), que l'un des deux articles M restant en magasin a été détérioré et que sa valeur réelle est tombée à environ 100 F.

Nota : On remarquera que, malgré les simplifications opérées, l'étude des flux internes est complexe ; elle suppose ici une recherche du coût d'achat puis du coût de revient de chaque type d'article vendu, M et N, d'où une répartition des charges entre les deux articles...

II. ANALYSE PAR GRAPHIQUE DE FLUX

L'établissement de ces graphiques n'a qu'un but pédagogique ; dans la pratique, les opérations précédentes seraient directement enregistrées dans les comptes.

1° Création de l'entreprise (opérations *x*).

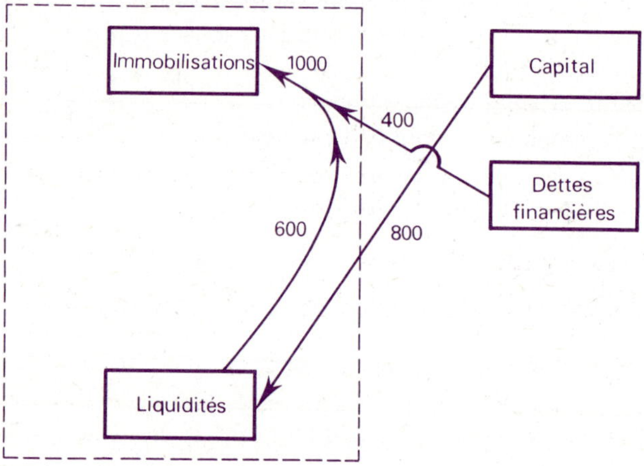

4-1

Après ces opérations d'investissement-financement, le graphique de situation de l'entreprise comporte les pôles Immobilisations (E = 1 000) ; Liquidités (E = 200) ; Capital (R = 800) ; Dettes financières (R = 400) ; ces montants figurent sur le graphique d'exploitation ci-contre (en grisé).

---

(1) Recensement, contrôle et évaluation, en fin d'exercice, de tous les éléments de la situation et du résultat.

2° Opérations d'exploitation de l'année (ou « exercice ») (*a* à *h*) (cf. ci-dessous).

Commentaire :

• pour suivre l'évolution interne des valeurs, il faut créer les pôles « Stock Marchandises M » et « Stock Marchandises N » (si un seul pôle « Stock de marchandises » était créé, on ne pourrait connaître ni le coût de revient ni le résultat de chaque produit vendu) ;

• pour ne pas confondre l'entrée en stock d'une marchandise et le calcul de son coût d'achat, il est préférable de faire figurer la *formation de ce coût* (regroupant plusieurs flux ; ici deux) avant l'*entrée en stock* (point A du graphique) ;

Ces pôles « coûts d'achat », comme les pôles « coûts de revient » ne sont donc que des compteurs de flux (emplois = ressources) à la différence des autres pôles pour lesquels on peut observer, à tout instant des montants différents d'emplois et de ressources.

Entreprise commerciale DEBAZ
(Circuit pour l'année 19 A)

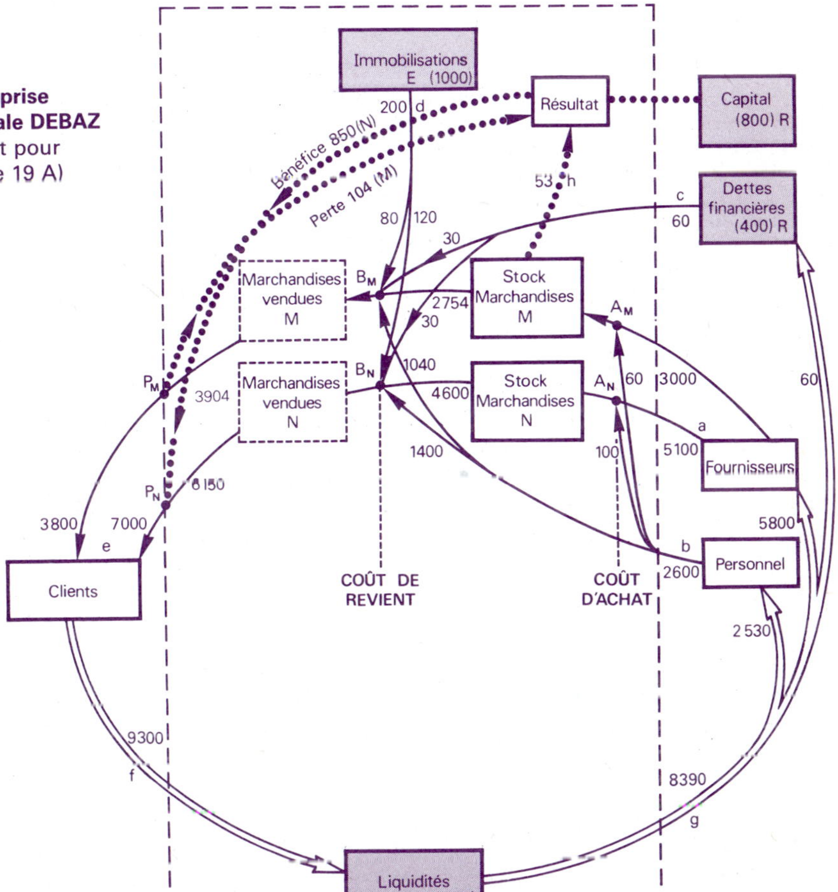

4-2

• au point B est constatée la formation du *coût de revient* de chaque article ; le pôle « marchandises vendues » est figuré en pointillé, car il ne sert qu'à représenter le coût de revient de ces marchandises vendues qui sont donc chez les clients.

• *Calcul des valeurs des sorties de stocks.*

— *Marchandises M.*

— Coût d'achat 3 000 + 60 = 3 060 pour 20 articles, soit 153 F par article ;
— Sorties (articles vendus) : 18 unités à 153 F, soit 153 × 18 = 2 754 F.

— *Marchandises N.*

— Coût d'achat : 5 100 + 100 = 5 200 pour 26 unités, soit 200 F par article ;
— Sorties : 23 unités à 200 F, soit 4 600 F.

• *Calcul des résultats sur chaque type d'article.*

— *Marchandises M.*

— Coût de revient : 2 754 + 80 (d) + 30 (c) + 1 040 (b) = 3 904.
— Prix de vente : 3 800.

D'où **résultat** : 3 800 — 3 904 = — 104 (perte).

A cette perte il convient d'ajouter celle subie sur l'article détérioré restant en stock, dont la valeur n'est que de 100 F ; or, le coût d'achat de cet article est de 153 F ; d'où une perte supplémentaire de 100 — 153 = — 53 (flux h).

Perte sur M : — 104 — 53 = — 157.

— *Marchandises N.*

— Coût de revient : 4 600 + 120 (d) + 30 (c) + 1 400 (b) = 6 150.
— Prix de vente : 7 000.

Résultat : 7 000 — 6 150 = **850 (bénéfice sur N).**

• *Résultat global.*

Perte sur articles M	– 157
Bénéfice sur articles N	850
Bénéfice net	**693**

III. DÉTERMINATION PAR GRAPHIQUE DE LA SITUATION FINALE

1° Avant toute opération d'exploitation, mais après investissement-financement, la situation de l'entreprise était la suivante (rectangles « grisé » du graphique) :

Emplois		**Ressources**	
Immobilisations	1 000	Capital	800
Liquidités	200	Dettes financières	400
Total	1 200	Total	1 200

2° Après ces opérations de l'année, donc à fin 19 A, les éléments de la situation sont les suivants (montants nets des pôles) :

Immobilisations : 1 000 — 200 (d) = **800** (emploi).
Capital : 800 (ressource) ; inchangé.
Dettes financières : 400 + 60 — 60 = **400** (ressource).
Coût d'achat Marchandises M : 3060 — 3060 = 0
Coût d'achat Marchandises N : 5200 — 5200 = 0
Stock Marchandises M : 3 060 — 2 754 — 53 = 253 (soit un article à 153 F et un article, détérioré, à 100 F) ; donc **emploi 253.**
Stock marchandises N : 5 200 — 4 600 = 600 (3 articles à 200 F) ; donc **emploi 600.**
Coût de revient des marchandises vendues M : 3 904 — 3 904 (e) = 0.
Coût de revient des marchandises vendues N : 6 150 — 6 150 (e) = 0.

Les quatre pôles « coût d'achat » et « coût de revient » sont d'un montant nul : ils n'ont servi que de zone de « transit » de la valeur.

Résultat : Bénéfice **693** (ressource).
Clients : 3 800 + 7 000 — 9 300 = **1 500** (emploi) (créances).
Liquidités : 200 + 9 300 — 8 390 = **1 110** (emploi).
Personnel : 2 600 — 2 530 = **70** (ressource) (dette).
Fournisseurs : 3 000 + 5 100 — 5 800 = **2 300** (ressource) (dettes).

Regroupons ces éléments en « emplois » et en « ressources ».

EMPLOIS	Emplois et ressources au 31 décembre 19 A		RESSOURCES
Immobilisations	800	Capital	800
Stock marchandises M	253	Dettes financières	400
Stock marchandises N	600	Fournisseurs (dettes)	2 300
Clients (créances)	1 500	Personnel (dette)	70
Liquidités	1 110	Bénéfice	693
Total	4 263	Total	4 263

IV. ENREGISTREMENT COMPTABLE : CRÉATION ET JEU DES COMPTES

Les opérations de création de l'entreprise, puis celles de l'exploitation, sont enregistrées dans les comptes créés à cet effet.

L'inscription directe des mouvements dans les comptes est délicate ; il est préférable de procéder d'abord à une **« analyse comptable »** des opérations mettant en évidence les comptes à débiter et à créditer.

1° Création de l'entreprise ; investissement-financement *(x)*

• *Apport initial des associés :*

	Débit (emploi)		Crédit (ressource)	
Analyse ⟶	Liquidités	800	Capital	800

d'où création de ces deux comptes :

D	Liquidités (Caisse)	C
(x)	800	

D	Capital	C
	800	(x)

On remarquera qu'après cette première opération, la situation de l'entreprise est représentée par ces deux pôles ou comptes :

Emplois (nets)	Ressources (nettes)
LIQUIDITÉS 800	CAPITAL 800

On appelle BILAN un tel tableau descriptif de la situation financière de la firme.

• *Investissement-financement.*

	Débit (emploi)		Crédit (ressource)	
Analyse ⟶	Immobilisations	1 000	Dettes financières (SOFIC)	400
			Liquidités	600

d'où création de deux nouveaux comptes (Immobilisations, et Dettes financières) ; par contre, le crédit de « Liquidités » est inscrit dans le compte déjà ouvert.

Le modèle comptable descriptif de l'entreprise comporte désormais quatre comptes :

Liquidités		Capital		Immobilisations		Dettes financières	
800	600		800	1 000			400

Après cette opération, la situation financière donnée par les comptes (Bilan) est :

BILAN société DEBAZ après opération *x*

Emplois (nets)		**Ressources** (nettes)	
Immobilisations	1 000	Capital	800
Liquidités	200	Dettes financières	400
Total	1 200	Total	1 200

2° Opérations d'exploitation.

a) *Analyse comptable* (se reporter au graphique des flux).

Nota : avant de constater l'entrée en stocks des marchandises, il est bon de regrouper les éléments du coût d'achat dans un compte « Coût d'achat marchandise M » (de même pour N).

Opérations	Emplois (débits)		Ressources (crédits)	
(a) *Achats* (M) et (N)	Coût d'achat (M)	3 000		
	Coût d'achat (N)	5 100	Fournisseurs	8 100
(b) *Charges de Personnel* (Elles viennent gonfler les coûts d'achat et de revient)	Coût d'achat (M)	60		
	Coût d'achat (N)	100		
	Coût de revient (M)	1 040		
	Coût de revient (N)	1 400	Personnel	2 600
(c) *Intérêts dûs* 15 % de 400 soit 60 Ils gonflent le coût de revient	Coût de revient (M)	30	Dettes	
	Coût de revient (N)	30	financières....	60
(d) *Amortissements* 20 % de 1 000, soit 200 (idem)	Coût de revient (M)	80		
	Coût de revient (N)	120	Immobilisations ..	200

Après ces enregistrements, l'entreprise a noté en comptabilité tous les éléments des coûts d'achats (a et b) ; elle peut donc constater les entrées en stocks :

(non référencé) *Entrée en stocks*	(M)	Stock marchandises (M)	3 060	Coût d'achat (M)	3 060
et	(N)	Stock marchandises (N)	5 200	Coût d'achat (N)	5 200

(Les montants de 3 060 et de 5 200 figuraient au débit des comptes de coûts d'achat maintenant soldés ; ils indiquaient la valeur des entrées en stocks.)

Sorties de stocks des produits vendus (opération e : 18 M et 23 N) ; le coût d'achat de ces marchandises est un élément important de leur coût de revient final.

Sorties	18 articles M	Coût de revient (M)	2 754	Stock march. (M)	2 754
	23 articles N	Coût de revient (N)	4 600	Stock march. (N)	4 600

Tous les éléments des coûts ont été alors enregistrés en comptabilité et les deux comptes de « coût de revient » indiquent, à leur débit, le montant de chaque coût de revient ; la comparaison avec les prix de vente fournira le résultat.

Coûts de revient.

Coût de revient (M)		
(b)	1 040	
(c)	30	
(d)	80	
n.r.	2 754	
(total :	3 904)	

Coût de revient (N)		
(b)	1 400	
(c)	30	
(d)	120	
n.r.	4 600	
(total :	6 150)	

(e) *Ventes* avec perte de 104 sur M	Clients .... Résultat (perte) ..	3 800 104	Coût de revient (M)	3 904
et bénéfice de 850 sur N	Clients	7 000	Coût de revient (N) .... Résultat (bénéfice)	6 150 850
(f) *Règlements des clients*	Liquidités	9 300	Clients	9 300
(g) *Paiements*	Dettes financières Fournisseurs .... Personnel	60 5 800 2 530	Liquidités	8 390
(h) *Perte sur* (M)	Résultat (perte) ..	53	Stock marchandises (M)	53

b) *Inscription dans les comptes.* Aux quatre comptes précédemment créés il a fallu ajouter la création de 10 nouveaux comptes : Coût d'achat (M), Coût d'achat (N), Fournisseurs, Coût de revient (M), Coût de revient (N), Personnel, Stock marchandises (M), Stock marchandises (N), Clients, Résultat. La **« comptabilité intégrale » de cette entreprise fonctionne ainsi avec 14 comptes :**

D	Liquidités		C
(x)	800	600	*(x)*
(f)	9 300	8 390	(g)
	10 100	*8 990*	

s.d. 1 110

D	Capital		C
		800	*(x)*

s.c. 800

	Immobilisations		
(x)	1 000	200	(d)

s.d. 800

Dettes financières

(g)	60	400	*(x)*
		60	(c)

s.c. 400

Coût d'achat (M)

(a)	3 000	3 060	(n.r.)
(b)	60		
	3 060		

solde nul

Coût d'achat (N)

(a)	5 100	5 200	(n.r.)
(b)	100		
	5 200		

solde nul

Fournisseurs

(g)	5 800	8 100	(a)

s.c. 2 300

Coût de revient (M)

(b)	1 040		
(c)	30		
(d)	80		
(n.r.)	2 754	3 904	(e)
	3 904		

solde nul

Coût de revient (N)

(b)	1 400		
(c)	30		
(d)	120		
(n.r.)	4 600	6 150	(e)
	6 150		

solde nul

Personnel

(g)	2 530	2 600	(b)

s.c. 70

Stock marchandises M

(n.r.)	3 060	2 754	(n.r.)
		53	(h)
		2 807	

s.d. 253

Stock marchandises N

(n.r.)	5 200	4 600	(n.r.)

s.d. 600

Clients

(e)	3 800		
(e)	7 000	9 300	(f)
	10 800		

s.d. 1 500

(Perte) Résultat (Bénéfice)

(e)	104	850	(e)
(h)	53		
	157		

s.c. 693

c) *Contrôle de l'égalité de la « partie double ».*

L'ensemble des comptes de l'entreprise DEBAZ doit vérifier l'égalité fondamentale :

Total des débits = Total des crédits.

Est-ce le cas après ces enregistrements ?

Totalisons **tous les débits** des 14 comptes de l'entreprise : **nous obtenons 57 021.**

Totalisons **tous les crédits** : **nous obtenons également 57 021.**

Ainsi se trouve bien vérifiée l'égalité de la « partie double », ce qui semble indiquer qu'aucune erreur n'a été commise dans les imputations (nous verrons plus loin que certaines erreurs ne sont pas révélées par ce contrôle).

V. DES COMPTES AU BILAN

1° Détermination des soldes des comptes en fin d'exercice.

Le calcul des quatorze soldes implique la totalisation, dans chaque compte, des débits d'une part, des crédits d'autre part et le calcul de la différence des totaux (cf. sommes en italique au bas des comptes précédents) ; la totalisation est inutile si les soldes sont évidents (exemple : capital ; immobilisations).

Quatre de ces comptes créés présentent un solde nul : il s'agit des comptes de « coût d'achat » et de « coût de revient » qui n'ont été créés que comme éléments de regroupement et de transit des valeurs vers d'autres pôles ; de tels comptes sont nécessairement soldés en fin de période, leur montant étant transféré au stade suivant.

Les autres comptes ne sont pas soldés, bien que certains puissent l'être de façon fortuite ; par exemple : épuisement total du stock de marchandises ; ou bien résultat s'avérant être exactement nul (ni bénéfice, ni perte). **Tous ces autres comptes décrivent, par leur solde débiteur (emploi net) ou créditeur (ressource nette) la situation financière de l'entreprise.**

2° Le bilan final.

Tableau des emplois nets et des ressources nettes à la date considérée (ici le 31 décembre 19 A), le bilan mentionne :

dans sa partie gauche ou ACTIF **les comptes à solde débiteur** *(emplois nets).*	dans sa partie droite ou PASSIF **les comptes à solde créditeur** *(ressources nettes).*

Bilan Société DEBAZ au 31 décembre 19 A

ACTIF (Emplois nets)		(Ressources nettes) PASSIF	
Immobilisations	800	Capital	800
Stock marchandises M	253	Dettes financières	400
Stock marchandises N	600	Fournisseurs	2 300
Clients	1 500	Personnel	70
Liquidités	1 110	Résultat (bénéfice)	693
Total	4 263	Total	4 263

On remarque l'égalité **total de l'actif = total du passif** que l'on avait déjà notée dans les bilans de début de période ; cette égalité sera bientôt démontrée.

VI. LE BILAN DÉCRIT LA SITUATION FINANCIÈRE DE L'ENTREPRISE, A LA DATE CONSIDÉRÉE

Les enregistrements qui précèdent ont montré que le bilan est obtenu à partir des opérations effectuées, il est la **résultante de ces opérations** sur la situation de l'entreprise.

1° Bilan, « situation financière » et patrimoine.

Pour des raisons d'ordre historique liées au rôle juridique de la comptabilité, les opérations externes enregistrées ne concernent que des flux réels de transfert de propriété ou des flux financiers de créances-dettes résultant de ces transferts ou d'autres opérations contractées avec des tiers.

C'est ainsi que la location par une entreprise d'un immeuble estimé 1 000 000 F et loué par le propriétaire 80 000 F par an donnera lieu :

— seulement à l'enregistrement des loyers (créances-dettes en résultant ; règlements) ;

— mais non à l'enregistrement d'un flux de transfert de la valeur de l'immeuble dans la zone interne de l'entreprise ; en effet, le bien reste propriété du bailleur et ne doit en conséquence pas figurer dans la « situation financière » de la firme qui en est pourtant l'utilisatrice.

Par conséquent, un flux

ne peut traduire qu'un **transfert de propriété** (1) à l'issue duquel la firme :

— devient **propriétaire** du bien ;

— contracte une **dette** envers le tiers.

Conséquences : **le bilan, résultante des comptes, donc des flux antérieurs, ne représente que la *situation « patrimoniale »* de l'entreprise** (2) :

à l'actif	**au passif**
Biens (en propriété) Créances	Dettes

Toutefois, s'ajoutent à ces éléments juridiques, dans le bilan, des informations économiques enregistrées dans les comptes :

à l'actif	**au passif**
Résultat (perte)	Capital Résultat (bénéfice)

En définitive, le **bilan, enfermé dans les limites juridiques strictes, contient cependant, de surcroît, des informations économiques.**

Remarque : « Le patrimoine de l'entreprise ».

En droit français, la notion de patrimoine est liée à celle de personnalité juridique ; aussi, ne peut-on parler de « patrimoine de l'entreprise » qu'autant que celle-ci est une personne juridique, ce qui est le cas des sociétés commerciales qui constituent des « personnes morales ». Par contre, les entreprises individuelles, très nombreuses dans l'artisanat et le commerce, n'ont pas de personnalité juridique distincte de celle de leur propriétaire exploitant ; on ne devrait donc pas parler du

(1) Une loi du 12 mai 1980 sur les « clauses de vente avec réserve de propriété » complique un peu cette analyse, qu'il n'est pas possible de développer ici.

(2) Le « patrimoine » est l'ensemble des biens, des créances et des dettes d'une personne juridique.

« patrimoine de l'entreprise », ni de « ses créances », de « ses dettes », mais du patrimoine, des créances, des dettes de l'exploitant.

Cependant, du point de vue comptable, il est indispensable de distinguer nettement les droits ou les obligations liés à l'activité de l'entreprise, de ceux qui ne concernent que la vie privée de l'exploitant.

C'est pourquoi, dans cet ouvrage, *nous emploierons les expressions biens, créances, dettes de l'entreprise, voire patrimoine de l'entreprise,* attribuant à celle-ci, quelle que soit sa forme, à défaut d'une personnalité juridique qu'elle n'a pas toujours, une personnalité économique et comptable complète.

2° Les masses de l'actif et du passif du bilan.

Compte tenu des limites juridiques du bilan, ses éléments en sont les suivants :

Actif	*Passif*
Biens (en propriété)	Capital
Créances	Dettes
Perte	Bénéfice

les deux hypothèses de bénéfice ou de perte s'excluant mutuellement.

En fait, la plus grande partie du bénéfice n'est pas distribuée aux associés (ou prélevée par l'exploitant) mais laissée dans l'entreprise afin de contribuer au financement des investissements *(autofinancement) ;* pour éviter de confondre, dans le bilan, le bénéfice de l'exercice qui s'achève avec les bénéfices antérieurs ainsi conservés, ces derniers sont notés, au passif du bilan sous l'appellation de **« Réserves ».**

Par ailleurs, si le bénéfice de l'exercice doit être ajouté au capital et aux réserves pour obtenir la masse totale des **« capitaux propres »,** il convient symétriquement, en cas de perte, de retrancher cette perte dans le calcul des capitaux propres.

***Exemple** : Cas de perte.*

Actif — Bilan au 31-12-19A — Passif

Biens	100 000	Capital	60 000
Créances	80 000	Réserves	50 000
Pertes	8 000	Dettes	78 000
	188 000		188 000

Montant des capitaux propres :

	Capital	60 000	*102 000*
+	Réserves	50 000	
—	Pertes	− 8 000	

Pour mettre en évidence ce montant net des **« capitaux propres »** dans le bilan, on préfère **ne pas inscrire les pertes à l'actif mais les retrancher au passif,** qui est alors présenté ainsi :

Actif		Bilan au 31-12-19A	Passif
Biens	100 000	Capital	60 000
Créances	80 000	Réserves	50 000
		— Pertes	−8 000
		Capitaux propres	102 000
		Dettes	78 000
	180 000		180 000

En définitive, en donnant le signe + au résultat bénéficiaire, le signe — au résultat déficitaire (perte) le bilan présente les grandes masses suivantes :

Actif	Bilan au... Passif	
BIENS	CAPITAL	Capitaux propres.
	RÉSERVES	
	RÉSULTAT (+ ou −)	
CRÉANCES	DETTES	

4-3

3° L'égalité total Actif = total Passif ; conséquences.

Cette égalité sera démontrée à partir de celle de la partie double, dans le chapitre suivant ; nous l'avons d'ailleurs constatée dans l'application traitée dans ce chapitre (bilan après création ; bilan final).

Mais cette égalité peut également être justifiée à partir du seul bilan ; ses conséquences sont importantes, notamment parce qu'elles permettent le calcul ou le contrôle du résultat.

a) *Démonstration de l'égalité des totaux du bilan.*

Actif et passif du bilan représentent deux aspects d'une même réalité économique, les **capitaux** dont dispose l'entreprise ; ces capitaux sont décrits :

— dans leur **origine,** leur « source » (ou **ressource**) (montants nets des apports, des réserves, des dettes) ;

— dans leur **emploi** actuel, leur forme présente (montants nets des biens, des créances).

Dès lors que le bénéfice représente une des « ressources », la perte un des « emplois », on observe une égalité tautologique (résultant de la définition même de ces emplois et de ces ressources) entre les totaux de l'actif et du passif.

Supposons en effet que, lors de l'établissement d'un projet de bilan, on constate un déséquilibre dans les totaux, par exemple total actif (15 000) $<$ total passif (16 000).

Si après contrôles, les montants des biens, des créances, du capital, des réserves et des dettes s'avèrent exacts, on doit tenir le raisonnement suivant :

— à la date considérée, l'entreprise dispose des « ressources » indiquées au passif (16 000) ;
— à la même date, elle ne retrouve dans ses emplois qu'un total de 15 000 ;
— c'est donc que 1 000 ont été « employés » en la forme définitive et irréversible d'une *perte ;* cette perte doit être inscrite à l'actif (ou soustraite du passif).

Donc : **Total actif = Total passif.**

b) *Conséquence principale : détermination du résultat par le bilan.*

L'enregistrement systématique des flux nous a permis de déterminer le *résultat à partir des opérations effectuées ;* dans l'application précédente, nous avons même pu analyser ce résultat en deux résultats partiels :

— le bénéfice sur l'article N ;
— la perte sur l'article M.

Mais l'égalité du bilan peut permettre de retrouver le résultat global sans un « suivi » comptable et exhaustif des opérations (à condition de pouvoir chiffrer la valeur des biens, des créances, des dettes, du capital et des réserves).

Du bilan schématique 4-3 page 63, nous tirons en effet l'égalité :

Biens + Créances = Capital + Réserves + Résultat + Dettes

c'est-à-dire :

Résultat = Biens + Créances − Dettes − (Capital + Réserves)

le résultat pouvant être positif (bénéfice) ou négatif (perte).

Application.

Une entreprise établit son bilan à la fin d'un exercice; le capital apporté par l'exploitant au début de l'exercice était de 50 000 F, mais il a été augmenté en cours d'année par un apport nouveau de 30 000 F. L'inventaire au 31 décembre donne les renseignements suivants : matériel, 40 000 F ; marchandises en magasin, 35 000 F ; créances diverses, 25 000 F ; caisse, 18 000 F ; dettes diverses, 22 000 F.

Calculons le résultat pour l'année considérée :

Total des biens possédés (ou emplois provisoires)		40 000 F + 35 000 F + 25 000 F + 18 000 F	= 118 000 F
Ressources externes	Capital	50 000 F + 30 000 F = 80 000 F	102 000 F
	Dettes	22 000 F	
	Résultat		+ 16 000 F

Il s'agit donc d'un bénéfice de 16 000 F.

QUESTIONS

A. *Le capital d'une entreprise est de 100 000 F, le montant des dettes de 50 000 F, celui des biens de 140 000 F. Quel est le résultat découlant du bilan ? Présenter graphiquement un bilan schématique.*

B. *Mêmes questions, mais en supposant un capital de 88 000 F.*

C. *Dans un bilan de fin d'exercice, on a trouvé, par différence des emplois et des ressources, un bénéfice de 12 000 F. On s'aperçoit, peu après, qu'un lot de marchandises en magasin, valant 3 000 F, a été omis dans l'inventaire. Quel est le résultat exact ?*

D. *Mêmes données, mais supposer que le lot en question reste dû au fournisseur (le montant de cette dette n'a pas figuré dans l'inventaire). Quel est le résultat exact ?*

E. *On lit dans un bilan : marchandises en magasin, 30 500 F ; perte, 1 300 F ; capital, 16 000 F. Un lot de marchandises estimé 1 800 F et payé a été omis lors de l'inventaire. Quelles rectifications doivent être opérées ?*

F. *Quelle incidence a sur le résultat l'omission d'un bien de 400 F dans le bilan ? L'omission d'une dette de 140 F ?*

G. *Le bilan de fin d'exercice d'une entreprise montre une perte de 12 000 F, mais une erreur a été commise par le comptable qui a porté parmi les « ressources » une créance de 17 000 F sur un client. Quel est le résultat exact ?*

H. *Une entreprise a été créée début 19 A, au capital de 300 000 F ; le bénéfice au 31 décembre est de 57 000 F dont 1/3 sont distribués, le reste étant mis en réserve. En 19 A + 1, le capital est augmenté de 120 000 F par apport d'un nouvel associé.*

Le résultat fin 19 A + 1 est de 84 000 F (bénéfice).

a) *Quel est le montant des capitaux propres à fin 19 A + 1.*

b) *En fait, les associés décident de distribuer 28 000 F de dividendes (prélevés sur le bénéfice) ; quel est le montant des capitaux propres après cette distribution ? On appelle* situation nette *ce montant, qui sera donc celui qui figurera dans le bilan au 1er janvier 19 A + 2.*

I. *Dans l'application traitée dans ce chapitre (société Debaz), les liquidités sont passées de 200 (début d'exercice, avant exploitation) à 1 110 en fin d'exercice, soit un accroissement de 910. Or, le bénéfice n'est que de 693 ; comment s'explique la variation des liquidités ?*

J. *A partir du graphique 4-2, déterminer, pour l'exercice 19 A :*

- *la valeur ajoutée,*
- *la capacité d'autofinancement,*

de la société Debaz ; contrôlez vos calculs en utilisant deux approches différentes (approche additive ; approche soustractive).

K. *On suppose que durant l'année 19 A, les règlements des clients et de l'entreprise Debaz (au personnel, à l'État, aux fournisseurs) ont été complets, éteignant ainsi toutes les créances-dettes de l'exploitation.*

a) *Présenter le bilan final de la société.*

b) *Expliquer le montant du cash-flow (ou capacité d'autofinancement) à partir de la variation des liquidités.*

L. *A la fin de l'exercice 19 A, les dirigeants de la société Debaz décident de distribuer le tiers du résultat aux associés ; les sommes correspondantes seront payées au début de 19 A + 1.*

a) *Quel sera le montant des capitaux propres en 19 A + 1 ?*

b) *De quel montant la société peut-elle disposer, en 19 A + 1, pour le financement de nouveaux investissements ?*

EXERCICES

• **1.** Les différents postes d'un bilan sont les suivants : capital, 300 000 F ; banque, 50 000 F ; marchandises, 300 000 F ; dette envers l'État, 50 000 F ; fournisseurs, 320 000 F ; matériel, 250 000 F ; caisse, 40 000 F ; prêteur Jean, 100 000 F ; installations, 50 000 F ; clients, 80 000 F.

Établir le bilan.

Comment déterminer rapidement le total du bilan avant même d'écrire l'actif et le passif ?

• **2.** N'ayant jusqu'à maintenant jamais tenu de comptabilité, un commerçant procède, le 10 avril, à l'inventaire général des biens et dettes de son entreprise. Il trouve : espèces en caisse, 50 000 F ; créances sur les clients, 70 000 F ; fonds déposés (1) aux chèques postaux, 70 000 F ; marchandises en magasin, 120 000 F ; dette envers l'oncle Paul, 50 000 F ; dettes envers les fournisseurs, 80 000 F ; il estime à 25 000 F les constructions affectées à l'usage commercial, à 30 000 F le matériel et à 20 000 F le mobilier.

Dresser le bilan au 10 avril. Quel est le montant du capital ?

• **3.** Un bilan, au 31 mars, comporte les postes suivants : mobilier de bureau, 40 000 F ; prêt à Gérard, 20 000 F ; capital, 200 000 F ; matériel de transport, 130 000 F ; bénéfice, 50 000 F ; emprunt au Crédit National, 100 000 F ; caisse, 70 000 F ; clients, 50 000 F ; marchandises, x F ; fournisseurs, 410 000 F.

Quelle est la valeur du stock de marchandises ?

Établir le bilan.

• **4.** Dans le bilan de fin d'exercice d'une entreprise industrielle, on lit les renseignements suivants : capital, 1 600 000 F ; clients, 700 000 F ; fournisseurs, 1 360 000 F ; fonds en banque, 300 000 F ; espèces en caisse, 50 000 F ; le matériel est estimé 1 400 000 F ; les matières premières et les produits fabriqués, respectivement 500 000 F et 800 000 F ; l'entreprise est propriétaire de brevets d'invention (2) qu'elle a acquis pour 300 000 F ; elle doit, payables dans cinq ans, 700 000 F à un établissement financier.

A l'aide de ces renseignements, indiquer la nature et le montant du résultat, seul poste du bilan à ne pas figurer dans la liste ci-dessus. Présenter le bilan.

Quelle est, sur la base des indications du bilan, la valeur nette du patrimoine de cette entreprise ou situation nette ?

• **5.** Un commerçant qui a créé son entreprise au début de l'année, avec un capital de 50 000 F, établit fin décembre son bilan, afin de déterminer le résultat de son activité. Il possède un mobilier de bureau valant 10 000 F, les marchandises en magasin valent 135 000 F ; il possède 23 000 F en caisse et ses clients lui doivent 20 000 F ; il a dû emprunter 30 000 F à M. Martin ; le montant des factures de ses fournisseurs qu'il n'a pas encore réglées est de 120 000 F.

Quel est le résultat de l'exercice ? Établir le bilan de fin décembre. Quel est le montant des capitaux propres ?

• **6.** M. Dupeyrou a fait l'acquisition d'un fonds de commerce exploité par M. Bertrand ; aux termes du contrat de vente, M. Dupeyrou reprend les éléments incorporels (clientèle et achalandage) pour une valeur de 60 000 F (3), le matériel d'exploitation pour 10 000 F, le mobilier et le matériel de bureau pour 6 300 F, le stock de marchandises pour 50 000 F. Il s'engage à récupérer les créances sur les clients et à payer les dettes vis-à-vis des fournisseurs : les créances s'élèvent à 4 500 F et les dettes à 6 800 F.

M. Dupeyrou paie immédiatement, sur ses fonds privés, les trois quarts de la somme qu'il doit à M. Bertrand et s'engage à payer le reste dans un an, sur les fonds de l'entreprise qu'il crée. Il apporte, en outre, 27 000 F qu'il verse au Crédit Lyonnais.

Quel est le capital de l'Entreprise Dupeyrou ?

Dresser le bilan tel qu'il se présente le premier jour de l'exploitation.

• **7.** En fin d'exercice, le bilan d'une entreprise est établi à l'aide des renseignements suivants : clients, 18 000 F ; fournisseurs, 75 000 F ; caisse, 3 000 F ; marchandises, 40 000 F ; prêteur Raoul, 20 000 F ; capital, 40 000 F ; matériel, 30 000 F.

Établir le bilan et déterminer le résultat.

Quel est le montant des capitaux propres. Qu'en pensez-vous ?

---

(1) Le service des chèques postaux géré par l'Administration des Postes et Télécommunications reçoit des dépôts de fonds effectués par des particuliers et des entreprises.

(2) Brevet d'invention : titre délivré par le gouvernement à l'auteur d'une invention d'ordre industriel pour lui en assurer la propriété et l'exploitation exclusive pendant un certain nombre d'années.

(3) Notée dans un poste « Fonds commercial ».

Chapitre 5

MÉCANISMES ET CONTRÔLES COMPTABLES

I. PARTIE DOUBLE ET JOURNAL ; CONTRÔLE DES IMPUTATIONS

Rappelons l'égalité de la partie double, qui trouve son origine dans l'égalité des Ressources et des Emplois :

Total des débits = Total des crédits (cf. chap. 3).

L'application traitée dans le chapitre 4 a montré la difficulté d'inscrire directement les mouvements dans les comptes et, ensuite, de vérifier l'égalité des totaux débits et crédits.

1° Nécessité d'une analyse comptable préalable.

Pour mettre en évidence l'**analyse comptable** de chaque opération, nous avons inscrit dans deux colonnes adjacentes les **comptes à débiter** (emplois) et les **comptes à créditer** (ressources) ; ces tableaux d'analyse présentent un double avantage :

— *ils « visualisent »* les imputations, permettant une recherche plus aisée des comptes concernés (au moment même de la réalisation de ces imputations), puis un contrôle de ces imputations (par un chef comptable, par exemple, ou un « réviseur ») ;

— ils permettent *le contrôle arithmétique* de la partie double, par une totalisation des débits d'une part, des crédits d'autre part, après une séquence d'opérations.

C'est pourquoi, dans toute comptabilité, on procède à cette analyse préalablement à l'inscription dans les comptes eux-mêmes pour cette double raison de *fond* (contrôle des imputations) et de *forme* (contrôle arithmétique) .

2° Le Journal.

• **Dans les comptabilités manuscrites**, l'analyse comptable est portée sur un registre appelé **« Journal »** qui de surcroît permet un contrôle chronologique des opérations et des enregistrements. La présentation matérielle et le rôle de ce document seront étudiés de façon détaillée plus tard, mais il faut dès maintenant connaître les caractéristiques générales du journal.

Généralement, il est ainsi disposé :

« Article » de journal.

Comptes à débiter	Comptes à créditer	Mouvements Débits	Mouvements Crédits
date			
Compte X		1 000	
	Compte Y		800
	Compte Z		200
Libellé.			

Chaque « article » correspond à une opération ; le libellé fournit une explication mais surtout les références du document de base (facture...).

Cette présentation est, on le voit, très voisine de celle que nous avions retenue dans le chapitre précédent ; les sommes sont inscrites dans la partie droite du document qui donne lieu à une totalisation en fin de séquence (et aussi en fin de chaque page) ; ces totalisations permettent de s'assurer que :

Total débits = Total crédits.

• **Dans les comptabilités automatisées,** sur machines ou ordinateurs, l'analyse comptable préalable est opérée sur des *documents de préparation du travail comptable* appelés, selon les entreprises et les organisations :

— feuilles d'imputation ;

— grilles d'imputation ;

— tickets comptables, etc.

Ces documents sont équivalents au « Journal » en ce qui concerne le contrôle des imputations et de l'égalité de la partie double. C'est pourquoi, dans la suite de ce cours, l'analyse comptable d'une opération sera présentée :

— soit sous forme d'un « article de journal », schématique :

Exemple :

Retrait de 1 000 F de la banque.

		Débits	Crédits
Caisse		1 000	
	Banque		1 000
Chèque n° 137.			

— soit sous forme de jeu des comptes « en té » :

Même exemple :

Banque	
. . . .	1 000

Caisse	
1 000	. .

Ainsi l'analyse opérée dans le Journal joue-t-elle un double rôle :
— celui d'un contrôle des imputations ;
— celui du contrôle : total débits = total crédits.

Ce contrôle étant effectué avant inscription dans les comptes mêmes, il conviendra d'opérer le même contrôle :

total Débits = total Crédits

après inscription effective des mouvements dans les comptes ; c'est le rôle de la « balance », étudiée maintenant.

II. LA BALANCE ET SON RÔLE DE CONTRÔLE

L'égalité de la partie double est la clé de la majorité des contrôles arithmétiques opérés en comptabilité. Or, prudence et sécurité caractérisent toute comptabilité ; c'est pourquoi ces contrôles sont essentiels ; c'est pourquoi la **« balance »** est un document comptable de toute première importance.

1° Principe.

Établie *à partir des comptes,* la balance, liste générale de tous les comptes de l'entreprise, permet de s'assurer que :

Total des débits = Total des crédits [Σ **D** = Σ **C**]

mais aussi, car c'est une conséquence mathématique de l'égalité précédente :

Total des soldes débiteurs = Total des soldes créditeurs [Σ **d** = Σ **c**].

Le schéma suivant rend compte du rôle de la balance :

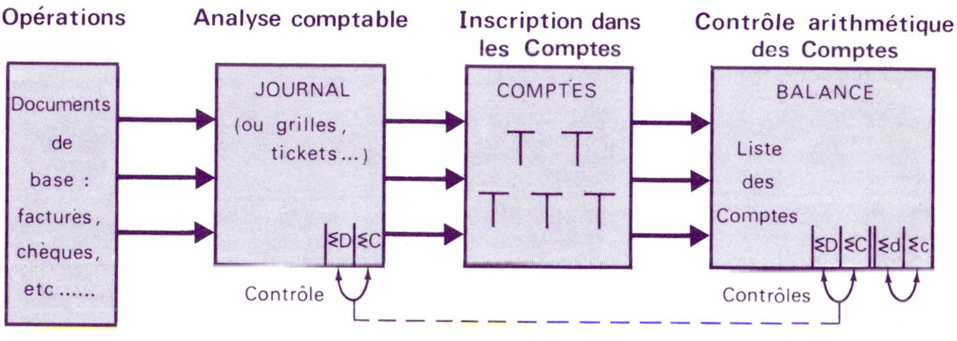

5-1

On voit que le contrôle de la partie double Σ D = Σ C est opéré ainsi **avant** et **après** inscription dans les comptes ; par ailleurs, la balance fournit un deuxième contrôle : Σ d = Σ c.

2° Réalisation pratique traditionnelle.

a) *Totalisation des comptes.*

La balance est établie de façon périodique (par exemple chaque semaine) ; toute balance doit donc être datée ; elle nécessite la totalisation (provisoire) des comptes dont chacun sera ensuite repris sous ses trois éléments :

Total du débit ; *Total du crédit ;* *Solde* (débiteur ou créditeur).

Exemple :

D	Matériel	C
38 000		12 000
17 000		6 000
23 000		
78 000		*18 000*
s.d. 60 000		

D	Fournisseurs	C
31 000		63 000
14 000		39 000
39 000		40 000
		11 000
84 000		*153 000*
		s.c. 69 000

Chaque compte va figurer dans la balance pour les montants « en italiques » ci-dessus (cf. tracé ci-dessous).

b) *Tracé de la balance traditionnelle (« à 4 colonnes »).*

Les comptes figurent en une liste générale (une ligne par compte) :

— la double colonne de **sommes** mentionne les totaux des débits et des crédits des comptes ; le total général est donc : ≶ **D** = ≶ **C ;**

— la double colonne des **soldes** renseigne sur le montant net de chaque compte (les **comptes à solde nul figurent dans la balance)** ; le total général fournit le contrôle : ≶ **d** = ≶ **c.**

Balance au 31 mars 19 A

Intitulé des comptes	Totaux des débits	Totaux des crédits	Soldes débiteurs	Soldes créditeurs
....	.. ...	.. ...	.. ...	.. ...
....	.. ...	.. ...	.. ...	.. ...
Matériel	78 000	18 000	60 000	.. ...
....	.. ...	.. ...	.. ...	.. ...
Fournisseurs	84 000	153 000	.. ...	69 000
....	.. ...	.. ...	.. ...	.. ...
	T	T	S	S

3° Les égalités de la balance.

a) *Démonstration.*

Reprenons l'égalité fondamentale de la partie double :

Total général des débits = Total général des crédits.

Les comptes de la balance présentent des *soldes* qui peuvent être :

— *débiteurs.* Pour ces comptes, le total des débits, d, est supérieur au total des crédits, c :

$$d > c$$

— *créditeurs.* Pour ces comptes, le total des crédits, c', est supérieur au total des débits d' :

$$c' > d'$$

— *nuls.* Pour ces comptes, le total des débits est égal au total des crédits ; soit e ce total.

Le total des soldes débiteurs est : $d - c$.

Le total des soldes créditeurs est : $c' - d'$.

Comme le total général des débits est égal au total général des crédits, nous pouvons écrire successivement :

$$\begin{aligned} d + d' + e &= c + c' + e \\ d + d' &= c + c' \\ \underbrace{d - c}_{\text{Total des soldes débiteurs}} &= \underbrace{c' - d'}_{\text{Total des soldes créditeurs.}} \end{aligned}$$

Ainsi, la balance présente deux égalités remarquables :

Total général des débits = Total général des crédits.
Total général des soldes débiteurs = Total général des soldes créditeurs.

Si ces deux égalités sont vérifiées, et si le premier total est égal à celui du journal, la balance est dite **juste.**

- **La balance est l'instrument privilégié du contrôle comptable.**

Mais il convient de noter qu'une balance juste ne prouve pas que l'enregistrement dans les comptes a été correct. **Elle peut masquer des erreurs** n'ayant pas d'incidence sur l'égalité « Total des débits = Total des crédits », par exemple : l'omission d'une opération, à la fois au débit et au crédit des comptes ; — les erreurs d'imputations (compte Caisse débité au lieu du compte Banque) ; — les erreurs qui se compensent (100 F en trop au débit d'un compte et 100 F en trop au crédit d'un autre compte).

b) *Balances partielles (balances-clients, balances-fournisseurs).*

Les égalités de la balance ne sont observées que s'il s'agit d'une **« balance générale »** comportant *tous* les comptes ouverts dans l'entreprise, ou tous les comptes « mouvementés » dans une séquence d'opérations.

On établit souvent, des **« balances partielles »** (par exemple, *balance des clients* ou *balance des fournisseurs*) lesquelles, ne comprenant qu'une partie des comptes, ne présentent pas l'égalité $\Sigma D = \Sigma C$ ni la seconde $\Sigma d = \Sigma c$. Toutefois, dans ces balances partielles, on peut vérifier que la différence entre ΣD et ΣC est bien égale à la différence entre Σd et Σc ; en d'autres termes, dans ces balances partielles :

$$\Sigma D - \Sigma C = \Sigma d - \Sigma c.$$

Exemple : Une entreprise est en relation avec six clients dont les comptes sont les suivants le 31 mai 1984 :

André

837	510
624	130
1 461	*640*

s.d. 821

Bernard

790	280
1 350	
2 140	*280*

s.d. 1 860

Charles

890	450
	440
	230
890	*1 120*

s.c. 230

Denis

750	340
1 830	410
2 580	*750*

s.d. 1 830

Étienne

1 300	600
2 040	1 400
1 450	
4 790	*2 000*

s.d. 2 790

François

280	570
1 330	280
840	400
2 450	*1 250*

s.d. 1 200

Balance des comptes clients le 31 mai 19 A :

Clients	Sommes D	Sommes C	Soldes D	Soldes C
André	1 461	640	821	
Bernard	2 140	280	1 860	
Charles	890	1 120		230
Denis	2 580	750	1 830	
Étienne	4 790	2 000	2 790	
François	2 450	1 250	1 200	
Totaux	14 311	6 040	8 501	230

On vérifie que les totaux ne sont pas deux à deux égaux mais que :

14 311 − 6 040 = *8 271* et que 8 501 − 230 = *8 271.*

4° Balance et bilan.

L'égalité des totaux des soldes débiteurs et des soldes créditeurs démontrée dans la balance explique celle que nous avions observée dans le bilan puisque :

— *l'actif totalise les comptes à solde débiteur ;*

— *le passif totalise les comptes à solde créditeur.*

Ainsi l'égalité du bilan :

Total Actif = Total Passif

est-elle la conséquence directe de celle de la partie double.

Remarque :

— la balance générale comporte tous les comptes, y compris ceux qui sont soldés ;

— le bilan ne comprend pas les comptes, systématiquement soldés, qui ne servent que de stade transitoire de calcul (exemple : les comptes « Coût d'achat des marchandises », « Coût de revient » ...). Mais, descriptif de la *situation financière,* le bilan fait parfois mention de comptes soldés, qui figurent alors pour zéro ; c'est ainsi qu'un *équipement totalement amorti mais toujours utilisé* figurera au bilan pour 0 F (ou parfois pour 1 F, symbolique) ; le lecteur du bilan est ainsi informé de la présence d'un matériel ancien mais toujours en service.

III. DE LA BALANCE A 4 COLONNES A LA BALANCE A 6 COLONNES

La balance à quatre colonnes (sommes et soldes) est traditionnelle. Elle présente toutefois un inconvénient grave : celui de mêler, dans les colonnes de « Sommes » :

— les *« soldes »* du début de période,

— et les *mouvements* de la dite période.

Considérons en effet le compte suivant de Caisse :

D	Caisse		C
Montant au 1-1-84	800	Opération 3	700
Opération 1	900	Opération 4	500
Opération 2	600		
Opération 5	300		
Totaux au 31-1-84	*2 600*		*1 200*

s.d. 1 400

Les totaux au 31 janvier amalgament :

— le solde initial : 800

les mouvements du mois, au débit : 1 800

Or, dans de nombreux cas, il est intéressant pour les utilisateurs des comptes (gestionnaires, financiers...) de **distinguer le solde initial des *flux de la période ;*** il en est ainsi, notamment, pour les comptes correspondants aux *investissements financements.*

Exemple. *En 19.A, les inscriptions dans le compte « Terrains » ont été les suivantes :*

D		Terrains		C
1-1	Montant au début de l'exercice	35 000	22-2 Cession d'un terrain.....	8 000
20-3	Acquisition	73 000	15-6 Cession d'un terrain.....	13 000
28-5	Acquisition	51 000		
31-12	*Totaux*..............	*159 000*		*21 000*

solde débiteur 138 000

On lira donc dans la balance au 31 décembre :

.....				
Terrains	159 000	21 000	138 000	

Or, pour des raisons de gestion ou d'analyse financière, il peut être important de savoir que, dans les 159 000 figurent 124 000 de débits (**acquisitions** de terrains), en particulier parce que l'on peut confronter ces acquisitions aux cessions (21 000) (1).

C'est pourquoi il est préférable :

— **dans les comptes,** de totaliser les **« mouvements »** sans y inclure les soldes de début de période *(comptabilité des flux) ;*

— **dans la balance,** de faire figurer chaque compte non plus sous trois, mais sous quatre informations :

Solde initial (d ou c) ; Mouvements (D et C) ; Solde final (d ou c).

On établit alors une **balance à six colonnes** dont nous préconisons et recommandons l'usage (formes diverses, selon les solutions informatiques retenues).

Lorsque la comptabilité est tenue par des moyens mécanographiques, la séparation des soldes initiaux et des flux de la période ne présente aucune difficulté pratique.

Balance à « six colonnes »

Comptes	Soldes début période		Mouvements		Soldes fin période	
	d	c	D	C	d	c
....	......	....	......	......	......	....
....	......	....	......	......	......	....
Terrains...............	35 000	....	124 000	21 000	138 000	....
....	......	....	......	......	......	....
....	......	....	......	......	......	....
Totaux	s_0 =	s_0	m =	m	s_1 =	s_1

(1) Rappelons que ces 21 000 ne sont pas les prix de cession (de vente), mais la « valeur interne » (coût d'achat) des terrains cédés, dont le prix de vente peut-être, par exemple de 79 000.

Ainsi, grâce à la balance à six colonnes présentant les « *mouvements* » de la période, est évitée la perte d'information résultant du mélange des soldes initiaux et des flux de la période.

IV. ÉTABLISSEMENT D'UNE BALANCE (exemple)

1° Balance traditionnelle (4 colonnes).

Reportons-nous à l'application présentée dans le chapitre précédent et établissons la balance générale des comptes à la fin de l'exercice ; les totaux et les soldes des comptes ont été calculés et figurent page . Il suffit donc d'en faire la liste complète.

Balance de la Société DEBAZ au 31 décembre 19 A

Comptes	Sommes		Soldes	
	D	C	D	C
Liquidités (Caisse)	10 100	8 990	1 110	
Capital		800		800
Immobilisations	1 000	200	800	
Dettes financières	60	460		400
Coût d'achat (M)	3 060	3 060	—	—
Coût d'achat (N)	5 200	5 200	—	—
Fournisseurs	5 800	8 100		2 300
Coût de revient (M)	3 904	3 904	—	—
Coût de revient (N)	6 150	6 150	—	—
Personnel	2 530	2 600		70
Stock marchandises (M)	3 060	2 807	253	
Stock marchandises (N)	5 200	4 600	600	
Clients	10 800	9 300	1 500	
Résultat	157	850		693
Totaux	57 021	57 021	4 263	4 263

Contrôle .... (Sommes D = Sommes C ; Soldes D = Soldes C)

Les deux égalités de la balance sont bien vérifiées ; cette balance est-elle « juste » ? Il faut encore que le total des sommes soit égal à celui du journal (non calculé dans le chapitre précédent, mais que l'on peut vérifier : 57 021). La balance est donc « juste ».

2° Balance à « six colonnes ».

Elle suppose, pour présenter un intérêt, l'existence de soldes non nuls en début de période. Nous pouvons reprendre l'application « Société Debaz » du chapitre précédent en **prenant comme début de la période, non la création de la firme, mais la**

situation après la phase d'investissement-financement : à cette date, les comptes se présentent ainsi :

(cf. bilan page 56)
- — Immobilisations s.d. 1 000
- — Liquidités s.d. 200
- — Capital s.c. 800
- — Dettes financières s.c. 400

On peut donc, à partir de ces éléments, reconstituer la balance à 6 colonnes (isoler les flux pour les quatre comptes ci-dessus) :

Balance de la Société DEBAZ au 31 décembre 19 A

Comptes	Soldes début		Mouvements		Soldes fin	
	D	C	D	C	D	C
Liquidités	200		9 300	8 390	1 110	
Capital		800	—	—		800
Immobilisations	1 000			200	800	
Dettes financières		400	60	60		400
Coût d'achat (M)	—	—	3 060	3 060	—	—
Coût d'achat (N)	—	—	5 200	5 200	—	—
Fournisseurs	—	—	5 800	8 100		2 300
Coût de revient (M)	—	—	3 904	3 904	—	—
Coût de revient (N)	—	—	6 150	6 150	—	—
Personnel	—	—	2 530	2 600		70
Stock marchandises (M)	—	—	3 060	2 807	253	
Stock marchandises (N)	—	—	5 200	4 600	600	
Clients	—	—	10 800	9 300	1 500	
Résultat	—	—	157	850		693
Totaux	1 200	1 200	55 221	55 221	4 263	4 263
	a		b		c	

Bien entendu, on obtient les mêmes soldes en fin de période.

La double colonne **« mouvements »** isole les flux de la période.

Contrôle avec le journal : le total des « mouvements » de la balance doit être égal à celui du journal (mouvements de la période). Dans certaines entreprises, on reporte en début d'exercice, en haut du journal, le total des soldes de début de période ; dans ce cas, il faut totaliser deux à deux les deux premières doubles colonnes de la balance (a + b) pour retrouver le total du journal.

3° Remarque.

Ordre des comptes dans la balance : pour en faciliter la lecture et l'interprétation (car la balance n'est pas qu'un instrument de contrôle, **elle est aussi un moyen de gestion**), la balance est généralement établie en respectant un certain ordre pour les comptes, ordre que nous indiquerons plus loin, après avoir abordé le « Plan comptable ».

V. LE VIREMENT

Le virement est une opération comptable par laquelle une somme est transférée du débit (ou du crédit) d'un compte au débit (ou au crédit) d'un autre compte.

Dans l'acception stricte du terme, le virement n'est qu'une opération d'ordre comptable et ne traduit aucune opération économique de base ; il n'a donc pas un « flux » pour support. Il est utilisé :

— soit pour *rectifier des erreurs d'imputation,*

— soit pour *transférer des sommes ou des soldes de certains comptes dans d'autres* présentant un caractère plus synthétique **(regroupement)** ou *plus analytique* **(ventilation).**

Cependant sont désignés également par le terme de « virement » des transferts entre comptes de « tiers » qui correspondent, eux, à des flux économiques.

1° Le virement comptable (au sens strict).

a) *Soustraction d'une somme dans un compte.*

Les nombres inscrits respectivement au débit et au crédit d'un compte constituent deux polynômes arithmétiques dont la différence est le « solde » du compte.

Or, pour soustraire un nombre d'une différence de deux autres, on peut :

— soit soustraire ce nombre du premier terme de la différence,

— soit ajouter ce nombre au second terme.

Dans un compte, au lieu de soustraire une somme d'un côté du compte, on l'ajoute du côté opposé (1). Ce procédé permet d'obtenir le solde convenable, sans introduire le signe « — » dans les sommes enregistrées au débit et au crédit.

Soit D et C les totaux des débits et des crédits d'un compte ; *a,* la somme à retrancher, par exemple, du débit. On peut écrire :

Compte

$D - a$	C

Solde : $(D - a) - C$.
(1)

ou

Compte

D	$C + a$

Solde : $D - (C + a)$.
(2)

Les soldes (1) et (2) des comptes sont égaux parce que :

$$(D - a) - C = D - (C + a).$$

(1) Nous verrons, ultérieurement, qu'il est néanmoins possible et souvent souhaitable d'effectuer la soustraction directe, pour ne pas fausser le montant des flux (cf. question I).

b) *Transfert d'une somme ou d'un solde.*

• *Rectification d'erreur.*

Exemple. *— Enregistrant un achat à crédit, le comptable a porté par erreur au crédit du compte « Fournisseur Bernard » une somme de 1 000 F due au fournisseur Bénard.*

On effectue la rectification par virement de la somme de 1 000 F du compte de Bernard au compte de Bénard.

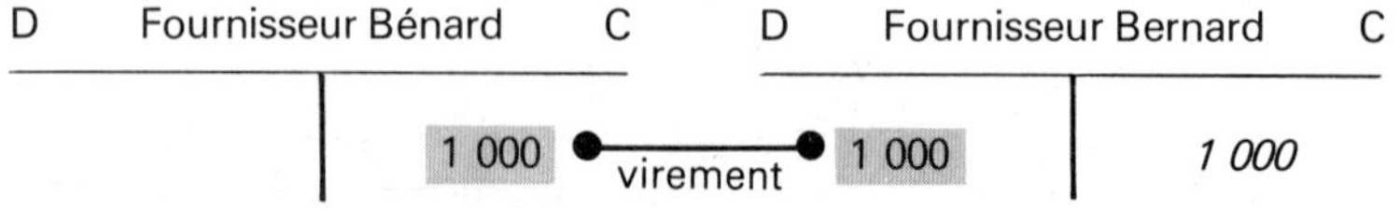

L'égalité de la partie double :

Débit = Crédit

est ici encore vérifiée.

• *Regroupement de comptes et ventilation.*

On est parfois amené en comptabilité :

— à remplacer plusieurs comptes par un seul compte **(synthèse) ;**

— à substituer à un compte plusieurs autres comptes permettant son **analyse.**

Exemple I. — Regroupement par transferts de soldes.

Regroupons dans un seul compte Clients les opérations jusqu'alors enregistrées dans un compte Clients grossistes, débiteur de 312 000 F, et dans un compte Clients détaillants, créditeur de 27 000 F.

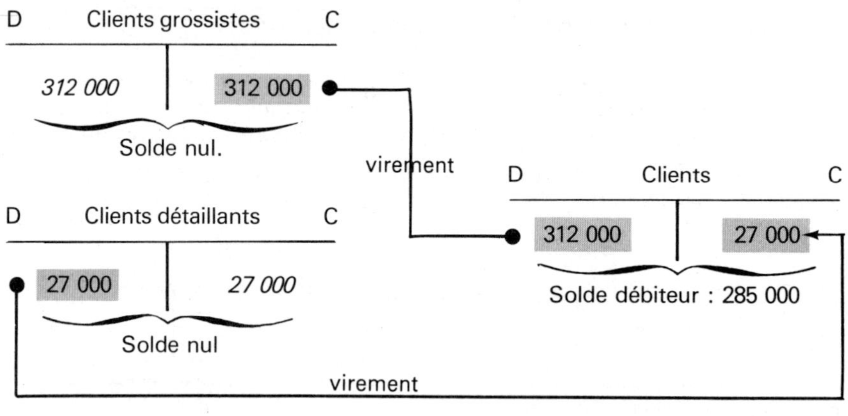

Les deux virements effectués ont opéré le transfert des soldes dans le compte unique Clients. Le compte Clients grossistes et le compte Clients détaillants sont soldés et remplacés par ce compte unique Clients, dont le solde débiteur 285 000 F représente la *somme algébrique des soldes des comptes transférés.*

Les virements par transferts de soldes dans un compte unique apparaissent ainsi comme un moyen d'effectuer, en comptabilité, une somme algébrique.

Exemple 2. — Ventilation.

Désireux de connaître avec plus de précision notre situation, nous décidons de remplacer le compte unique Matériel *par les comptes* Matériel et outillage *et* Matériel de transport.

Débit		Matériel			Crédit
(a) Achat de matériel de fabrication		120 000	Perte d'outillage	*(e)*	10 000
(b) Achat d'outillage		80 000			
(c) Achat d'un camion		40 000			
(d) Achat d'une camionnette de livraison		30 000			
Virements	*(e)*	10 000	Virements	*(a)*	120 000
				(b)	80 000
				(c)	40 000
				(d)	30 000
Total		*280 000*	*Total*.....		*280 000*

Avant virements, le compte présente un solde débiteur de 260 000 F.

Après virements → Solde nul.

Afin d'obtenir dans les nouveaux comptes les débits et crédits de l'ancien compte qui les concernent, virons chacun de ceux-ci du compte ancien dans les comptes nouveaux, présentés à la page suivante :

Virements *(a)*, *(b)*, *(e)* pour le compte nouveau Matériel et outillage ;
Virement *(c)* et *(d)* pour le compte nouveau Matériel de transport.

D	Matériel et outillage		C
(a)	120 000	10 000	*(e)*
(b)	80 000		
	200 000		

Solde débiteur : 190 000

D	Matériel de transport		C
(c)	40 000		
(d)	30 000		
	70 000		

Solde débiteur : 70 000

Pour chaque virement, comme pour leur ensemble, est vérifiée l'égalité :

Total des Débits = Total des Crédits.

Le total des soldes débiteurs des nouveaux comptes est, par ailleurs, égal au solde débiteur du compte initial : 190 000 F + 70 000 F = 260 000 F.

2° Les virements entre comptes de tiers.

A la différence du virement comptable, simple opération de technique comptable, **le virement entre comptes de tiers traduit des flux économiques de base.** Ces virements, relativement rares dans une entreprise ordinaire, sont au contraire très nombreux dans les banques.

Exemple.

Supposons que nous soyons banquier. Roger, dont le compte est, dans nos livres, créditeur de 25 000 F, nous donne l'ordre de « virer » de son compte au compte de son fournisseur Pierre, autre client de la banque, une somme de 8 000 F. Le compte de Pierre tenu dans nos livres est, avant virement, créditeur de 3 000 F.

Effectuons le virement et, pour cela, transférons la somme de 8 000 F du crédit du compte de Roger, qui est alors débité, au crédit du compte de Pierre.

D — Roger	C
8 000	25 000

D — Pierre	C
	3 000
	8 000

Roger n'est alors plus créditeur que de : 25 000 F — 8 000 F = 17 000 F ; le solde créditeur du compte de Pierre passe de 3 000 F à 3 000 F + 8 000 F = 11 000 F.

Ce virement, courant en pratique bancaire, laisse inchangée la situation globale de la banque vis-à-vis de ses clients (puisque les dettes de la banque envers MM. Roger et Pierre étaient avant le virement de 25 000 F + 3 000 F = 28 000 F, et qu'elles sont après de 17 000 F + 11 000 F = 28 000 F).

Parce qu'il ne se traduit par aucun mouvement d'espèces, le virement permet un paiement commode entre clients d'une même banque.

Dans l'exemple considéré, l'ordre de virement que nous a donné M. Roger constitue un fait économique, générateur de deux flux financiers opposés. On peut le schématiser ainsi :

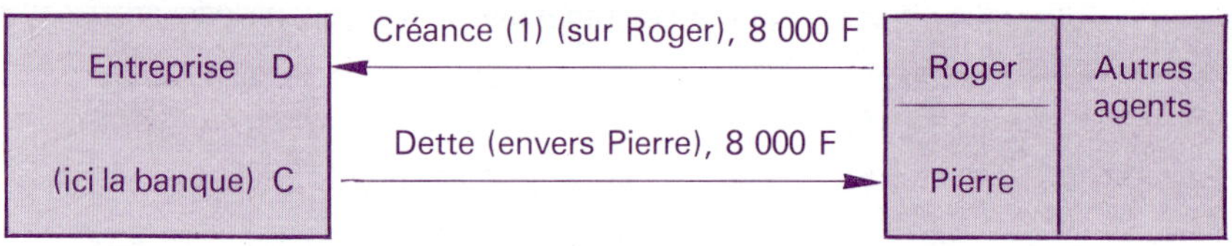

VI. RÉCIPROCITÉ DES COMPTES

Rappelons que, dans une entreprise, les flux financiers de créances-dettes (ou de crédit) donnent lieu à enregistrement des sommes correspondantes dans des comptes ouverts au nom des « tiers » intéressés.

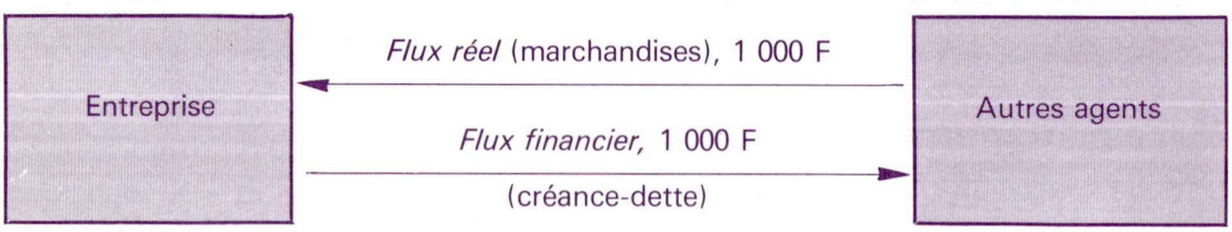

(1) Cette « créance » diminue notre dette à son égard.

Ces flux intéressent *deux* entreprises : celle qui devient créancière, celle qui devient débitrice.

> **Sont dits réciproques les comptes enregistrant, dans chacune des comptabilités de deux agents économiques, les flux de créances-dettes reliant ces deux agents.**

1° La notion de réciprocité.

Notre entreprise, la Société Lorraine d'Épicerie en gros (S.L.É.G.), a effectué les opérations suivantes avec le client Gérard :

1er octobre. Nous vendons à crédit à Gérard 13 000 F de marchandises.
5 octobre. Gérard nous verse 5 000 F d'espèces en paiement partiel.
7 octobre. Il nous retourne 1 000 F de marchandises non conformes.

Notre entreprise (S.L.É.G.) **Gérard**

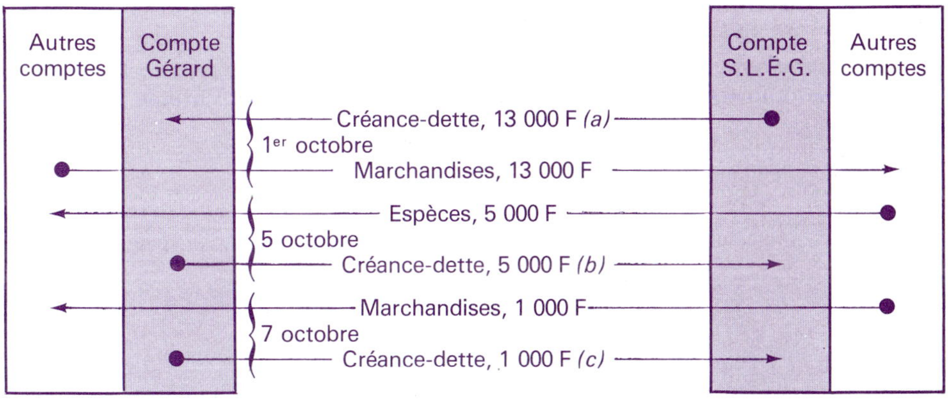

Les flux financiers *(a)*, *(b)* et *(c)* sont, pour la S.L.É.G., des flux de créance *(a)* et de dette *(b)* et *(c)* ; pour Gérard, ce sont, respectivement, des flux de dette *(a)* et de créance *(b)* et *(c)*.

Cette réciprocité des créances-dettes — la dette de l'un constituant la créance de l'autre — entraîne la réciprocité des comptes enregistrant ces flux qui sont :
— dans notre entreprise (S.L.É.G.), le compte « Client Gérard » ;
— chez Gérard, le compte « Fournisseur S.L.É.G. ».

Les mêmes sommes figurent dans chacun des comptes, mais elles sont inversées puisque ce qui est ressource (crédit) chez l'un des agents est emploi (débit) chez l'autre.

Comptabilité de la S.L.É.G.				Comptabilité de Gérard			
D	Client Gérard		C	D	Fournisseur S.L.É.G.		C
(a)	13 000	5 000	*(b)*	*(b)*	5 000	13 000	*(a)*
		1 000	*(c)*	*(c)*	1 000		
Solde débiteur : 7 000				Solde créditeur : 7 000			

Bien entendu, les soldes, à l'issue de ces opérations, sont opposés.

Remarque. — Il convient de ne pas confondre réciprocité et partie double. Les comptes réciproques appartiennent à deux comptabilités distinctes et la réciprocité ne fait pas intervenir la notion de partie double.

2° Exemples.

Les exemples de comptes réciproques sont nombreux :

— compte « Client » tenu par le fournisseur et compte « Fournisseur » tenu par le client ;

— compte « Banque » tenu par le déposant A et compte « Déposant A » tenu par la banque.

D'une façon générale, tous les comptes de créances et de dettes tenus par une entreprise ont leurs homologues réciproques dans la comptabilité des tiers intéressés.

Le rapprochement de deux comptes réciproques constitue un excellent moyen de contrôle dont nous trouverons ultérieurement maintes applications :

— comptes bancaires, comptes de chèques postaux ;

— relevés de comptes des fournisseurs, des clients, etc.

QUESTIONS

A. *Présenter sous forme de « journal » les analyses comptables disposées en tableau d'emplois et de ressources dans l'application traitée dans le chapitre 4 (Société Debaz). Indiquer en « libellés » la nature des opérations (par exemple : Achats marchandises) ; totaliser ce journal et procéder au contrôle avec la balance finale.*

B. *Parmi les comptes d'une entreprise, nous trouvons, le 31 octobre (s : solde de début d'exercice) :*

Client Tack		*Caisse*		*Clients*		*Fournisseurs*	
(s) 9 285	6 000	(s) 837	43	(s) 11 600	2 400	94	31 420 (s)
473	3 000	4 020	91	3 900	75	3 200	9 285
3 200	912	98	129	4 720		9 332	17 421
		73	39	31 407		678	
		407	2 098				

Comment, dans la balance du 31 octobre, ces quatre comptes apparaissent-ils :
— dans la balance à quatre colonnes
— dans celle à six colonnes

C. *Dans une balance à fin décembre, on lit :*

.....				
Fournisseur Lafont	*497*	*13 641*	*13 144*	
Caisse	*121 831,62*	*109 431,91*	*12 089,71*	
Résultat	*6 692,13*	*7 307,09*		*614,96*

Or, à cette même date, ces trois comptes se présentent ainsi :

Fournisseur Lafont

133	*8 402*
254	*2 319*
	2 920

Caisse

.....	.....
.....	.....
Total : 121 831,62	*Total : 109 431,91*

Résultat

837	*6 692,13*
2 423,15	
393	
3 212	
441,94	

Quelles erreurs ont été commises dans la balance ? Rectifiez-les.

D. *Soit S et s les totaux respectifs des sommes et des soldes d'une balance juste.*
Est-ce que l'on peut observer l'égalité : S = s ? Et l'inégalité s>S ? Quelle est la relation normale entre S et s ?

E. *L'entreprise Polin compte six fournisseurs dont les comptes au 30 septembre 19.A se présentent ainsi :*

Fournisseur Robert

831	*7 373*
5 600	*4 000*
	3 500

Fournisseur Yves

940	*6 921*
5 981	*8 316*
	2 307

Fournisseur Jean

3 930	*3 930*
3 000	*7 434*
4 434	
2 000	

Fournisseur René

980	*2 450*
2 000	*4 730*

Fournisseur Victor

2 000	*4 370*
170	*5 300*
2 200	*4 900*

Fournisseur Bernard

3 000	*9 825*
1 090	*4 500*
4 720	*2 070*
1 780	*8 340*

Établir la balance des comptes « Fournisseurs » au 30 septembre 19.A.
Expliquer la « position » particulière de l'un des soldes.
Quel contrôle fournit cette balance ?

F. *Le montant d'une facture de 1 307 F adressée au client Pastour a été imputée par erreur au client Pasteur, dans le journal et dans le compte. Comment rectifier cette erreur ?*

G. *Une entreprise tient un compte « Marchandises » unique pour l'ensemble des marchandises qu'elle possède ; le 15 mars, elle décide d'analyser les mouvements en distinguant cinq catégories d'articles : A, B, C, D et E. Elle ouvre donc, à partir du 15 mars, cinq comptes qui vont se substituer au compte global Marchandises. A cette date, le stock comporte :*

Marchandises A	*5 220 F*	*Marchandises B*	*13 473 F*
Marchandises C	*9 300 F*	*Marchandises D*	*21 407 F*
Marchandises E	*6 919 F*		

Indiquer, par un schéma des comptes, les opérations comptables à enregistrer le 15 mars ; présenter l'article de journal correspondant.

H. *Nous sommes, le 7 octobre, débiteur envers Martin de 3 000 F, payables le 15 octobre. Martin nous demande, le 8 octobre, de régler cette somme à Sauze, son créancier. Quelle opération comptable dois-je effectuer le 8 octobre ? Présenter un schéma des flux concernant notre entreprise et les comptes en jeu.*

I. *Le compte « Client Lasry » se présente ainsi :*

D	Client Lasry	C
907		300
892		1 000
423		204

Une erreur a été commise : le débit de 423 F correspond au montant net d'une facture concernant le client Jarry, actuellement débiteur de 200 F.

Rectifier cette erreur par un virement et présenter le schéma des comptes après rectification.

Cette rectification est-elle parfaite ? (Comparer les totaux et le solde du compte Lasry tel qu'il se présente après rectification et tel qu'il aurait dû être établi.) Quel autre mode de rectification pourrait-on envisager ?

J. *Nous effectuons, avec le fournisseur Maurin, les opérations suivantes :*
3 janvier. Achat de marchandises à crédit, 5 250 F ;
5 janvier. Nous lui réexpédions 120 F de marchandises non conformes ;
15 janvier. Nous lui remettons un chèque bancaire de 2 500 F ;
20 janvier. Achat de marchandises à crédit, 1 800 F ;
31 janvier. Notre versement en espèces, 3 000 F.
Présenter le schéma des flux correspondants dans chaque entreprise et les deux comptes réciproques.

K. *Dans les livres de M. Lopez, le compte de son client Robin se présente ainsi :*

Débit		*Client Robin*			*Crédit*
4 fév.	Ma facture	157,12	7 fév.	Son retour de marchandises	19,30
12 fév.	Ma facture	307,60	15 fév.	Remise accordée	30,76
19 fév.	Ma facture	193,25	16 fév.	Son versement	200,00
20 fév.	Frais expédition à sa charge	13,60			

Établir le compte de M. Lopez dans la comptabilité de M. Robin.

L. *Au bilan de l'entreprise Gros, on trouve, entre autres comptes :*
— *à l'actif :* Client Matte, *493 F ;* Client Severon, *807 F ;* Banque moderne, *2 400 F ;*
— *au passif :* Fournisseur Antoine, *1 360 F ;* Sécurité sociale, *723 F ;* État, *572 F.*
Présenter les comptes schématiques relatifs à l'entreprise Gros tels qu'ils doivent figurer dans la comptabilité des différents « tiers » ci-dessus, en indiquant le côté du bilan concerné.

M. *La Banque Nationale de Paris (B.N.P.) m'adresse le relevé de mon compte pour la période 1er mai-31 octobre ; le dernier solde indiqué sur ce relevé est créditeur de 804 F.*

Quel doit être, dans mes livres, le solde du compte B.N.P. au 31 octobre ? Le solde, débiteur, s'élève, en fait, à 258 F. Comment peut s'expliquer la différence ?

N. *Dans un bilan de fin d'exercice, le compte Résultat indique un bénéfice de 13 000 F. L'exploitant décide de le laisser de façon durable dans l'entreprise en l'incorporant au capital (dont le montant antérieur était de 75 000 F). Présenter un schéma du jeu des comptes intéressés et l'article du journal.*

O. *Une société, dont le résultat final est un bénéfice de 189 000 F, décide d'en attribuer 80 000 aux associés (qui seront prochainement réglés de ce montant) et de porter le reste en « réserves ».*
Présenter l'analyse comptable de cette décision (article de journal ; jeu des comptes).

EXERCICES

• **1.** A la fin de son premier exercice, la société DELAB présente les comptes suivants, dans lesquels les opérations sont référencées par des lettres :

Caisse

(a)	2 000	600	*(c)*
(l)	1 350	120	*(b)*
(o)	900	. . . .	*(i)*
		1 300	*(n)*

Clients

(k)	4 300	1 350	*(l)*
		. . . .	*(o)*

Fournisseurs

(n)	1 300	2 000	*(b)*
		700	*(d)*
		100	*(g)*

Stocks marchandises

(e)	2 600	2 250	*(j)*
		100	*(m)*

Résultat

(m)	100	. . . .	*(k)*

Immobilisations

(a)	8 000	750	*(h)*
(i)	1 800		

Coût d'achat des march.

(b)	2 000	2 600	*(e)*
(c)	600		

Coût de revient des march.

(d)	700		
(f)	120	3 920	*(k)*
(g)	100		
(h)	750		
(j)	2 250		

Capital

		10 000	*(a)*

Dettes financières

		1 000	*(i)*

a) Retrouver les sommes manquantes.

b) Présenter sous forme d'un journal l'analyse comptable des diverses opérations (dans l'ordre alphabétique des références). Indiquer en « libellé » la nature de chaque opération.

c) Présenter la balance des comptes en fin d'exercice et effectuer tous contrôles permettant de s'assurer qu'elle est « juste ».

d) Présenter le bilan final de la société DELAB.

• **2.** Regrouper dans un compte unique « Clients » les comptes suivants, tous débiteurs : client Gast, 2 872 F ; client Brel, 1 657 F ; client Faure, 1 978 F ; client Moreau, 1 563 F ; client Renoux, 3 652 F ; client Monnot, 786 F ; client Parent, 684 F ; client Marant, 1 894 F ; client Sudrot, 1 759 F.

Présenter les comptes schématiques.

• **3.** Le comptable d'une entreprise commerciale qui a plusieurs comptes bancaires ouverts dans des banques différentes a commis certaines erreurs lors de l'enregistrement de remises à l'encaissement de chèques et de versements d'espèces.

1° Une remise à l'encaissement de chèques (en faveur de l'entreprise) pour ventes au comptant a été portée au débit du compte « Banque Commerciale du Centre », au lieu de « Banque Populaire du Centre » . . . . 3 451 F

2° Une remise d'un chèque émis par le client Barnier a été régulièrement portée au débit du compte « Banque Populaire du Centre », mais c'est le client Bernier qui a été crédité au lieu de Barnier . . . . 652 F

3° Un versement d'espèces à la Banque Commerciale du Centre a donné lieu au débit du compte « Banque du Commerce et de l'Industrie » ; montant du versement . . . 2 580 F

Rectifier les erreurs par écritures de virements comptables et présenter les comptes schématiques après rectification, sachant qu'avant rectification, les soldes de ces comptes étaient les suivants (tous débiteurs) : Banque Commerciale du Centre, 15 432 F ; Banque Populaire du Centre, 12 458 F ; Banque du Commerce et de l'Industrie, 6 456 F ; client Barnier, 652 F ; client Bernier, 115 F.

• **4.** L'entreprise Dumoulin a ouvert un compte courant commercial à la Banque Nationale de Paris (B.N.P.). Sachant qu'elle a effectué les opérations suivantes au cours du mois de décembre, présenter le compte B.N.P. dans le Grand Livre de l'Entreprise commerciale Dumoulin et le compte « Entreprise Dumoulin » dans les livres de la Banque Nationale de Paris :

1er décembre.	Versement en espèces	18 000 F
2 décembre.	Chèque n° 101, à l'ordre des « Transports Rapides »	650 F
4 décembre.	Chèque n° 102, à l'ordre du « Bureau Moderne »	1 360 F
6 décembre.	Chèque n° 103, loyer de décembre	3 340 F
7 décembre.	Remise d'un chèque à l'encaissement, ventes comptant	4 760 F
9 décembre.	Virement à l'ordre du fournisseur Escassut	985 F
10 décembre.	Virement au compte courant postal de Dumoulin	2 000 F
12 décembre.	Remise à l'encaissement du chèque du client Bruel	4 500 F
14 décembre.	Chèque n° 104, à l'ordre du fournisseur Brun	1 658 F
16 décembre.	Virement du client Foran	2 645 F
20 décembre.	Chèque n° 105 de retrait en espèces, pour la caisse	5 000 F
22 décembre.	Chèque n° 106, à l'ordre de l'E.D.F.	1 250 F
24 décembre.	Versement en espèces après ventes au comptant	2 450 F
26 décembre.	Remise à l'encaissement de chèques reçus des clients suivants :	
	— Marion	580 F
	— Morin	679 F
	— Labatut	541 F

NOTA :

— Les chèques et les virements émis par l'entreprise à l'ordre de ses fournisseurs et créanciers diminuent l'avoir en compte.

— Les virements reçus de ses clients et débiteurs, ainsi que les chèques remis à l'encaissement augmentent l'avoir en compte.

• **5.** L'entreprise Colin livre régulièrement des marchandises à son client Mérignac. Les ventes sont faites à crédit ou au comptant d'usage. Mérignac envoie des chèques ou virements bancaires en règlement de ses commandes... et des acomptes à valoir sur factures. Au cours du mois d'avril 19.A, on vous demande de comptabiliser les opérations suivantes, d'une part, chez M. Colin, le fournisseur, d'autre part, chez M. Mérignac, le client.

Opérations notées par Colin (1) :

4 avril.	Le compte du client Mérignac est soldé dans les livres de Colin.	
5 avril.	Facture n° 64, expédition de marchandises à Mérignac	1 685 F
8 avril.	Reçu chèque de Mérignac, acompte sur facture n° 64	685 F
10 avril.	Avoir n° 64-1, retour de marchandises défectueuses	120 F
	Frais de transport pour retour, payés par Mérignac et supportés par l'Entreprise Colin	30 F
12 avril.	Avis de crédit reçu de la banque pour virement reçu de Mérignac	850 F
15 avril.	Reçu commande de Mérignac et acompte sur commande réglé par chèque bancaire	1 000 F
19 avril.	Facture n° 72, expédition à Mérignac de sa commande du 15 avril. Total de la facture	3 542 F
25 avril.	Mérignac adresse une réclamation et signale que la livraison du 19 avril est incomplète. Il manque des marchandises facturées	155 F
	(Colin adresse une facture d'avoir n° 72-1 de ce montant).	
30 avril.	Reçu de Mérignac un chèque bancaire pour solde de son compte.	

Travail à faire :

1° Présenter le compte « Client Mérignac » chez Colin ;
2° Présenter le compte « Fournisseur Colin » chez Mérignac.

(1) Il est précisé qu'une facture ordinaire constate la créance du fournisseur sur le client et qu'une facture d'avoir, au contraire, constate une dette du fournisseur envers le client (pour rabais, ou remise, ou retour de marchandises...).

• **6.** Les opérations suivantes ont été réalisées par M. Goar, de Perpignan, client de M. Fabre, de Toulouse.

Notées par M. Goar, elles se présentent ainsi :

4 mai.	Achat de marchandises à Fabre, facture n° A-51	872 F
6 mai.	Chèque n° 1 250 sur Crédit du Midi envoyé à Fabre, en règlement de la facture n° A-51	872 F
10 mai.	Commande adressée à Fabre et chèque sur Crédit du Midi, à titre d'acompte sur commande en cours	1 000 F
15 mai.	Reçu de Fabre la facture n° A-67 (livraison marchandises commandées le 10 mai). Total de la facture	4 658 F
20 mai.	Retourné à Fabre des marchandises non conformes	208 F
	Payé pour ce retour des frais de transport à la charge du fournisseur Fabre	40 F

Travail à faire :

1° Présenter le compte « Fournisseur Fabre » chez Goar ;
2° Présenter le compte « Client Goar » chez Fabre.

Chapitre 6

ANALYSE ET MODÈLES COMPTABLES PLAN COMPTABLE

I. LES DIFFICULTÉS DE LA COMPTABILITÉ « INTÉGRALE » ; SÉPARATION DE LA COMPTABILITÉ GÉNÉRALE ET DE LA COMPTABILITÉ ANALYTIQUE D'EXPLOITATION

1° Difficultés du suivi des flux internes.

Le « circuit » de l'entreprise présenté plus haut (chapitre 2) permet de représenter les transformations de valeurs dans et par l'entreprise, de mettre en évidence les aspects comptables et financiers de l'activité de la firme.

Ce circuit se caractérise par une **continuité des flux** dans la zone externe et dans la zone interne de l'entreprise ; dans cette zone interne s'élabore le coût de revient des marchandises et produits vendus à partir des flux externes en provenance des fournisseurs et des facteurs de production, et des flux internes d'amortissements.

La **« comptabilité intégrale »** que nous avons construite, traduit ce circuit économique dans les différents comptes créés en conséquence. Elle présente l'**avantage** :

- de déterminer les *différents coûts* de l'entreprise, par niveaux (coût d'achat ; coût de production ; coût de revient) et par branches d'activités (marchandises ou produits M ; marchandises ou produits N) ;
- de fournir la *valeur des stocks,* à la suite des entrées et des sorties des marchandises, matières et produits ;
- de fournir le *résultat par branche d'activité* (ou par types de marchandises ou produits) : bénéfices sur produits P, Q, S, W ; pertes sur produits R, T, Y...
- de fournir également tous les éléments de la *situation financière* (montant des liquidités, des créances et des dettes, etc.).

Malheureusement, elle est difficile à mettre en œuvre pratiquement, en raison :

- de la *complexité du cheminement des flux internes* (imaginer le graphique du circuit dans le cas d'un commerce distribuant une quinzaine de catégories de marchandises, ou bien dans celui d'une industrie fabriquant une vingtaine de produits différents à partir d'une dizaine de matières premières) ;

— des *retards et décalages dans les flux ;* ainsi le coût d'achat d'une marchandise ne peut être calculé que si l'on a reçu non seulement la facture du fournisseur, mais encore celles des frais connexes (assurances ; transports ; commissions...) ;

— de la *différence de nature entre flux internes et flux externes :*

  — ces derniers, juridiquement définis par les contrats passés doivent être enregistrés au centime près (il n'est pas question de réclamer à un client 950 F si la créance est de 947,63 F...) ;

  — au contraire, les premiers, résultant de choix et de calculs propres à l'entreprise, peuvent faire l'objet d'*approximations,* si elles suffisent pour la gestion.

En raison de ces difficultés, on renonce, en général, en France à cette « comptabilité intégrale », pour la scinder en :

— une **comptabilité générale (C.G.) axée sur l'étude des flux externes ;**

— une **comptabilité analytique d'exploitation (C.A.E.), axée sur l'étude des flux internes.**

2° La comptabilité générale (C.G.).

Renonçant à traduire le cheminement et la formation de la valeur dans l'entreprise, la C.G. se borne à la **recherche du seul résultat global, ainsi qu'à l'enregistrement de tous les flux externes.**

a) *Objet de la C.G.*

— **enregistrement des flux externes, complet et détaillé ;**

— **enregistrement des flux internes très simplifié,** limité à la recherche du seul *résultat global* de l'entreprise (ainsi une firme vendant trois types de produits A, B et C ne pourra, dans cette C.G., connaître son résultat sur chacun de ces produits, mais seulement le résultat global tous produits réunis).

b) *Caractères de la C.G.*

— **dominante juridique et patrimoniale** : la C.G. garde la trace, dans les comptes, de tous les flux externes d'achats, ventes, paiements... ; elle fournit la situation des créances et des dettes ; elle permet d'établir le *bilan ;*

— **caractère obligatoire** de cette C.G., aussi bien pour des *raisons légales* (la loi impose aux entreprises la tenue d'une C.G. et la publication annuelle de documents de synthèse) que pour des *raisons de gestion :* il faut pouvoir suivre au jour le jour l'évolution des créances et des dettes (sinon tel client risquerait d'acheter à crédit à l'entreprise bien au-delà de ses possibilités de paiement...) ; il faut enregistrer au moins chaque mois la paie du personnel... ;

— **précision** de la C.G., qui ne peut négliger aucun flux externe, même de quelques francs... ;

— **la C.G. se prête à la normalisation** (publication d'un « modèle » général, obligatoire ou recommandé) en raison de son caractère très général : les C.G. de toutes les entreprises, quels que soient leur dimension ou leur secteur d'activité sont très semblables.

3° La comptabilité analytique d'exploitation (C.A.E.) (1).

La C.A.E. est, au contraire de la C.G., centrée sur l'étude des flux internes, donc de la formation des coûts et des résultats partiels (dits « résultats analytiques »). Historiquement, elle s'est d'abord développée dans les entreprises industrielles, si bien qu'elle est parfois appelée « comptabilité industrielle » ; en fait, elle est nécessaire à toutes les entreprises, qui ont besoin d'analyser et de suivre leur « gestion ».

a) *Objet de la C.A.E.*

— **enregistrement des flux internes** et description de l'activité d'exploitation de l'entreprise ; cette description, par un système de comptes ad-hoc, suppose une analyse précise de la structure technique et du fonctionnement de l'entreprise ; on appelle *« réseau général d'analyse comptable »* ce système de comptes ;

détermination des coûts et des résultats analytiques (par articles, produits, branches d'activité...) ;

— **détermination des éléments de base de la gestion prévisionnelle ;** coûts prévisionnels en fonction de niveaux d'activité ; résultats prévisionnels... La C.A.E. fournit les éléments chiffrés permettant d'éclairer les décisions de gestion, puis le *contrôle de gestion.*

b) *Caractères de la C.A.E.*

— **dominante « gestion » ;** la C.A.E. a un aspect nettement économique et peut s'abstraire des contraintes juridiques de la C.G. C'est ainsi que le résultat « juridique » que doit déterminer la C.G. sera à partager entre les associés ; son contenu est donc défini selon des critères juridiques précis (par exemple, montant des amortissements à inclure dans le résultat) ; en revanche, pour les besoins de la gestion, on pourra inclure dans les coûts analytiques des montants d'amortissements différents, plus forts ou plus faibles selon les circonstances. Autre exemple : la C.G. d'un artisan ou d'un commerçant ne peut inclure un salaire pour cet exploitant individuel ; par contre, dans la C.A.E., l'artisan incorporera sa rémunération dans les coûts (dans les devis notamment) ;

— **souplesse des solutions,** très variables selon les structures et les organisations des entreprises ; la C.A.E. se prête beaucoup moins à la « normalisation » que la C.G. ;

— **précision relative :** la C.A.E. peut se contenter de résultats approchés, voire de « fourchettes » d'appréciation ;

— **rapidité des informations :** il vaut mieux savoir au jour n + 10 que le coût d'une fabrication s'est accru d'environ 10 000 F que d'apprendre au jour n + 30 que ce coût est effectivement de + 11 237,13 F ; en effet, la première information permettra dès le jour n + 10 de prendre les mesures correctrices.

(1) Dans le plan comptable général (1982) cette comptabilité est appelée « Comptabilité analytique » ; nous l'identifierons cependant par le sigle C.A.E., réservant le sigle C.A. à la représentation du « chiffre d'affaires » de l'entreprise.

II. LE CIRCUIT DE L'ENTREPRISE VU PAR LA C.G.

La séparation de la C.A.E. et de la C.G. facilite l'organisation et le travail comptables (1) ; elle a évidemment d'importantes conséquences pédagogiques ; dans la suite de ce manuel **seule sera traitée la comptabilité générale,** la C.A.E. faisant l'objet du tome 3.

1° Le circuit simplifié : principe.

Présentons le **circuit de l'entreprise** vue à travers la seule C.G. Ce circuit est simplifié par rapport au circuit général présenté dans le chapitre 2 ; schématiquement, il occulte l'essentiel des flux internes et, notamment, ceux conduisant aux différents coûts et stocks. Toutefois, il doit mettre en évidence **un minimum de flux internes globaux** :

a) *le flux d'amortissement ;*

b) *les flux de formation du résultat* global, ramenés à deux catégories :
— *flux générateurs de perte,* représentant des **« emplois »** ou *charges* (flux entrant, d'origine externe, et flux d'amortissement) ;
— *flux générateurs de bénéfice,* représentant des **« ressources »** ou *produits* (flux sortant, de ventes aux clients) ;

c) *par ailleurs,* **la variation des stocks** doit être intégrée au résultat ; en effet, le graphique du circuit ne représente plus les entrées et les sorties de stocks, à la différence du graphique général ; il faut donc, à défaut de ces entrées et sorties, faire apparaître leur **montant net,** c'est-à-dire la **variation de stocks de l'exercice.**

En effet, la simplification opérée dans cette analyse (cf. *b*) conduit à traiter :
— les achats comme des « charges » ;
— les ventes comme des « produits », ce qui est méthodologiquement incorrect.

• Car les *« achats de marchandises »* ne constituent pas en eux-même des charges : c'est l'*utilisation* de ces marchandises ou matières dans l'exploitation qui constitue la charge, la *consommation de valeur.* Il convient donc de substituer aux achats, dans le calcul du résultat, les *« achats consommés »,* donc de corriger les achats de la variation des stocks correspondants (stockage ou déstockage).

***Exemple** : Achats de marchandises 890 000 F ; stock de marchandises au début de l'exercice 85 000 F, à la fin de l'exercice 98 000 F.*

Variation de stock :	Stock final	98 000	Variation + 13 000 F
	— Stock initial	85 000	(stockage)

Puisque le stock s'est accru de 13 000 F, c'est donc qu'une partie des achats n'a pas été utilisée pour la vente (n'a pas été revendue) et est venue augmenter la valeur du stock.

La véritable charge est donc de 890 000 (achats) — 13 000 (variation) = 877 000 F.

Si la variation avait été négative (diminution du stock), elle aurait été ajoutée arithmétiquement aux achats (déstockage).

---

(1) Nous verrons cependant, plus tard (tomes 2 et 4), que cette séparation crée certaines difficultés en matière de traitement des informations et notamment au niveau de la *saisie des données.*

Concluons :

Consommation effective (charge) = Achats − Variation de stocks.

Cette correction des achats est opérée en fin d'exercice, après calcul de la valeur des existants en stock.

- De la même façon, pour l'entreprise industrielle, il faut tenir compte de :
- — la **variation des stocks de matières premières** et « approvisionnements » (comme ci-dessus) ;
- — la **variation des stocks de produits finis** : la véritable « production » économique de l'entreprise ne se limite pas aux ventes de produits fabriqués ; il faut leur *ajouter* le montant de l'augmentation du stock de produits finis (production mise en stock) ou leur soustraire la diminution de ce stock (ventes prélevées sur le stock).

__Exemple :__ Ventes de produits finis : 940 000 ; stock initial de produits finis 109 000 ; stock final 137 000.

Production (« ressource ») :	Ventes	940 000
	Variation de stocks de produits finis (S. final) 137 000 — (S. initial) 109 000 ..	+ 28 000
	Production	968 000

Production effective (Produit) = Ventes + Variation de stocks P.F.

Ces variations de stocks sont représentées, sur le graphique par des flux entrant en stock (augmentation) ou en sortant (diminution).

2° Les flux de charges, les flux de produits.

a) *Cas de l'entreprise commerciale.*

En raison de la simplification opérée (renoncement au suivi des flux internes) les *flux de charges* de l'entreprise commerciale sont de deux types :

- — les flux d'utilisation des facteurs de production (autres que les capitaux propres) externes ou internes (amortissements) ;
- — le flux de variation des stocks de marchandises.

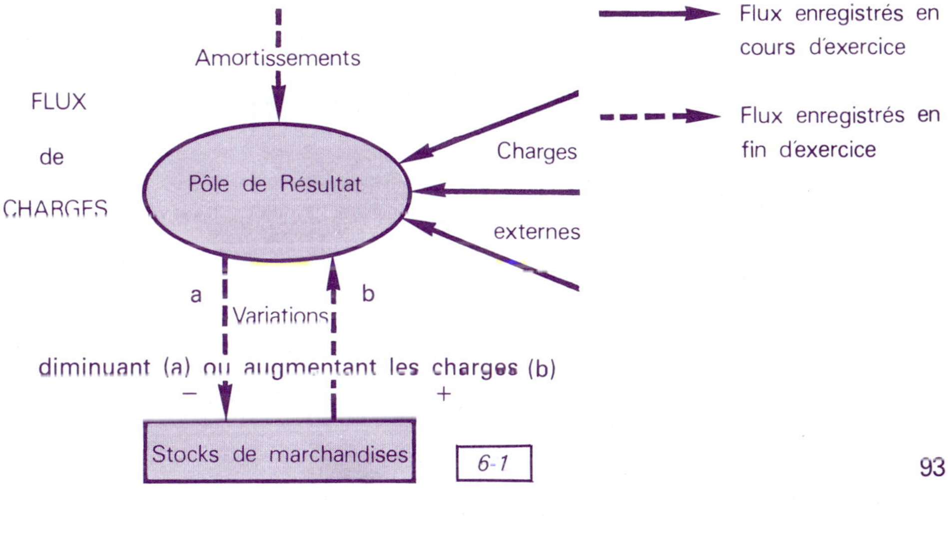

6-1

Quant aux *flux de produits* ils sont fournis pour l'essentiel par les « ventes » ; s'y ajoutent quelques produits accessoires (exemple : intérêts reçus) :

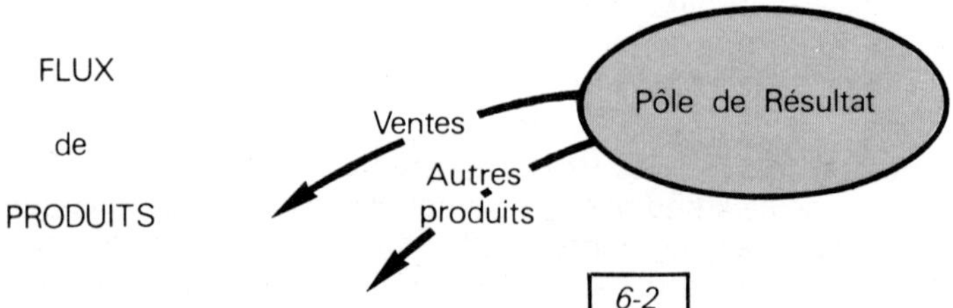

6-2

b) *Cas de l'entreprise industrielle.*

Même schéma que ci-dessus ; toutefois :

• *les flux de charges* sont, en fin d'exercice, corrigés par les variations des stocks des matières premières et autres approvisionnements ;

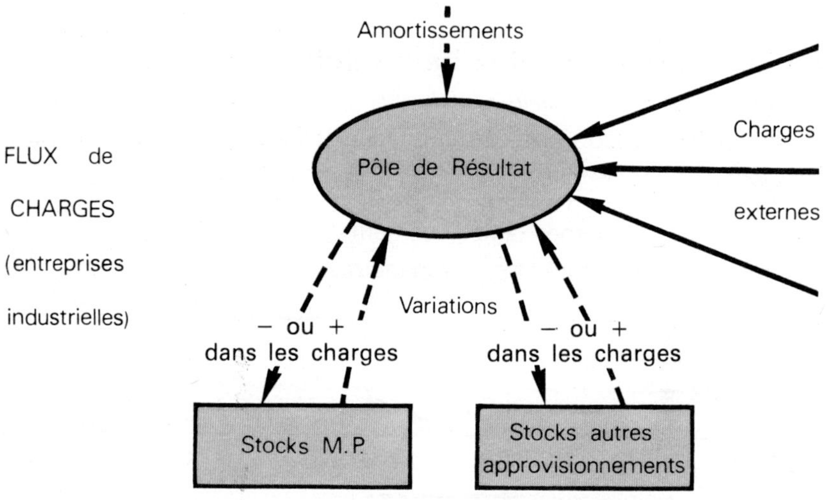

6-3

• *les flux de produits* peuvent comporter trois « branches » principales :

– *les ventes et autres produits* (ventes de produits fabriqués ; loyers ou intérêts reçus ...) ;

— *la production stockée :* produits fabriqués mis en stocks (+) ou déstockés (—) ; cf. chapitre 1 ;

— *la production immobilisée :* produits fabriqués conservés par l'entreprise à titre d'investissements (constatation faite généralement en fin d'exercice).

FLUX de PRODUITS (entreprises industrielles)

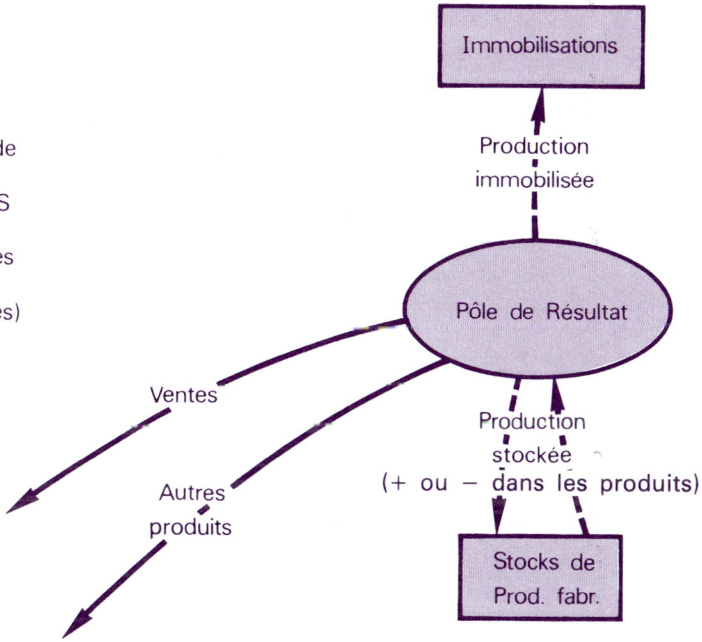

6-4

3° Graphique du circuit simplifié.

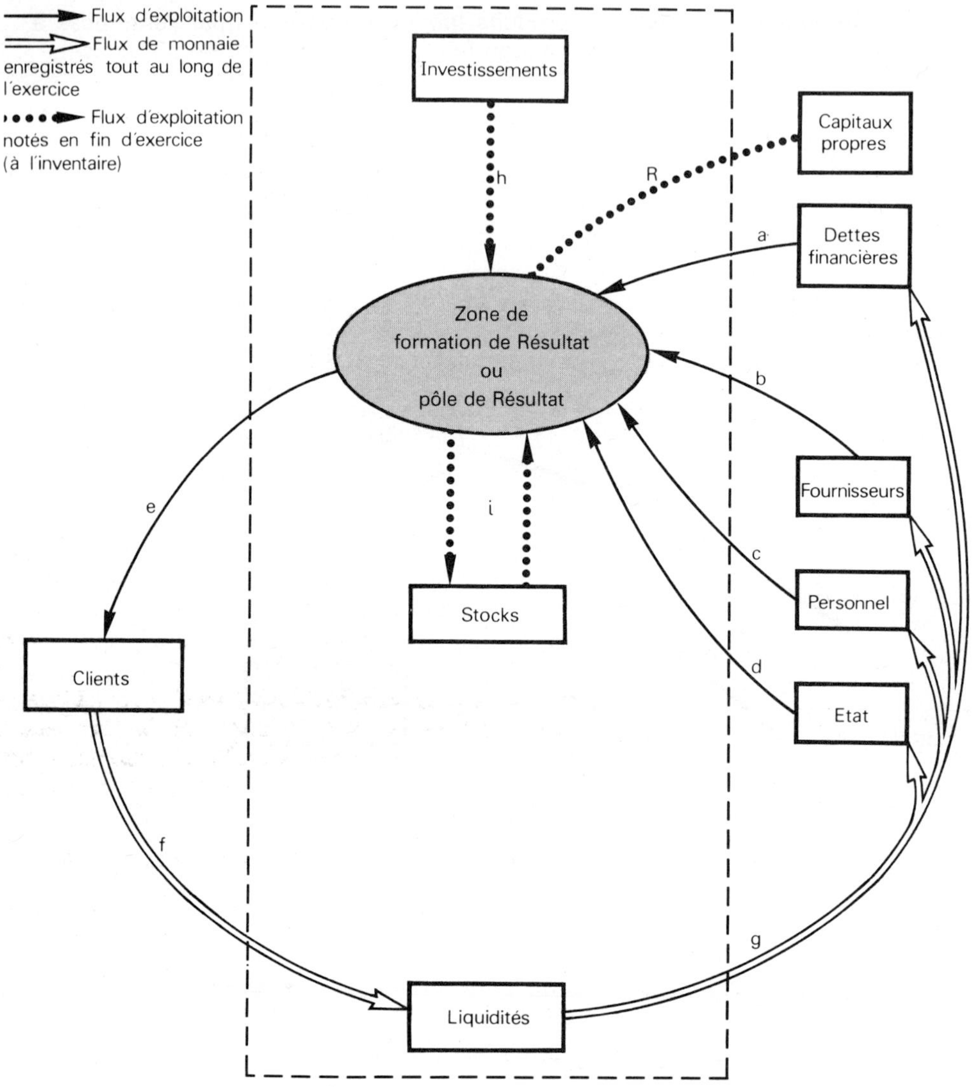

6-5

Commentaire :

• durant l'exercice, on n'enregistre que les flux externes, sans se préoccuper de leur destination interne en termes de coûts :

— les *flux entrants* sont traités comme « pertes », car ils sont générateurs de pertes et constituent des **charges** (emplois) ;

— les *flux sortants* sont traités comme « bénéfices », car générateurs de bénéfice ils constituent des **produits** (ressources) (1) ;

• en conséquence, la C.G. n'est plus en mesure, 364 jours par an, de renseigner les dirigeants sur les coûts, sur les résultats par produits, sur les stocks ; les **comptes de stocks ne font l'objet d'aucune écriture en cours d'exercice et figurent donc en comptabilité pour leur montant du 1er janvier (ou du début de l'exercice) jusqu'au 31 décembre, date à laquelle ils seront enfin rectifiés, après calcul de la variation de stocks.** Cette méthode est désignée sous le nom « d'**inventaire intermittent** » par opposition à celle de l'*inventaire permanent* utilisé dans notre « comptabilité intégrale » ou en C.A.E. ;

• en fin d'exercice, *après travaux d'inventaire, sont comptabilisés les flux d'amortissement et de variation de stocks,* permettant le calcul du résultat global (R) ;

• la **simplification du circuit est considérable** puisque :

— un seul pôle interne de « Résultat » se substitue aux dizaines ou aux centaines de pôles de coûts et de résultats partiels ;

— les ventes peuvent être comptabilisées sans calcul préalable de leur coût de revient ; elles sont ainsi enregistrées :

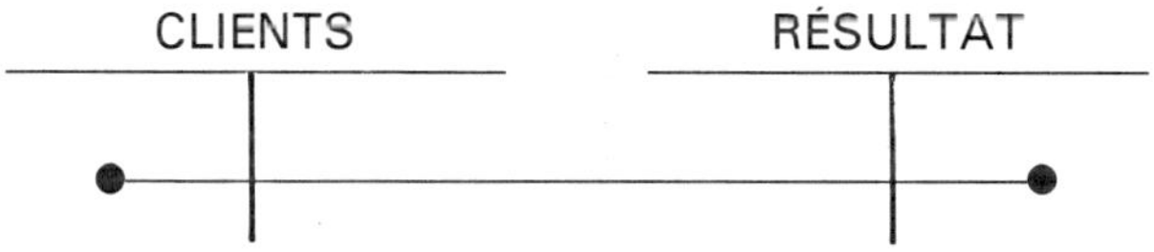

Mais, cette simplification se paie très cher : la C.G., si elle fournit toute l'information « externe » utile, ne renseigne plus sur les conditions économiques de l'exploitation et ne *fournit plus qu'un résultat* ***global*** *en fin d'exercice.*

En fait, elle doit être complétée par la mise en place d'une C.A.E., si les dirigeants veulent être convenablement informés sur leur gestion.

De plus, cette C.A.E., bien que non obligatoire, est quasi-nécessaire à l'entreprise pour le calcul en fin d'exercice, des « variations de stocks » (notamment dans les firmes industrielles).

III. CONSÉQUENCES COMPTABLES ; APPLICATION

1° Du graphique aux comptes.

Le schéma du circuit simplifié montre que :

la zone externe de l'entreprise est analysée comme en « comptabilité intégrale » ; les comptes d'immobilisations, de capitaux propres, de dettes, de créances fonctionneront donc comme précédemment ;

(1) Le terme « produits », dans le calcul du résultat et d'une façon générale en C.G., doit être pris au sens de *ressource*, de production économique ; il ne faut pas confondre cette acception avec celle de « produits fabriqués » ou « produits finis », objets matériels.

— la zone interne est ramenée à trois pôles dont l'*un fonctionne en permanence*, au fur et à mesure des opérations *(Résultat)* et dont les deux autres ne fonctionnent qu'en fin d'année (1) (amortissements et variations de stocks).

Réduite à ces seuls pôles, la C.G. décrit parfaitement la *situation financière de l'entreprise* (dans laquelle seul importe le montant net du résultat global, bénéfice ou perte) ; **on peut donc se contenter, dans une « comptabilité de situation » de créer un compte unique de résultat** :

CHARGES	**RÉSULTAT** PRODUITS
Débité en cours d'exercice : — des flux externes d'exploitation ou flux entrants (achats, salaires, intérêts, impôts...). *Débité en fin d'exercice :* — du flux interne d'amortissement	*Crédité en cours d'exercice :* — des flux externes d'exploitation ou flux sortants (ventes de marchandises ou produits).
Débité ou crédité en fin d'exercice des variations de stocks.	

Cette information est suffisante au calcul du résultat net et à l'établissement du bilan ; mais nous verrons bientôt (chapitre 8) qu'il est possible, sans alourdir considérablement la comptabilité d'analyser, dans des comptes particuliers, les charges et les produits et d'obtenir ainsi, sinon les coûts et valeurs internes, du moins un détail intéressant des composantes du résultat.

2° Application.

Les opérations du « circuit » de la C.G. d'un commerce pour l'exercice 19.A sont les suivantes :

(a) *intérêts à payer aux prêteurs, 18 000 ;* (g) *paiements, 16 000 ;*
(b) *achats de marchandises, 394 000 (à crédit) ;* (g) *paiements : 351 000 ;*
(c) *salaires, 128 000 ;* (g) *paiements, 125 000 ;*
(d) *impôts, 73 000 ;* (g) *paiements, 48 000.*
(e) *ventes (à crédit), 693 000 ;* (f) *encaissements, 591 000.*

*En fin d'exercice, lors de l'**inventaire,** on calcule l'amortissement* (h) *soit 47 000 et le montant du stock final (estimé au coût d'achat, ce coût d'achat étant calculé soit à l'aide d'une C.A.E., soit de façon **extra-comptable** ce qui est délicat) : 79 000 ; le stock initial était de 61 000 (flux i de régularisation).*

- **Enregistrement** :

— **toutes les « charges »,** constituant des emplois définitifs de valeurs, **sont portées au débit du compte de résultat ;**

(1) Nous ne parlons ici que de l'exploitation ; mais les acquisitions et cessions d'immobilisations (opérations d'investissement-financement) sont enregistrées, elles, tout au long de l'exercice, à leur date.

— **tous les « produits »,** constituant des ressources définitives, sont portés **au crédit** de ce même compte ;

— **en cours d'exercice le solde de ce compte n'a aucune signification,** car il ne peut représenter le résultat qu'après une double régularisation, celle des amortissements et celle des stocks (après inventaire extra-comptable des existants réels) ;

• **Analyse comptable des opérations de l'exercice :**

Résultat	18 000	
Dettes financières		18 000
(a) Intérêts dûs.		
Résultat	394 000	
Fournisseurs		394 000
(b) Achats marchandises et services.		
Résultat	128 000	
Personnel		128 000
(e) Salaires.		
Résultat	73 000	
État		73 000
(d) Impôts.		
Clients	693 000	
Résultat		693 000
(e) Ventes.		
Caisse	591 000	
Clients		591 000
(b) Encaissements.		
État	48 000	
Personnel	125 000	
Fournisseurs	351 000	
Dettes financières	16 000	
Caisse		540 000
(g) Paiements.		

Après ces enregistrements opérés *pendant* l'exercice, le compte de résultat se présente ainsi :

Résultat

(a) Intérêts	18 000	*(e)* Ventes	693 000
(b) Achats	394 000		
(c) Salaires	128 000		
(d) Impôts	73 000		
Total charges	613 000	Total produits	693 000

Solde créditeur : 80 000.

• **En fin d'exercice** :

Notre commerçant pourrait croire avoir réalisé un bénéfice de ce montant ; il n'en est rien, car il faut maintenant **enregistrer les amortissements et calculer la valeur du stock final** :

	fin 19.A		
Amortissements :	Résultat	47 000	
	Immobilisations		47 000
	(h) Amortissements.		

Régularisation des stocks : stock final 79 000 — stock initial 61 000 = 18 000 *(augmentation) ;* cette augmentation du stock révèle que les charges (613 000 + 47 000) n'ont pas été totalement consommées puisque 18 000 restent dans l'entreprise sous forme de stocks (il s'agit essentiellement des « achats » qui forment le principal des stocks) ; cette *variation des stocks* représente donc une *diminution des charges* que l'on va ici noter au *crédit du compte de résultat,* comme un produit :

fin 19.A		
Stock marchandises	18 000	
Résultat		18 000
(i) Augmentation du stock.		

Après cette régularisation, le *compte « Stock de marchandises » qui était resté débiteur de 61 000 F depuis le début de l'exercice,* est maintenant débiteur de 79 000 F, ce qui est bien le *montant du stock final.*

Quant au compte de résultat, il exprime désormais, par son solde final, le bénéfice de la firme.

Résultat

(a) Intérêts	18 000	*(e)* Ventes	693 000
(b) Achats	394 000	*(i)* Augmentation de stocks	18 000
(c) Salaires	128 000		
(d) Impôts	73 000		
(h) Amortissements	47 000		
Total charges	660 000	Total produits	711 000

Solde créditeur (bénéfice) : 51 000.

IV. MODÈLES COMPTABLES ; PLAN COMPTABLE

1° La notion de modèle comptable.

La comptabilité cherche à donner de l'entreprise une représentation fidèle de sa situation, de sa structure financière, de son activité. Cette représentation, que nous désignons par l'expression *« projection de l'entreprise sur le plan des valeurs »,* implique la création de **pôles d'analyse** qu'il faut donc définir.

Nous appelons **« modèle comptable » l'ensemble des pôles d'analyse** retenus par une entreprise :

- dans les chapitres 2,3,4, nous avons utilisé un « modèle » de comptabilité « intégrale », décrivant tous les flux externes et internes ;
- **dans ce chapitre 6,** nous venons de recourir à un **modèle différent, qui cherche à décrire tous les flux externes mais limite l'étude des flux internes ; c'est un « modèle » de comptabilité générale** ; il laisse de côté l'analyse de la zone interne de l'entreprise, qui fait l'objet de modèles distincts de C.A.E. Nous ne parlerons, dans la suite de ce tome, que des modèles de C.G.

2° Conception du modèle.

Les modèles comptables, s'ils peuvent être très variés en ce qui concerne la C.A.E., sont par contre peu nombreux et peu différents en C.G. ; en effet, la C.G. cherche à décrire la *situation financière de l'entreprise* et la *formation de son résultat net global ;* or, la description de cette situation financière est, dans tous les pays, faite sensiblement de la même façon, en termes d'emplois et de ressources ; il existe plus de différences de conception en ce qui concerne l'analyse de la formation du résultat (analyse de gestion).

a) *Analyse de situation.*

Les pôles à créer relèvent d'une conception plus ou moins large de la « situation financière » de la firme :

• *Conception juridique de la situation :* c'est de très loin la plus répandue dans le monde ; la représentation comptable se limite aux éléments du **patrimoine** de l'entreprise (biens acquis en propriété ; créances ; dettes...) ; nous avons fait remarquer plus haut qu'en conséquence, les « investissements » inscrits dans les comptes sont seulement ceux dont on est propriétaire.

• *Conception élargie (économique) de la situation :* certains souhaiteraient inclure dans la représentation tous les biens concourant à la production, que l'on en soit ou non propriétaire (le bilan inclurait donc, à l'actif, les immobilisations en location par exemple, car elles font partie du potentiel économique de production). Cette conception n'est, pour l'instant, retenue que par quelques organismes d'étude (exemple : centrale des bilans de la Banque de France).

En définitive, l'analyse de situation est, dans tous les pays, pratiquement la même ; elle conduit à la création de **comptes de situation** (ou de bilan) représentant :

- les biens } Actif du bilan ;
- les créances }
- les capitaux propres } Passif du bilan ;
- les dettes }
- le résultat net global.

b) *Analyse de gestion.*

Des différences plus marquées existent en ce qui concerne l'analyse de la gestion :

• La *« comptabilité intégrale »* procède à une étude de la formation des coûts et des résultats analytiques ; elle est utilisée par les entreprises capables d'intégrer C.A.E. et C.G., ce qui suppose en général une organisation comptable informatisée (ordinateurs).

• Une *analyse par « fonctions »* de l'exploitation de l'entreprise peut être opérée en C.G. ; ne se limitant pas à classer les flux en « charges » et en « produits », elle procède à une classification des charges selon la fonction économique interne :

— approvisionnements (ou achats) ;
— fabrication ;
— administration ;
— finances...

Cette conception va moins loin que la comptabilité intégrale mais suppose cependant une analyse précise des flux internes.

> ***Exemple :*** pour enregistrer le salaire de M. Dupont, il faut définir sa fonction ; travaille-t-il dans les ateliers ? charge de fabrication ; travaille-t-il dans le service comptable ? charge d'administration...

Les comptabilités anglo-saxonnes et en particulier américaines, utilisent en C.G., l'analyse par fonctions.

• *L'analyse par nature* de la gestion est incontestablement la plus simple : on se borne à distinguer les différents flux d'exploitation selon leur nature juridique ou économique, *sans rechercher la fonction, le rôle interne dans l'entreprise.* Dans cette analyse, c'est le caractère juridique « externe » qui est prédominant ; ainsi, les charges sont classées en impôts, charges financières, charges de personnel, achats...

> ***Exemple :*** *l'entreprise paie 300 F pour le nettoyage de sa vitrine :*
> — *si ce nettoyage est assuré par un salarié de l'entreprise, il s'agit de « charges de personnel » ;*
> — *si il est effectué par une* entreprise extérieure, *qui remet donc une facture de 300 F à l'entreprise, il s'agit d'un « achat de services extérieurs »...*

La France, l'Allemagne, l'Italie, l'Espagne, pratiquent, en C.G., l'analyse par nature, qui simplifie la tâche des « imputeurs » comptables ; en effet, la recherche du compte de charge à débiter est très facile et résulte de la *nature même du document de base :* s'agit-il d'une facture d'achat ? charge d'« achats » ; d'un bulletin de salaire ? « charges de personnel » ; d'un bordereau bancaire mentionnant des intérêts à payer ? charges financières...

3° Du modèle au « Plan comptable » de l'entreprise.

Le modèle de base retenu doit être traduit, dans l'organisation comptable, sous forme :

— d'une **liste de comptes** à créer ;
— de **règles de fonctionnement** de ces comptes ;
— de **règles d'évaluation** des flux.

On appelle Plan comptable de l'entreprise, cette liste des comptes avec leurs règles de fonctionnement.

Selon les besoins d'information de l'entreprise, son plan comptable peut être plus ou moins détaillé **(plus ou moins « analytique »).**

C'est ainsi qu'une petite entreprise pourra se contenter, pour décrire ses immobilisations de trois comptes :

— Bâtiments ;
— Installations (magasin) ;
— Matériels de transport ;

alors qu'une grande entreprise aura besoin, pour les seuls matériels de transport, d'une vingtaine de comptes :

— Matériels de transports routiers :
    — Camionnettes de livraison ;
    — Camions ;
    — Automobiles.
— Matériels de transports ferroviaires :
    — Wagons type A ;
    — Wagons-citernes, etc.

Le Plan comptable de l'entreprise peut donc comporter des centaines de comptes (1) ou au contraire un petit nombre. On conçoit toutefois que si ce nombre de comptes est trop faible, la description ne puisse être satisfaisante. C'est pourquoi le **législateur** intervient pour réglementer les comptabilités et imposer, au niveau des documents annuels qui doivent être publiés, un minimum d'informations, conformes à un « Plan Comptable Général ».

V. LE PLAN COMPTABLE GÉNÉRAL

1° La normalisation comptable.

La comptabilité générale n'est pas seulement nécessaire au chef d'entreprise ; elle répond à des **besoins d'information** :

- des *partenaires directs* de l'entreprise : banques, fournisseurs, clients, etc., le personnel lui-même ;
- de l'*État,* pour l'élaboration de statistiques nationales et de la « comptabilité nationale » ;
- du *public* en général : l'*information financière* donnée par les grandes sociétés cotées en Bourse, contrôlée par la C.O.B. (2), lui permet d'apporter ses capitaux (souscriptions d'actions pour des augmentations de capital de ces sociétés, souscriptions d'obligations pour des emprunts émis par les sociétés) en étant convenablement éclairé sur leur situation financière...

(1) Outre les comptes de tiers de créances-dettes (clients, fournisseurs...) qui sont nécessairement nominatifs, donc en nombre égal à celui des « tiers » concernés (souvent des milliers de comptes clients et fournisseurs).

(2) Commission des opérations de Bourse.

Ainsi, tous les agents économiques ont intérêt à voir les entreprises s'exprimer dans un **langage comptable commun** et publier des **documents financiers normalisés,** c'est-à-dire conformes à des normes ou règles générales.

C'est pourquoi est née en France en 1947, et s'est développée, une **normalisation comptable** qui prend, principalement, la forme d'un **« Plan Comptable Général »** (1) définissant ce langage commun et ces modèles uniformes de présentation des documents comptables et financiers.

2° Bref historique.

• **Le premier plan comptable** français a été **publié en 1947** ; il avait opté pour une séparation de la C.A.E. et de la C.G., ainsi que, dans cette dernière, pour une « analyse par nature » des composantes du résultat (charges par nature, produits par nature) ; il répartissait les comptes de la C.G. en huit classes, numérotées de 1 à 8, réservant la classe 9 à la C.A.E. et la classe 0 à des « comptes spéciaux ».

Il prévoyait les documents annuels de synthèse suivants :

— Bilan	(analyse de situation)
— Compte d'Exploitation générale et compte de Pertes et Profits.	(analyse de gestion)

• Révisé en 1957, le Plan comptable général, devenu **« Plan 1957 »** présentait fort peu de différences, en C.G., avec le Plan 1947 ; la révision avait en effet principalement porté sur la C.A.E.

A partir des années 1965-1966, le Plan 1957 est devenu d'application très générale (sans être le plus souvent obligatoire) en raison de l'adoption de ses modèles dans les imprimés fiscaux, de la diffusion de sa méthode par l'enseignement, d'une adaptation de son modèle général aux particularités des différents secteurs économiques dans les « guides comptables professionnels » (élaborés, comme le Plan lui-même, par le Conseil National de la Comptabilité).

• Le Plan comptable 1957 a été profondément remanié *en 1982 :* un arrêté du Ministre de l'Économie et des Finances du 27 avril 1982 substitue au Plan comptable de 1957 un nouveau Plan comptable applicable à partir de 1984, en vertu de la loi du 30 avril 1983 et du décret d'application du 29 novembre 1983. Nous appellerons donc Plan 1982 ce nouveau plan comptable général.

Il marque une évolution sensible par rapport au Plan 1957, car il a été élaboré par le Conseil National de la Comptabilité en tenant compte :

- d'une **harmonisation internationale** des modèles comptables, et, plus spécialement, de la **« IVe Directive »** des Communautés européennes (2) qui impose aux États membres du « Marché commun » des modèles comptables sinon identiques, du moins compatibles ;

---

(1) Pour plus de détails se reporter à notre « Guide d'application du Plan comptable général », Éditions Foucher.

(2) Notifiée aux États membres au 31 juillet 1978, elle concerne les documents annuels des sociétés et est applicable à partir du 1er février 1982.

— d'une **évolution dans l'analyse de la gestion** des entreprises et, plus spécialement, de concepts **économiques** (valeur ajoutée) et **financiers** (tableau de financement) ignorés dans le Plan 1947-1957.

Dans la suite de ce manuel, les termes « Plan comptable général » désigneront le Plan 1982, qui est le modèle de référence des comptabilités d'entreprises à partir de 1984.

VI. CARACTÉRISTIQUES DU PLAN COMPTABLE GÉNÉRAL

Le Plan comptable général (P.C.G.) contient :

1° Un exposé de principes généraux, de règles, de méthodes d'évaluation.

La finalité de la comptabilité est affirmée : « **donner une image fidèle** du patrimoine, de la situation financière et du résultat de l'entreprise ».

Pour obtenir cette « image fidèle », la C.G. doit respecter un certain nombre de principes et règles fondamentaux, notamment :

— le **principe de prudence :** pour éviter que les tiers ne considèrent, sur le vu des documents de synthèse, que la situation de l'entreprise est plus brillante ou plus saine qu'elle n'est en réalité, les évaluations doivent être faites dans le respect de ce principe de prudence ; en particulier les *bénéfices* (plus-values) ne sont enregistrés en « résultat » que lorsqu'ils sont *certains* (encaissés ou au moins transformés en créances certaines) ;

— la **régularité et la sincérité,** application de bonne foi des règles et procédures en vigueur ;

— la **constance des méthodes,** sans laquelle les comparaisons d'une année à l'autre seraient impossibles ; tout changement dans les méthodes d'évaluation ou dans la présentation doit être signalé et justifié ;

— le **principe de « continuité d'exploitation »,** règle d'or des évaluations : les évaluations des différents postes du bilan sont faites dans l'hypothèse d'une continuation de l'activité de la firme ; si tel n'est pas le cas (cessation imminente d'activité), les évaluations doivent en tenir compte ;

— la **règle d'évaluation au coût historique,** etc. : malgré les variations du pouvoir d'achat de la monnaie (inflation et, exceptionnellement déflation) les valeurs d'entrée des éléments sont les montants des flux historiquement constatés (ex : un terrain acheté 500 000 F en 1979 continue à figurer en comptabilité pour cette valeur brute, même s'il est estimé au triple du fait de l'inflation ou de l'évolution des prix) ;

— le principe de **spécialisation des exercices :** charges et produits doivent être strictement rattachés à l'exercice qu'ils concernent ;

— l'identité du bilan d'ouverture d'un exercice et du bilan de clôture de l'exercice précédent.

2° Une liste de comptes rationnellement classés, codifiés et définis par une terminologie et par des règles précises de fonctionnement.

Exemples :

— Le P.C.G. précise quels comptes doivent jouer à l'occasion d'une cession d'immobilisation.

— Le P.C.G. indique la liste des différents comptes de charges et leur contenu...

Le P.C.G. se borne à fournir les principaux comptes, sans descendre au niveau d'analyses très détaillées, qu'il appartient aux entreprises de décider.

Exemple :

Le P.C.G. prévoit un compte « Matériel de bureau et matériel informatique » *sans pousser plus avant l'analyse.*

Chaque entreprise peut subdiviser ce compte en fonction de ses propres besoins, par exemple en :

- *machines à écrire ;*
- *machines comptables ;*
- *ordinateur ;*
- *matériel de reprographie ;*
- *autres matériels de bureau.*

Le lecteur a intérêt à se procurer la liste des comptes du P.C.G., ou, au moins, la « liste des comptes usuels » (1).

3° Des modèles de documents annuels de synthèse.

• **Les documents annuels** sont au nombre de trois et sont indissociables :

- **le bilan** (analyse de situation) ;
- **le compte de résultat** (analyse de gestion) ;
- **l'annexe** (compléments explicatifs).

L'annexe est destinée à compléter l'information donnée par le bilan et le compte de résultat, de façon à fournir une **image fidèle** de la situation et du résultat.

Exemples d'éléments de l'annexe, à fournir s'ils représentent une importance significative :

- tableau des immobilisations décrivant les acquisitions et les cessions des immobilisations durant l'exercice ;
- explication des règles particulières d'évaluation qu'aurait adoptées l'entreprise.

---

(1) Les Editions Foucher.

• **Trois modèles de présentation** (dits systèmes) sont prévus, destinés à donner une certaine souplesse à l'application du Plan :

— un **« système de base »** prévu pour toute entreprise quelle que soit sa dimension (le « système » correspond à un modèle-type de documents de synthèse et à l'ensemble de comptes permettant de les obtenir) ;

— un **« système abrégé »** ou **simplifié** réservé aux *petites et moyennes entreprises* ne dépassant pas une taille fixée par la loi (sur la base du chiffre d'affaires et/ou de l'effectif salarié et/ou du total du bilan) (1) ;

— un **« système développé »**, plus complet et facultatif pour les entreprises, propose une analyse plus poussée de la situation et, surtout de la gestion. Compte tenu des avantages qu'il présente, nombre d'entreprises moyennes l'adoptent ; comme par ailleurs, il explique et sous-tend le modèle d'analyse du système de base, sa connaissance est indispensable à la compréhension de ce dernier.

C'est pourquoi, dans ce manuel, **sera principalement traité le « système de base »** (que nous appellerons système B), mais avec un éclairage à la lueur des analyses du système développé (que nous appellerons système C) ; les simplifications du système abrégé (système A) seront également mentionnées.

VII. CLASSIFICATION ET CODIFICATION DES COMPTES DU P.C.G.

1° Les dix classes de comptes.

Les comptes proposés par le P.C.G. sont répartis en huit classes numérotées de 1 à 8 (cf. cadre comptable du P.C.G. pages 412 et 413).

Comptes de bilan.	Classe 1. Comptes de capitaux [créditeurs (2)]
	Classe 2. Comptes d'immobilisations [débiteurs (2)]
	Classe 3. Comptes de stocks et d'en-cours [débiteurs (2)]
	Classe 4. Comptes de tiers } débiteurs ou créditeurs
	Classe 5. Comptes financiers } débiteurs ou créditeurs
Comptes de gestion.	Classe 6. Comptes de charges [débiteurs (2)]
	Classe 7. Comptes de produits [créditeurs (2)]
	Classe 8. Comptes spéciaux (3)

2° Les comptes.

Chaque **classe** *est divisée en* **comptes à deux chiffres** numérotés de 0 à 9 *dans cette classe ;* nous appellerons *comptes d'ordre 2* ces comptes.

De même, *les comptes d'ordre 2 sont divisés en* **comptes d'ordre 3,** numérotés de 0 à 9, à l'intérieur de chaque compte d'ordre 2.

(1) 3 000 000 F de C.A.H.T., 10 salariés, 1 500 000 F, total bilan pour les personnes morales. Pour les personnes physiques, C.A.H.T. inférieur à 3 500 000 F pour les « négoces », et 1 000 000 F pour les prestataires de services.
(2) Sauf exceptions très limitées.
(3) Non étudiés dans ce tome 1.

Ces comptes sont eux-mêmes divisés en **sous-comptes** qui peuvent être, eux aussi, subdivisés, si les besoins de l'analyse comptable l'exigent.

Exemple :

Classe	Comptes d'ordre 2	Comptes d'ordre 3	Comptes d'ordre 4
Classe 2 Immobilisations	20 Immobilisations incorporelles. *21 Immobilisations corporelles.* ..... 23 Immobilisations en cours.	211 Terrains. 212 Aménagements de terrains. *213 Constructions.* ..... 215 Installations techniques.	*2131 Bâtiments.* 2135 Installations générales. 2138 Ouvrages d'infrastructure.

	Comptes d'ordre 5	Comptes d'ordre 6
2131 Bâtiments	21311 Ensembles immobiliers industriels. 21315 Ensembles immobiliers administratifs et commerciaux. *21318 Autres ensembles immobiliers.*	213181... affectés aux opérations professionnelles. 213188... affectés aux opérations non professionnelles.

3° Utilisation des comptes.

a) *Le P.C.G.* préconise l'utilisation des *comptes d'ordre 3* ou plus pour les imputations, les comptes d'ordre 2 ne servant que pour les regroupements.

A cet effet, il a réservé le **0 du 3e chiffre** pour le regroupement des comptes de même niveau, ou pour l'utilisation d'un compte global ; ainsi le compte 410 « clients et comptes rattachés » est utilisé :

— soit pour regrouper les comptes 411 à 418

— soit comme compte unique global, si l'entreprise ne juge pas utile d'ouvrir les comptes 411 à 418.

En pratique, les comptes *xy 0* sont surtout utilisés dans le système A, si l'entreprise ne désire pas analyser davantage ces comptes.

b) *La terminaison 9* au 2e ou au 3e chiffre indique en principe (sauf comptes 69 et 79) que ce compte présente normalement un *solde inverse* de celui des autres comptes de même niveau.

Exemples :

Les comptes 20, 21, 22... 27 sont *débiteurs ;* par contre, le compte 29 est *créditeur* (provisions).

Les comptes 401, 403, 404, 405 sont *créditeurs* (fournisseurs), mais le compte 409 est *débiteur* (avances aux fournisseurs).

c) *Du point de vue pédagogique,* et bien que la pratique professionnelle opère sur des comptes d'ordre 3 ou plus, l'élève ou l'étudiant est invité, dans les exercices et thèmes d'application, à **utiliser les comptes d'ordre 2,** sauf précisions contraires de l'énoncé, et cas particuliers qui seront signalés (T.V.A. notamment).

En effet, l'imputation d'un flux au niveau d'un compte d'ordre 2 implique un effort d'analyse et de reclassement qui permet de s'assurer de la bonne compréhension de l'opération.

Dans les examens, les candidats sont censés connaître les numéros des classes mais aussi des principaux comptes d'ordre 2. Une liste générale des comptes leur est toutefois fournie, dans la plupart des examens et concours.

d) *Cas particuliers des comptes clients et fournisseurs.*

L'entreprise pouvant compter des milliers de clients ou de fournisseurs, la codification des comptes individuels ne suit pas la codification décimale appliquée aux autres comptes.

Pratiquement, ces comptes individuels sont codifiés par un nombre à 3 ou 4 chiffres placé à droite du numéro de compte « clients » ou « fournisseurs ».

> ***Exemple :*** Une entreprise a 3 300 clients-détaillants ; elle ouvre un compte à un nouveau client, M. Robert, auquel elle attribue le n° 3301.
>
> Dans le P.C.G., les clients ont le numéro 411 ; cette entreprise a subdivisé ce compte en :
>
> 4111 Clients-grossistes, France.
> 4112 Clients-chaînes, France.
> 4113 Clients-détaillants, France.
> 4114 Clients Étranger.
>
> Le compte individuel du client Robert aura donc le numéro 4113.3301 (le point indique ici que les chiffres de droite n'ont pas la même signification que ceux de gauche).

QUESTIONS

A. *Pour quelles raisons la C.A.E. n'est-elle pas contrainte par des considérations juridiques, à la différence de la C.G. ?*

B. *A priori, ainsi que l'a montré le graphique du « circuit intégral », les achats ne sont pas une « charge » pour l'entreprise, qui retrouve la valeur correspondante dans ses stocks ; ce sont les « sorties de stocks » ou « achats consommés » qui constituent la véritable charge.*

A quelle condition les achats d'un exercice sont-ils égaux à la charge effective ? Que peut-on dire dans ce cas des stocks ?

C. *Considérer le graphique du circuit simplifié, page 96. On suppose qu'il s'agit d'une entreprise industrielle ; à la fin de l'exercice, on dispose des informations suivantes :*

— ventes, 10 000 articles fabriqués, vendus 250 F pièce ;
— le stock de produits finis s'est accru, du début à la fin de l'exercice, de 700 articles d'un coût de production de 170 F ;
— enfin, 200 articles ont été conservés par l'entreprise au titre de son équipement productif (coût de production unitaire, 170 F).

1. Présenter le graphique du circuit ainsi modifié.
2. Présenter l'analyse comptable (en C.G.) des trois flux de production.
3. Présenter les éléments du compte de résultat correspondant.

D. *Une entreprise a obtenu un résultat final, créditeur, de 280 000 F ; mais, elle a omis de tenir compte de la variation de stocks de l'exercice. Les stocks de cette firme sont les suivants :*

	début exercice	*fin exercice*
— Matière première A	*132 000*	*127 000*
— Matière première B	*89 000*	*98 000*
— Produits finis M	*250 000*	*232 000*
— Produits finis N	*197 000*	*261 000*

1. Quels montants de « stocks » et de « résultat » figurent dans le bilan de cette firme ?
2. Déterminer les montants exacts de ces deux postes.

E. *Présenter le graphique du circuit simplifié de l'entreprise de commerce faisant l'objet de l'application III, 2°.*

Calculer valeur ajoutée et capacité d'autofinancement de cette firme.

F. *Lors de l'inventaire extra-comptable de fin d'exercice, trois erreurs ont été commises :*

— omission d'un lot de marchandises d'un coût d'achat de 7 500 F ;
— des marchandises défraîchies ont été évaluées à leur coût d'achat de 8 000 F alors qu'il eut fallu faire un abattement de 40 % sur cette valeur ;
— omission de l'amortissement d'un matériel (acquis pour 12 000 F et à amortir de 20 %).

1. Calculer le résultat exact de cette entreprise, qui avait trouvé une perte globale de 3 700 F.
2. Indiquer dans un tableau actif-passif, les rubriques du bilan modifiées par les rectifications qui s'imposent.

G. *Pourquoi l'analyse des flux externes « par fonction » est-elle plus délicate que l'analyse « par nature » ?*

H. *Quels avantages présente le P.C.G. pour les personnels comptables ?*

I. *Une entreprise qui utilise le P.C.G. souhaite diviser le compte « Matériel de transport », n° 2181 en 15 sous-comptes distincts ; comment va-t-elle codifier ces 15 sous-comptes ?*

EXERCICES

• **1.** Reprendre le graphique 2-6 du circuit intégral du chapitre 2 (entreprise commerciale).

a) Présenter le graphique du circuit simplifié (C.G.).

b) Présenter, à l'aide de comptes schématiques, l'enregistrement des diverses opérations de la période en supposant que les paiements n'ont été que de 153 (clients), 6 (État), 28 (personnel), 81 (fournisseurs) et 6 (dettes financières).

c) Présenter la balance des comptes en fin d'exercice, puis le bilan (ne pas omettre de reprendre dans les quatre comptes concernés les soldes de début de période.

• **2.** Reprendre le graphique 4-2 du circuit intégral de l'entreprise DEBAZ (chapitre 4).

a) Présenter le graphique du circuit simplifié (conforme aux analyses d'une C.G.).

b) Présenter, sous forme d'articles de journal, l'enregistrement des opérations d'exploitation de l'exercice (en utilisant les chiffres du graphique).

c) Présenter le compte de « résultat » à la fin de l'exercice. Opérer un contrôle avec les résultats de la « comptabilité intégrale ».

d) Établir la balance des comptes en fin d'exercice (ne pas omettre de reprendre les soldes de début de période indiqués sur le graphique).

e) Établir le bilan final.

• **3.** Le Plan comptable d'une entreprise commerciale comporte les comptes suivants : immobilisations ; stocks marchandises ; capital ; dettes financières ; caisse ; clients ; fournisseurs ; personnel ; État ; résultat.

Le bilan au début de l'année 19.A est le suivant :

Bilan au 1-1-19.A			
Immobilisations	25 000	Capital	30 000
Stocks marchandises	18 000	Réserves	10 000
Clients	43 000	Dettes financières	8 000
Caisse	8 000	Fournisseurs	46 000
	94 000		94 000

Les opérations de l'année 19.A se résument ainsi :

a) Achats de marchandises 173 000
b) Ventes de marchandises 297 000
c) Achats de services divers 12 000
d) Charges de personnel 61 000
e) Charges d'intérêts 1 000
f) Impôts 12 000

Toutes ces opérations font l'objet de règlements différés.

g) Achat d'un matériel d'équipement, pour 10 000 F dont 6 000 prêtés par une banque (dette financière), le reste réglé comptant.

h) Paiements reçus des clients 280 000
i) Règlements aux fournisseurs 194 000
j) Règlements au personnel, 60 000, aux prêteurs (intérêts) 1 000, à l'État, 9 000.
k) On a remboursé la moitié de la « dette financière » existant au début de l'exercice.

Travail à faire :

1° Présenter le graphique du « circuit simplifié » de cette entreprise.
2° Enregistrer les opérations sous forme de « Journal ».
3° Présenter les comptes schématiques à la fin de l'exercice.
4° Présenter la balance (6 colonnes) et procéder à tous contrôles utiles.
5° Présenter le bilan final.
6° Déterminer marge brute, valeur ajoutée et capacité d'autofinancement de cette entreprise.

Chapitre 7

ANALYSE DE SITUATION - BILAN

I. DES COMPTES AU BILAN

Depuis le chapitre 4, nous savons que les comptes à solde débiteur s'inscrivent à l'actif, ceux à solde créditeur au passif.

ACTIF	BILAN	PASSIF
(Emplois nets) Comptes à solde débiteur (1)		(Ressources nettes) Comptes à solde créditeur (1)
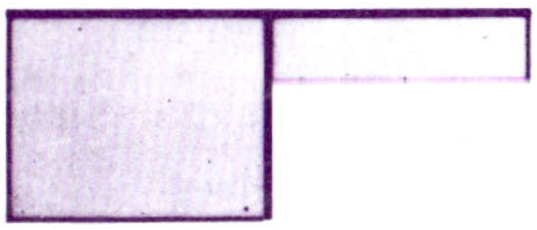		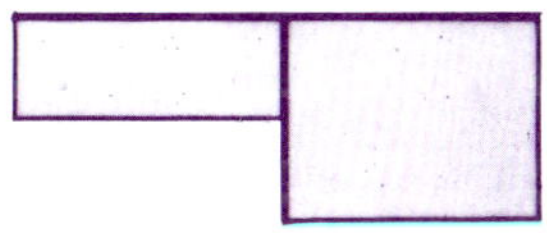

Par ailleurs, nous avons noté que le bilan se composait des masses suivantes :

A l'actif :

— Biens ;
— Créances ;

Au passif :

— Capital ;
— Réserves ;
— (Résultat + ou —) ;
— Dettes ;

On doit donc en conclure que :

— les comptes de biens et de créances sont nécessairement débiteurs (ou nuls) ;

— les comptes de capital de réserves propres et de dettes nécessairement créditeurs (ou nuls).

Ce point doit être démontré.

1° Certains comptes ne peuvent être que débiteurs (ou nuls).

a) *Comptes représentatifs de biens.*

En effet, ces comptes (ou pôles d'analyse) apparaîssent d'abord comme « emplois » ; ce n'est qu'*ensuite* qu'ils constituent la source (ou ressource) de flux.

(1) Sauf comptes « soustractifs » (tel le résultat débiteur inscrit au passif).

Exemple : 1. *Compte « Terrains ».*

— Ce compte est créé à l'occasion de l'*acquisition* du terrain (emploi) ; soit 1 000 F, le prix d'achat de ce terrain.

— Il est crédité lors de la **cession** du bien, du *montant même qui avait été enregistré lors de l'acquisition* (soit 1 000 F, quel que soit le prix de vente ; si par exemple le prix de cession est de 1 300 F, le compte terrain sera crédité de 1 000, ce qui permettra d'obtenir dans le compte « Résultat » le bénéfice 300).

2. *Compte « Matériel ».*

Ce compte qui appartient au groupe des immobilisations amortissables est :

débité	*crédité*
— du prix d'acquisition.	— des amortissements, dans la limite du prix d'acquisition ; — du prix d'acquisition diminué des amortissements, en cas de cession.

Ainsi les comptes de « biens » ne peuvent-ils jamais être créditeurs ; pour ces comptes on remarque que débits et crédits sont équivalents à « entrées » et « sorties » (en assimilant l'amortissement à une « sortie » de valeur) ; **ainsi les comptes de biens sont-ils nécessairement débiteurs** :

— pour des raisons **d'antériorité des entrées** par rapport aux sorties ;

— et pour des **raisons d'évaluation de ces sorties** (évaluation aux prix d'entrée antérieurs).

b) *Comptes de créances.*

On retrouve pour ces comptes les mêmes raisons d'*antériorité* de l'emploi (débit) sur la ressource (crédit), et d'*évaluation* de la ressource ou crédit :

Créance sur X...

est débité :	est crédité :
— du montant du droit de créance acquis par l'entreprise sur X.	— des remboursements opérés par X... (dont le total est, par définition, au maximum égal à la créance initiale).

Remarque : On pourrait être tenté de considérer que les crédits de ce compte peuvent être supérieurs au débit initial en cas de versement d'*intérêts ;* ce serait une erreur car ces intérêts, résultant du contrat passé avec X, viennent d'abord majorer la créance sur X, puis sont payés.

Ainsi, observe-t-on toujours : Débits $\geqslant$ Crédits.

***Conclusion :* Biens et Créances sont représentés par des comptes qui ne peuvent jamais être créditeurs ; ils figurent toujours à l'actif du bilan.**

2° D'autres comptes ne peuvent être que créditeurs (ou nuls).

a) *Comptes de dettes.*

Un raisonnement symétrique du précédent (créances) montre que les comptes de dettes sont nécessairement créditeurs ou nuls.

b) *Compte de « Capital ».*

Le capital représente le montant des apports de l'exploitant seul ou des associés ; ce compte est **obligatoirement créditeur** (ressource nette) pour des raisons :

— d'antériorité de la ressource (apport) sur l'emploi (remboursement éventuel ultérieur, ce qui est très rare) ;

— de limitation de ce remboursement au montant antérieurement apporté (s'il y a un excédent, il constitue un « bénéfice » enregistré dans le compte de résultat).

Donc : Débits $\leqslant$ Crédits.

Sous cet angle des mécanismes comptables, le « Capital » apparaît comme une variété de dette, qui ne serait en fait jamais remboursée, sauf en fin de vie de l'entreprise (liquidation).

c) *Comptes de « Réserves ».*

Enregistrant des bénéfices antérieurs conservés en autofinancement, ces comptes ne peuvent être que créditeurs.

Conclusion : **Capital, Réserves, Dettes sont représentés par des comptes qui ne peuvent jamais être débiteurs : ils figurent toujours au passif du bilan.**

3° Certains comptes peuvent être débiteurs ou créditeurs.

a) *Comptes de tiers.*

Les comptes de « créances » et de « dettes » représentent des droits personnels envers des « tiers ». Or, si un compte « Créance sur X » ne peut être que débiteur, si un compte « Dette envers Y » ne peut être que créditeur, le compte intitulé **« Monsieur X » ou « Société Y » peut être débiteur ou créditeur selon les opérations effectuées.**

Supposons que l'on ait une créance de 1 000 sur le client André.

Client André

1 000	

Ce client nous verse 1 300 F, qui sont donc portés à son crédit (par le débit de Caisse).

Client André

1 000	1 300

s.c. 300

Ce compte devient créditeur de 300 (les 300 représentant ou le résultat d'une erreur, ou une avance sur une nouvelle commande).

Ainsi, les comptes de « tiers », enregistrant les créances-dettes de l'entreprise envers les autres agents économiques, peuvent-ils être débiteurs ou créditeurs. Tel est le cas des comptes :

— **Clients** : normalement *débiteurs* (donc à l'actif) mais qui peuvent exceptionnellement être *créditeurs* (donc au passif), en cas d'avances, d'acomptes.

Fournisseurs : normalement *créditeurs* (donc au passif) mais qui peuvent exceptionnellement être *débiteurs* (donc à l'actif), pour les mêmes raisons.

— **Banque** : *débiteur* si l'entreprise dispose de fonds à la banque, *créditeur* si l'entreprise bénéficie d'avances bancaires (en vertu de la réciprocité, le compte de l'entreprise est alors *débiteur* à la banque).

b) *Compte de résultat.*

Il peut être débiteur ou créditeur, en fonction des totaux respectifs des charges et des produits ; il est donc susceptible de figurer à l'*actif* (solde débiteur : perte), ou au *passif* (solde créditeur : bénéfice).

> Tel était le cas dans le Plan 1957. **Dans le Plan comptable nouveau, le résultat est toujours inscrit au passif,** dans les « capitaux propres » (cf. chapitre 4) avec le signe + (bénéfice) ou – (perte).

II. AUGMENTATION ET DIMINUTION DES COMPTES

On exprime parfois les variations des comptes du bilan en disant qu'ils « augmentent de... » ou « diminuent de... ». Une telle expression n'a de sens que par rapport à la **position normale** du compte dans le bilan.

D'une façon générale, on peut affirmer que :

• **Les comptes du passif augmentent à droite (crédit) et diminuent à gauche (débit).**

Ainsi, le capital, les réserves, les dettes augmentent lorsqu'ils sont *crédités.*

• **Les comptes de l'actif augmentent à gauche (débit) et diminuent à droite (débit).**

Les comptes de biens, de créances, augmentent lorsqu'ils sont débités.

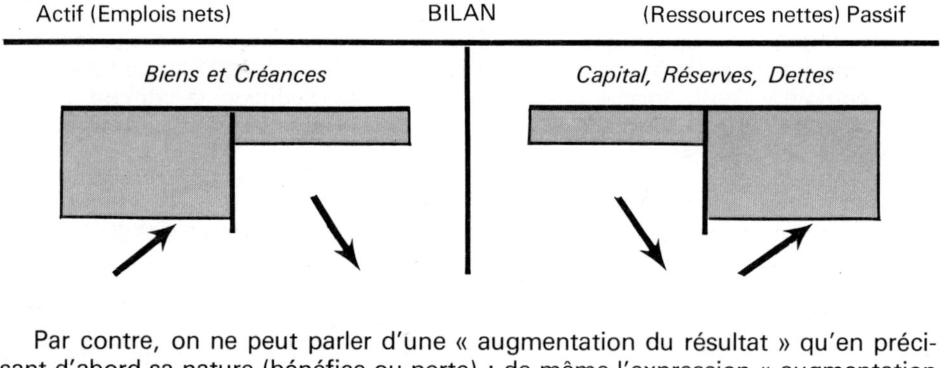

Par contre, on ne peut parler d'une « augmentation du résultat » qu'en précisant d'abord sa nature (bénéfice ou perte) ; de même l'expression « augmentation du compte banque » est ambiguë et n'a de sens qu'en indiquant la nature du solde débiteur ou créditeur.

III. MASSES DU BILAN ; CLASSIFICATIONS

1° Masses du bilan ; critères d'analyse.

On peut classer les différents postes du bilan selon des critères variés ; les trois principales approches sont les suivantes :

a) *Approche « juridique ».*

On distingue :

— à l'actif, les **biens** (droits réels), des **créances** (droits personnels), car la nature juridique de ces droits est bien différente ;

— au passif, les **capitaux propres** d'une part, les **dettes** d'autre part.

Bilan dans une optique juridique

Biens	Capitaux propres
Créances	Dettes

b) *Approche « économique » et de gestion.*

La distinction essentielle est celle de l'**investissement-financement** d'une part, de l'**exploitation** d'autre part.

Bilan dans une optique de gestion

Investissements	Capitaux propres
Actifs d'exploitation (stocks, créances, liquidités)	Dettes, dont — — — — — — — — — Dettes d'exploitation

c) *Approche « financière ».*

Dans cette optique, le **temps** joue un rôle capital (problème de l'équilibre des flux) d'où un classement :

à l'actif :

par **« liquidité croissante »** (ou décroissante)

La liquidité est l'aptitude, plus ou moins grande et rapide, pour un bien ou une créance à se transformer en espèces (« liquidités » par excellence).

au passif :

par **« exigibilité croissante »** (ou décroissante)

L'exigibilité est le délai plus ou moins long du remboursement de la ressource (une dette exigible aujourd'hui représente le maximum du degré d'exigibilité).

Bilan dans une optique financière

Actif (↓ Liquidité croissante)	Passif (↓ Exigibilité croissante)
Actifs durables	Capitaux permanents (à long terme)
Actifs réalisables	Dettes à moyen terme
Actifs disponibles	Dettes à court terme

2° Comparaison de ces approches.

a) ***L'approche juridique*** répond moins aux besoins de la gestion que les deux autres approches, économique et financière.

Mais elle est précieuse dans le cas où l'entreprise est en difficulté ; en effet :

A l'actif, la distinction des droits réels et des droits de créance est importante.

En cas de liquidation, l'entreprise pourra revendre les biens dont elle est propriétaire ; les *rentrées sur créances sont, elles, liées à la qualité des débiteurs* (si eux-mêmes sont en difficulté, les rentrées sont aléatoires). Il semble donc que les emplois en « biens » soient plus fiables que ceux en « créances ». En revanche, la valeur des créances est déterminée, car libellée dans des contrats, *alors que celle des biens, égale aux montants des flux « historiques » n'est plus forcément leur valeur actuelle.*

En définitive, les risques qui pèsent sur les biens et sur les créances sont de nature différente et peuvent être aussi importants sur les uns que sur les autres.

Au passif, la distinction des capitaux propres et des dettes est fondamentale :

— les *dettes devront être remboursées* à leurs échéances respectives, les unes dans quelques jours (dettes « brûlantes »), les autres dans quelques mois, d'autres enfin dans plusieurs années. On appelle **« passif exigible »** l'ensemble de ces dettes ;

— les *capitaux propres* (capital, réserves, + ou — résultat) restent à la disposition permanente de l'entreprise et ne seront remboursés qu'à la liquidation de celle-ci.

Toutefois, en cas de bénéfice, une partie de celui-ci sera distribuée aux associés ou prélevée par l'exploitant individuel, le reste du bénéfice étant porté en « réserves » (« affectation » des résultats bénéficiaires).

La valeur nette de l'entreprise, d'après le bilan, appelée **situation nette** est égale au montant de ces capitaux propres après affectation du résultat.

b) ***L'approche économique*** (optique « gestion ») a le mérite de bien séparer :

— les éléments liés à l'« outil de production économique » qu'est l'entreprise, c'est-à-dire l'*investissement-financement ;* la plus grande partie de ces actifs et passifs est *durable et stable ;*

— les éléments *liés à l'exploitation :* dettes d'exploitation (fournisseurs, personnel...), stocks, créances clients... dont on connaît le *caractère cyclique.*

Cette analyse est précieuse pour toutes les études de gestion prévisionnelle de l'entreprise ; elle est toutefois assez voisine de l'approche financière.

c) ***L'approche financière*** permet de s'assurer de l'équilibre des flux en fonction du temps, puisque les capitaux, classés selon leur date d'exigibilité, pourront sous cet angle être comparés aux actifs qu'ils financent. Pour être précise, cette classification devrait analyser de façon stricte et *classer actifs et passifs en fonction des délais prévisibles de transformation en espèces (actifs) ou en paiements (passif),* ainsi :

à l'actif	*au passif*
des créances à « 6 mois » seraient inscrites avant des créances à « 3 mois » ou avant des stocks susceptibles d'être vendus et encaissés dans moins de 6 mois.	des dettes à 5 ans seraient inscrites avant des dettes à 2 ans, elles-mêmes inscrites avant des dettes à 18 mois, etc.

Pratiquement, une telle classification est difficilement applicable car elle supposerait que les *comptes eux-mêmes* (de l'actif et du passif) soient différenciés selon leur échéance d'encaissement ou de paiement. C'est pourquoi les modèles comptables retenant cette analyse la simplifient-ils : dans le Plan comptable 1947-1957, créances et dettes étaient analysés en « moins d'un an » et « plus d'un an », donc en deux catégories seulement.

d) ***Combinaison de l'approche financière et de l'approche « gestion ».***

En fait, dans maintes entreprises, et notamment les « P.M.E. » (1), l'approche « gestion » et l'approche « financière » coïncident fortement, surtout lorsque le cycle d'exploitation n'est pas de longue durée (inférieur à un an), ce qui est le cas le plus fréquent. C'est pourquoi le Plan 1957 avait cherché à concilier ces deux approches, qui conduisaient à un schéma de bilan qu'il est bon de connaître, car il illustre la nature des différentes masses du bilan :

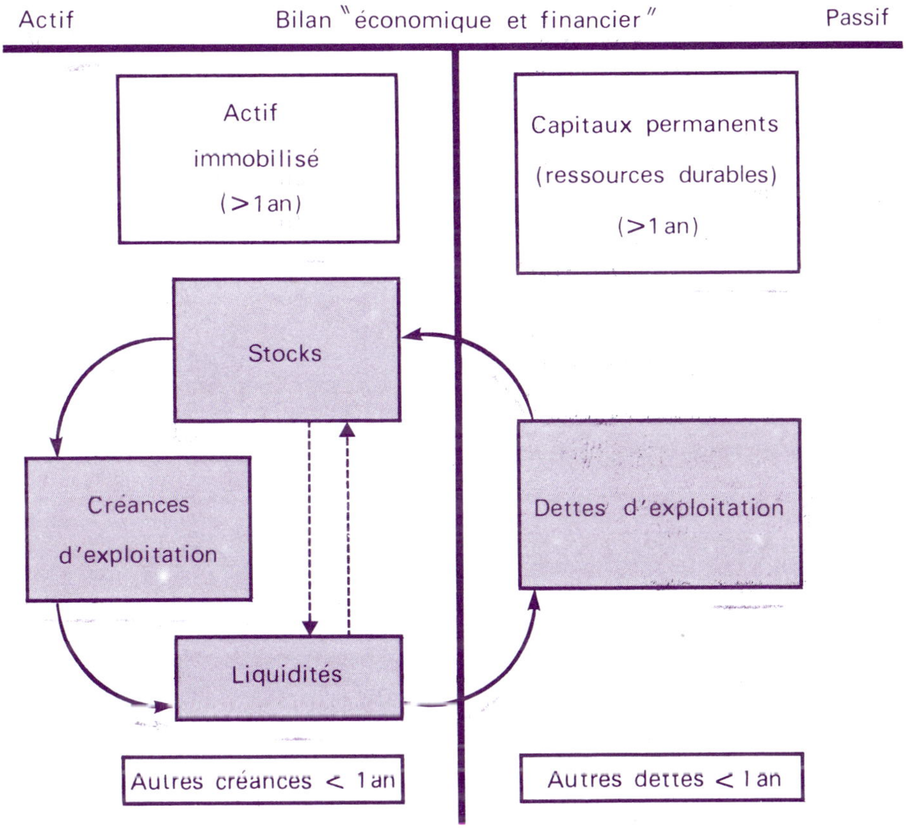

7-1

(1) P.M.E. : petites et moyennes entreprises.

On reconnaît :

— dans la partie haute du bilan les actifs et passifs durables, liés à l'investissement-financement ;

— dans la partie basse (on peut, le plus souvent, considérer comme négligeables les autres créances et autres dettes < 1 an) les quatre rubriques du cycle d'exploitation (cf. chapitre 1 et « circuit de l'entreprise »), dont la « rotation » s'effectue plusieurs fois par exercice, en fonction de la durée du cycle (une cinquantaine de fois si le cycle est d'une semaine, quatre fois s'il est de trois mois...).

Lorsque l'on lit un bilan, il est bon d'avoir ce schéma présent à l'esprit.

IV. CLASSIFICATION RETENUE PAR LE P.C.G.

1° Principe.

Le nouveau P.C.G. n'a pas repris la classification en « moins d'un an », « plus d'un an », des actifs et du passif exigible, qui était celle du Plan 1957, car cette classification masquait souvent des difficultés réelles et pouvait induire le lecteur du bilan en erreur.

Il isole toutefois dans deux rubriques distinctes :

à l'actif

L'actif immobilisé formé des « immobilisations » ou emplois durables, correspondant généralement à des investissements.

au passif

Les capitaux propres, ressources durables appartenant aux associés (capital, réserves, + ou — résultat) et formant la « situation nette » lorsque le résultat a été affecté.

Par ailleurs, il note :

en **« Actif circulant »,** les autres postes de l'actif : stocks, créances, liquidités.

en **Dettes,** toutes les dettes, qu'elles soient à plus d'un an ou à moins d'un an.

Le schéma du bilan est donc le suivant :

Actif — Bilan P.C.G. — Passif

Actif	Passif
Actif immobilisé	Capitaux propres
Actif circulant	Dettes

Ainsi se trouve abandonnée la distinction financière du « plus d'un an » et du « moins d'un an » :

— *dans l'actif immobilisé* qui représente, principalement, des valeurs durables, à plus d'un an, figurent des créances tels des prêts accordés à long terme au personnel dont une fraction peut être « à moins d'un an » (la fraction ayant son échéance au cours de l'exercice suivant) ;

— *dans les dettes* figurent aussi bien des dettes financières, des emprunts souscrits à l'origine à plus d'un an (mais dont une fraction « tombe » dans moins d'un an) que des dettes d'exploitation ou d'autres dettes à moins d'un an.

Le bilan n'est donc pas présenté dans une optique financière ; mais, complété par l'annexe, il permettra au lecteur d'établir, s'il le désire, un bilan « financier » qui sera plus strict que ne le serait un bilan cherchant, comme dans le Plan 1957, à concilier l'approche « gestion » et l'approche financière.

Il permettra aussi, dans le système C, d'établir un bilan « de gestion », car dans ce système seront clairement distinguées créances et dettes résultant de l'exploitation des autres créances et dettes (cf. chapitre 26).

2° Schéma du bilan du P.C.G.

Nous pouvons, avec un peu plus de détails que dans la présentation précédente, donner du bilan prévu par le P.C.G. le schéma suivant :

Actif — Bilan au 31-12-19.A (système de base) — Passif

Actif		Passif	
Actif immobilisé	Immobilisations incorporelles	Capitaux propres	Capital
	Immobilisations corporelles		Réserves
	Immobilisations financières		+ ou − Résultat
Actif circulant	Stocks et en-cours	Provisions pour risques et charges (1)	
	Créances	Dettes	Emprunts et Dettes financières
	Disponibilités		Autres dettes
Comptes de régularisation (2)		Comptes de régularisation (2)	

(1) Ces comptes, représentant des *dettes probables* (principe de prudence), seront étudiés ultérieurement (chapitre 19).

(2) Ces comptes, créés en fin d'exercice pour permettre une détermination correcte du résultat, seront étudiés ultérieurement (chapitre 21).

On remarquera que la classification retenue par le P.C.G. est relativement neutre : elle est destinée à permettre au lecteur d'établir, à l'aide de ce bilan et de l'**Annexe** le bilan de « gestion » ou/et le « bilan financier ».

V. LES GRANDES RUBRIQUES ET LES PRINCIPAUX POSTES DE L'ACTIF DU BILAN DU P.C.G.

(Se reporter au modèle de bilan du système B, pages 414 et 415.)

1° Actif immobilisé : Comptes de la classe 2.

Les « investissements » de l'entreprise, ou *immobilisations,* sont classés en trois groupes d'éléments :

• **IMMOBILISATIONS INCORPORELLES. Compte 20** : Ce sont des biens ou des droits qui ne constituent pas des objets matériels (corporels), à la différence des *immobilisations corporelles* (qui représentent, elles, des droits réels portant sur des choses : terrains, matériels...) : fonds commercial, brevets et licences, marques, etc.

• **Les brevets, licences, marques, modèles, dessins, logiciels : Ce 205.**

Le *brevet* est un droit permettant à un inventeur (ou aux personnes ayant acquis le dit brevet) d'exploiter, en exclusivité, une invention.

La *marque* est le droit d'apposer, sur les produits fabriqués ou vendus, un nom, un texte, un dessin, permettant au public d'identifier ces produits et de les distinguer des produits concurrents.

Le prix d'achat des brevets, licences, marques, modèles, dessins, acquis par l'entreprise, constitue un « emploi » durable de valeurs, enregistré au débit du compte 205 Brevets, licences, etc.

Il en est de même des **logiciels** acquis (procédés, programmes informatiques).

• **Fonds commercial : Compte 207.**

Lorsqu'une entreprise est rachetée par un commerçant, celui-ci doit généralement payer, en plus de la valeur estimée des différents biens composant l'actif, une certaine somme, représentant la *valeur estimée des éléments « incorporels » du fonds de commerce :* clientèle et achalandage, enseigne et nom commercial, droit au renouvellement du bail...

La valeur de ces éléments incorporels parfois considérable, est fonction de la prospérité plus ou moins grande de l'affaire (elle peut être, par exemple, estimée à trois fois le bénéfice annuel moyen). La croissance du chiffre d'affaires et du bénéfice entraîne une augmentation de la valeur de ces éléments ; une régression des ventes et du bénéfice la fait au contraire baisser et peut même le rendre nulle.

Le prix d'achat de ces éléments incorporels est noté au débit du compte **« 207 Fonds commercial »**, *qui figure parmi les immobilisations incorporelles représentant un emploi durable* (1).

Remarque. – Si, en droit commercial, on entend par fonds de commerce l'ensemble des éléments incorporels et corporels immobilisés et des marchandises, en comptabilité le compte « Fonds commercial » représente les seuls éléments incorporels dont le plus important est la « clientèle ».

• **Cas d'un fonds de commerce créé par l'exploitant.** Dans ce cas, aucun prix d'achat n'a été payé pour les éléments incorporels du fonds, inexistants au départ ; il n'y a donc pas d'« emploi » correspondant, donc *pas de compte « Fonds de commerce »* (la comptabilité n'enregistre que des flux « historiques »).

• **IMMOBILISATIONS CORPORELLES : COMPTE 21.**

Ces comptes enregistrent les droits réels (en général droits de propriété) sur des *choses,* destinées à servir de *façon durable* à l'activité de l'entreprise.

---

(1) Le fonds de commerce n'est pas amortissable.

211 **Terrains.**

213 **Constructions.**

215 **Installations techniques, matériels et outillages industriels.**
- 2151 Installations complexes spécialisées.
- 2154 Matériels industriels.

218 **Autres immobilisations corporelles.**
- 2181 Installations générales.
- 2182 Matériel de transport.
- 2183 Matériel de bureau et matériel informatique.
- 2184 Mobilier.

Les matériels de faible valeur (par exemple : perceuse électrique) ou très rapidement consommés sont comptabilisés non dans le compte 21 mais au débit du compte de résultat *(charges)* : ils sont en effet considérés comme immédiatement « consommés » (1).

A l'exception des « Terrains », toutes les immobilisations corporelles indiquées ci-dessus sont **amortissables** (2) à un rythme plus ou moins rapide, en fonction de leur *durée de vie économique* ; cf. chap. 17.

> • On notera, dans le modèle de bilan des pages 414-415, que les amortissements figurent à côté des immobilisations correspondantes, portés en soustraction des valeurs d'entrée de ces immobilisations (cf. chap. 18).

• IMMOBILISATIONS FINANCIÈRES : COMPTES 26 ET 27.

261 **Titres de participation.**

271 **Titres immobilisés.**

Titres de sociétés (actions, obligations) acquis pour être *conservés durablement* par l'entreprise [notamment, dans le cas d'actions (titres de participation), pour exercer un pouvoir durable dans ces sociétés que la firme cherche à « contrôler »].

274 **Prêts.**

Ces prêts, assez rares et limités dans les entreprises (car leur objet social n'est pas celui-ci ; il est de « produire » des biens et des services), consentis pour une durée généralement supérieure à un an, représentent donc des *créances* relativement durables.

275 **Dépôts et cautionnements versés** : sommes versées à des tiers (propriétaire, Électricité de France...) à titre de garantie et qui en seront en principe, récupérées qu'en fin d'exploitation ; il s'agit donc encore de créances durables à échéance lointaine.

Lorsque ces prêts, ces dépôts et cautionnements, deviennent, pour tout ou partie « à moins d'un an », ils restent inscrits au débit des comptes 274 et 275.

Exemple : le 31 octobre 19.A, date de la fin de son exercice, une entreprise constate que le prêt de 20 000 F qu'elle a consenti à son employé Robert se décompose ainsi :

— fraction payable au 15 septembre 19.A + 1	5 000	total 20 000
— — — — 15 septembre 19.A + 2	5 000	
— — — — 15 septembre 19.A + 3	5 000	
— — — — 15 septembre 19.A + 4	5 000	

(1) Ils ne font donc pas l'objet d'amortissement.

(2) De même, les « brevets, licences »... monopoles temporaires d'exploitation...

Dans le bilan au 31-10-19.A, les « immobilisations financières » mentionnent, sur la ligne « prêts » ce total de 20 000, dont 5 000 sont pourtant payables dans moins d'un an.

C'est pourquoi l'on peut dire que les immobilisations financières, bien que représentant principalement des emplois durables à plus d'un an, peuvent comporter les éléments « à moins d'un an ».

2° Actif circulant : comptes de la classe 3, de la classe 4 (pour partie) et de la classe 5 (pour partie).

• STOCKS ET EN-COURS : CLASSE 3.

Ces comptes représentent les emplois, en biens et en services, de valeurs d'exploitation destinées à être revendues, ou consommées dans l'entreprise :

— *« approvisionnements » :* matières premières, fournitures diverses, destinées à la production ou consommées dans l'entreprise ;

— *« marchandises »* (entreprises commerciales ou branche « négoce » des entreprises industrielles) destinées à la vente ;

— *« en-cours »* (de biens ou de services) : produits (1) et travaux en voie de transformation mais non achevés, donc non inscrits dans les stocks de produits finis (ou intermédiaires), et non vendus ;

— *« produits intermédiaires »* (1) (exemple : cadres de bicyclettes chez un fabricant de cycles) ;

— *« produits finis »* (1) : objets dont la fabrication est achevée et qu'il reste à commercialiser.

31. **Matières premières (et fournitures)**
    - 310. Matières premières (compte global).
    - 311. Matière (ou groupe) A.
    - 312. Matière (ou groupe) B.
    - 317. Fournitures A, B, C.

32. **Autres approvisionnements.**
    - 320. Autres approvisionnements (compte global).
    - 321. Matières consommables.
    - 322. Fournitures consommables.
        - 3221. Combustibles.
        - 3222. Produits d'entretien.
        - 3223. Fournitures d'atelier et d'usine.
        - 3224. Fournitures de magasin.
        - 3225. Fournitures de bureau.
    - 326. Emballages.

33. **En-cours de production de biens.**
    - 331. Produits en cours.
    - 335. Travaux en cours.

34. **En-cours de production de services.**
    - 341. Études en cours.
    - 345. Prestations de services en cours.

35. **Stocks de produits.**
    - 351. Produits intermédiaires.

    ....
    - 355. Produits finis.

    ....
    - 358. Produits résiduels (ou matières de récupération).

37. **Stocks de marchandises.**
    - 371. Marchandise (ou groupe) A.
    - 372. Marchandise (ou groupe) B.

    ....

(1) Le terme « produits » doit être ici entendu au sens *« d'objets »* (et non de « ressource » génératrice de bénéfice, comme dans le compte de résultat).

Rappelons que ces **comptes ne jouent, en C.G., qu'une seule fois par an** (inventaire « intermittent ») : en fin d'exercice, ils sont débités ou crédités de la **« variation de stocks »** constatée à l'issue de l'inventaire extra-comptable.

• **CRÉANCES** (les créances de l'actif circulant sont en fait présentées, dans le P.C.G., sous deux rubriques ; cf. bilan page 414).

Ces diverses créances de l'actif circulant sont notées au débit de comptes de la classe 4 (tiers).

409 **Fournisseurs débiteurs (avances, acomptes versés).** Ces comptes, débiteurs, représentent les créances que l'entreprise a sur ses fournisseurs (normalement créditeurs) à la suite du versement d'avances ou d'acomptes (cf. chapitre 6).

41 **Clients.**

. . .

44 **État** (et autres collectivités publiques).
46 **Débiteurs et créditeurs divers.**

• **VALEURS DISPONIBLES** *(ou quasi-disponibles).*

Elles figurent, dans le bilan du P.C.G., sous deux rubriques, cf. bilan page 414, correspondant à des comptes ouverts dans la classe 5 (comptes financiers).

50 **Valeurs mobilières de placement.**

Ce compte enregistre les achats de titres acquis en vue d'en tirer « un gain en capital » (par revente) à brève échéance ; ils correspondent donc à un placement très temporaire de fonds dans l'attente d'une revente avec bénéfice. Il s'agit, le plus souvent de titres (actions, obligations) de sociétés cotées en Bourse, susceptibles d'être revendus du jour au lendemain : d'où leur caractère de « quasi-disponibilités » que nous leur attribuons.

51 **Banques et établissements financiers** (dont Chèques Postaux).
53 **Caisse.**

3° Fonctionnement des comptes d'actif.

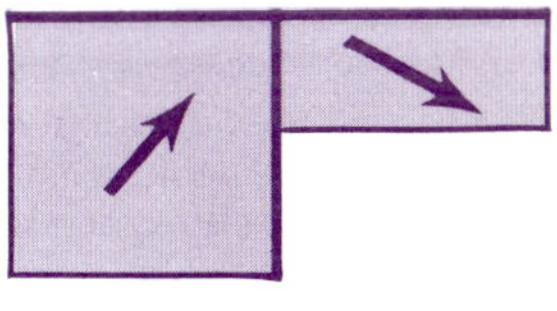

Ces comptes, débiteurs, augmentent lorsqu'ils sont débités, diminuent lorsqu'ils sont crédités.

Résumons leur fonctionnement :

COMPTES D'IMMOBILISATIONS

— Montant des acquisitions (coût d'achat de ces immobilisations).	— (Immobilisations amortissables) montant des amortissements (1). — Cessions (au prix d'acquisition diminué des amortissements).

Solde débiteur : montant des immobilisations figurant à l'actif.

(1) En fait, nous verrons plus loin (chapitre 10) que les amortissements sont notés, non directement au crédit des comptes d'immobilisations, mais dans des comptes ad-hoc « d'amortissements ».

COMPTES DE PRÊTS, DE DÉPÔTS, DE CRÉANCES

— Créances acquises (par les prêts, les ventes...).	— Rabais ou réductions accordés. — Remboursements reçus.

Solde débiteur : montant net de créance restant à recevoir.

COMPTES DE STOCKS ET EN-COURS (inventaire intermittent).

— (Stock ou en-cours en début d'exercice). — Variation en augmentation (fin d'exercice).	— Variation en diminution (fin d'exercice).

Solde débiteur : montant des stocks finals.

COMPTES DE TITRES (de participation, immobilisés) et de V.M.P. (valeurs mobilières de placement).

— Montant des acquisitions *(entrées)* *(prix d'achat des titres)*	— Cessions (au prix d'achat) *(sorties)*

Solde débiteur : montant, au prix d'achat, des titres encore en notre possession.

COMPTES BANQUES, CHÈQUES POSTAUX

Leur fonctionnement détaillé sera étudié ultérieurement (chapitre 13), car cette étude suppose une très bonne connaissance des documents commerciaux et bancaires, et des opérations de crédit.

Bornons-nous pour l'instant à indiquer les opérations les plus simples :

Débit — BANQUE	Crédit
— Montant des dépôts effectués à la banque par l'entreprise (ou en sa faveur par ses clients et débiteurs). — Montant des chèques et des virements en faveur de l'entreprise remis à la banque.	— Montant des retraits effectués en banque par l'entreprise (chèques à son ordre, émis par elle). — Montant des chèques et des virements émis par l'entreprise en faveur de ses fournisseurs et de ses créanciers.

Solde débiteur (avoir en banque) ou *créditeur* (avances de la banque).

Le compte **Chèques postaux** fonctionne comme le compte « Banque » ; mais à la différence de ce dernier, il *ne peut, en principe, jamais être créditeur.*

COMPTE « CAISSE » (cf. chapitre 13).

Ce compte enregistre les *flux d'entrée et de sortie d'espèces* et ne peut jamais être créditeur (ne peuvent « sortir » de caisse que des espèces qui y sont précédemment entrées).

VI. LES GRANDES RUBRIQUES ET LES PRINCIPAUX POSTES DU PASSIF DU BILAN DU P.C.G.

(Se reporter au modèle de bilan du système B, page 414.)

1° Capitaux propres : comptes de la classe 1 (partie).

• CAPITAL ET RÉSERVES ; COMPTE 10.

101 **Capital individuel (1) ou capital social (2).**

106 **Réserves** (bénéfices des exercices antérieurs conservés en « autofinancement »).

108 **Compte de l'exploitant.**

Ce compte enregistre les flux observés entre « l'entreprise » et la « personne privée de l'exploitant ».

Fonctionnement de ces comptes :

a) ***Compte « Capital ».***

Le solde créditeur de ce compte représente le montant de l'apport net de l'exploitant ou des associés.

Le capital initial peut être, en effet :

— **augmenté par de nouveaux apports ;**

— **diminué par des retraits** de caractère définitif.

Exemples : *M. Badon crée une maison de commerce le 1er juillet 19..(A). Il apporte des bâtiments estimés 150 000 F, du mobilier de bureau valant 20 000 F et 200 000 F déposés à la B.N.P. Le 10 octobre suivant, il s'aperçoit qu'il dispose de capitaux permanents trop importants et retire 80 000 F de la B.N.P. qu'il affecte à des emplois personnels. Le 1er mars 19.. (A + 1) le développement de ses affaires l'amène porter son capital à 400 000 F par un versement en banque.*

Éléments du compte « CAPITAL » :

Capital initial : 150 000 F + 20 000 F + 200 000 F = 370 000 F.
Retrait du 10 octobre : 80 000 F, donc nouveau capital : 290 000 F.
Nouvel apport du 1er mars 19 (A + 1) : 400 000 F — 290 000 F = 110 000 F.

Le compte capital se présente alors ainsi :

10. CAPITAL

10 oct. 19A.	Retrait (B.N.P.).	80 000	1er juillet 19A.	Mon apport (divers biens)	370 000
			1er mars 19 (A + 1).	Nouvel apport (B.N.P.).	110 000
		80 000			*480 000*

Solde créditeur : 400 000 F.

(1) Entreprises individuelles.
(2) Sociétés.

Si, dans les sociétés, les modifications du capital sont assez rares (1), dans les entreprises individuelles, par contre, les mouvements du compte CAPITAL sont plus nombreux, sans être cependant très fréquents, l'exploitant n'entendant généralement pas modifier souvent sa « mise ».

b) ***Le compte de l'exploitant*** *(dans les entreprises individuelles)* (2).

Il arrive fréquemment, dans le courant de l'exercice comptable, que l'exploitant :

— fasse à l'entreprise des *apports temporaires de fonds personnels* pour pallier des difficultés passagères de trésorerie ; les sommes ainsi versées ne sont pas considérées comme augmentant le capital, mais plutôt comme des *prêts effectués à titre privé par l'exploitant et remboursables à ce dernier quelques mois après ;*

— *opère, pour ses besoins personnels, des prélèvements* sur les fonds en caisse ou en banque (ou sur les marchandises) de l'entreprise.

Ces prélèvements constituent soit une récupération des apports temporaires, soit, plus souvent, une prise par anticipation d'une partie des bénéfices qu'espère obtenir l'exploitant à la fin de l'exercice.

Du fait de leur caractère non permanent, ces apports temporaires et ces prélèvements sont notés dans un compte créé à cet effet, le « Compte de l'exploitant ». Le droit français ne distinguant pas le « patrimoine de l'entreprise » du patrimoine de l'exploitant, il est d'usage de **considérer le « Compte de l'exploitant » comme un démembrement du compte CAPITAL.** C'est pourquoi le P.C.G. associe au compte 101 CAPITAL (individuel) le compte : ***108. Compte de l'exploitant.***

Débit — 108. COMPTE DE L'EXPLOITANT	Crédit
Il est débité : – du montant des **fonds prélevés** par l'exploitant pour ses besoins personnels ; – du **montant des marchandises** (ou autres éléments d'actif) **prélevé** par lui pour ses besoins personnels.	*Il est crédité :* – des **apports temporaires** effectués par l'exploitant.

En fin d'exercice, *ce compte est viré dans le compte* « 101. Capital individuel » ; ce dernier exprime alors le montant net des apports de l'exploitant à cette date.

(1) Principe de fixité du capital. Cf. *Cours de Comptabilité des Sociétés commerciales,* Foucher.
(2) Ce compte n'existe évidemment pas dans les sociétés.

Exemple : *M. Gros exploite une entreprise dont le capital est de 300 000 F au début de l'exercice 19 A. En cours d'année, il a effectué, entre autres, les opérations suivantes :*

1. *10 février, payé de ses deniers personnels un fournisseur de l'entreprise, 1 400 F ;*
2. *15 mars, apport durable de capital à l'entreprise, par versements en espèces, 50 000 F ;*
3. *31 mai, prélevé sur le compte bancaire de l'entreprise, 1 800 F pour son usage personnel ;*
4. *30 juin, réglé par virement bancaire le loyer de son appartement privé, 3 000 F ;*
5. *15 octobre, prélevé en magasin diverses marchandises d'un coût d'achat de 750 F (à considérer comme diminution de charges).*

a) **Analysons ces opérations :**

1. 10 février.	*Débit :*	Fournisseur	1 400	
		Crédit : **Compte de l'exploitant**		1 400
2. 15 mars.	*Débit :*	Caisse	50 000	
		Crédit : Capital personnel		50 000
3. 31 mai.	*Débit :*	**Compte de l'exploitant**	1 800	
		Crédit : Banque		1 800
4. 30 juin	*Débit :*	**Compte de l'exploitant**	3 000	
		Crédit : Banque		3 000
5. 15 octobre	*Débit :*	**Compte de l'exploitant**	750	
		Crédit : Résultat		750

(On considère qu'il n'y a pas vente, mais annulation de 750 F d'achats.)

b) **Représentons le compte « Capital individuel » et le « Compte de l'Exploitant » :**

101. CAPITAL INDIVIDUEL

Débit | Crédit

31-12-19 A	Virement du Compte de l'exploitant	4 150	Janvier 19 A.	Solde à nouveau .	300 000
			15 mars.	Apport (espèces).	50 000

Virement pour solde du compte de l'exploitant.

(à la fin de l'exercice)

108. COMPTE DE L'EXPLOITANT

Débit | Crédit

31 mai 19 A.	Prélèvement (chèque)	1 800	19 fév. 19 A.	Règlement fournisseur X	1 400
30 juin 19 A.	Loyer personnel (chèque)	3 000			
15 octobre A.	Prélèvement marchandises ..	750	31-12-19 A	Virement pour solde	4 150

• A la fin de l'exercice 19 A, le compte 101 CAPITAL INDIVIDUEL présente donc un solde créditeur de :

350 000 F − 4 150 F = 345 850 F.

c) *Dans le bilan au 31 décembre, nous lirons donc :*

Actif	Bilan au 31 décembre	Passif
	Capital individuel	345 850
	etc.	

En virant le compte de l'exploitant, au « Capital individuel », on réalise, au passif, la somme algébrique du capital apporté et du montant net des flux « exploitant-entreprise ». Il serait en effet dangereux (et fallacieux) de faire figurer le compte de l'exploitant, lorsqu'il est débiteur, à l'actif.

> ***Exemple :*** Le capital individuel d'une entreprise est de 500 000 F (seul élément des capitaux propres) ; en fin d'exercice, le compte de l'exploitant est débiteur de... 420 000 F. Il est essentiel de faire apparaître au passif le véritable montant des capitaux propres soit 500 000 — 420 000 = 80 000 ; l'inscription à l'actif des 420 000 constituerait une erreur juridique (la « créance » de 420 000 F sur l'exploitant n'est pas une créance sur tiers, puisqu'il y a unité de patrimoine) et fausserait l'information ; en fait, cet entrepreneur a prélevé la quasi-totalité de son capital, réduit à 80 000 F.

• REPORT A NOUVEAU, COMPTE 11. (Compte utilisé dans les Sociétés.)

110 **Report à nouveau créditeur** : bénéfices reportés (quasi-réserves) dans l'attente d'une décision définitive de distribution ou de mise en réserve, à la fin de l'exercice suivant.

119 **Report à nouveau débiteur.** Pertes des exercices antérieurs reportées dans l'attente d'éventuels bénéfices les compensant.

• RÉSULTAT DE L'EXERCICE, COMPTE 12.

120 **Résultat de l'exercice** (bénéfice).
129 **Résultat de l'exercice** (perte).

Au passif du bilan, dans le calcul des capitaux propres, les comptes 119 et 129 figurent avec le signe —, car correspondant à des pertes.

> ***Exemple :*** *En fin d'exercice, une société, au capital de 2 000 000 F et ayant constitué pour 900 000 F de réserves, obtient un résultat déficitaire de 270 000 F ; par ailleurs son bilan initial comportait un « report à nouveau » débiteur de 350 000 F.*

Nous lirons, dans le bilan final :

Bilan au...

	Capitaux propres.	
	Capital social	2 000 000
	Réserves	900 000
	Report à nouveau	– 350 000
	Résultat net de l'exercice (perte)	– 270 000
	Total	2 280 000
	Dettes.	
	.....	....
	.....	...

Remarque. — l'inscription, dans une même colonne du bilan de nombres positifs et de nombres négatifs peut être source d'erreurs ; il convient de marquer nettement les signes « moins » soit par le trait — soit par parenthèses.

2° Dettes : comptes des classes 1 (partie), 4 et 5.

La rubrique « dettes » regroupe, au passif, *toutes les dettes* de l'entreprise, dettes financières, dettes d'exploitation (fournisseurs, notamment), dettes envers les banques. Les comptes de dettes appartiennent :

— à la classe 1 : emprunts et dettes financières ;

— à la classe 4 : dettes envers les tiers (fournisseurs, clients, État, personnel, etc.).

— à la classe 5 : dettes envers les banques.

164 **Emprunts auprès des établissements de crédit.**
168 **Autres emprunts.**
401 **Fournisseurs.**
404 **Fournisseurs d'immobilisations.**
419 **Clients créditeurs.**

Ces comptes de clients « créditeurs » représentent les dettes envers les clients (ayant notamment versé des avances ou des acomptes sur des commandes en cours.)

42 **Personnel.**
43 **Sécurité sociale** (dettes de charges sociales).
44 **État** (dettes d'impôts).
46 **Créditeurs divers.**
512 **Banque** (comptes créditeurs, en cas de « découverts » ou d'avances consentis par les banquiers).

VII. COMPTABILITÉ DE SITUATION

Les différents comptes qui ont été mentionnés dans ce chapitre sont tous des **« comptes de bilan », permettant une description satisfaisante de la situation financière de l'entreprise.**

Si la comptabilité générale avait pour unique objet la description de cette situation, l'ensemble des comptes décrits ci-dessus suffirait à une majorité d'entreprises.

Il est possible d'enregistrer, dans ces différents comptes, toutes les opérations courantes de l'entreprise et d'obtenir ainsi la **situation finale** (bilan final) à partir d'une situation initiale donnée : nous aurons fait fonctionner une **« comptabilité de situation »** à partie double ; dans cette comptabilité, seul sera obtenu le résultat net global (dans le compte « Résultat net ») sans autre analyse de ses composantes que la séparation des charges (débit du compte) et des produits (crédit du compte de résultat).

Les exercices 5 et 6 de ce chapitre sont proposés pour familiariser le lecteur avec l'analyse et l'enregistrement comptable. Nous considérons qu'il est essentiel d'acquérir cet apprentissage de l'enregistrement comptable et du passage des comptes au bilan.

QUESTIONS

A. *Un compte « Caisse » a fait l'objet des imputations suivantes : débits, 312 F, 729 F et 250 F ; crédits, 700 F, 280 F, 397 F et 490 F. L'avoir initial était de 336 F. Présentez le compte schématique. Que constatez-vous ? Que faut-il en conclure ?*

B. *Un compte « Caisse » se présente ainsi :*

Débit — CAISSE — Crédit

15-2	*Avoir initial*	*3 250*	*18-2*	*Payé réparations*	*720*
26-2	*Reçu du client Coche*	*780*	*19-2*	*Payé quittance électricité*	*230*
3-3	*Vente au comptant*	*790*	*25-2*	*Versé à la banque*	*1 000*
5-3	*Reçu du client Bois*	*1 300*	*28-2*	*Payé salaires du personnel*	*2 210*

Déterminer les soldes successifs de ce compte, après chacune des opérations. Que constatez-vous ? Qu'en conclure ?

C. *La vente au prix de 35 000 F d'un terrain acheté 18 000 F a été ainsi enregistrée par un comptable :*

Débit : Banque 35 000 ; Crédit : Terrain 35 000.

Que penser de cet enregistrement ? Rectifier si besoin est.

D. *Une entreprise a, dans son bilan de début d'exercice, une dette d'emprunt de 200 000 F envers la S.O.F.I.C. (établissement de crédit).*

En cours d'exercice, elle verse à l'établissement de crédit 120 000 F, dont 20 000 d'intérêts et enregistre ainsi ce versement :

Débit : Emprunts auprès des établissements de crédit	*120 000*	
Crédit : Banque		*120 000*

Que penser de cet enregistrement ? Rectifier si besoin est.

E. *Une entreprise constate en fin d'exercice que sur 2 150 comptes clients :*
— 1 807 présentent des soldes débiteurs, d'un total de 2 310 000 F ;
— 43 présentent des soldes créditeurs, d'un total de 28 000 F ;
— 300 comptes sont « soldés ».

Expliquer pour quelles raisons — principalement juridiques — l'entreprise est tenue de faire figurer à son actif 2 310 000 F de créances-clients et, au passif, les 28 000 F de dettes (principe de non-compensation).

F. *Dans le « bilan classé selon une optique financière », l'actif distingue les valeurs durables (à plus d'un an) ou actif immobilisé, le passif, les capitaux permanents (à plus d'un an). Quelle semble devoir être la relation d'inégalité entre ces deux masses ? Pourquoi ?*

G. *Une entreprise achète un bien au prix de 2 000 F. Quels sont les critères qui conduiront à débiter un compte d'« immobilisations corporelles » ou le compte de « résultat » (ou un compte de « stock » en comptabilité « intégrale »).*

H. *Chercher, parmi les comptes du P.C.G. cités plus haut, ceux dont le numéro se termine par 9 ; quelle particularité commune présentent-ils ?*

I. *Quelles opérations représentent, dans le schéma de bilan 7-1, page 119, les flèches en trait plein, au nombre de quatre, et les flèches en pointillé (deux).*

J. *Classer par ordre de liquidité décroissante les postes suivants de l'actif : marchandises en magasin, caisse, chèques postaux, mobilier de bureau, matériel et outillage, banque, dépôts et cautionnements, clients, prêts à plus d'un an.*

K. *Établir le bilan dont les postes sont les suivants : clients, 73 000 ; dépôts et cautionnements, 2 000 ; mobilier de bureau, 35 000 ; fournisseurs, 240 000 ; capital, 150 000 ; caisse, 19 000 ; matériel, 120 000 ; créditeurs divers (à trois mois), 42 000 ; marchandises, 197 000 ; emprunt, 50 000 ; banque, à* déterminer *(l'entreprise est créditrice dans les livres de la banque).*

Évaluer l'actif immobilisé et l'actif circulant, puis le montant des dettes. Représenter par un graphique (diagramme à colonnes) les grandes masses de l'actif et du passif.

L. *Le compte « Terrains » d'une entreprise a enregistré les mouvements suivants :*

Débit	TERRAINS		Crédit
Achat Terrain A	*25 000*	*Vente Terrain A*	*32 000*
Achat Terrain B	*37 000*		
Achat Terrain C	*14 000*		

Quelle erreur a été commise ? Présenter l'analyse comptable de l'opération correspondante et le compte « Terrains » correctement établi.

Pourquoi les comptes « Terrains », « Matériel » et « Marchandises » ne peuvent pas être créditeurs ?

M. *Dans la comptabilité d'une entreprise individuelle, on trouve : compte de l'exploitant (créditeur), 19 700 ; capital personnel, 125 000. Présenter le début du passif du bilan.*

N. *Au début de l'exercice, le compte « Capital personnel » d'une entreprise a un solde de 500 000 F.*

L'exploitant opère à la fin de chaque mois un prélèvement de 8 000 F ; au cours de l'exercice, il a d'autre part réglé diverses dépenses personnelles avec les fonds de l'entreprise : 5 400 F.

Présenter le début du passif du bilan de fin d'exercice.

O. *Au début d'un exercice, les comptes de capital d'une entreprise individuelle sont les suivants :*

Capital personnel	*280 000 F*
Compte de l'exploitant (créditeur)	*53 000 F*

L'exploitant décide de prélever en espèces 28 000 F et de laisser définitivement le solde de son compte personnel à la disposition de l'entreprise.

Indiquer le jeu des comptes intéressés.

P. *Dans le bilan de fin d'exercice d'une entreprise commerciale individuelle, on lit : Capital personnel : 180 000. Compte de l'exploitant (créditeur) : 3 000. Résultat (créditeur) : 25 500.*

Mais le comptable a porté dans les charges de l'entreprise diverses dépenses concernant l'activité privée de l'exploitant, au total 9 400 F.

Déterminer les soldes corrects des comptes ci-dessus.

Q. *On extrait d'un bilan de fin d'exercice : Capital personnel : 150 000 F. Compte de l'exploitant (débiteur) : 70 000 F. Résultat (débiteur) : 50 000 F.*

Que pensez-vous de la situation de cette entreprise ?

L'exploitant ne pouvant effectuer de nouvel apport, régulariser son capital au début de l'exercice suivant.

R. *Jacques vend à Pierre son fonds de commerce, dans les conditions suivantes :*

— Matériel	*218 000 F*
— Mobilier	*87 000 F*
— Marchandises	*135 000 F*
— Droit au bail	*40 000 F*
— Clientèle et achalandage	*140 000 F*

Le prix total est payable pour la moitié comptant, un quart dans six mois et un quart dans dix-huit mois. Après avoir versé « le comptant », Pierre dispose encore de 20 000 F qu'il dépose à la Banque du Centre qui lui ouvre un compte courant commercial.

Présenter les comptes schématiques et le bilan d'ouverture de l'entreprise Pierre (bilan après les premières opérations).

EXERCICES

• **1.** Le 10 juin, un commerçant a créé une entreprise, au capital de 80 000 F.
— le 20 juin, il règle diverses dépenses personnelles au moyen d'un chèque sur la banque de l'entreprise, 700 F ;
— le 12 juillet, il effectue un nouvel apport, à titre temporaire, de 10 000 F ;
— le 20 août, il prélève 500 F dans la caisse pour dépenses personnelles ;
— le 10 septembre, il récupère (retrait de la banque) une partie de son apport temporaire, 8 000 F ;
— le 20 décembre, il reprend pour son usage personnel une machine à écrire dont la valeur comptable est 1 200 F.

Travail demandé. Présenter l'analyse comptable de ces opérations, ainsi que les comptes « Capital personnel », « Compte de l'exploitant ».

• **2.** Au cours d'un exercice, un comptable a inscrit, dans les comptes de l'entreprise, des charges, des produits concernant, en fait, non pas l'entreprise, mais l'activité privée de l'exploitant.

A la fin de l'exercice, le compte « Capital personnel » est créditeur de 200 000 F, le « Compte de l'exploitant » débiteur de 23 000 F (ce compte a enregistré seulement les prélèvements d'espèces opérés par l'exploitant).

Régulariser les comptes, avant détermination des résultats, compte tenu des observations suivantes :
— l'exploitant a prélevé pour son usage domestique 2 700 F de marchandises ; ce prélèvement n'a pas été comptabilisé ;
— l'entreprise a réglé pour le compte de l'exploitant trois relevés du centre téléphonique, au total, 1 325 F ;
— l'entreprise a encaissé les loyers d'un immeuble personnel de l'exploitant, non affecté à l'entreprise, 4 800 F ;
— l'exploitant a prélevé pour 850 F de fournitures de bureau ; ce fait n'a pas été comptabilisé ;
— l'entreprise a inclus dans les « Frais de personnel » les salaires d'une femme de ménage travaillant exclusivement au domicile privé de l'exploitant, 6 000 F ;
— un rappel d'impôts relatifs à des années antérieures et incombant à l'exploitant a été porté dans les comptes de résultats de l'entreprise, 5 000 F.

Travail proposé. Présenter l'analyse comptable des rectifications nécessaires, puis le « compte de l'exploitant », ainsi que le début du passif du bilan final.

• **3.** Le 3 mai, Bertrand fonde une entreprise, avec un capital de 600 000 F déposés à la banque.
— le 5 mai, il achète à Delmas un fonds de commerce pour un prix total de 600 000 F, comprenant :

— du matériel	115 000 F
— deux camionnettes	129 000 F
— du mobilier de bureau	47 000 F
— des marchandises	199 000 F

— des éléments incorporels (clientèle et droit au bail).

Les deux tiers du prix sont payés comptant par chèque bancaire ; le reste est payable dans un an ;
— le 8 mai, il verse au propriétaire par chèque sur le Crédit Lyonnais, six mois de loyer d'avance, à titre de garantie, 15 000 F ;
— le 10 mai, il achète divers matériels, 20 000 F (chèque sur le Crédit Lyonnais) ;
— le 22 mai, il paie par chèque bancaire l'aménagement des locaux, 13 900 F ;
— le 25 mai, il achète divers meubles de bureau, 12 100 F, et un appareil de duplication, 3 850 F ; ainsi que des fournitures de bureau, 820 F, règlements par chèques bancaires ;
— le 28 mai, achat à crédit d'une camionnette, 73 000 F (emprunt).

Travail à faire. Analyse comptable de ces opérations (il s'agit pour les dernières d'opérations isolées).

• **4.** Dans les livres d'une entreprise commerciale figure le compte « Immobilisations » dans lequel ont été enregistrés les achats et cessions des valeurs immobilisées. Ce compte se présente ainsi :

21. Immobilisations

Dates	Libellés	Débit	Crédit
2-1 19.A	Achat d'un fonds (clientèle, droit au bail, achalandage).	350 000	
2-1 19.A	Achat de matériel et mobilier de bureau	43 280	
2-1 19.A	Achat d'un terrain à bâtir	187 500	
2-1 19.A	Achat d'un véhicule utilitaire	96 000	
2-1 19.A	Cautionnement et loyer d'avance	15 000	
1-10 19.A	Achat d'un immeuble (hangar et dépôt)	428 700	
3-3 19.A + 1	Achat de matériel et d'outillage :	114 600	
	— une presse .... 89 600 F		
	— une calibreuse .... 25 000 F		
15-10 19.A + 1	Installation du chauffage central	74 600	
2-1 19.A + 2	Achat d'une ensacheuse pour emballage..............	94 300	
2-1 19.A + 2	Frais de montage et d'installation de cette ensacheuse ..	20 700	
10-5 19.A + 2	Mémoire de l'entrepreneur : réfection de la devanture et vitrine du magasin	36 400	
20-11 19.A + 2	Cession du véhicule utilitaire acheté le 2-1 19.A........		45 000
1-12 19.A + 2	Achat d'une camionnette Mercedès.................	115 000	
1-7 19.A + 3	Achat d'un mini-ordinateur	36 900	
	Solde débiteur au 31 décembre 1968		1 527 980
		1 572 980	1 572 980

Travail proposé. Solder ce compte « Immobilisations » et ouvrir les comptes (schématiques) qui permettront de donner avec exactitude et clarté la situation de chaque catégorie de valeurs immobilisées (comptes du P.C.G.).

• **5.** Une entreprise commerciale est créée le 1er mars par les apports des associés :

— Constructions	210 000 F
— Matériel de transport	100 000 F
— Mobilier	28 000 F
— Avoir en banque Crédit Lyonnais	402 000 F

En mars, sont effectuées les opérations suivantes :

2 mars.	Retrait de la banque pour alimenter la caisse	10 000 F
4 mars.	Versé en espèces, cautionnements divers	2 800 F
5 mars.	Achat d'un fonds de commerce (éléments incorporels) (règlement par chèque bancaire n° 1)	134 000 F
10 mars.	Achat de matériels de bureau	13 500 F
	Achat de fournitures de bureau diverses	4 300 F
	(règlement par chèque bancaire n° 2).	
12 mars.	Achat de marchandises (règlement à 30 jours) au fournisseur Henriot	160 000 F
14 mars.	Règlement par chèque n° 3 de la facture du menuisier pour installation de rayonnages dans le magasin	16 540 F
25 mars.	Achat d'un brevet de fabrication pour l'empaquetage de produits alimentaires (règlement par chèque bancaire n° 4)	145 000 F

28 mars. Enregistrement de ventes de marchandises :

— au comptant :

— en espèces .... 18 900 F

— contre chèques .... 67 000 F

— à crédit :

— au client Urbatier .... 16 800 F

— au client Tulot .... 15 230 F

Travail demandé.

1° Comptes schématiques et balance de vérification au 31 mars.

2° On estime les amortissements, pour le mois de mars, à 1 000 F pour les constructions, 2 500 F pour le matériel de transport et à 200 F pour le mobilier ; quant au stock de marchandises, il est évalué à 89 000 F à cette date.

Procéder aux enregistrements dans les comptes schématiques et indiquer le montant du résultat.

3° Présenter la balance générale des comptes après ces opérations.

4° Présenter le bilan.

• **6.** Le bilan au 1er avril 19.A de l'entreprise Dufour comporte les différents postes suivants : Clients 1 529 000 ; Dépôts et cautionnements versés 50 000 ; Réserves 700 000 ; Constructions 570 000 ; Avances-fournisseurs 81 000 ; État (dette) 75 000 ; Fournisseurs d'exploitation 1 390 000 ; Matériels de transport 251 000 ; Caisse 31 000 ; Terrains 180 000 ; Capital social 1 500 000 ; Banque (compte créditeur à la banque) 113 000 ; Stock matières premières 341 000 ; Créditeurs divers 53 000 ; Matériels industriels . . . . ? ; Emprunts 800 000 ; Stocks produits finis 175 000 ; Fournisseurs d'immobilisations 240 000 ; Valeurs mobilières de placement : 47 000.

1° Retrouver la somme manquante et présenter le bilan, en classant les postes dans l'ordre du P.C.G.

2° Présenter les masses du bilan, en les calculant, conformément au schéma 7-2.

3° Enregistrer les opérations suivantes (mois d'avril 19.A) (sous forme d'articles de Journal) :

a) Ventes à crédit de produits finis, 297 000.

b) Achats à crédit de matières premières, 399 000.

c) Cession au prix de 79 000 d'une machine d'atelier, figurant en comptabilité pour 103 000 (montant réglé comptant par chèque).

d) Paiement par chèques de fournisseurs d'exploitation, 377 000.

e) Règlement par chèques de clients, 479 000.

f) Achat d'une machine-outil, à crédit, au prix de 278 000.

g) Revente en Bourse de valeurs mobilières de placement au prix de 31 000 ; elles avaient été acquises à 27 000.

h) Retraits d'espèces de la banque : 13 000.

i) Constaté et payé comptant (espèces) 4 350 de divers frais de transports (S.N.C.F., Messageries...).

j) Acquisition d'un bâtiment au prix de 380 000 ; 250 000 sont prêtés par le Crédit Foncier ; le reste est réglé pour moitié par chèque et, pour moitié fait l'objet d'un crédit à quatre mois du fournisseur.

k) Payé en espèces, factures de fournitures de bureau, 850 F.

l) Réglé par chèques pour 63 000 de charges de personnel et constaté, par ailleurs, 24 000 de charges sociales, à régler ultérieurement.

m) Enregistré notification d'impôts (taxe professionnelle) 46 000, payables sous trois mois.

n) Versements d'espèces en banque, 25 000.

o) Remboursé (par chèques) 50 000 de dette d'emprunt et constaté une charge de 42 000 d'intérêts sur emprunts.

p) Reçu 12 600 de règlements en espèces sur ventes au comptant.

q) Payé par chèque 38 000 d'impôts (enregistrés préalablement au 1er avril 19A).

4° Après avoir établi les comptes schématiques, présenter la balance générale des comptes à fin avril.

5° Pour ce mois d'avril, on a calculé les amortissements :

— Constructions 4 000

— Matériels industriels 14 000

— Matériels de transport 6 000

et déterminé, par inventaire « extra-comptable » les variations de stocks :

— matières premières : augmentation de 34 000

— produits finis : diminution de 9 000

Enregistrer ces constatations d'inventaire ; calculer le résultat net à fin avril.

6° Présenter le bilan au 30 avril 19.A.

Chapitre 8

ANALYSE DE GESTION ; COMPTE DE RÉSULTAT

Les comptes de bilan (ou de situation) que nous avons étudiés jusque-là fournissent une information continue sur les variations des postes du bilan et permettent la détermination du résultat global.

Cependant, la comptabilité ne vise pas seulement à déterminer la situation de l'entreprise ; elle se propose aussi d'expliquer son fonctionnement, son « exploitation », en fournissant les **composantes chiffrées du résultat de l'exercice.**

A cet égard, les notions globales de « charges » et de « produits », conduisant à un unique compte de « Résultat », satisfaisantes pour l'analyse de la situation, sont beaucoup trop synthétiques pour renseigner utilement le chef d'entreprise ; la « comptabilité de situation » doit être complétée par une « comptabilité de gestion », qui, pour être moins signifiante que la « C.A.E. » n'en est pas moins utile aux chefs d'entreprises et aux divers décideurs.

I. PRINCIPES DE L'ANALYSE DU RÉSULTAT GLOBAL

1° Insuffisance du compte unique de « Résultat » en C.G.

La C.G. se distingue de la « comptabilité intégrale » que nous avions d'abord présentée, en renonçant au suivi des flux internes, dont elle laisse l'étude à la C.A.E.

Mais elle ne saurait pour autant se contenter d'un compte global de résultat ; si tel était le cas, les tiers ne disposeraient sur la gestion de l'entreprise que de l'information suivante :

Bénéfice net... ou Perte nette...

Or, il est essentiel, pour les tiers (prêteurs, banquiers, fournisseurs et clients, etc.), de disposer d'une **information minimale sur la gestion de la firme** : cette gestion constitue en effet le cœur vivant de l'entreprise et le bilan n'est que le cadre général et la résultante de l'exploitation de la firme.

Il paraît donc indispensable de fournir aux tiers, dans un document annuel *autre que le bilan,* les éléments concourant à la formation du résultat global, les **« composantes du résultat »**; tel est l'objet du **« compte de résultat »** prévu par le P.C.G.

2° Analyse par nature des charges et des produits.

La C.G., dans la conception du P.C.G., renonce à l'étude des flux internes donc à la recherche des résultats partiels ou analytiques (bénéfice sur branche ou produits A, perte sur branche B, etc.).

L'analyse ne peut donc porter que sur les **flux externes,** distingués **selon leur nature** (cf. chapitre 6) juridique et économique :

— achats de biens et services ;
— charges de personnel ;
— impôts, etc.

Cette analyse est, pour la gestion de firme, moins utile que celle qu'opère la C.A.E. ; mais elle est infiniment plus simple et n'est pas dénuée d'intérêt, nous le verrons bientôt.

Ainsi, le compte de résultat va-t-il être scindé en divers comptes de « charges » (débit) et de produits (crédit) qui permettront, en fin d'exercice, de présenter un **tableau** relativement détaillé (une vingtaine de lignes — correspondant aux différents comptes créés — de chaque côté). On comprend que, pour obtenir de la comptabilité, en fin d'exercice, après enregistrement de milliers d'opérations, un tel compte de résultat, il faut avoir enregistré les charges et les produits dans des comptes détaillés (au nombre d'au moins x si l'on veut x lignes dans le compte de résultat). Les comptes de charges et de produits sont des comptes de gestion.

3° Création de comptes de « charges » et de « produits ».

a) *Principe.*

En fait, les **comptes de gestion** créés par l'entreprise sont, le plus souvent, en nombre nettement supérieur à celui des lignes du « Compte de résultat » publié pour l'information externe ; en effet, pour des raisons de gestion interne, il est intéressant de *comparer d'un exercice à l'autre* ces charges et ces produits et d'avoir sur leur composition une information assez détaillée.

> ***Exemple :*** Pour l'information externe une ligne « Impôts » est suffisante ; pour l'information interne, il est souhaitable de suivre dans des comptes ad-hoc les divers impôts et taxes :
> — impôts sur salaires ;
> — impôts sur le chiffre d'affaires ;
> — autres impôts ;
> en créant autant de comptes qu'il paraît nécessaire.
>
> On notera que ces « analyses » des produits et des charges sont bien différentes de celles de la « comptabilité intégrale » : elles portent sur les divers flux externes et non sur la répartition des « flux internes », selon les activités et/ou les fonctions dans l'entreprise.

Le P.C.G. propose donc une liste, relativement détaillée, de **comptes de charges (classe 6)** et de **produits (classe 7) ;** la subdivision est poussée jusqu'aux comptes d'ordre 4 et, parfois, d'ordre 5, chaque entreprise pouvant pousser plus loin l'analyse en créant des comptes de charges ou de produits d'ordre 5, 6 ou 7 selon ses besoins.

b) *Conséquences.*

Les charges et les produits sont enregistrés en cours d'exercice dans des comptes d'ordre 3 (ou dans leurs sous-comptes) ; les comptes d'ordre 2 ne servent qu'à des regroupements et à la présentation du « compte de résultat » final :

- **en cours d'exercice** : inscription des opérations dans les comptes d'ordre 3, 4, 5... de charges et de produits ; ces comptes apparaissent comme des démembrements du compte unique de résultat ;

- **en fin d'exercice** : le regroupement (par virements) des divers comptes de charges et de produits permet d'obtenir le **« compte de résultat »** document de synthèse au même titre que le bilan. Le compte de résultat apparaît ainsi **comme la somme algébrique des charges et des produits.**

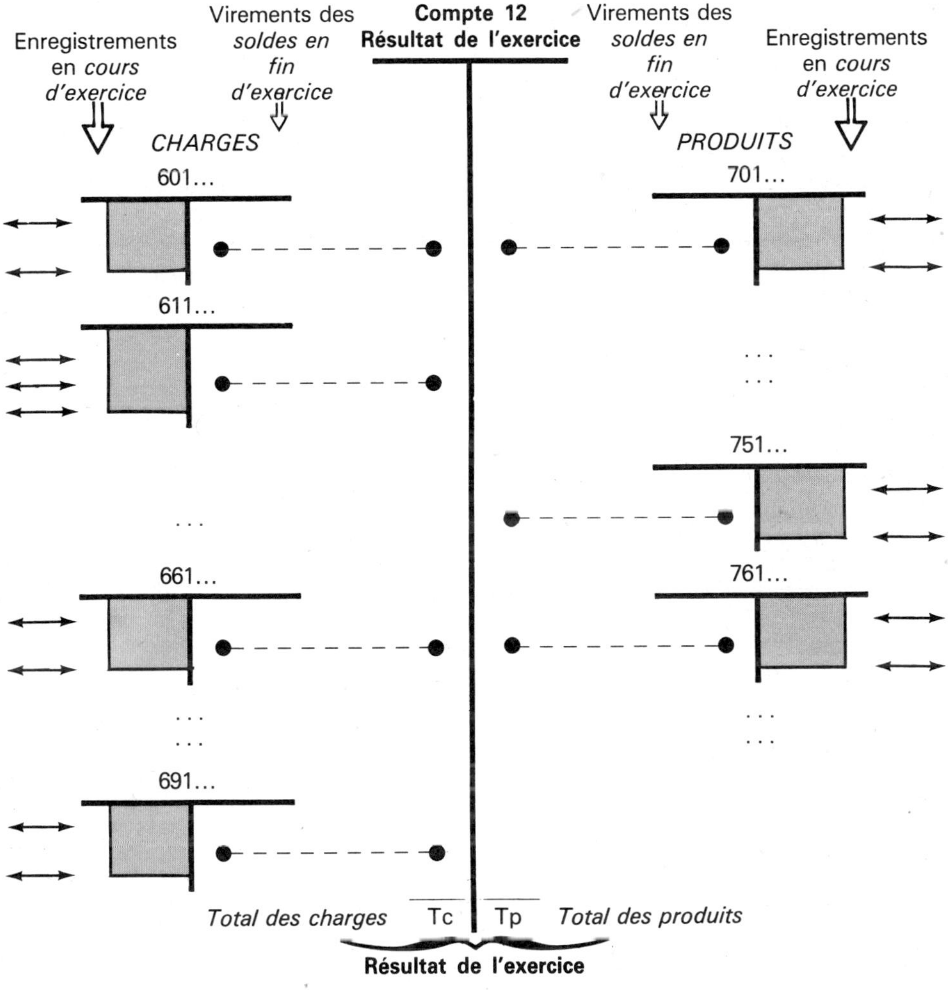

4° Pratique de l'« inventaire intermittent » en C.G.

Rappelons que le P.C.G. pratique la méthode de l'inventaire intermittent (cf. chapitre 6) dont les conséquences sont les suivantes :

• Les achats de biens et services (autres qu'investissements) sont, comme les autres charges, considérés comme « emplois définitifs », générateurs de perte ; ils sont donc portés au *débit des comptes de charges et non au débit des comptes de stocks.*

Dans cette conception, l'achat est une charge et non une acquisition d'actif **(achat-charge).**

• En cours d'exercice, la comptabilité, observée à un instant donné ne peut fournir le résultat de la firme par une comparaison charges-produits ; c'est seulement en fin d'exercice que :

— l'on comptabilise l'amortissement ;

— l'on détermine (par inventaire extra-comptable) les variations de stocks, alors enregistrés.

En conséquence, la **balance des comptes, en cours d'exercice, ne saurait indiquer le résultat** (un calcul approximatif de ce résultat peut cependant être opéré si l'on essaie d'évaluer les stocks (par observation, ou par sondages) et si l'on tient compte des amortissements courus) ; la **balance ne fournit qu'un résultat « apparent »** que l'on peut mettre en évidence en présentant cette balance dans l'ordre :

— comptes d'actif (débiteurs) (1) ;

— comptes du passif (créditeurs) (1) ;

— comptes de charges (débiteurs) (1) ;

— comptes de produits (créditeurs) (1) ;

Soldes dans la balance générale.

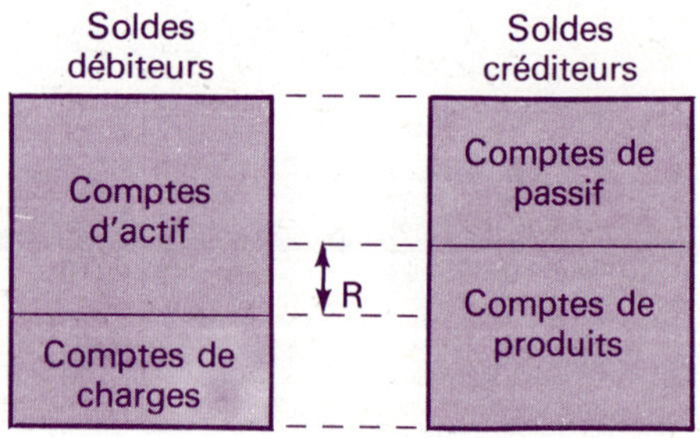

R : **Résultat « apparent ».**

• En fin d'exercice, est effectuée la mise à jour des stocks : **comptabilisation des variations de stocks.**

Ces variations de stocks sont notées en charges et en produits, comme éléments correcteurs des charges et des produits déjà comptabilisés (cf. chapitre 6) :

(1) Sauf exceptions de quelques comptes « soustractifs ».

en « *charges* »	en « *produits* »
moins variation de stocks de marchandises, matières premières et approvisionnements.	**plus variation de stocks de produits finis et d'en-cours.**
En effet : — une augmentation de ces stocks traduit la non consommation de ces marchandises et matières ; elle doit donc être retranchée des achats correspondants pour que soit obtenu le montant des achats réellement consommés ; — une diminution de ces stocks montre au contraire que l'entreprise a puisé dans le stock, qu'elle n'a pas maintenu ; elle doit donc être ajoutée aux achats.	En effet : — une augmentation de ces stocks montre qu'une partie de la production, non vendue, est restée dans l'entreprise ; elle doit donc être ajoutée aux ventes pour que soit obtenu le montant total de la production de l'entreprise ; — une diminution de ces stocks doit à l'inverse être retranchée des ventes.

On entend par « variation de stock », la différence **stock final — stock initial** qui est donc :

— **positive** si stock final > stock initial (augmentation) ;
— **négative** si stock final < stock initial (diminution).

Variation de stock (positive ou négative) = Stock final — stock initial

II. MODALITÉS DE L'ANALYSE DES CHARGES ET DES PRODUITS DANS LE P.C.G.

1° Éléments « Exploitation » et éléments « exceptionnels ».

Dans le premier chapitre de ce cours nous avons immédiatement distingué les **opérations d'exploitation,** généralement cycliques, des opérations d'**investissement-financement,** de caractère exceptionnel.

Cette distinction, fondamentale, se retrouve dans l'analyse des charges et des produits car elle permet de séparer :

— les éléments réguliers, en principe cycliques, de formation du résultat : ce sont les **charges d'exploitation** et les **produits d'exploitation ;**

— les éléments anormaux, irréguliers, exceptionnels qui viennent modifier le résultat : ce sont les **charges exceptionnelles** et les **produits exceptionnels.** Le P.C.G. eût sans doute mieux fait d'utiliser le terme **« non-courants ».**

Exemple : *Une entreprise a obtenu un résultat net (bénéfice) de 230 000 F (qui figure donc au passif, avec le signe +, dans les capitaux propres) ; mais elle a revendu, durant l'exercice, un terrain à bâtir avec un bénéfice de 310 000 F. Que penser de son résultat d'exploitation ?*

Si le bénéfice net final est de 230 000 F, alors qu'un profit de 310 000 F a été réalisé sur l'opération — exceptionnelle — de revente d'un terrain, c'est que le résultat d'exploitation était de 230 000 — 310 000 − — 80 000 donc une perte d'exploitation. Ainsi le bénéfice net ne doit pas faire illusion : l'exploitation de cette firme est déficitaire ; le prochain exercice risque donc de se solder par une perte, sauf mesures correctrices énergiques...

Dans toutes les comptabilités, dans le monde, on sépare ainsi :

— charges et produits d'exploitation ;
— charges et produits exceptionnels (ou non courants).

2° Éléments financiers.

Compte tenu de leur nature et de leur importance particulière, le P.C.G. classe de façon distincte les *éléments financiers* du résultat :

Charges financières	**Produits financiers**
(intérêts dûs par l'entreprise).	(intérêts en faveur de l'entreprise et revenus des titres)

En effet, les charges financières d'intérêts sont liées aussi bien à des opérations d'exploitation (intérêts engendrés par les crédits accordés aux clients par exemple) qu'à des opérations exceptionnelles (intérêts des dettes financières et des emprunts) ; il serait donc délicat de les ventiler entre ces deux niveaux ; c'est pourquoi le P.C.G. a prévu un *niveau financier* de l'analyse.

3° Éléments « globaux ».

Dans les sociétés, soumises au versement d'une **« Participation des salariés »** au bénéfice et à celui d'un **« Impôt sur le bénéfice »**, le P.C.G. prévoit le classement de ces deux charges dans un quatrième niveau, global : en effet, ces charges n'existent que si, globalement, un résultat bénéficiaire apparaît, bénéfice dont l'origine est la somme algébrique des éléments « Exploitation », « Financiers » et « Exceptionnels ».

4° Schéma du compte de résultat, codification.

a) *Principe.*

En définitive, le compte de résultat comporte les trois niveaux :

— **Exploitation ;**
— **Financier ;**
— **Exceptionnel ;**

complétés par le niveau global « Participation et Impôt sur bénéfice ».

Niveaux	Charges	Produits
Exploitation	Charges d'exploitation	Produits d'exploitation
Financier	Charges financières	Produits financiers
Exceptionnel	Charges exceptionnelles	Produits exceptionnels
Global	Participation salariés Impôts sur bénéfices	

b) *Le cas des dotations et des « reprises ».*

• **Les « Dotations aux amortissements et aux provisions » (D.A.P.).**

La création des trois niveaux d'analyse rend nécessaire l'éclatement des charges d'amortissement et de provisions (1), qui sont des charges « calculées » (cf. chapitres 1 et 2), entre ces trois niveaux ; le P.C.G. appelle « dotations » ces charges, montrant par cette appellation qu'il s'agit de charges calculées et non décaissées ; ces dotations sont toutes enregistrées au débit du compte **68 « Dotations aux amortissements et aux provisions ».**

Ce compte est subdivisé en fonction des trois niveaux de l'analyse :

681 D.A.P. « Exploitation » ;
686 D.A.P. « financières » ;
687 D.A.P. « exceptionnelles ».

• **Les « Reprises sur amortissements et provisions » (R.A.P.).**

Symétriques des dotations, donc « produits », ces reprises seront étudiées dans le chapitre 20 ; enregistrées au crédit du compte **78 « Reprises sur amortissements et provisions »,** elles sont, comme les dotations, subdivisées en :

781 R.A.P. « Exploitation » ;
786 R.A.P. « financières » ;
787 R.A.P. « exceptionnelles ».

c) *Codification.*

Charges — Schéma du Compte de Résultat	Produits
Charges d'exploitation. Comptes 60 à 65 plus compte 681 (D.A.P.).	**Produits d'exploitation.** Comptes 70 à 75 plus compte 781 (R.A.P.).
Charges financières. Comptes 66 et 686 (D.A.P.).	**Produits financiers.** Comptes 76 et 786 (R.A.P.).
Charges exceptionnelles. Comptes 67 et 687 (D.A.P.).	**Produits exceptionnels.** Comptes 77 et 787 (R.A.P.).
Participation des salariés. Impôts sur les bénéfices.	

On remarquera les parallélismes de codification des charges et des produits.

(***Exemple** :* charges financières **66** et 6**86** ; produits financiers **76** et 7**86**).

III. PRINCIPAUX COMPTES DE CHARGES (classe 6)

Se reporter :
— au « cadre comptable » pages 412 et 413 ;
— au modèle de compte de résultat du système B, pages 416 et 417.

(1) Résultant de l'application du principe de prudence, les provisions et les charges correspondantes seront étudiées ultérieurement (chapitre 19).

Les comptes de la classe 6, générateurs de pertes, emplois « définitifs », sont presque tous **débiteurs.**

Par exception, certains sont *créditeurs :* ils correspondent alors à des *diminutions de charges ;* ces comptes *soustractifs* des charges n'apparaissent pas dans le compte annuel de résultat (cf. page 416), car ils sont retranchés du compte de charge correspondant qui ne figure ainsi que pour son montant net dans le compte de résultat.

Exemple : Compte 607 « Achats de marchandises » ; solde *débiteur* en fin d'exercice, 299 000 F.

Compte 6097 « Rabais obtenus sur achats de marchandises » ; solde *créditeur* en fin d'exercice, 21 000 F.

Dans le compte de « Résultat », on lira :

Achats de marchandises 278 000

Toutefois, un élément de charge peut figurer dans le compte de résultat avec le signe « moins » : il s'agit de la variation de stocks (dans le cas d'une augmentation) ; cf. tableau page 416.

Comptes d'ordre 3 terminés par un zéro : ces comptes globaux de charges sont surtout utilisés dans le système A ; *les systèmes B et C utilisent en principe les comptes d'ordre 3, 4 et 5, ou d'ordre supérieur.*

- **Achats et variations de stocks (compte 60).**

Les achats de marchandises, matières consommables, fournitures (exemple : combustibles, fournitures de bureau...), matières premières, approvisionnements sont enregistrés au *débit des comptes* 601 à 607.

Le compte 603 enregistre, en fin d'exercice, les **« variations de stocks »** de ces biens (cf. chapitre 21).

Les **rabais, remises ou ristournes obtenus** sur ces achats diminuent ces charges et sont notés au *crédit du compte 609.*

- **Autres charges externes (comptes 61 et 62).**

Ces deux comptes enregistrent à leur débit, les différents **flux externes de prestations de services reçues :** « Sous-traitances » (1), loyers, travaux d'entretien et de réparations, assurances, honoraires payés (à l'avocat, à l'expert-comptable...), transports, frais postaux...

Les **rabais, remises ou ristournes obtenus** sur ces facturations de services extérieurs sont notés au *crédit des comptes 619 ou 629.*

- **Impôts, taxes et versements assimilés (compte 63).**

Tous impôts, taxes et versements analogues (par exemple : participation des employeurs à la formation professionnelle continue de 1 % des salaires), **sauf l'impôt sur les bénéfices,** sont enregistrés au *débit des sous-comptes du compte 63.*

---

(1) Opérations confiées à d'autres entreprises, qui facturent donc à la firme le montant des travaux qu'ils ont effectué (exemple : « chromage » de tubes métalliques effectué par un sous-traitant pour un fabricant de mobilier de bureau).

• **Charges de personnel (compte 64).**

Tous salaires et charges sociales.

• **Autres charges de gestion courante (compte 65).**

Redevances pour brevets, licences ; pertes subies sur des créances irrécouvrables...

• **Charges financières (compte 66).**

Charges **d'intérêts ;** « escomptes accordés aux clients » (réductions, de caractère financier, pour paiement anticipé ; cf. chapitre 9) ; **pertes dues au change...**

• **Charges exceptionnelles (compte 67).**

Pénalités et amendes, cessions d'actifs (cf. chapitres 12 et 18).

• **Dotations aux amortissements et aux provisions (compte 68).**

681	D.A.P., charges d'exploitation	cf. chapitres 18 et 20.
686	D.A.P., charges financières	
687	D.A.P., charges exceptionnelles.	

• **Participation des salariés (compte 691) et Impôts sur les bénéfices (compte 695).**

L'étude des divers comptes de charges sera menée dans les chapitres 9 à 20 qui suivent.

IV. PRINCIPAUX COMPTES DE PRODUITS

Se reporter :

— au cadre comptable, pages 412 et 413 ;
— au **modèle de compte de résultat du système B, pages 416 et 417.**

Les comptes de la classe 7, générateurs de bénéfice, ressources « définitives » sont normalement **créditeurs.**

Par exception, certains sont *débiteurs :* diminutions de produits, ces comptes *soustractifs des produits* n'apparaissent pas dans le compte annuel de résultat (cf. page 416), car soustraits du compte de « produits » correspondant qui ne figure ainsi que pour son montant net.

> ***Exemple :*** Compte 701 Ventes de produits finis, 749 000 *(créditeur) ;*
> Compte 7091 Rabais accordés sur ventes de produits finis, 37 000 *(débiteur).*
>
> Dans le compte de résultat, on lira : Production vendue : 712 000.

Toutefois, un élément de « produits » peut figurer dans le compte de résultat avec le signe « moins » : il s'agit de la variation de stocks (dans le cas d'une diminution) ; cf. tableau page 417.

Comptes d'ordre 3 terminés par un zéro : ces comptes globaux de produits sont surtout utilisés dans le système A ; *les systèmes B et C utilisent en principe les comptes d'ordre 3, 4 et 5, ou d'ordre supérieur.*

• **Ventes de produits fabriqués, prestations de services, marchandises (compte 70).**

Les **ventes** de produits finis et de marchandises, les facturations de travaux *(exemple : travaux publics)* et de prestations de services *(exemple : transports...)* sont enregistrées au *crédit des comptes 701 à 708.*

Les **rabais, remises et ristournes accordés** sur ces ventes diminuent ces produits et sont notés au *débit du compte 709.*

• **Production stockée (compte 71).**

Ce compte enregistre les **« variations de stocks »** des produits fabriqués, des produits, travaux et services « en-cours » (cf. chapitres 1 et 6).

• **Production immobilisée (compte 72).**

Ce compte enregistre la fraction de la production conservée par l'entreprise au titre d'**investissements** ; *exemple : hangar fabriqué pour elle-même par une entreprise de bâtiment* (cf. chapitres 6 et 12).

• **Autres produits de gestion courante (compte 75).**

Redevances reçues pour brevets, licences...

• **Produits financiers (compte 76).**

Revenus des titres de participation, des titres immobilisés, des prêts **(intérêts reçus)**, des valeurs mobilières de placement ; escomptes obtenus des fournisseurs (réductions de caractère financier ; cf. chapitre 9) ; **gains de change...**

• **Produits exceptionnels (compte 77).**

Dons ou libéralités reçues, rentrées sur créances qui avaient été antérieurement considérées comme irrécouvrables, cessions d'actifs (cf. chapitres 12 et 18).

• **Reprises sur amortissements et provisions (compte 78).**

781 R.A.P., produits d'exploitation	cf. chapitre 20.
786 R.A.P., produits financiers	
787 R.A.P., produits exceptionnels.	

V. CHARGES, PRODUITS, ET COMPTES DE TIERS

Il importe de ne pas confondre :

— les comptes de **charges ;**

— et les comptes de **dettes** résultant de ces charges ;

(et, de même, les comptes de produits, avec les créances correspondantes).

Cette confusion, très grossière, n'est pas rare en raison d'intitulés de comptes assez voisins.

Exemple *: On enregistre à réception de l'avertissement du percepteur, le 15 avril, la taxe professionnelle de l'exercice : 18 500 F.*

	15 avril		
Charge ⟶	63.. Impôts et taxes	18 500	
Dette ⟶	447. État, autres impôts et taxes		18 500

Le règlement a lieu le 20 juin, par chèque bancaire :

	20 juin		
Créance (éteignant la dette). ⟶	447. État, autres impôts et taxes	18 500	
Paiement ⟶	51.. Banques		18 500

La confusion la plus fréquente est celle :

— du **compte de charge** : 64. « Charges de Personnel » — et du **compte de dette** : 42. « Personnel »

— du **compte de charge** : 643. « Charges de Sécurité sociale » — et du **compte de dette** : 43. « Sécurité sociale »

Ce sont des erreurs à ne pas commettre.

REMARQUE. **— dans les exercices, et les sujets d'examen, *utiliser les comptes d'ordre 2* qui sont censés être connus des candidats, sauf spécification contraire de l'énoncé (imposant des comptes d'ordre 3, 4 ou 5).**

QUESTIONS

A. *Comparer la comptabilisation d'achats et de ventes de marchandises en « comptabilité intégrale » et en « comptabilité générale » type P.C.G. ; on supposera pour simplifier que le coût d'achat ne comprend que des « prix d'achat » :*

1° Achat au fournisseur Paul : 8 500 F (payable à deux mois) ;

2° Ventes à crédit à divers clients : 11 000 F (prix d'achat correspondant, 7 000 F).

3° Achat au fournisseur Yves : 23 000 F (chèque bancaire).

4° Ventes à crédit à divers clients, 29 000 F (marge brute, 10 % du prix de vente).

5° En fin d'exercice (après ces seules opérations), on constate que le stock final est (au prix d'achat) de 8 800 F ; le stock initial (avant opération 1) était de 2 000 F.

B. *A partir de la balance établie à la fin du huitième mois d'un exercice, M. Muller obtient les éléments suivants :*

Total des soldes des comptes de l'actif : 183 622 (y compris « Stock de marchandises », au début de l'exercice : 17 629).

Total des soldes des comptes du passif : 150 387.

Un pointage rapide lui permet d'estimer à 12 000 F son stock à la fin de ce huitième mois ; sachant que les amortissements sont évalués à 9 000 F pour ces huit mois, calculer le résultat net approché de l'entreprise de M. Muller à la date d'établissement de la balance.

C. *Le 12 avril, j'enregistre, dans les comptes de mon entreprise, une facture de réparations du garagiste Montfort, 1 520 F, que je règle en espèces le 16 avril.*

Ce même jour, je paie par caisse 4 700 F de frais de publicité que j'avais comptabilisés antérieurement.

Présenter le schéma des flux et l'analyse comptable des opérations du 12 et du 16 avril. Les opérations du 16 constituent-elles des charges ? Pourquoi ? Quelle différence faites-vous entre charges et dépenses ?

D. *J'enregistre, le 1er avril, le montant du loyer qui m'est dû par Corot, locataire d'une partie de mes bâtiments commerciaux : 10 000 F. Corot règle en espèces le 5 avril.*

Présentez le schéma des flux et l'analyse comptable de ces opérations. Quelles différences pouvez-vous trouver entre « produits » et « recettes » ?

E. *Une maison de commerce achète à crédit à Rollin, le 15 février, 50 chaises de bureau, dont 6 pour son propre équipement et 44 destinées à être revendues. Enregistrer cet achat de 16 000 F au total, dans les comptes intéressés.*

F. *Parmi les opérations suivantes, indiquez celles qui constituent des emplois définitifs en précisant le compte d'ordre 2 concerné dans le P.C.G. ; toutes ces opérations correspondent à des paiements par chèques bancaires : appointements des employés, achat d'une camionnette de livraison, commissions des représentants, achat d'outillage industriel, achat de diverses fournitures de bureau (papier, stencils, carbones, etc.), achat d'une machine à écrire, réparation des véhicules, installations et aménagements de la vitrine et du magasin, loyer des locaux, facture de l'Électricité de France, paiement d'un fournisseur, cotisations à la Sécurité sociale, amende fiscale, communications téléphoniques.*

G. *Le total des charges d'une entreprise est, dans son compte de résultat net final, de 1 229 000 F ; le résultat un bénéfice de 79 000 F. Or, le comptable a omis de comptabiliser les variations de stocks dont les éléments sont les suivants :*

	Stock début exercice	*Stock fin exercice*
Matières premières	*234 000*	*239 000*
Produits finis	*193 000*	*199 000*

Calculer le résultat exact ; indiquer les totaux des « charges » et des « produits » qui devraient figurer dans le compte de résultat.

H. *Les comptes de produits d'une entreprise se présentent ainsi, à la fin d'un exercice comptable : ventes, x F ; produits exceptionnels, 35 000 F ; réductions accordées, 42 000 F ; produits financiers, 7 200 F. Le total des charges est de 7 480 000 F. Le stock initial est supérieur de 12 000 F au stock final et le résultat est de 970 000 F. Calculer le montant x des ventes.*

I. *Une vente à crédit de 3 000 F au client Picard a été correctement enregistrée (compte « Ventes ») ; mais, à l'échéance de la facture, le paiement a été ainsi noté :*

Débit : *Banque, 3 000 F ;* Crédit : *Ventes, 3 000 F.*

Quelles en sont les conséquences sur le résultat et le bilan ? Comment s'apercevra-t-on de l'erreur ?

J. *D'un compte de résultat d'une firme, on possède les informations suivantes : produits exceptionnels 170 000 ; charges d'exploitation 947 000 ; produits d'exploitation 1 206 000 ; impôt sur les bénéfices 77 000 ; charges exceptionnelles 213 000.*

Le résultat est un bénéfice net de 85 000 ; on sait en outre que les charges financières ont un montant double de celui des produits financiers.

Présenter le compte de résultat après en avoir déterminé les divers postes.

K. *Une balance de vérification, établie à la fin du mois de septembre, par soldes, peut être ainsi résumée :*

Comptes de l'actif	*413 840*	
Comptes du passif		*275 600*
Comptes de charges	*?*	
Comptes de produits		*683 900*

Déterminer le total des soldes des comptes de charges.

Cette balance mensuelle ne fait suite à aucune régularisation d'inventaire, qui dans cette entreprise a lieu le 30 novembre. Cependant, le chef d'entreprise, désireux de connaître l'ordre de grandeur du résultat net, détermine ce dernier en tenant compte des renseignements suivants :

— *le stock au 30 septembre est inférieur de 30 000 F au stock initial ;*

— *les immobilisations, qui figurent pour 137 000 F dans la balance ci-dessus, sont estimées à 110 000 F le 30 septembre ;*

— *les autres régularisations peuvent être négligées.*

Quel est le montant du résultat net estimé ?

EXERCICES

(Les exercices qui suivent sont proposés dans le but de familiariser le lecteur avec l'utilisation des comptes d'actif, de passif, de charges et de produits — d'ordre 2 — du P.C.G., dans le cadre d'opérations élémentaires ne présentant pas de difficultés particulières.)

• **1.** Présenter, sous forme d'articles de journal, les opérations suivantes, en indiquant le numéro des comptes du P.C.G. utilisés (ordre 2).

a) Achat à crédit de marchandises à Bernard : 1 850 F.
b) Achat de marchandises au comptant à Caubel contre un chèque de 270 F sur la Société Générale.
c) Enregistrement des salaires du mois : 12 480 F.
d) Reçu avis du percepteur concernant des impôts locaux : 460 F.
e) Reçu facture du plombier Caillet pour travaux effectués : 320 F.
f) Réglé par chèque bancaire (sur Société Générale) la facture précédente.
g) Payé en espèces 95 F à la livraison, pour frais de transport de marchandises achetées.
h) Acheté des timbres-poste, 30 F payés en espèces.
i) Un bordereau de la Société Générale m'avise que 237 F d'intérêts me sont retenus.
j) Vente de marchandises à crédit au client Gerner : 200 F.
k) Vente de marchandises au comptant, contre espèces, au client Pierron : 148 F.
l) Encaissement en espèces d'un loyer à la charge du locataire Leroy : 360 F.
m) Enregistré les intérêts (exigibles ce jour) à recevoir de mon débiteur René : 6 % sur 10 000 F, soit 600 F.
n) René remet un chèque bancaire en règlement des intérêts ci-dessus calculés ; je le fais encaisser à la Société Générale.
o) Enregistré ce jour une amende fiscale de 8 000 F à payer sous deux mois.

• **2.** Une entreprise commerciale a effectué, au cours du mois de décembre, les opérations suivantes sur marchandises :

4-12.	Vente à crédit de marchandises à Pierron	650 F
8-12.	Achat à crédit de marchandises à Vincent	300 F
11-12.	Vente à crédit de marchandises à Charmet	425 F
20-12.	Vente au comptant contre espèces	450 F
30-12.	L'entreprise paie en espèces les charges suivantes :	
	— transports	156 F
	— personnel	5 150 F
	et par chèques : — impôts	824 F
	— publicité	730 F
	— loyer	480 F

Travail à faire. Présenter l'analyse comptable de ces opérations (comptes schématiques).

• **3.** Un commerçant effectue les opérations suivantes :

1er mars.	Achat de marchandises à Roudil, 2 570 F.
3 mars.	Annonce publicitaire payée par caisse, 147 F.
	Ventes au comptant de marchandises, 950 F.
4 mars.	Réglé facture d'Électricité de France reçue ce jour, 192 F.
5 mars.	Achat contre espèces de timbres fiscaux, 120 F.
	Ventes à crédit à Triol, 1 230 F ; à Ducols, 900 F ; à Bur, 2 400 F.
6 mars.	Achat d'un appareil à photocopier, 3 850 F (payé par chèque bancaire sur le Crédit Lyonnais).
7 mars.	Achat de marchandises à Royer, 1 450 F.

Présentez l'analyse de ces opérations dans le journal ainsi que les comptes « Achats de marchandises » et « Ventes de marchandises ».

• **4.** Analyser les opérations suivantes (Journal) :

31 mars. Payé les salaires des ouvriers, 41 800 F (espèces).
Enregistré le montant des charges sociales du trimestre, 84 500 F (à régler avant le 15 avril).

1er avril. Achats de matières premières diverses, 4 000 F (à crédit, fournisseur Ney).
Payé en espèces, le loyer du trimestre, 18 000 F.

2 avril. Vente à crédit de produits fabriqués (client Méric), 10 000 F.
Réglé les frais d'expédition à ma charge, 141 F.
Reçu du percepteur un avertissement de 1 800 F (rappel d'impôts relatifs à l'exercice précédent).

3 avril. Achat comptant (par chèque bancaire sur le Crédit Lyonnais) d'un établi métallique destiné à l'atelier, 8 000 F.
Réglé en espèces la prime d'assurance incendie, 1 450 F.

4 avril. Réglé en espèces à Leclerc qui m'avait prêté 40 000 F, 12 400 F (10 000 F à titre de remboursement et 2 400 F d'intérêts non enregistrés antérieurement).

5 avril. Méric règle le solde de sa dette (par virement à mon compte au Crédit Lyonnais), sous déduction d'un escompte de 1 % que je lui accorde pour tenir compte de ce paiement anticipé.
Ney m'accorde un rabais de 3 % sur le montant de sa facture du 1er avril.
Payé des impôts déjà enregistrés (par chèque bancaire sur le Crédit Lyonnais), 3 300 F.

6 avril. Payé en espèces, les frais de téléphone, 1 210 F.
Je règle, par anticipation, le fournisseur Ney (par chèque bancaire sur le Crédit Lyonnais), qui m'accorde un escompte de 90 F.

• **5.** Une entreprise commerciale a, au cours d'un exercice, enregistré les charges et les produits suivants :

— Achats de marchandises	465 000 F
— Charges de personnel	221 000 F
— Impôts et taxes	18 000 F
— Autres charges de gestion	2 500 F
— Produits annexes	21 500 F
— Produits financiers	250 F
— Transports payés	2 350 F
— Charges financières	1 875 F
— Services extérieurs	1 450 F
— Ventes de marchandises	698 000 F
— Charges exceptionnelles	12 325 F
— Dotations aux A et P « exploitation »	22 000 F

Sachant que le stock initial de marchandises était de 145 200 F et que le stock final inventorié en magasin est de 164 825 F, calculer le résultat net (présentation en tableau).

• **6.** Au cours d'un exercice, une entreprise a enregistré en comptabilité les éléments suivants : appointements des employés, 83 000 F ; insertions publicitaires, 5 230 F ; voyages et déplacements, 19 800 F ; eau, électricité, 1 850 F ; ventes de marchandises, 732 000 F ; impôts directs et indirects, 63 900 F ; revenus des titres, 1 490 F ; dépenses d'entretien, 7 600 F ; achats de marchandises, 397 800 F ; charges sociales diverses, 31 790 F ; timbres fiscaux, 139 F ; téléphone, 1 350 F ; intérêts en sa faveur, 499 F ; réductions accordées, 47 660 F ; commissions encaissées, 530 F ; réductions obtenues, 27 900 F ; produit exceptionnel, 1 200 F ; escomptes accordés aux clients, 8 480 F ; primes d'assurances, 12 640 F ; loyers encaissés, 13 600 F ; charges d'amortissement, 32 000 F ; escomptes obtenus, 2 310 F.

Présenter schématiquement les comptes de gestion correspondants et déterminer arithmétiquement le résultat net, sachant que le stock final est inférieur de 12 700 F au stock initial. Présenter le tableau, par grandes rubriques, du résultat (les D.A.P. sont toutes charges d'exploitation).

• **7.** De la balance des comptes de l'entreprise GISRAC, on extrait les comptes suivants (qui ne concernent pas tous nécessairement la gestion ou les résultats) : autres charges de gestion, 22 000 ; charges sociales, 28 000 ; produits exceptionnels, 30 000 ; impôts divers, 13 000 ; impôts sur les bénéfices, 48 000 ; dépôts et cautionnements, 40 000 ; ventes, 530 000 ; production immobilisée, 42 000 ; charges financières, 10 000 ; achats de marchandises et matières, 290 000 ; matériel et outillage, 58 000 ; services extérieurs, 18 000 ; subventions reçues, 3 000 ; salaires, 63 000 ; D.A.P. Exploitation, 52 000 ; escomptes obtenus des fournisseurs, 4 000 ; titres de participation, 15 000 ; loyers payés, 12 000 ; dotations aux provisions exceptionnelles, 8 000 ; emprunt à moyen terme, 17 000.

Sachant qu'au cours de la période les stocks ont diminué de 5 000, déterminer le résultat net.
Présenter le compte de résultat par grandes rubriques.

• **8.** En se reportant aux modèles de bilan et de compte de résultat de système B (pages 414 à 417), présenter ces documents annuels de l'entreprise Porcher, sachant que les soldes des comptes sont les suivants au 31 décembre 1984 (en milliers de francs) : Dépôts et cautionnement, 4 800 ; titres de participation, 6 500, immobilisations en cours, 2 000 ; fonds de commerce, 3 300 ; capital, 200 000 ; clients, 150 900 ; fournisseurs, 31 400 ; clients, avances et acomptes, 4 200 ; produits financiers, 1 800 ; rabais, remises, ristournes obtenus, 1 700 ; impôts, taxes, 49 600 ; valeurs de placement, 5 000 ; réserves, 61 500 ; banque, 5 500 ; caisse, 2 000 ; dettes diverses, 32 600 ; prêts, 1 800 ; achats de matières premières, 177 300 ; provisions pour risques, 12 000 ; stock au 1-1-84, 177 500 ; matériel et installations, 55 500 ; créances diverses, 59 400 ; ventes, 648 500 ; D.A.P. Exploitation, 25 500 ; assurances, 17 500 ; produits annexes, 5 000 ; charges de personnel, 200 000 ; D.A.P. financières, 6 380 ; dotation de l'exercice aux comptes de provisions exceptionnelles, 2 100 ; impôt sur les bénéfices, 20 000 ; produits exceptionnels, 3 000 ; services extérieurs, 48 000 ; débiteurs divers, 29 300 ; transports, 18 600 ; charges financières, 2 300 ; dettes financières, 150 000 ; constructions, 39 000 ; gain de change, 5 000 ; terrains : à calculer.

Au 31-12-1984, la valeur du stock est de 175 100 (matières premières).

IIe Partie

Enregistrement des opérations courantes

Les chapitres 9 à 16 ont pour objet l'étude des opérations les plus courantes de l'entreprise, opérations de gestion essentiellement.

Pour cette étude le lecteur aura à se reporter :

— aux documents de synthèse présentés en fin d'ouvrage ;

— mais, surtout, à la *liste des comptes usuels* du P.C.G.

Chapitre 9

OPÉRATIONS D'ACHAT ET DE VENTE DE MARCHANDISES, MATIÈRES ET PRODUITS

Cette étude est faite hors T.V.A (taxe sur la valeur ajoutée) ;

La T.V.A. et ses conséquences sur les achats-ventes sera étudiée dans le chapitre 11.

L'opération d'achat-vente qui lie deux agents économiques (l'acheteur et le vendeur) est :

— pour l'acheteur (ou client), un achat ;

— pour le vendeur (ou fournisseur), une vente.

Elle crée **deux flux opposés** : *un flux réel, un flux financier.*

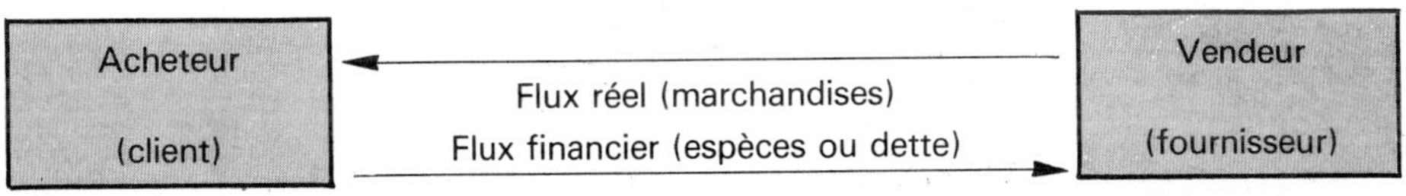

La *facture* — établie par le vendeur — qui indique le détail des marchandises vendues et le décompte du montant net à payer par l'acheteur constitue le *document de base de l'enregistrement comptable,* tant pour l'acheteur que pour le vendeur.

Cette opération double d'achat-vente constitue :

— pour l'acheteur, un **« achat » imputé au débit du compte 60** (sauf dans le cas où le bien est, pour lui, un « investissement », auquel cas on débite un compte d'immobilisation corporelle 21) ;

— pour le vendeur, une **« vente » imputée au crédit du compte 70** (sauf, cas très rare, si le bien était un « investissement » revendu d'occasion).

Les comptes de gestion concernés sont donc :

Chez l'acheteur (charges) :

60. ACHATS (sauf 603)
    601. Achats stockés
        6011. Matière A...
    602. Achats-stockés autres approvisionnements.
        6021. Matières consommables.
        6022. Fournitures consommables.

Chez le vendeur (produits) :

70. VENTES DE PRODUITS FABRIQUÉS, PRESTATIONS DE SERVICES, MARCHANDISES.
    701. Ventes de produits finis.
    702. Ventes de produits intermédiaires.
    703. Ventes de produits résiduels.
    704. Travaux.
    705. Études.
    706. Prestations de services.

60221. Combustibles.
60222. Produits d'entretien.
60223. Fournitures d'atelier et d'usine.
60224. Founitures de magasin.
60225. Fournitures de bureau.

6026. Emballages.

604. } Achats incorporés directe-
605. } ment à la production.

606. Achats non stockés de matières et fournitures.

6061. Fournitures non stockables (eau-énergie).
6063. Fournitures d'entretien et de petit équipement.
6064. Fournitures administratives.
6068. Autres matières et fournitures.

607. Achats de marchandises (à détailler).
609. Rabais, remises et ristournes obtenus sur achats (compte créditeur).
707. Ventes de marchandises (à détailler).
708. Produits des activités annexes.
709. Rabais, remises et ristournes accordés par l'entreprise (compte débiteur).

I. ENREGISTREMENT DES FACTURES SIMPLES, SANS RÉDUCTIONS NI MAJORATIONS

1° Facture d'achat-vente à crédit.

***Exemple** : Le 19 mai, Lamont expédie à Laval diverses marchandises. Montant de la facture : 750 F, payables dans trois mois.*

La facture est, pour le premier, une facture de vente ; pour le second, une facture d'achat.

Analyse de l'opération :

Chez Laval **(acheteur)** : facture d'achat.

Débit :
607. Achats de marchandises 750

Crédit :
401. Fournisseur Lamont 750

(débiter 601, 602 ou 606, selon la nature des biens acquis : matières, approvisionnements, fournitures...).

Chez Lamont **(vendeur)** : *facture de vente.*

Débit :
411. Client Laval 750

Crédit :
707. Ventes de march. . . 750

(on créditera 701 Ventes de produits finis si les biens ont été fabriqués par Lamont).

Comptes schématiques :

Chez Laval **(acheteur).** | *Chez Lamont* **(vendeur).**

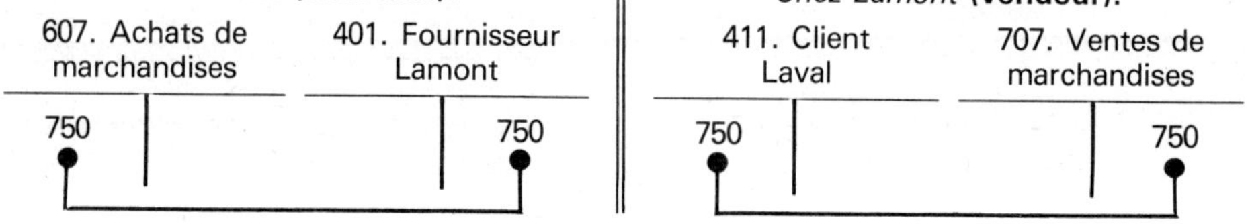

2° Facture d'achat-vente au comptant.

***Exemples :** Lamont vend à Laval 1 000 F de marchandises, réglées immédiatement en espèces.*

Analyse de l'opération :

Chez Laval.

Débit :
607. Achats de marchandises 1 000

Crédit :
53. Caisse 1 000

Chez Lamont.

Débit :
53. Caisse 1 000

Crédit :
707. Ventes de march.... 1 000

Comptes schématiques :

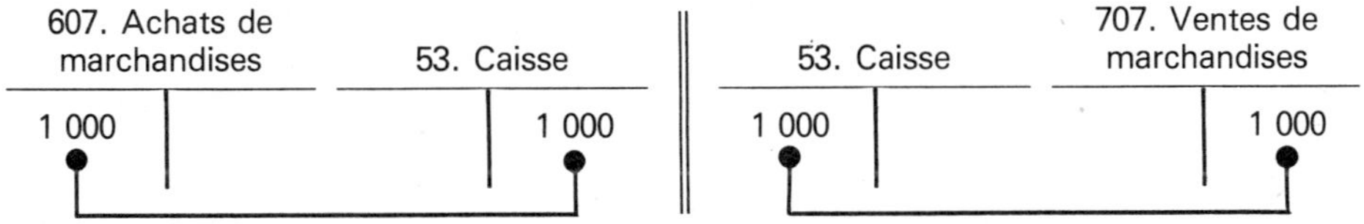

• **Remarque.** — dans la pratique, il est nettement préférable de laisser l'opération d'achat-vente au comptant transiter par les comptes « Fournisseur » et « Client », donc **d'opérer en deux temps** :

— Enregistrement de l'achat ; puis
— Enregistrement du règlement.

— Enregistrement de la vente ; puis
— Enregistrement du règlement.

Cette solution permet en effet de conserver au débit du compte « Client » (chez le vendeur), au crédit du compte « Fournisseur » (chez l'acheteur), trace des transactions effectuées avec le tiers.

• **Cas particulier des ventes au détail à la consommation :**

Ces ventes ne faisant pas l'objet de factures, le commerçant enregistre chaque recette au moyen d'une *caisse enregistreuse* ou, plus simplement, d'une *additionneuse imprimante. En fin de journée, ces recettes sont totalisées* pour être ensuite comptabilisées.

Le commerçant opère parfois autrement. Il note :

— le matin, le montant des espèces en caisse (E) ;
— dans la journée, les paiements qu'il effectue (P) et les recettes en espèces ne provenant pas des ventes au comptant de marchandises (R).

Après fermeture du magasin, il « fait sa caisse » et trouve une certaine somme (C) ; le montant des ventes au comptant (V), est tel que :

$$E + R + V - P = C$$

d'où : $V = (C + P) - (E + R)$. (R est souvent nul).

II. FACTURES COMPORTANT DES RÉDUCTIONS

1° Les diverses réductions.

On distingue deux types de réductions sur ventes (et, symétriquement, sur achats) :

a) *Réductions de caractère commercial :*

— **Rabais** : réductions pratiquées exceptionnellement sur le prix de vente préalablement convenu, pour tenir compte, par exemple, d'un défaut de qualité ou de conformité des objets vendus.

***Exemple** : rabais pour irrégularité du coloris d'un tissu.*

— **Remises** : réductions pratiquées habituellement sur le prix courant de vente en considération, par exemple, de l'importance de la vente ou de la profession du client et généralement calculées par application d'un pourcentage au prix courant de vente.

***Exemple** : remise de 5 % pour commandes supérieures à 10 000 F.*

— **Ristournes** : réductions de prix calculées sur l'ensemble des opérations faites avec un même tiers, client ou fournisseur, pendant une période déterminée.

***Exemple** : ristourne de 2 % sur le « chiffre d'affaires » de l'année traité avec le même client, si ce chiffre d'affaires dépasse 25 000 F.*

b) *Réductions de caractère financier :*

— **Escompte de règlement** : réduction accordée aux clients qui paient leurs achats avant le terme normal d'exigibilité (1).

***Exemple** : Une facture de 1 000 F est payable dans trois mois ; le client demande à payer dans un mois, moyennant une réduction de 3 % ; cette réduction est un « escompte de règlement ».*

Les réductions se calculent « en cascade ».

***Exemple** : Total brut d'une facture, 10 000 F ; rabais, 500 F, pour défaut de qualité ; remises de 10 et 20 % ; escompte de règlement, 1 % :*

Prix brut des marchandises	*10 000 F*	
Rabais	*500 F*	
	9 500 F	
Remise, 10 % (sur 9 500 F)	*950 F*	
	8 550 F	
Remise, 20 % (sur 8 550 F)	*1 710 F*	
	6 840 F	← *Net commercial.*
Escompte de règlement, 1 % (sur 6 840 F)	*68,40 F*	
	6 771,60 F	← *Net à payer.*

(1) A ne pas confondre avec l'escompte commercial pratiqué par les banques, sur les effets de commerce.

2° Enregistrement des factures comportant des réductions.

a) *Principe.*

On n'enregistre pas les rabais, remises ou ristournes portés sur la facture : le montant **net commercial** est seul comptabilisé dans les comptes d'achats et de ventes.

En revanche, on note les **escomptes de règlement,** chez le fournisseur, dans le compte **« Charges financières »** et, chez le client, dans le compte **« Produits financiers ».**

L'escompte de règlement, qui minore le prix à payer par l'acheteur, constitue, en effet :

— pour le fournisseur, qui accorde cette réduction, une charge de caractère financier (il consent l'escompte de règlement, mais reçoit un ou plusieurs mois plus tôt que prévu le montant de sa créance) ;

— pour le client, qui bénéficie de la réduction, un produit de caractère financier. C'est parce qu'il paie par anticipation que cette réduction lui est accordée.

b) *Exemple 1 : facture avec réduction commerciale, mais sans escompte de règlement.*

Dumont adresse à son client Duval une première facture ainsi libellée :

Prix brut de vente des marchandises	*2 700 F*	
Remise, 10 %	*270 F*	
Net à payer..................	*2 430 F*	← *Net commercial.*

Analyse comptable :

Chez Duval **(acheteur).**

Débit :
607. Achats de marchandises 2 430

Crédit :
401. Fournisseur Dumont 2 430

Jeu des comptes :

607. Achats de marchandises		401. Fournisseur Dumont	
2 430			2 430

Chez Dumont **(vendeur).**

Débit :
411. Client Duval 2 430

Crédit :
707. Ventes de march... 2 430

Jeu des comptes :

411. Client Duval		70. Ventes de marchandises	
2 430			2 430

c) *Exemple 2 : facture comportant un escompte de règlement.*

Dumont adresse à Duval une seconde facture ainsi libellée :

Prix brut des marchandises	*2 000 F*	
Remise, 10 %	*200 F*	
	1 800 F	← *Net commercial.*
Escompte de règlement, 2 %	*36 F*	
Net à payer	*1 764 F*	

Analyse comptable :

Chez Duval **(acheteur).**

Débit :
607. Achats de marchandises 1 800

Crédit :
401. Fournisseur Dumont 1 764
76. Produits financiers (1) 36

Jeu des comptes :

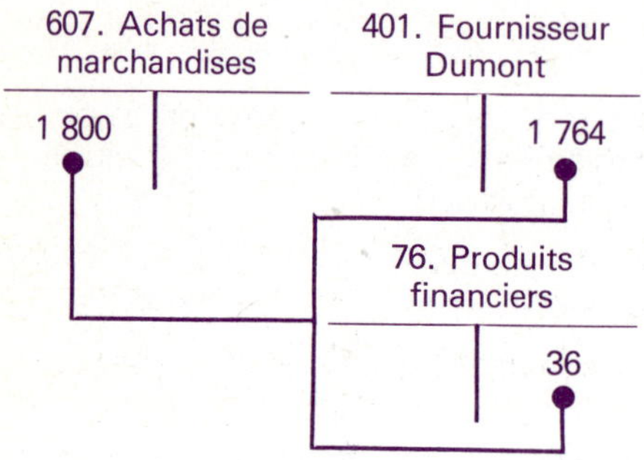

Chez Dumont **(vendeur).**

Débit :
411. Client Duval 1 764
66. Charges financières (2) . 36

Crédit :
707. Ventes de march... 1 800

Jeu des comptes :

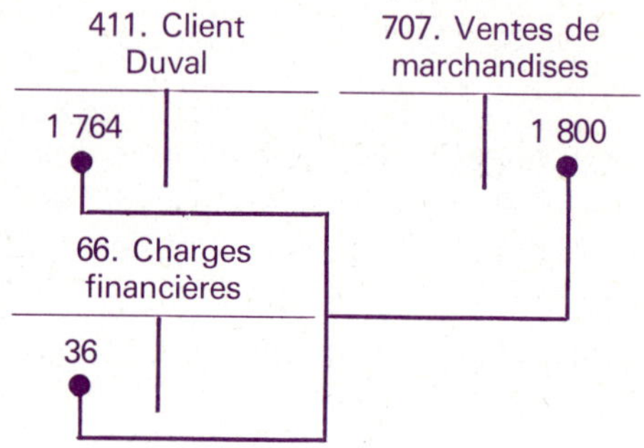

(1) Ou *Crédit :* 765. Escomptes obtenus.

(2) Ou *Débit :* 665. Escomptes accordés.

Noter le « parallélisme » des comptes 665 et 765...

III. FACTURES COMPORTANT DES MAJORATIONS

Les factures de vente font souvent mention de sommes qui s'ajoutent au prix des marchandises :

- — frais de port mis à la charge du client ;
- — montant des consignations d'emballages récupérables } étudiées ultérieurement.
- — taxes sur le chiffre d'affaires.

1° Les frais de port.

Pour l'acheteur.

Ils constituent une *charge notée au débit du compte* **62. Autres services extérieurs,** (compte **624. Transports de biens**) exceptionnellement au débit du compte 60. « Achats » lorsque la facture ne comporte qu'une seule catégorie de marchandises.

Pour le vendeur.

Ils constituent une *récupération des charges* qu'il a dû lui-même engager :

- — on *crédite le compte* **708. Produits des activités annexes** du montant des frais récupérés ou facturés.
- — ou le compte **« 624 Transports de biens »** lorsque le vendeur récupère franc pour franc le montant des frais externes de transports qu'il a dû lui-même payer (débours).

Exemple : *Facture adressée par Dumont à Duval :*

Total après rabais et remises (net commercial)	*5 400 F*
Port à votre charge	*120 F*
Net à payer......................	*5 520 F*

Jeu des comptes :

Chez Duval (acheteur).

607. Achats de marchandises		401. Fournisseur Dumont	
5 400			5 520

624. Transports de biens	
120	

Chez Dumont (vendeur).

a. *Lors de l'expédition S.N.C.F. par exemple :*

624. Transports de biens		53. Caisse	
(a) 120		*8 000*	120 *(a)*

b. *Après facturation :*

411. Client Duval		707. Ventes de marchandises	
(b) 5 520			5 400 *(b)*

624. Transports de biens	
120	120 *(b)*

Si Dumont récupérait 200 F (coût S.N.C.F. plus autres frais de transport assurés par lui-même) on créditerait le compte 708.

2° Les emballages perdus.

Pour le commerçant qui achète ou qui vend « emballages perdus », la valeur des emballages est comprise dans le prix d'achat ou dans le prix de vente des marchandises. *Aucun enregistrement spécial n'est donc à faire en comptabilité.*

Quand le commerçant conditionne lui-même les marchandises qu'il vend, à l'achat de ces emballages, *il débite le compte* 6026. « Achats d'emballages ». Le prix des emballages étant inclus dans le prix de vente, *aucun enregistrement spécial n'est à faire au moment de la vente.*

IV. CAS DE NON-SYMÉTRIE DES COMPTES « ACHATS » ET « VENTES »

Nous avons souligné, au début de ce chapitre, qu'il n'y avait pas toujours « symétrie » entre achat et vente chez le client et le fournisseur :

1° L'achat peut être un « investissement » pour l'acquéreur.

Dans ce cas, le compte à débiter n'est pas le compte de charge « Achats » (60) mais un compte d'**immobilisations de la classe 2** (21. Immobilisations corporelles).

Par ailleurs, les *frais accessoires d'achat* et, notamment, les frais connexes de transport, *sont à inclure dans le coût d'achat du bien ;* ils font partie de sa **« valeur d'entrée »** et sont donc portés au débit du compte 21.

Enfin, pour assurer une meilleure information dans le bilan, la dette envers le fournisseur est notée dans un compte de **« fournisseurs d'immobilisations »** distinct des comptes de founisseurs ordinaires (fournisseurs d'exploitation) :

— 401. Fournisseurs (exploitation) ;
— 404. Fournisseurs d'immobilisations.

Exemple : *L'entreprise RAVAL achète à crédit, au fabricant RAMONT deux machines-outils ; la facture de vente mentionne :*

Prix de vente	*185 000 F*
Frais de transport et de montage	*18 000 F*
Net à payer	*203 000 F*

Chez RAVAL (acheteur).

215 Matériels et outillages	203 000	
404 Fournisseurs d'immobilisations (Ramont).		203 000

Les 18 000 F de transport et de montage sont inclus dans la valeur d'entrée du bien ; l'amortissement de ce bien sera calculé sur cette valeur d'entrée 203 000.

Chez RAMONT (vendeur).

411 Clients	203 000	
701 Ventes de produits finis		185 000
708 Produits des activités annexes		18 000

2° Plus rarement, la vente peut être une cession d'immobilisation du vendeur.

Reprenons le cas précédent ; nous avions supposé que les deux machines-outils vendues avaient été fabriquées par RAMONT, vendeur-fabricant ; mais il se pourrait que ces machines vendues fassent partie des « investissements » de l'entreprise RAMONT, qui cède alors des « immobilisations corporelles ». Dans ce cas, il faudrait, chez RAMONT, créditer non pas le compte 701 « Ventes de produits finis », mais le compte d'immobilisations corporelles 215 « Matériels et outillages » ; la comptabilisation de ces opérations sera étudiée dans le chapitre 12.

V. LES COMPTES D'ACHATS, DE VENTES ET DE STOCKS

Le P.C.G. a subdivisé les comptes 60 et 70 en comptes d'ordre 3, 4 et 5 dont les plus usuels sont rappelés en tête de ce chapitre.

1° Plan de comptes de l'entreprise.

Chaque entreprise est amenée :

— à ouvrir, au minimum, les comptes prévus dans le « système » qu'elle a retenu (A, B ou C) ;

— à ouvrir, si elle en éprouve le besoin, des comptes pris dans le système de niveau supérieur (B pour A, C pour B) ;

— à subdiviser, pour autant que de besoin, les comptes prévus par le P.C.G. En particulier, dans les systèmes B et a fortiori C l'entreprise sera-t-elle amenée à subdiviser les comptes d'achats et de ventes.

Exemple :

6011 Achats matières A		602221 Achats produits d'entretien X
6012 Achats matières B	ou	602222 Achats produits d'entretien Y
6013 Achats matières C		etc...

ou encore :

6071 Achats marchandises M		7071 Ventes marchandises M
6072 Achats marchandises N	ou	7072 Ventes marchandises N
.....		.....

2° Comptes d'achats, de ventes et de stocks.

La fiction comptable de l'achat-charge et de la vente-produit rend nécessaire, en fin d'exercice, la comptabilisation d'une régularisation : la variation de stock (cf. chapitre 8).

C'est pourquoi :

a) *A chaque compte d'achat* correspondent :

— un compte de **stock ;**
— un compte de **variation de stock.**

Exemple : Compte d'achat : 601 Achats de matières premières.
Compte de stock : 31 Stock matières consommables.
Compte de variation de stock : 6031 Variation de stock de matières premières.

Exception : Achats d'approvisionnements non « stockés » (car de faible valeur tels les petites fournitures de bureau, les produits d'entretien...) ou non « stockables » du fait de leur nature (eau, électricité...).

b) *A chaque compte de vente 701 à 706* correspond :

— un compte de **stock** (produits intermédiaires, produits finis) ou un compte d'**en-cours** (produits, travaux, études, services) ;

— un compte de **variation de stocks** (713 *Production stockée).*

Exemple : Compte de ventes : 701 Ventes de produits finis.
Compte de stock : **355** Stock de produits finis.
Compte de variation de stock : 71355 Variation de stocks (produits finis).

VI. TABLEAU RÉSUMANT L'ENREGISTREMENT DES FACTURES

Bas de la facture de Dumont à Duval		Comptabilité de Duval, acheteur		Comptabilité de Dumont, vendeur	
		Comptes débités	Comptes crédités	Comptes débités	Comptes crédités
Total brut......	9000				
Remise, 10 %..	900				
	8100	60... Achats			70... Ventes
Escompte de règlement, 1 %.	81		76... Produits financiers	66... Charges financières	
	8019				
Port	200	624... Transports			708... Produits accessoires (ou 624...)
Net à payer	8219		40... Fournisseur Dumont	41... Client Duval	
		Total, 8300	Total, 8300	Total, 8300	Total, 8300

QUESTIONS

A. *Lors de l'acquisition de mobilier de bureau, le comptable d'une entreprise a débité le compte « Achats » de 2 700 F. Quelle erreur a été commise ? Quelle est son incidence sur le résultat final ?*

B. *L'ordre respectif de deux remises successives de* x % *et* y % *a-t-il une influence sur le montant net de la facture ? Le vérifier sur un exemple. Le justifier en considérant un montant de facture égal à* A *francs, avant calcul des remises.*

C. *L'escompte porté sur les factures est calculé :*
— le plus souvent sur le montant « net commercial » ;
— parfois, sur ce montant augmenté des frais de transport.
Quelle solution vous paraît la plus logique ? Quelle est la plus avantageuse pour le client ? Pour le fournisseur ?

D. *La facture adressée par Ferras à son client Rosier comporte, dans l'ordre indiqué, deux remises successives de 10 et 5 %, un escompte de 2 %, soit 107,73 F, et des frais de port ; le net à payer est 5 402,27 F.*
a) *Calculer et présenter le décompte de cette facture.*
b) *Présenter l'analyse comptable (journal) chez Ferras puis chez Rosier.*
c) *Enregistrer le document dans les comptes schématiques chez Ferras, puis chez Rosier.*

E. *Une entreprise commerciale distribue des articles répartis par elle en six catégories :* A, B, C, D, E *et* F. *Elle désire « suivre » en comptabilité générale les achats et les ventes de ces articles dans des comptes distincts. Indiquer, avec leurs numéros, les différents comptes d'achats, ventes, stocks, variation de stocks que cette entreprise va devoir ouvrir. Quel peut être l'intérêt, pour la gestion, de la création de ces comptes ?*

F. *Une entreprise accorde, en fin d'exercice, à ses clients une réduction égale à 2 % du « chiffre d'affaires » réalisé avec elle (« ristourne ») ; comment doit-elle, dès lors, enregistrer les ventes au comptant aux clients (autres que les ventes à la consommation) ?*

G. *Dans quel cas une facture d'achat-vente d'un bien corporel n'entraîne-t-elle ni le débit d'un compte d'achat (60) chez l'un, ni le crédit d'un compte de vente (70) chez l'autre ?*

EXERCICES

• **1.** Enregistrer les opérations suivantes (Journal, puis comptes schématiques) :

1er mars.	Facture A-53 du fournisseur Caze	2 139 F
2 mars.	Facture V-120 au client Clauzel	595 F
	Ventes au comptant en espèces	790 F
3 mars.	Facture n° V-121 au client Cébé..........	1 282 F
	Ventes au comptant de la journée :	
	— contre espèces	470 F
	— contre chèques bancaires	1 218 F
4 mars.	Facture n° A-54 du fournisseur Coste	950 F
	Encaissé la facture n° V-120	595 F
	Ventes au comptant, en espèces	695 F

• **2.** Présenter l'analyse comptable (Journal) et les comptes schématiques concernant l'enregistrement de la facture suivante adressée à Paulet par Paloc :
dans la comptabilité de Paulet ,
— dans celle de Paloc.

Prix brut des marchandises	8 000 F
Rabais	1 000 F
	7 000 F
Remise, 10 %	700 F
	6 300 F
Escompte de règlement, 1 %	63 F
	6 237 F

• **3.** Même question pour la facture suivante : prix brut des marchandises, 12 000 F ; remises, 10 et 6 % ; escompte, 1 % ; frais de transport (débours) 235 F à la charge du client. (Présenter le décompte de la facture.)

• **4.** Présenter l'analyse comptable des opérations suivantes (Journal) :

1er juillet. Facture n° V-271 à Ozo ; brut, 840 F ; rabais, 10 % ; escompte, 2 %.
Facture n° A-109 de Parisot ; brut, 9 000 F : remises, 15 et 5 % ; escompte, 1 % ; transport, 140 F.

2 juillet. Facture n° V-272 à Viala ; brut, 700 F ; transport, 80 F ; remise, 10 %.
Ventes au détail contre espèces, 527 F.

3 juillet. Facture n° V-273 à Voisin ; brut, 520 F ; remise, 10 % ; frais de transport (à calculer) ; net à payer, 500 F.
Facture n° A-110 de Hollier ; marchandises, 490 F ; frais de transport, 60 F ; remise, 10 %.
Ventes au détail (espèces) du jour, 670 F.

Présenter les comptes « Ventes de marchandises » et « Achats de marchandises ».

• **5.** Comment serait comptabilisée la facture d'achat n° A-109 (cf. l'exercice n° 4) si elle était relative à une acquisition de matériel d'exploitation ?

• **6.** Bas de la facture de Pichon à Normand :

Prix brut des marchandises	2 400 F
Port	230 F
Net à payer	2 630 F

Enregistrer cette facture :
— dans la comptabilité de Normand ;
— dans celle de Pichon.

Envisager pour ce dernier les deux cas suivants :
— Pichon s'est adressé à un tiers transporteur (débours) ;
— Pichon a assuré lui-même le transport avec ses propres véhicules.

• **7.** Enregistrer (articles de journal) les documents ci-après, reçus par les Établissements Crauste, de Lourdes :

CHEMISERIE BERGOUGNAN
Toulouse

Doit : M. Crauste,
Rue de la République,
Lourdes

Facture : n° 562
Toulouse, le 4-11-81

Réf.	Articles	Q	Montant
C-20	Chemises	100	7 039
T-15	Tricots coton	200	3 984
			10 077
	Port à votre charge		134
	Valeur payable au 10 décembre		10 211

La facture ci-dessus a été reçue le 5 novembre.

SOCIÉTÉ FILIMPEX
Rue Sainte-Catherine
Bordeaux

Doit : M. Crauste,
Rue de la République,
Lourdes

Facture : n° 1438
Bordeaux, le 8-11-81

Réf.	Articles	Q	Montant
ZO-1	Chemises nylon	60	7 368
ZO-4	Chemises Perlon	70	4 114
			11 482
	Port facturé		168
	En votre règlement par virement postal et lettres de change		11 650
	Comptant, 1 650 F (sous escompte, 2 %). Le solde payable à fin janvier 1982.		

La facture ci-dessus a été reçue le 10 novembre et le virement postal a été comptabilisé chez Crauste, le 13 novembre.

• **8.** M. Hiquet d'Agen a reçu diverses marchandises expédiées par son fournisseur Lasserre, de Dax :

— 60 articles A à 8,65 F l'un,
— 50 articles B à 12,42 F l'un,
— 20 articles C à 25,10 F l'un,
— Frais de port en sus, 162,50 F.

N° de la facture : 35-26, établie le 30 octobre 19...
Conditions de paiement : au comptant par chèque bancaire, sous escompte, 2 %.

Travail à faire :

1° Établir la facture reçue par M. Hiquet (comportant le calcul de l'escompte de règlement).

2° Présenter les comptes schématiques utilisés par Lasserre et par Hiquet pour l'enregistrement de cette facture.

• **9.** La Coopérative Agricole de l'Ouest (C.A.O.) livre à ses clients grossistes des pommes de terre en sacs de 5 kg ; chaque sac est facturé 11,60 F, emballage compris. Les frais de transport sont payés au départ par la C.A.O. et facturés aux clients. Cette coopérative a livré les quantités suivantes au cours de la première semaine de septembre :

1-9. Livraison à Fructidor : 1 000 sacs. (Facture n° 341). Transport facturé, 1 200 F.
3-9. Livraison à Monoprix : 4 000 sacs. (Facture n° 342). Transport facturé, 2 700 F.
5-9. Livraison à Printania : 3 000 sacs. (Facture n° 343). Transport facturé, 1 500 F.

Sachant que les frais de transport sont réglés à la S.N.C.F. par chèque bancaire sur le Crédit de l'Ouest, on demande d'enregistrer les opérations ci-dessus dans les comptes schématiques de la C.A.O.

Présenter l'analyse des opérations (Journal) chez Fructidor, Monoprix et Printania.

• **10.** Les Établissements Copeint, de Marseille, fabricants et importateurs de peintures et vernis, livrent leurs produits à une clientèle de détaillants auxquels ils consentent une remise de 20 % sur le prix courant de leurs produits.

Le 15 octobre, ils expédient à la Droguerie du Soleil, à Nice, les marchandises suivantes (facture n° 742) :

— 100 boîtes peinture émail, 1 kg, à 8,45 F	845 F
— 100 boîtes peinture cellulosique, à 28,60 F	2 860 F
— 200 boîtes vernis incolores, à 1,90 F	380 F
	4 085 F
A déduire, remise de 20 % sur le prix brut, soit 20 % de 4 085 F	817 F
	3 268 F
Escompte, 2 % pour règlement sous huitaine	65,36 F
	3 202,64 F
Port à votre charge (débours)	400 F
Net à payer	3 602,64 F

Travail proposé :

Enregistrer cette facture dans les comptes — schématiques des Établissements Copeint, qui scindent leurs ventes en trois groupes (émail, cellulosique, vernis).

• **11.** Enregistrer dans le Journal de la Librairie Moderne et Technique les ventes ci-après réalisées au cours de la première semaine d'octobre :

3 octobre.	Ventes au comptant contre espèces	7 543,20 F
4 octobre.	Ventes à crédit de livres et fournitures :	
	— Facture n° 81, Lycée du Mont, net	3 654,00 F
	— Facture n° 82, Lycée Technique Marie-Curie, net	1 872,00 F
	— Facture n° 83, Lycée Cité Mion, net	1 326,00 F
6 octobre.	Facture n° 84, Coopérative scolaire du Lycée de Saint-Pons :	
	— *La Technique comptable,* t. I, 30 volumes à 43 F l'un ;	
	— *La Technique comptable,* t. II, 25 volumes à 34,40 F l'un.	
	A ajouter : frais de port, 212 F, réglés ce jour en espèces.	
	A déduire : remise, 10 % ; escompte de règlement, 2 %.	
	(Établir et présenter cette dernière facture adressée à la Coopérative scolaire.)	

Chapitre 10

RÉDUCTIONS ET RETOURS APRÈS FACTURATION

Étude menée en faisant abstraction de la T.V.A., qui sera étudiée dans le chapitre suivant.

I. LES RÉDUCTIONS « HORS FACTURE »

Les réductions commerciales (rabais, remises, ristournes) ou financières (escomptes de règlement) sont parfois accordées au client, *après établissement de la facture de vente* correspondante, sur des **factures d'avoir** (ou **notes de crédit)**.

Si le cas est assez rare pour les remises, il l'est moins pour les escomptes pour paiement anticipé et est assez fréquent pour les rabais, souvent accordés à la suite d'une réclamation du client ; il est courant pour les ristournes, du fait de leur nature même.

1° Réductions commerciales : rabais, remises, ristournes.

Alors que, portées sur la facture de vente correspondante, ces réductions ne sont pas enregistrées (le net commercial étant seul porté dans les comptes « Achats » ou « Ventes »), accordées sur facture d'avoir — hors facture de base — **elles doivent être comptabilisées** puisqu'elles modifient les effets de la facturation initiale.

Diminuant la charge (achat) ou le produit (vente) antérieurement comptabilisé, ces réductions pourraient être portées directement :

au crédit des comptes d'achat ;
(diminution de ces achats).

au débit des comptes de ventes ;
(diminution de ces ventes).

Le **P.C.G. a préféré les noter dans des comptes particuliers,** soustractifs par rapport aux comptes de charges et de produits :

609 **Rabais, remises, ristournes obtenus sur achats.**

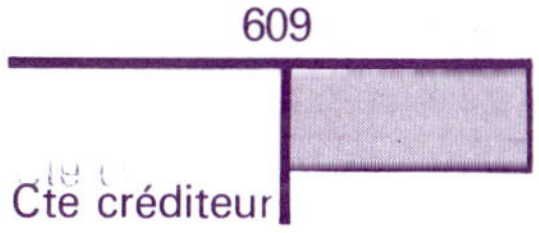

709 **Rabais, remises, ristournes accordés par l'entreprise.**

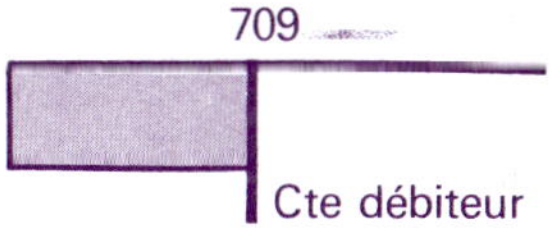

Exemple : Dumont envoie à son client Duval, en fin de semestre, une facture d'avoir de 100 F pour ristourne :

Chez Duval **(acheteur).**

(Cette réduction constitue pour lui une ressource et lui confère une créance sur son fournisseur Dumont.)

Débit :
401 Fournisseur Dumont 100

Crédit : 609 Rabais, remises, ristournes obtenus sur achats 100

(nous abrégerons souvent cet intitulé en : « RRR obtenus »).

Chez Dumont **(vendeur).**

(Cette réduction accordée constitue pour lui une diminution de produit correspondant à une diminution de créance ou une dette d'égal montant vis-à-vis du client Duval.)

Débit :
709 Rabais, remises, ristournes accordés par l'entreprise 100

Crédit : 411 Client Duval . . 100

(nous abrégerons en : « RRR accordés »).

2° Réductions financières : escomptes de règlement.

Accordés a posteriori sur « factures d'avoir », les escomptes de règlement sont notés, comme pour les factures initiales, en *charges financières* (chez le fournisseur qui les consent) et en *produits financiers* (chez le client qui en bénéficie).

Exemple : *Dumont a adressé, à son client Duval, une facture de 1 200 F, payable dans trois mois. Duval fait ensuite savoir à Dumont qu'il entend régler cette dette dans un mois à condition de bénéficier d'un escompte. Dumont adresse à Duval une facture d'avoir mentionnant l'escompte de 2 % qu'il lui accorde.*

Chez Duval **(acheteur).**

Débit : 401 Fournisseur Dumont . . 24
Crédit : 76 Produits financiers . . 24

d'où le compte :

40. Fournisseur Dumont

24	1 200 (facture initiale)

Dette nette : 1 176 F

Chez Dumont **(vendeur).**

Débit : 66 Charges financières . . . 24
Crédit : 411 Client Duval 24

d'où le compte :

41. Client Duval

(facture initiale) 1 200	24

Créance nette : 1 176 F

Remarque. — *taux d'intérêt et escompte de règlement ;* dans l'exemple qui précède on voit que, pour être payé deux mois plus tôt, le fournisseur a consenti une réduction de 2 %, qui correspond donc à un taux d'intérêt annuel de

$$\frac{2\ \% \times 12}{2} = 12\ \%.$$

Ainsi, par ce règlement anticipé de deux mois :

- le fournisseur s'est procuré des fonds au taux annuel de 12 % (coût financier de cette opération, exprimé en taux annuel) ;
- le client a placé les fonds dont il disposait au taux de 12 % (rendement financier de cette opération, exprimé en taux annuel).

II. RETOURS DE MARCHANDISES AUX FOURNISSEURS

Les retours de marchandises d'un client à son fournisseur (marchandises défectueuses ou non conformes à la commande) se traduisent par une **annulation partielle ou totale de l'opération précédente d'achat-vente,** donc par une *créance du client sur le fournisseur, qui diminue partiellement ou totalement la créance initiale du fournisseur sur le client.* Cette créance du client sur le fournisseur est constatée par une *« facture d'avoir ».*

Les **retours sont comptabilisés directement en diminution** des charges (60) et des produits (70) correspondants :

Chez l'acheteur :

Achats ↘

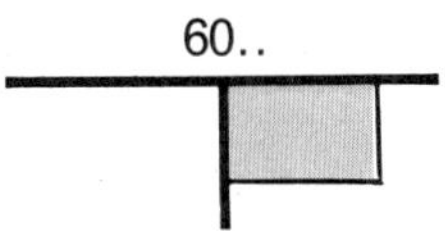

Chez le vendeur :

Ventes ↘

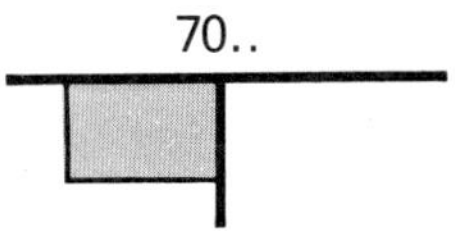

Exemple : *Duval reçoit du fabricant Dumont 1 560 F de marchandises (facture jointe). Cinq jours plus tard, il lui réexpédie une partie des articles, facturée 290 F ; à la suite de ce retour, Dumont adresse à Duval la facture d'avoir correspondante.*

	Chez Duval (acheteur).			*Chez Dumont* (vendeur).		
Facture de vente.	**D.** 607 Achats de marchandises	1 560		**D.** 411 Client Duval	1 560	
	C. 401 Fournisseur Dumont		1 560	**C.** Ventes de produits finis .		1 560
Facture d'avoir.	**D.** 401 Fournisseur Dumont ...	290		**D.** 701 Ventes de produits finis	290	
	C. 607 Achats de march. ..		290	**C.** 411 Client Duval		290

Ainsi, les **retours sur achats-ventes** sont-ils constatés, en comptabilité, par l'**écriture inverse** de celle de l'achat-vente initial.

Nota : Certaines entreprises préfèrent enregistrer les « retours » sur ventes et « rendus » sur achats dans des sous-comptes des comptes de ventes et d'achats.

III. AVOIRS PORTÉS SUR FACTURES ORDINAIRES ULTÉRIEURES

Il arrive que le *fournisseur,* plutôt que d'adresser à son client une facture d'avoir, *mentionne l'avoir sur une facture ordinaire ultérieure.* Dans ce cas, les *réductions ou les retours mentionnés sur cette facture de vente doivent être* **comptabilisés comme s'ils étaient portés sur une facture distincte d'avoir.**

***Exemple** : Facture n° 159 de Dumont à Duval :*

	....		
	Prix brut des marchandises		7 400
	Remise, 10 %		740
			6 660
	Escompte de règlement, 1 %		66,60
	Montant net		6 593,40
A déduire :			
	Avoir sur notre facture n° 147 :		
	Votre retour du 17 avril	1 400	
	Rabais (10 % sur 5 000 F)	500	1 900
	Net à payer		4 693,40

	Chez Duval (acheteur).			*Chez Dumont* (vendeur).		
Facture n° 159	*Débit :*			*Débit :*		
	607 Achats de march.	6 660		411 Client Duval	6 593,40	
	Crédit :			*Débit :*		
	401 Fourn. Dumont		6 593,40	66 Charges financières ...	66,60	
	Crédit :			*Crédit :*		
	76 Prod. financiers		66,60	707 Ventes march.		6 660
Avoir sur facture n° 147	*Débit :*			*Débit :*		
	401 Fournisseur Dumont ..	1 900		707 Ventes de march.	1 400	
	Crédit :			*Débit :*		
	607 Achats march.		1 400	709 RRR accordés	500	
	Crédit :			*Crédit :*		
	609 Rabais, remises, ristournes obtenus .		500	411 Client Duval ...		1 900

IV. RÈGLEMENT DES FACTURES

1° Les factures sont réglées :

- soit en espèces ;
- soit par remise d'un chèque bancaire ou d'un chèque de virement postal ou d'un chèque postal d'assignation ;
- soit par lettre de change (cf. chapitre 14).

2° Relevés de factures.

Lorsque les opérations qu'ils effectuent entre eux sont nombreuses, le fournisseur et le client conviennent souvent de procéder *chaque mois à un règlement global* des factures concernant cette période. En fin de mois, le fournisseur établit un relevé de factures qui récapitule toutes les factures du mois (factures d'avoir comprises) et l'adresse au client.

Le relevé de factures n'est pas comptabilisé, les factures de vente et les factures d'avoir du mois ayant déjà fait l'objet d'enregistrements. Mais il est un **excellent moyen de contrôle.**

QUESTIONS

A. *Le 4 avril, je reçois une facture de 8 200 F de mon fournisseur Michel ; puis, le 6 avril, pour rabais, un avoir sur cette facture de 820 F.*

Présenter l'analyse comptable et le jeu des comptes intéressés :

1° Dans le cas où je comptabilise mes opérations quotidiennement ;

2° En supposant que, le 6 avril, la facture du 4 n'ait pas encore été enregistrée.

B. *Pour quelles raisons les « retours » peuvent-ils être portés, sans inconvénients, en diminution des comptes d'achats et de ventes ? En est-il de même des RRR accordés ou obtenus ?*

C. *Retours de marchandises. La facture de vente adressée par Raimont à Raival peut être ainsi résumée :*

Prix brut des marchandises	*5 000 F*
Remise, 10 %	*500 F*
	4 500 F
Escompte, 1 %	*45 F*
	4 455 F
Port	*325 F*
Net à payer	*4 780 F*

a) *Raival réexpédie à Raimont une partie des marchandises non conformes à la commande et paie 123 F de port ; la valeur brute de ces marchandises sur la facture de vente était de 1 000 F. Raimont adresse à son client une note de crédit de 900 F. Le montant de ce crédit est-il logiquement calculé ?*

Enregistrer les deux factures, chez Raival et chez Raimont.

b) *Peut-on déterminer de la même manière l'avoir si toutes les marchandises sont envoyées au fournisseur. A combien doit alors se monter l'avoir ? Comment le comptabiliser chez Raimont et chez Raival ?*

D. *Enregistrer dans les comptes de M. Vaurès les factures d'avoir suivantes :*

— Avoir n° 17 (fournisseur Grand). Retour de marchandises facturées, 128 F.

— Avoir n° 18 (fournisseur S.G.T.P.M.). Rabais, 10 % sur 55 000 F.

— Avoir n° 19 (fournisseur Eloi). Escompte, 2 % sur 14 800 F.

— Avoir n° 20 (fournisseur Grand). Ristourne, 1 % sur 726 000 F.

Donner l'analyse comptable des factures ci-dessus dans les comptabilités des divers fournisseurs intéressés (articles de journal).

EXERCICES

• **1.** Le 15 mai, Frémont adresse à Fréval une facture à crédit comportant les éléments suivants : prix brut des marchandises vendues, 6 900 F ; remise, 12 % ; escompte, 1 % ; port, 120 F. A déduire : avoir sur facture antérieure, rabais de 800 F.

Présenter le schéma de la facture et son enregistrement dans les comptes des deux parties.

• **2.** Au cours du mois de septembre, un grossiste, M. Sermont, a adressé au détaillant Serval les diverses factures ci-après résumées :

3 septembre. Facture n° V-809. Brut, 3 200 F ; remise, 8 % ; escompte, 1 % ; port, 131 F.
5 septembre. Facture n° V-821. Brut, 1 400 F ; escompte, 1 % ; à déduire avoir sur facture n° V-749 (remise), 650 F.
10 septembre. Facture n° V-832. Brut, 2 500 F ; remises, 10 et 5 % ; escompte, 1 %.
11 septembre. Facture n° AV-73. Retour sur facture n° V-809, 750 F.
17 septembre. Facture n° V-850. Net commercial, 12 400 F ; escompte, 2 % ; port, 310 F.
22 septembre. Facture n° AV-78. Rabais sur facture n° V-850, 5 % du net commercial.
28 septembre. Facture n° V-860. Brut, 9 650 F ; remise, 15 % ; escompte, 2 % ; port, 320 F.
30 septembre. Facture n° AV-81. Retour marchandises, 410 F.

a) Schématiser ces diverses factures.

b) Enregistrer ces factures dans le Journal tenu par Serval, puis dans celui tenu par Sermont, sachant que, le 1er septembre, Serval devait 18 800 F à son fournisseur et qu'il a viré 15 000 F à ce dernier, le 2 septembre.

c) Présenter le relevé de factures établi par Sermont pour le mois de septembre.

• **3.** M. Dauga, commerçant à Pau, a reçu la facture suivante de son fournisseur M. Damestoy, de Bayonne, le 6 novembre 19.A ; puis le 8 novembre, il a retourné à son fournisseur diverses marchandises non conformes, pour lesquelles M. Damestoy lui a fait parvenir un avoir à déduire de la facture précédente :

Établissements DAMESTOY
Route d'Espagne
Bayonne

Doit : M. Dauga
Rue du Gave
PAU

Facture : n° 521
Bayonne, le 5-11-19.A

Réf.	Désignation	Q	Montant
BF	Sandales	75	750
BH	Sandales	100	1 243,70
BG	Sandales	50	450
			2 443,70
	Remise 10 %		244,37
			2 199,33
	Frais de transport à votre charge		141,10
	Valeur en notre relevé fin de mois		2 340,43

Établissements DAMESTOY
Route d'Espagne
Bayonne

Avoir : M. Dauga
Rue du Gave
PAU

Facture : n° 521-1
Bayonne, le 10-11-19.A

Réf.	Désignation	Q	Montant
BG	Sandales défectueuses présentant défauts de fabrication	25	225
	Remise 10 %		22,50
			202,50
	Frais de retour		72
	A votre crédit		274,50
	Valeur en compte.		

Travail à faire : Enregistrer les deux documents ci-dessus dans les comptes tenus par M. Dauga et par M. Damestoy (fabricant).

• **4.** Enregistrer chez Bernard les opérations suivantes :

4 novembre. Reçu de son fournisseur Verriest, facture n° A-36 :
— Achat de 100 articles, à 45 F l'un.
— A déduire : remise, 15 % ; à ajouter : transport, 138,50 F.

6 novembre. Retour à son fournisseur Verriest de 10 articles non conformes ; payé par Bernard pour ce retour, 48 F de transport à la charge du fournisseur (avoir n° *a* 36-1).

7 novembre. Reçu de son fournisseur Leroux, facture n° A-37 :

— Achat de marchandises	2 670 F
— Escompte de règlement, à 1 %	26,70 F
Net à payer	2 643,30 F

10 novembre. Reçu de son fournisseur Lerond une facture n° A-38. Brut marchandises, 1 740 F ; remises, 10 et 5 %.

• **5.** La Librairie des Écoles a adressé les deux documents suivants aux Établissements Piersac, auxquels elle a livré des fournitures dont certaines n'étaient pas conformes à la commande ; on vous demande de les enregistrer dans les comptes schématiques des Établissements Piersac et dans ceux de la Librairie des Écoles. Enregistrer également le règlement par virement postal effectué le 8 octobre.

LIBRAIRIE DES ÉCOLES
Place de l'Évêché
Nîmes

Doit : Établissements Piersac
NÎMES

Facture : n° V-149
Nîmes, le 2 octobre

Désignation	Q	PU	Montant
Rames papier	50	12	600
Tableaux papier	2	39	78
Tubes encre	5	18	90
Fiches carton, 13 × 10,5	1 000	0,3	300
Cahiers 200 pages	100	2,5	250
			1 318
Remise 10 %			131,80
			1 186,20
Escompte 1 %			11,86
En votre règlement par virement postal sous huitaine			1 174,34

LIBRAIRIE DES ÉCOLES
Place de l'Évêché
Nîmes

Avoir : Établissements Piersac
NÎMES

Avoir : n° V-149-1.
Nîmes, le 4 octobre

Désignation	Q	PU	Montant
Rames duplicateur, 21 × 31, livrées par erreur	10	12	120
Tableaux papier	2	39	78
			198
Remise 10 %			19,80
			178,20
Escompte 1 %			1,78
Net à déduire sur facture n° V-149			176,42

Chapitre 11

LA TAXE SUR LA VALEUR AJOUTÉE

I. LA TAXE SUR LA VALEUR AJOUTÉE (T.V.A.), IMPÔT INDIRECT

1° Qu'est-ce que la T.V.A. ?

Certains impôts frappent les revenus des individus ou des entreprises : tel est le cas de l'impôt sur les bénéfices des sociétés, de l'impôt sur le revenu des personnes physiques ; ce sont des *impôts directs.*

D'autres impôts sont « assis » non sur le revenu des contribuables, mais sur leurs *dépenses :* ainsi lorsque l'on paie un costume, une bicyclette, un « demi » à la terrasse d'un café... on verse, dans le prix du bien ou du service, un impôt ; il s'agit d'un *impôt indirect* qui passe souvent inaperçu du consommateur qui cependant en subit le poids ; la T.V.A. est le plus important de nos impôts puisqu'elle représente plus de 50 % du total de tous les impôts français.

Cet impôt a un caractère très général et s'applique à l'ensemble des activités économiques, sauf exceptions très limitées. Sont par conséquent soumises à la T.V.A. toutes les « entreprises » telles que nous les avons définies au début de ce cours (production pour le marché) sauf quelques exceptions ; ce sont en fait *les activités* des entreprises qui sont imposables à la T.V.A. :

- **La quasi-totalité des activités économiques sont soumises à la T.V.A. :**
- — ventes de biens meubles, prestations de services (domaine industriel, commercial agricole...) ;
- — une majorité d'activités libérales ; } ou en totalité sur « option ».
- — activités d'assurance, banque (en partie) ; } ou en totalité sur « option ».

- *Les seules exonérations notables sont :*
- — les locations d'immeubles nus (habitation ou usage professionnel) ;
- — les professions médicales et para-médicales ;
- — les *exportations.*

2° Les taux de la T.V.A.

Impôt sur la dépense, la T.V.A. frappe plus sévèrement les dépenses considérées comme un luxe : le taux de la T.V.A. est plus fort pour les articles de luxe, plus faible pour des articles de première nécessité.

a) Les différents taux (1) :

— *Taux normal :* 18,60 %
— *Taux réduit : 5,5 %* (transports, voyageurs, spectacles, livres, pain, lait, sucre, produits de la pêche...)
— *Taux majoré :* 22 % (automobiles, parfums...).

b) Mode de calcul :

Ces taux sont exprimés par rapport au prix de vente hors taxe, c'est-à-dire au prix avant T.V.A. (on écrit : prix H.T.).

> ***Exemple :*** *Un appareil est vendu, taxe non comprise, 600 F ; le taux de la taxe étant de 18,6 % la T.V.A. est de 600 F × 18,6 % = 111,60 F,*
> *d'où prix de vente taxe comprise (dit prix « T.T.C. ») : 711,60 F.*

Il faut donc appliquer les taux indiqués plus haut au *prix hors taxe* des biens et services.

Toutefois, il peut être intéressant de calculer le taux de la T.V.A. **par rapport au prix taxe comprise,** notamment dans le commerce de détail, car les prix de vente nets aux clients sont souvent indiqués sur les articles.

Désignons par x % le taux de la T.V.A.

Nous avons : ⟶

Prix hors taxe	100
T.V.A.	x
Prix taxe comprise	$100 + x$

D'où taux par rapport au prix taxe comprise :

$$t\ \% = \frac{x \times 100}{100 + x}$$

en remplaçant x par sa valeur, on obtient les résultats suivants :

Taux « légal »		Taux taxe comprise
5,5 %	⟶	5,213 %
18,6 %	⟶	15,683 %
22 %	⟶	18,033 %

Ces résultats signifient que :
— si un article imposable à 5,5 % est vendu T.T.C. 100 F, ce prix contient une T.V.A. de 5,213 F ;
— si un article imposable à 22 % est vendu T.T.C. 100 F, son prix contient 18,03 F de T.V.A. etc.

(1) En vigueur fin 1989. Le lecteur est invité à actualiser les taux en fonction de la législation.

3° Facturation de la T.V.A.

Les factures établies par les assujettis à la T.V.A. doivent mentionner :

— le taux légal de T.V.A. appliqué ;

— le montant de la T.V.A. ;

— le prix net des biens ou des services.

a) Un seul taux de T.V.A.

Si tous les articles de la facture sont imposables au même taux, on peut présenter le document de la façon suivante :

Bas de la facture :

	Prix hors taxe
	. . . . .
	. . . . .
	. . . . .
Montant total hors taxe	12 000
T.V.A. à 18,60 %	2 232
Net à payer	14 232

b) Plusieurs taux de T.V.A.

On a dans ce cas intérêt à ventiler les montants imposables en colonnes distinctes (une pour chaque taux distinct).

Exemple :

Articles	Quantité	Prix unitaire hors taxe	Prix hors T.V.A. 18,60 %	Prix hors T.V.A. 22 %	Prix hors T.V.A. 5,5 %	Totaux
A	10	42	420			
B	30	17			510	
C	2	135		270		
D	5	30	150			
		Totaux (H.T.)	570	270	510	1 350
		T.V.A.	106,02	59,40	28,05	193,65
Totaux T.V.A. comprise.			676,02	329,40	538,05	1 543,65

Net à payer 1 543,65 F dont T.V.A. 193,65

II. LE MÉCANISME DE LA T.V.A.

1° Principe.

Considérons un commerce d'appareils ménagers.

Cette entreprise achète 2000 F, par exemple, un appareil qu'elle revend 3000 F, ces deux prix étant T.V.A. comprise. Le taux légal de 18,6 % correspond, nous l'avons vu, à un taux de 15,683 % sur le montant taxe comprise. Donc :

— Le **prix d'achat du commerçant** (2000 F) comprend 15,683 % soit 313,66 F de T.V.A.

La facture de son fournisseur mentionne :

Prix hors taxe	1 686,34 F
T.V.A. 18,60 % ...	313,66 F
Net à payer	2 000 F

— Le **prix de vente** du commerçant (3 000 F) comprend également 15,683 % ou $\frac{18,6}{118,6}$ de T.V.A., soit 470,49 F.

Sa facture de vente indique :

Prix hors taxe	2 529,51 F
T.V.A. 18,60 % ...	470,49 F
Net à payer	3 000 F

Les taxes, encaissées par les entreprises, doivent bien entendu être reversées par elles à l'État (Contributions indirectes), l'entreprise jouant un simple rôle de *collecteur d'impôts,* en fait subis par le dernier acheteur. Dans l'opération achat-vente ci-dessus, l'État ne va pas encaisser 313,66 F + 470,49 F = 784,15 F, car il y aurait une superposition de deux impositions ; notre commerçant **ne doit reverser à l'État que la différence entre :**

— la **T.V.A. encaissée sur ses ventes** (470,49)
— et la **T.V.A. payée par lui dans ses achats** (313,66 F) } soit 156,83 F.

Tout se passe donc comme s'il payait la T.V.A. (qu'il inclut bien sûr dans ses prix de vente) sur [2529,51 F (P.V. hors taxe) — 1686,34 F (P.A. hors taxe)] soit 843,17 F, cette différence représentant la **valeur ajoutée** par le commerçant.

Contrôle 18,6 % de 843,17 = 156,83.

2° La valeur ajoutée.

Nous retrouvons ici le concept de valeur ajoutée, qui vous est familier depuis le début de ce cours.

En calculant la taxe sur la valeur ajoutée, on évite ainsi de taxer plusieurs fois successivement une même dépense et la taxe incluse dans le prix de vente final ne dépend pas du nombre de producteurs et d'intermédiaires successifs.

Exemple : Considérons le circuit de production et de vente d'un fromage.

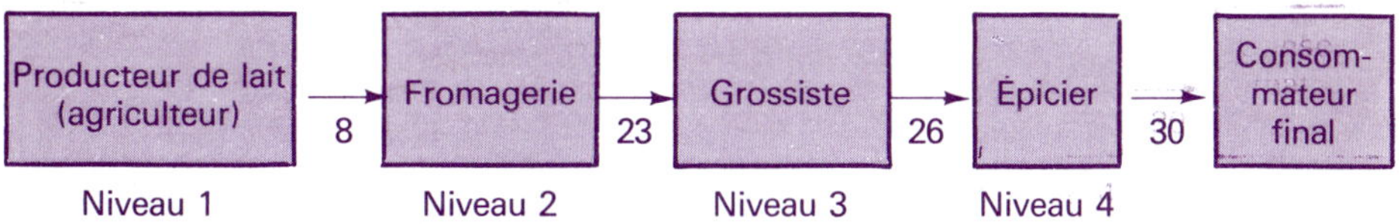

Supposons que les prix de vente hors taxe successifs soient (en remontant le cycle de production) :

fromage au détail	30 F	(cf. schéma)
— chez le grossiste	26 F	
— chez le producteur	23 F	
lait correspondant	8 F	

Le taux de la T.V.A. étant de 5,5 %, le prix de vente final est :

$$30 \text{ F} + 30 \text{ F} \times \frac{5,5}{100} = 31,65 \text{ F (soit une T.V.A. de 1,65).}$$

On constate que le prix de vente final hors taxe est formé par la valeur ajoutée des entreprises successives :

V.A. par l'agriculteur (pas d'achats correspondants)	....	8 F
— la fromagerie :	23 F — 8 F = ...	15 F
— le grossiste :	26 F — 23 F = ...	3 F
— l'épicier :	30 F — 26 F = ...	4 F
	V.A. totale	30 F

En conséquence, la T.V.A. sera versée à l'État par chaque entreprise sur sa valeur ajoutée :

— l'agriculteur (entreprise agricole) :	5,5 % de 8 F	→ 0,44 F
— la fromagerie :	5,5 % de 15 F	→ 0,825 F
— le grossiste :	5,5 % de 3 F	→ 0,165 F
— l'épicier :	5,5 % de 4 F	→ 0,22 F
Total supporté par le consommateur final		1,65 F

Le prix de vente taxe comprise du fromage est donc de 31,65 F et l'on peut vérifier que, pour un même prix de vente final, la T.V.A. payée à l'État restera de 1,65 F, quel que soit le nombre des intermédiaires.

Supposons par exemple que la fromagerie ait ses propres élevages, produise elle-même le lait et vende à un supermarché (au prix hors taxe de 24 F).

Le schéma est alors le suivant :

Dans le prix de vente final — supposé ici égal à 31,65 pour faciliter la comparaison avec le circuit « long » précédent — la T.V.A. incluse est évidemment de :

$$31{,}65 \times \frac{5{,}213}{100} = 1{,}65 \text{ F (prix hors taxe 30 F).}$$

L'État perçoit les 1,65 F :

— de la fromagerie pour $24 \text{ F} \times \frac{5{,}5}{100} = 1{,}32 \text{ F}$

— du supermarché pour $(30 \text{ F} - 24 \text{ F}) \times \frac{5{,}5}{100} = 0{,}33 \text{ F}$

1,65 F

Donc pour un même prix de vente final (et compte tenu du même prix d'achat au début du circuit, ici zéro puisqu'il s'agit de lait produit) le montant de T.V.A. perçu par l'État est indépendant de la « longueur » du circuit économique.

3° Modalités pratiques.

Sans entrer dans le détail de ces modalités, il convient de préciser que :

a) L'expression « valeur ajoutée » fait image et correspond, en première approximation au mécanisme réel ; en fait, l'entreprise ne calcule pas la T.V.A. sur la valeur ajoutée :

— *elle détermine la T.V.A sur ses ventes (T.V.A. collectée) ;*

— *et en retranche la T.V.A. payée par elle sur ses achats de biens et de services* (y compris les achats d'immobilisations) *(T.V.A. déductible) ;*

— *la différence représente la « T.V.A. à décaisser ».*

b) **Règle du « décalage d'un mois »** : la T.V.A. déductible ayant grevé les achats de biens et services est retranchée de la T.V.A. sur ventes du *mois suivant* (sauf pour les immobilisations).

c) **Paiement de la taxe** : la taxe due au titre d'un mois (par exemple mois de mai) est à payer, en moyenne, le 25 du mois suivant (juin). Si la différence est négative (T.V.A. déductible > T.V.A. collectée), l'entreprise qui n'a évidemment rien à payer pour le mois considéré, peut reporter cette différence (crédit d'impôt) sur la ou les déclarations suivantes.

d) ***Exemple :***

M. Giroud, commerçant, a réalisé en mai un chiffre d'affaires, T.V.A. non comprise, de 334 400 F (200 000 F imposables au taux normal, 152 727 F au taux majoré) et a acheté une immobilisation (machine à photocopier) 5 739 F, T.V.A. au taux normal incluse. Durant le mois d'avril, il a acheté des marchandises pour 125 000 F (dont T.V.A. 24 000 F) et reglé divers services (transports, réparations) : 8 000 F, dont T.V.A. 1 100 F.

Calcul de la T.V.A. à payer au titre du mois de mai :

1. *T.V.A. sur ventes de mai :*

18,6 % de 200 000 F	37 200 F
22 % de 152 727 F	33 600 F
T.V.A. collectée (sur les clients)	70 800 F

D'où un chiffre d'affaires taxes comprises de 334 400 + 70 800 = 405 200

2. *T.V.A. déductible sur achats :*

— Achats d'immobilisations de *mai :*

T.V.A. incluse : $5\,739 \times \dfrac{18{,}6}{118{,}6} =$ .... 900 F

— Achats de biens et services d'*avril :*

T.V.A. incluse (marchandises)	24 000 F
T.V.A. incluse (services)	1 100 F
T.V.A. déductible sur achats	26 000 F

3. *T.V.A. exigible au titre du mois de mai* (à décaisser au 25 juin) :

T.V.A. sur ventes collectée	70 800 F
— T.V.A. sur achats, déductible	— 26 000 F
T.V.A. due	44 800 F

4° Schéma du paiement de la T.V.A.

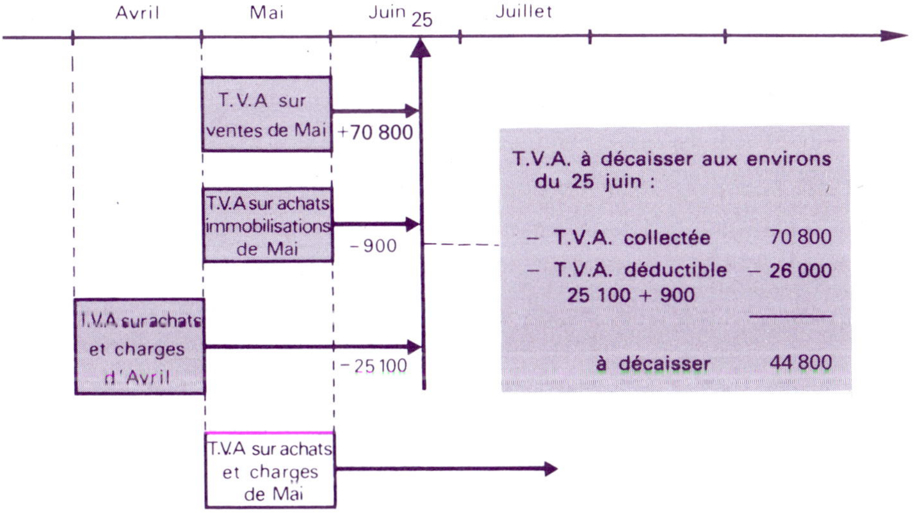

11-1

III. COMPTABILISATION DE LA T.V.A.

Le P.C.G. consacre la règle de la **comptabilisation hors T.V.A. déductible** des ventes, achats, livraisons à soi-même, acquisitions d'immobilisations...

En conséquence :

• dans le bilan : les immobilisations, les stocks sont inscrits pour leur coût d'achat hors T.V.A. déductible ;

• dans le compte de résultat : les charges et les produits (y compris les variations de stocks) figurent également hors T.V.A. déductible.

1° Principe.

• **Les ventes** avec T.V.A. engendrent pour la firme des recettes de « T.V.A. collectée » qu'il faudra reverser à l'État : une **dette envers l'État** est donc à enregistrer au *crédit du compte :*

4457 État, taxes sur le chiffre d'affaires collectées (1) ;

sous-compte **44571 État, T.V.A. collectée.**

• **Les achats** avec T.V.A. engendrent pour la firme des dépenses de T.V.A. qui pourront être déduites du versement précédent : une **créance sur l'État** apparaît ainsi, notée au *débit du compte :*

4456 État. Taxes sur le chiffre d'affaires déductibles ;

sous-comptes **44562 État, T.V.A. déductible sur immobilisations.**
44566 État, T.V.A. déductible sur autres biens et services.

• Le montant net à décaisser le 20 ou 22 de chaque mois (du trimestre pour les petites entreprises) est noté, enfin, au *crédit du compte :*

4455 État. Taxes sur le chiffre d'affaires à décaisser ;

sous -compte **44551 État, T.V.A. à décaisser.**

Remarque : tels sont les comptes de créances-dettes envers l'État, au titre de la T.V.A. prévus par le P.C.G. ; ce sont des comptes d'ordre 5, qui alourdissent incontestablement l'organisation comptable.

Pour les entreprises qui emploient le « système A », nous estimons qu'elles peuvent utiliser non ces comptes d'ordre 5, mais des comptes d'ordre 3, subdivisions du compte État n° **44** (par exemple, les comptes 445, 446, 447, nonobstant l'intitulé différent de ces trois comptes dans les systèmes B et C).

---

(1) « Taxes sur le chiffre d'affaires », car, outre la T.V.A., existent d'autres taxes assises sur le chiffre d'affaires (exemples : taxe sur les produits forestiers ; taxe parafiscale sur les textiles...).

2° Enregistrement des achats (et charges) et des ventes avec T.V.A.

• Un achat (compte 60), une charge, une acquisition d'immobilisation soumis à T.V.A. est ainsi enregistrée :

Montant hors T.V.A. ..	1 000	60. Achats	1 000	
T.V.A. 18,60 %	186	(ou 61, 62, 65 : charges)		
		(ou 21.. Immobilisations).		
Net à payer	1 186	44562 ou		
		44566. État, T.V.A. déductible	186	
		40. Fournisseurs		1 186

(la dette envers le fournisseur est, évidemment, « T.V.A. comprise »).

• **Chez le vendeur,** l'enregistrement sera la suivant :

Cf. facture ci-dessus (1186).	411. Clients	1 186	
	70. Ventes............		1 000
	44571. État, T.V.A. collectée		186

(la créance sur le client est, évidemment, T.V.A. comprise).

• **Reprenons le cas de l'entreprise Giroud** (§ II).

	avril		
Achats du mois d'avril :	60. Achats	101 000	
	44566. État, T.V.A. déductible (B.S.)	24 000	
	401. Fournisseurs		
	(d'exploitation)		125 000
	avril		
Charges diverses du mois d'avril.	61, 62.. Charges	6 900	
	44566. État, T.V.A. déductible (B.S.)	1 100	
	401. Fournisseurs		
	(d'exploitation)		8 000
	mai		
Ventes de mai.	411. Clients	405 200	
	70. Ventes............		334 400
	44571. État, T.V.A. collectée		70 800
	mai		
Achats d'immobilisations de mai.	21. Immobilisations	4 839	
	44562. État, T.V.A. déductible (I)	900	
	404. Fournisseurs		
	(d'exploitations)		5 739
	mai		
Achats et charges de mai (supposons 150 000 et 80 000 hors T.V.A., avec T.V.A. totale de 40 000).	60.. Achats	150 000	
	61,62. Charges	80 000	
	44566. État, T.V.A. déductible (B.S.)	40 000	
	401. Fournisseurs		
	(d'exploitation)		270 000

A fin mai, les comptes « État, T.V.A. » se présentent ainsi :

44562. État, T.V.A. déductible (immob.)	
(mai) 900	

44571. État, T.V.A. collectée	
	70 800 . . . . . . (mai)

44566. État, T.V.A. déductible (B.S.)	
(avril) 24 000	
(avril) 1 100	
(mai) 40 000	

En juin (aux alentours du 25 juin, selon régions et forme de l'entreprise) l'entreprise doit décaisser (cf. calculs ci-dessus en II) 44 800 ; ce montant à décaisser est viré au crédit du compte ad-hoc 44551 État, T.V.A. à décaisser.

	fin mai		
Fin mai, virements pour calcul de la T.V.A. à décaisser au 25 juin :	44571. État, T.V.A. collectée (mai)	70 800	
	44562. État, T.V.A. déductible (immob.) (mai)		900
	44566. État, T.V.A. déductible (B.S.) (avril)		25 100
	44551. État, T.V.A. à décaisser		44 800

On constate :

— qu'après ce virement, les comptes 44562 et 44566 sont soldés en ce qui concerne les opérations de mai (44562) et d'avril (44566) ;

— que le compte 44571 est soldé ;

— que le montant net de la dette au 25 juin envers l'État est inscrit au crédit du compte 44551 État, T.V.A. à décaisser ;

— que le compte 44566 reste débiteur de 40 000 (T.V.A. sur achats et charges de mai, qui ne sera déduite qu'en juillet, en raison du décalage d'un mois).

Ainsi, dans un bilan au 31 mai, on lirait :

Actif		Passif	
. . . . .		. . . . .	
. . . . .		. . . . .	
État, T.V.A. déductible	40 000	État, T.V.A. à décaisser	44 800
. . . . .		. . . . .	

(Bien que l'une et l'autre envers l'État, cette créance et cette dette ne peuvent, dans le bilan, être compensées car elles n'ont pas même échéance ; le principe de « non-compensation » de créances-dettes dans le bilan est d'ailleurs un « principe fondamental » de la comptabilité.) (1)

	20 juin		
Le 20 juin, lors du paiement, on notera :	44551. État, T.V.A. à décaisser . . . . . . (pour solde)	44 800	
	512. Banque		44 800

(1) Sauf convention de « Compte-courant » conclue avec le tiers.

IV. FACTURATION ET T.V.A.

Les deux chapitres précédents ont présenté, dans un souci de progressivité pédagogique, la comptabilisation des achats-ventes et des réductions en faisant abstraction de la T.V.A. Il convient maintenant de procéder aux enregistrements comptables complets, en tenant compte de la T.V.A., que l'on trouve sur toutes les factures ordinaires, comme sur les « factures d'avoir ».

1° Factures « ordinaires » sans majorations ni escomptes.

Les modalités de leur comptabilisation viennent d'être étudiées :

— le prix d'achat (ou de vente) est le montant net après R.R.R. portés sur la facture ;

— la T.V.A. qui majore ce prix est portée au compte 44 État (T.V.A. déductible, chez l'acheteur ; T.V.A. collectée chez le vendeur) ;

— le « net à payer » T.T.C. (toutes taxes comprises) est inscrit au crédit du compte Fournisseur (ou au débit du compte Client).

2° Factures ordinaires, avec escompte.

L'escompte, réduction financière, réduit la base de calcul de la T.V.A. ; il est donc traité comme les « R.R.R. » portés sur la facture et ne constitue donc pas, du point de vue de la T.V.A., une réduction différente des réductions commerciales ; c'est la raison pour laquelle la T.V.A. est toujours calculée **après escompte,** ce qui en réduit l'assiette (la base).

3° Factures ordinaires, avec « ports » et autres récupérations de frais.

• **En règle générale,** ces majorations sont incluses dans la base imposable à la T.V.A.

Exemple : Marchandises H.T.	10 000
Port H.T.	200
Total	10 200
T.V.A. à 18.60 %	1 897,20
Net à payer	12 097,20

Acheteur

607.	Achats	10 000	
624.	Transports	200 (1)	
44566.	État, T.V.A. déductible (B.S.)	1 897,20	
	401. Fournis.		12 097,20

Vendeur

411.	Clients	12 097,20	
	70. Ventes		10 000
	708. Produits des activités annexes		200
	44571. État, T.V.A. collectée		1 897,20

(1) Ou au débit du compte 607 si la facture ne comporte qu'une catégorie de marchandises.

(s'il s'agit d'un investissement :

21..	Immobilis. ...	10 200	
44562.	État, T.V.A. déductible .. (immob.)	1 897,20	
	404. Fournis d'immob. ...		12 097,20

• Toutefois, *lorsque la vente a été conclue aux « conditions départ »* (transport aux risques et périls de l'acheteur), les frais de transport sont traités, du point de vue fiscal, distinctement de la vente elle-même : en particulier, si le bien est soumis à la T.V.A. au taux majoré (22 %), le « port » facturé sera lui, soumis à la T.V.A. au taux normal de 18,60 %.

Exemple :	Marchandises diverses H.T.	26 727
	T.V.A. à 22 %	5 880
	Port à votre charge (dont T.V.A. à 18,60 % : 91)	580
	Net à payer	33 187

dont T.V.A., 5 971.

Acheteur

60.	Achats	26 727	
624.	Transports .. (580-91)	489	
44566.	État, T.V.A. déductible .. (B.S.)	5 971	
	401. Fournis.		33 187

Vendeur

624.	Transports ..	489	
44566.	État, T.V.A. déductible .. (B.S.)	91	
	401. Fournis. (S.N.C.F.)		580
411.	Clients	33 187	
	70. Ventes ...		26 727
	624. Transports.		489
44571	État, T.V.A. collec.		5 971

V. FACTURES D'AVOIR ET T.V.A.

La facture d'avoir constate une *relation de créance-dette inversée* par rapport à celle de la facturation initiale. Il convient, en conséquence :

— de constater, comme indiqué dans le chapitre 10, les **réductions** dans les comptes 609 (R.R.R. obtenus) ou 709 (R.R.R. accordés), les **retours** en diminution directe des achats (60) et des ventes (70) ;

— **d'inverser le jeu des comptes État** (44562, 44566, 44571), **Clients, Fournisseurs.**

1° Exemple 1 : inversion pure et simple.

Exemple : Facture de Dumont à Duval du 10 avril :

Marchandises H.T. (8 unités à 1 250 F)	10 000
Remise 10 %	1 000
	9 000
Port à votre charge (H.T.)	300
	9 300
Escompte pour paiement à fin de mois : 1 %	—93
	9 207
T.V.A. à 18,60 %	1712,5
Net à payer	10 919,5

Comptabilisation :

Chez Duval (acheteur).

	10-4		
607.	Achats	9 000	
624.	Transport (ou Achats.. 9 300 car il s'agit d'une catégorie unique de marchandises).	300	
44566.	État, T.V.A. déductible (B.S.)	1 712,5	
	401. Fournis.		10 919,5
	76. Produits financiers		93

Chez Dumont (vendeur).

	10-4		
411.	Client	10 919,5	
66.	Charges financ.	93	
	707. Ventes		9 000
	708. P. access.		300
	44571. État, T.V.A. collectée		1 712,5

Duval réexpédie 3 articles, non conformes et Dumont lui adresse le 21-4 la facture d'avoir correspondante (dont 150 F de port H.T.) :

Facture d'avoir de Dumont à Duval du 21 avril :

Marchandises H.T. (3 unités × 1 250 F)	3 750
Remise 10 %	375
	3 375
Port (H.T.)	150
	3 525
Escompte 1 %	—35,25
	3 489,75
T.V.A. à 18,60 %	649,09
Montant net à votre crédit	4 138,84

Enregistrement de la facture d'avoir : c'est une « **inversion** » de l'enregistrement initial (retour).

Chez Duval (acheteur).				Chez Dumont (vendeur)			
				21-4			
401.	Fournisseurs ...	4 138,84		707.	Ventes	3 375	
76.	Produits financ.	32,25		624.	Transport	150	
	607. Achats		3 375	44571.	État T.V.A. collectée	649,09	
	708. Prod. acc.		150		411. Clients ..		4 138,84
	44566. État, T.V.A. déduct. (B.S.)		649,09		66. Charges financ.		35,25

(s'il s'était agi non d'un retour, mais d'un rabais, on aurait utilisé les comptes 6097 et 7097 au lieu des comptes 607 et 707).

2° Exemple 2 : inversion partielle.

L'*inversion* d'écriture entraînée par la facture d'avoir n'est parfois que partielle et limitée aux comptes Clients, Fournisseurs et État, T.V.A.

Exemple *: Sur une facture du 15-3 de 11 860 F (10 000 H.T. et 1 860 F de T.V.A.) un fournisseur accorde le 23-3 un escompte de 2 % pour paiement comptant ; la facture d'avoir se présentera ainsi :*

Montant H.T. facture du 15-3	10 000	
Escompte 2 %		200
T.V.A. à 18,60 %		37,20
Net à votre crédit		237,20

(La réduction de prix qu'est l'escompte entraîne une diminution de la T.V.A. due.)

Acheteur				Vendeur			
401.	Fournisseurs ...	237,20		66.	Charges fin. .	200	
	76. Produits financ.		200	44571.	État, T.V.A. collectée	37,20	
	44566. État, T.V.A. déduct. .. (B.S.)		37,20		411. Clients . .		237,20

Note : A compter du présent chapitre, la T.V.A. ayant été étudiée, il sera proposé l'enregistrement de factures complètes, avec T.V.A. (enregistrement d'achats, de ventes, de charges...). Toutefois, pour ne pas alourdir les exercices et les exposés, ce « réalisme » des documents ne sera pas systématique.

Exemple de facture réelle, avec T.V.A. :

SEFRAC 49 rue Pierre Loti 76610 LE HAVRE	CLASSEMENT CODE CLIENT 2235	FACTURE EXEMPLAIRE DATE: 18.7.82 — NUMÉRO: 11/0444 — FEUILLET:
	COMMANDES OFFRE LIVRAISON REPRÉSENTANT	

Société AUPRET
44 rue Jean Jaurès
69100 VILLEURBANNE

TRANSPORTS — ORIGINE	DESTINATION	MODE	LIVRAISON — CONDITIONS	DATE
Routiers du Centre			v/charge	
			PAIEMENT — CONDITIONS : fin août 82 DOMICILIATION :	

MARQUES & NUMÉROS	NOMBRE ET NATURE DES COLIS DESCRIPTION DE LA MARCHANDISE	MASSE NETTE, UNITÉ / MASSE BRUTE, UNITÉ	DIMENSIONS, UNITÉS / VOLUME, UNITÉ
		900 kilos	

Nº	RÉFÉRENCE	DÉSIGNATION DES ARTICLES	TAXES	QUANTITÉ ET UNITÉ	P. U. TARIF H. T.	TAUX DE REM.	P. U. H. T.	MONTANT H. T.
1	2	3	4	5	6	7	8	9
	064	18 sacs café torréfié Colombie IKA	R	18	2 912	10%	2 621	47 178,00
		T.V.A. 5,50%						2 594,79
						Sous-total ...		49 772,79
		Transport						1 083,00
		T.V.A. 18,60%						201,43
						Sous-total		1 284,43
		NET A PAYER (fin août 1982						51 057,22

QUESTIONS

A. *Pourquoi l'impôt indirect passe-t-il plus inaperçu que l'impôt direct ?*

B. *Calculer les coefficients multiplicateurs permettant d'obtenir, pour chacun des trois taux de la T.V.A. :*

a) *Le prix de vente taxe comprise à partir du prix hors taxe.*
b) *Le prix hors taxe à partir du prix taxe comprise.*

C. *Pourquoi, en matière de T.V.A., l'entreprise n'est-elle qu'un collecteur d'impôt ?*

D. *Rechercher un tracé de facture permettant de déterminer le montant de la T.V.A. et le net à payer, dans le cas où plusieurs taux de T.V.A. peuvent figurer sur le document.*

E. *Comparer la « valeur ajoutée » au sens de la T.V.A., et la valeur ajoutée économique, telle qu'elle a été présentée chapitres 1 et 2.*

F. *La T.V.A. est un impôt « moderne » ; dans certains États existent des « taxes sur le chiffre d'affaires », dites en cascade, qui frappent les ventes aux divers stades de la production ou de la commercialisation et ne comportent pas de système de déductions.*

Quels avantages pratiques présentent ces taxes ; quels sont leurs inconvénients (comparer notamment le « circuit court » et le « circuit long » présenté dans la section II, dans le cas d'une taxe en cascade de 6 %).

G. *Une entreprise a réalisé, en mars et avril, les opérations suivantes (montants H.T.) :*

Achats d'immobilisations : mars, 52 000 ; avril, 27 000 ; achats et charges soumis à T.V.A. : mars, 89 000 ; avril, 93 000 ; ventes : mars, 183 000 ; avril, 167 000.

Présenter, par un jeu des comptes schématiques :
— *l'enregistrement des opérations de mars et d'avril ;*
— *la détermination de la T.V.A. « à décaisser » à fin avril ;*
— *les lignes du bilan à fin avril concernant la T.V.A.*
(Toutes ces opérations sont soumises à la T.V.A. au taux normal.)

H. *Une entreprise voit toutes ses ventes, tous ses achats et charges soumis à la T.V.A. au taux normal. Les transports sont eux-mêmes soumis à ce taux normal.*

a) *Pour cette entreprise, la distinction, pour le calcul de la base T.V.A., des transports et des achats et charges présente-t-elle un intérêt ?*
b) *Dans quel cas, en revanche, la distinction est-elle utile ?*

I. *Considérer l'enregistrement de la facture d'avoir § V, 1° ; au lieu de débiter, chez Duval, « Produits financiers » (76) et, chez Dumont de créditer « Charges financières » (66), peut-être aurait-on pu débiter le compte 66 et créditer le compte 76 ? Pourquoi la solution retenue est-elle préférable ?*

J. *En supposant achats et ventes d'une entreprises payés « comptant », étudier les conséquences financières (décalages de flux) de la T.V.A.*

K. *Étudier les conséquences financières de la T.V.A. dans le cas où les achats et charges soumis à T.V.A. sont payés à 30 jours ; les ventes à 45 jours ; la valeur ajoutée est de 40 % des ventes.*

EXERCICES

• **1.** M. Durand vend à son client Hubert diverses marchandises :
Marchandises A. Montant hors taxe 500 F. T.V.A. 5,5 %.
Marchandises B. Montant hors taxe 410 F. T.V.A. 18,6 %.
Marchandises C. Montant hors taxe 800 F. T.V.A. 18,6 %.
a) Présenter la facture correspondante.
b) Présenter l'enregistrement comptable chez Durand et chez Hubert (3 comptes de ventes ; 30 comptes d'achats).

• **2.** La facture n° 618 de Fournier à Lécot comporte :
50 articles X. prix unitaire T.V.A. comprise 23 F (taux 18,6 %).
40 articles Y. prix unitaire T.V.A. comprise 47 F (taux 25 %).
a) Présenter cette facture après avoir effectué les calculs nécessaires.
b) Présenter le jeu des comptes schématiques chez Fournier (fabricant) et chez Lécot (grossiste) (ou les enregistrements dans le Journal).

• **3.** M. Brunet, commerçant, a effectué en octobre et novembre les opérations suivantes :

Octobre. Ventes T.V.A. comprise : 48 000 F (T.V.A. à 25 %).
Achats divers de marchandises et de services : 32 000 F dont T.V.A. 6 500 F.
Novembre. Ventes T.V.A. comprise : 42 000 F.
Achats marchandises : 12 000 F (dont T.V.A. 2 100 F).
Achat d'un équipement : 9 500 F (dont T.V.A. 2 000 F).
Frais divers : 9 700 F (dont T.V.A. 1 850 F).

Travail à faire :
a) Calculer la T.V.A. due au titre du mois de novembre.
b) Présenter les enregistrements dans les comptes (le paiement de la T.V.A. due est effectué en décembre), ou les écritures dans le Journal.

• **4.** Opérations de l'entreprise Masson en février, mars et avril :

	Février	Mars	Avril
Chiffre d'affaires hors taxe :			
— à 5,5 %	32 000	41 000	28 000
— à 18,6 %	75 000	102 000	94 000
Achats hors taxe déductible (18,6 %)	43 000	70 000	65 000
Achats d'immobilisations (T.V.A. 18,6 % incluse) ...		59 000	
T.V.A. déductible sur charges diverses	750	1 300	2 400

Travail à faire :
a) Calculer la T.V.A. due au titre de mars et au titre d'avril.
b) Présenter le jeu des comptes, correspondant à ces diverses opérations ainsi qu'au paiement de la T.V.A. (chèque bancaire) en avril et en mai.

• **5.** Reprendre l'énoncé de l'exercice n° 4 du chapitre 9. Toutes les sommes indiquées sont « hors taxes » ; la T.V.A. sur achats, charges et ventes est au taux normal.
Présenter l'analyse comptable (journal) de ces opérations.

• **6.** Reprendre l'énoncé de l'exercice n° 7 du chapitre 9, en tenant compte de la T.V.A. au taux normal.
a) Présenter les deux factures (schématiques) compte tenu de cette T.V.A.
b) Enregistrer les opérations dans le journal.

• **7.** Enregistrer dans le journal de l'entreprise FIX les opérations suivantes :
— facture A 39. Achats de matières premières, 13 000 F (H.T.) ; remise, 10 %, escompte 2 % ; port, 400 F ; T.V.A. au taux normal.
— facture V-47. Ventes de produits finis, 29 000 F (H.T.) ; remise 5 % ; port, 430 F ; T.V.A. au taux majoré ; port, T.V.A. au taux normal.
— facture AA-04. Avoir sur facture A-39 pour retour de 2 000 F de matières (brut ; H.T.) ; port, 180 F.

Chapitre 12

ENREGISTREMENT DES CHARGES ET DES PRODUITS

Dans le chapitre 8 a été présentée l'analyse du résultat, dans la comptabilité générale, en « charges » et en « produits » scindés en trois « niveaux » :

- exploitation ;
- financier ;
- exceptionnel ;

Les chapitres 9, 10 et 11 nous ont montré, de façon plus approfondie, comment sont enregistrées les factures d'achats-ventes, qui correspondent aux montants les plus importants des charges et des produits.

Dans ce chapitre seront étudiées les *autres charges et autres produits couramment enregistrés durant l'exercice ;* en raison de leur importance, les charges de personnel feront l'objet d'un chapitre (n° 15) ; par ailleurs, les charges comptabilisées en fin d'exercice (dotations aux amortissements et aux provisions notamment) seront étudiées dans les chapitres 17 à 21.

I. CONSIDÉRATIONS GÉNÉRALES

1° Charges, produits, et documents de base.

a) *Comptes de charges.*

• Les charges comprennent nombre d'**opérations constatées par factures,** donc donnant lieu à des enregistrements analogues à ceux des achats : c'est ainsi que la majorité des charges inscrites au débit des comptes 61 et 62 (Autres charges extérieures) sont comptabilisées à partir de **factures** susceptibles de donner lieu à remises, escomptes, frais de port et soumis à T.V.A.

> ***Exemples :*** *Facture de réparation de véhicule adressée à l'entreprise par un garage ; facture d'un transporteur ; facture d'honoraires d'un expert...*

• D'autres charges sont enregistrées à partir de **documents externes** qui ne sont pas des factures, mais dont la nature économique est très proche de ces dernières : avertissement du percepteur (impôts), relevés de compte et bordereaux de banque (charges financières).

• D'autres sont enregistrées sur la base de **documents internes** : feuilles de paie (charges de personnel).

• Enfin, certaines charges ne sont constatées qu'en fin d'exercice, sur la base de calcul de constatation et de documents internes : dotations aux amortissements et aux provisions, variations de stocks...

b) *Comptes de produits.*

• L'essentiel des produits (environ 90 % du total) est formé des *ventes,* dont la comptabilisation a été étudiée précédemment.

• Les autres produits d'exploitation, les produits financiers, les produits exceptionnels sont enregistrés à partir de documents de base externes (bordereaux de banque pour certains produits financiers) ou internes (production stockée...).

2° Les décalages comptabilité — réalité économique.

Les enregistrements comptables des charges et des produits sont toujours décalés, dans le temps, par rapport aux événements qu'ils constatent ; ces décalages sont dus :

a) A l'inévitable **retard des enregistrements,** de quelques jours, parfois de quelques semaines, des documents de base.

> ***Exemple :*** *Une facture-fournisseur reçue le 15-3 risque de n'être enregistrée que le 23, voire le 27 ou 28-3.*

b) **A la nature des documents de base (ponctuels) et à celle des flux** (souvent continus).

> ***Exemple :*** *La facture de fuel domestique, pour le chauffage, est enregistrée à la date de livraison [sauf retard (a)] alors que la consommation de fuel est étalée sur un ou deux mois.*

Enregistrant les flux à partir des documents, par nature « ponctuels », la C.G. repose sur une **fiction, simplificatrice, de consommation immédiate,** concomittante à l'enregistrement de la charge.

Les décalages qui en résultent, sans grande importance durant l'exercice, devront être corrigés à la fin de l'exercice, pour un calcul correct du résultat (cf. chapitre 21 « Régularisations »).

Le schéma suivant résume ces types de décalages (D : document de base).

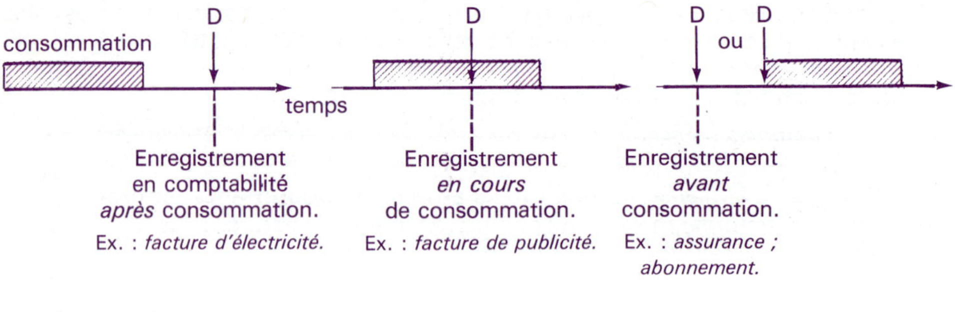

3° L'analyse en profondeur des charges et des produits.

Les entreprises sont aujourd'hui amenées à utiliser des *comptes analytiques* (tels que FOURNITURES DE BUREAU) à la place de comptes plus synthétiques (ACHATS, dans le cas considéré).

L'emploi généralisé de comptes analytiques de sous-comptes, correspond aux besoins de la gestion moderne des entreprises qui demande à la comptabilité des renseignements de plus en plus précis (sauf dans les très petites entreprises). Cette **analyse en profondeur des composantes du résultat** fournit au chef d'entreprise les informations qui lui permettent de prendre des décisions fondées.

Si l'on trouve, par exemple, que les dépenses d'entretien (compte 615) ont sensiblement augmenté d'une année à l'autre, on en recherchera les raisons (gaspillages, mauvaise organisation, etc.) et l'on prendra les décisions qui s'imposent, ce qui serait impossible si ces dépenses d'entretien étaient « noyées » dans la masse des enregistrements concernant le compte 61 « Services extérieurs ».

Nous indiquons dans les sections II et III suivantes les comptes d'ordre 3 et 4 usuels de charges et de produits.

4° Analyse par nature des charges et des produits.

Rappelons que l'analyse des charges du P.C.G. (et celle des produits) est une **analyse par « nature » et non « par fonction »** ou par destination de flux internes.

La signification des comptes est donc strictement limitée à cette définition : c'est ainsi que le compte **624 « Transports »** représente les **seuls transports externes** de l'entreprise et non l'ensemble des « transports » consommés par elle, si elle dispose de moyens propres (camions, camionnettes...).

En effet :

• le compte 624 « Transports » n'enregistre que les factures de transports de biens (et transports collectifs de personnel), adressées à la firme par des *tiers transporteurs* (exemple : S.N.C.F., Messageries Maritimes...), ainsi que par des *fournisseurs* (sur les factures d'achats) ;

• si l'entreprise possède, par ailleurs, des véhicules de transports, *le coût de ces transports figurera dans une majorité de comptes de charges* sauf *précisément, dans le compte 624 :*

— salaires des chauffeurs en « charges de personnel » (64) ;

— essence, gazole en « achats » (60221) ;

— réparations, entretien en « services extérieurs » (615) ;

— amortissements en « dotations » (68), etc.

En conséquence, le compte 624 « Transports de biens et transports collectifs du personnel » ne représente que les coûts de transports externes ; il ne s'identifierait au coût de la fonction « transports » de l'entreprise que si celle-ci n'avait aucun moyen de transport qui lui soit propre.

Cette remarque vaut pour tous les services assurés en partie par des tiers, en partie pour la firme elle-même.

Exemples *: Études et recherches ; publicité ; entretien et réparations, etc.*

Il faudra s'en souvenir au moment de l'étude du compte de résultat et de la gestion de l'entreprise.

II. COMPTES DE CHARGES

• ACHATS ET VARIATIONS DE STOCKS (COMPTE 60).

Les comptes usuels d'achats ont été étudiés dans les chapitres 9 et 10. Rappelons :

— que les comptes 601, 602, 606, 607, 608 et leurs subdivisions sont tous *débiteurs ;*
— que le compte 603 n'est utilisé qu'en fin d'exercice (variation de stocks) ;
— que le compte 609, *créditeur,* enregistre les « R.R.R. obtenus ».

• AUTRES CHARGES EXTERNES, COMPTES 61 ET 62.

Sont regroupés sous ce titre les comptes 61 et 62 dont les contenus sont fort semblables : ils enregistrent toutes les *consommations de services extérieurs* (1) :

61. SERVICES EXTÉRIEURS
    611. Sous-traitance générale
    612. Redevances de crédit-bail.
        6122. Crédit-bail immobilier.
        6125. Crédit-bail mobilier.
    613. Locations
        6132. Locations immobilières.
        6135. Locations mobilières.
        6136. Malis sur emballages restitués.
    614. Charges locatives et de copropriété.
    615. Travaux d'entretien et de réparations.
    616. Primes d'assurance.
    617. Études et recherches.
    618. Divers (documentation).
    619. Rabais, remises et ristournes obtenus sur services extérieurs.

62. AUTRES SERVICES EXTÉRIEURS
    621. Personnel extérieur.
    622. Rémunérations d'intermédiaires et honoraires.
    623. Publicité, publications, relations publiques.
    624. Transports de biens et transports collectifs du personnel.
        6241. Transports sur achats.
        6242. Transports sur ventes.
        6244. Transports administratifs.
        6247. Transports collectifs du personnel.
    625. Déplacements, missions et réceptions.
    626. Frais postaux et frais de télécommunications.
    627. Services bancaires.
        6271. Frais sur titres (achat, vente, garde).
        6272. Commissions et frais sur émission d'emprunts.
        6275. Frais sur effets.
        6276. Location de coffres.
    628. Divers.
    629. Rabais, remises et ristournes obtenus sur autres services extérieurs.

---

(1) La somme des charges 60, 61, 62 forme la « consommation intermédiaire » de l'entreprise, venant en soustraction dans le calcul de sa « valeur ajoutée » (cf. chapitres 2 et 26).

— Ces comptes sont débités à la réception des factures correspondantes ou aux échéances prévues (ex. : locations).

— Les réductions obtenues « hors facture » initiale **sont portées** au crédit des comptes 619 et 629 « R.R.R. obtenus ».

__Exemple__ : Le 15-4, nous recevons la facture de la société FIDA, d'un montant H.T. de 18 000 F (pour une « étude de marché » réalisée par cette société) ; le 27-4, FIDA nous accorde un rabais H.T. de 3 000 F, après réclamation pour non-respect d'une partie du contrat. TVA au taux normal.

				Débit	Crédit
		15-4			
Réception de la facture :	617.		Études et recherches	18 000	
	44566.		État, T.V.A. déduct. (B.S.)	3 348	
		401.	Fournisseurs (FIDA)		21 348
		27-4			
Réception de la facture d'avoir :	401.		Fournisseurs (FIDA)	3 558	
		619.	R.R.R. obtenus sur services extérieurs		3 000
		44566.	État, T.V.A. déduct. (B.S.)		558

En fin d'exercice, les comptes 619 et 629 sont virés pour solde au crédit des comptes 61 et 62 qui figurent ainsi pour leur seul montant net dans le compte de résultat.

Cas particuliers :

612. **Redevances de crédit-bail** : ce sont des sommes payées à des tiers pour rénumérer la mise à disposition de l'entreprise de matériels (crédit-bail mobilier) ou d'immeubles (crédit-bail immobilier) achetés pour l'entreprise par ces tiers ; il s'agit d'une catégorie particulière de loyers, dans le cadre de contrats de « crédit-bail ».

621. **Personnel extérieur** : sommes payées à des firmes de services qui « louent » du personnel à l'entreprise considérée ; ces personnels ne sont donc pas les salariés de l'entreprise, mais de la firme de services (exemple : Manpower ; Secrétariat « Bis », etc...) qui adresse une **facture** à l'entreprise.

627. **Services bancaires** : les charges inscrites dans ce compte, facturées par les banques, ne sont pas, contrairement à ce qu'on pourrait croire a priori, des « charges financières », mais des **« services »** à inclure dans les « consommations externes » de l'entreprise.

• IMPÔTS, TAXES ET VERSEMENTS ASSIMILÉS (COMPTE 63).

Ces charges correspondent :

— d'une part, à des versements obligatoires à l'État et aux collectivités locales, pour subvenir aux dépenses publiques (exemple : taxe professionnelle) ;

— d'autre part à des versements institués par l'autorité publique notamment pour le financement d'action d'intérêt économique et social (exemple : participation des employeurs à la formation continue).

L'**impôt sur les bénéfices n'est pas comptabilisé sous ce compte,** mais au compte 695 (cf. chapitre 8).

631. Impôts, taxes et versements assimilés sur rémunérations (administration des impôts).
   - 6311. Taxe sur les salaires.
   - 6312. Taxe d'apprentissage.
   - 6313. Participation des employeurs à la formation professionnelle continue.
   - 6314. Cotisation pour défaut d'investissement obligatoire dans la construction.

633. Impôts, taxes et versements assimilés sur rémunérations (autres organismes).
   - 6331. Versement de transport dans la région parisienne (et certaines autres grandes villes).
   - 6332. Allocation logement.
   - 6333 Participation des employeurs à la formation professionnelle continue.
   - 6334 Participation des employeurs à l'effort de construction.
   - 6335. Versements libératoires ouvrant droit à l'exonération de la taxe d'apprentissage.

635. Autres impôts, taxes et versements assimilés (administration des impôts).
   - 6351. Impôts directs (sauf impôt sur les sociétés).
   - 6352. Taxes sur le chiffre d'affaires non récupérables.
   - 6353. Impôts indirects.
   - 6354. Droits d'enregistrement et de timbre.
   - 6358. Autres droits.

637. Autres impôts, taxes et versements assimilés (autres organismes).
   - 6371. Contribution sociale de solidarité à la charge des sociétés.
   - 6372. Taxes perçues par les organismes publics internationaux.
   - 6374. Impôts et taxes exigibles à l'étranger.
   - 6378. Taxes diverses.

Remarques :

— Il n'est pas prévu de compte 639 « R.R.R. obtenus sur impôts », ce que d'aucuns peuvent regretter... ; en cas de *réduction sur impôts* déjà comptabilisés on *créditera directement le compte d'impôt correspondant.*

— La T.V.A. déductible, n'est pas une charge pour l'entreprise, et ne figure donc pas dans le compte 63 ; lorsqu'une partie de cette taxe n'est pas « récupérable », elle est enregistrée au débit du compte 6352.

• CHARGES DE PERSONNEL : COMPTE 64.

En raison de son importance et de ses particularités, cette charge sera étudiée dans le chapitre n° 15.

Il est bon d'en connaître d'ores et déjà le contenu usuel :

641. Rémunérations du personnel.
   - 6411. Salaires, appointements, commissions de base.
   - 6412. Congés payés.
   - 6413. Primes et gratifications.
   - 6414. Indemnités et avantages divers.
   - 6415. Supplément familial.

645. Charges de Sécurité sociale et de prévoyance.
   - 6451. Cotisations à l'URSSAF.
   - 6452. Cotisations aux mutuelles.
   - 6453. Cotisations aux caisses de retraites.
   - 6454. Cotisations aux Assedic.
   - 6458. Cotisations autres organ. sociaux.

On notera que le compte 64 n'enregistre que les « salaires » (rémunérations du personnel) et les charges « sociales », liées à ces rémunérations, et *perçues au profit de salariés* (les impôts, les taxes calculés sur les salaires sont, eux, inscrits au compte 63).

646. Cotisations sociales personnelles de l'exploitant.
647. Autres charges sociales.
   6472. Versements aux comités d'entreprise et d'établissement.
   6474. Versements aux autres œuvres sociales.
   6475. Médecine du travail ; pharmacie.

• AUTRES CHARGES DE GESTION COURANTE ; COMPTE 65.

651. Redevances pour concessions, brevets, licences, marques, procédés, droits et valeurs similaires.
653. Jetons de présence.
654. Pertes sur créances irrécouvrables.
655. Quote-part sur opérations faites en commun (1).
658. Charges diverses de gestion courante.

— Les *« jetons de présence »* sont des rémunérations spéciales versées aux administrateurs des sociétés à raison de leur présence aux conseils d'administration.

— Les *« pertes sur créances irrécouvrables »* résultent du non-paiement, définitif, de créances, par des débiteurs défaillants.

Exemple : *Nous apprenons que le client Gilbert, qui nous doit H.T. 1 800 F, est en « faillite » et que la procédure intentée contre lui a été interrompue pour « insuffisance d'actif » ; nous pouvons considérer comme perdus les 1 800 F dus par ce client (la TVA collectée sera récupérée ; cf. chapitre 20) :*

654. Pertes sur créances irrécouvrables	1 800	
411. Clients		1 800

Remarque : Le plus souvent, en raison de la durée de la procédure, la créance est d'abord virée dans un compte ad-hoc 416 « Clients douteux ou litigieux », et fait l'objet d'une « provision » à l'inventaire (cf. chapitre 20).

• CHARGES FINANCIÈRES ; COMPTE 66.

661. Charges d'intérêts.
   6611. Intérêts des emprunts et dettes.
   6615. Intérêts des comptes courants et de dépôts créditeurs.
   6616. Intérêts bancaires et sur opérations de financement.
   6618. Intérêts des autres dettes.
665. Escomptes accordés.
666. Pertes de change.
667. Charges nettes sur cession de valeurs mobilières de placement.
668 Autres charges financières.

Le compte 66 enregistre principalement des charges d'**intérêts** et d'**escomptes accordés** (qui équivalent à des intérêts ; cf. chapitre 9), mais aussi des « pertes de change » et des « charges nettes sur cession de valeurs mobilières de placement » (V.M.P.).

(1) Non étudiées dans ce tome.

666. Pertes de change.

Exemple : Nous vendons le 15-3 des marchandises au client Hudson, de New-York ; le prix est fixé en dollars : 800 $, payables au 30-6.

Le 15-3, le cours du dollar est de 5,80 F (cours du change).
La facture de vente est donc ainsi enregistrée.

15-3		
411. Clients .... (5,80 F × 800)	4 640	
70. Ventes		4 640

Le 30-6, le cours du change du dollar est tombé à 5,60 F, nous recevons donc seulement 5,60 × 800 = 4 480 F subissant une perte de 160 F.

30-6		
512. Banque	4 480	
666. Pertes de change	160	
411. Clients		4 640

667. Charges nettes sur cessions de V.M.P. Ce compte enregistre les pertes subies à l'occasion de la revente de valeurs mobilières de placement.

Bien que le P.C.G. prévoie qu'« il est débité de la valeur des titres cédés, et crédité du prix de cession », nous estimons qu'il peut n'être débité que de la différence défavorable (perte), ce qui est plus simple et ne modifie pas le compte de résultat.

Exemple : Le 15-9, achat en bourse (par notre banque) de 10 actions « Casino » au cours de 1 300 F l'une ; commission, 25 F ; le 10-12, les titres sont revendus au cours de 1 260 F.

Nota : les commissions payées lors de l'achat de titres ne sont pas portées en valeur d'entrée des titres, mais en charges (services bancaires, 627).

	15-9		
Achats des V.M.P.	50. Valeurs mobilières de placement ..	13 000	
	6271. Frais sur titres	25	
	512. Banque		13 025
	10-12		
Cession des titres : « charge nette » (perte) de 40 × 10 = 400.	512. Banque	12 600	
	667. Charges nettes sur cessions de V.M.P.	400	
	50. Valeurs mobilières de placement		13 000

- CHARGES EXCEPTIONNELLES, COMPTE 67.

Ce compte enregistre les **charges qui ne sont pas liées à l'exploitation et** qui ne sont pas financières ; leur caractère est « exceptionnel » du fait de leur nature : amendes, pénalités, cessions d'immobilisations...

Les comptes 671 et 675 séparent celles de ces charges qui concernent l'exploitation courante (671) et celles qui se rapportent à des opérations de cession (675).

671. Charges exceptionnelles sur opérations de gestion.
   - 6711. Pénalités sur marchés.
   - 6712. Pénalités et amendes fiscales ou pénales.
   - 6713. Dons.
   - 6714. Créances devenues irrécouvrables.
   - 6715. Subventions accordées.
   - 6718. Autres charges exceptionnelles sur opérations de gestion.

675. Valeurs comptables des éléments d'actif cédés (charges sur opérations en capital).

678. Autres charges exceptionnelles

Le compte 6714 enregistre les pertes sur des créances « exceptionnelles », c'est-à-dire hors exploitation, devenues irrécouvrables (par exemple : l'entreprise a cédé un équipement à un tiers en lui « faisant crédit » ; or, ce tiers se révèle insolvable).

Les pertes sur créances ordinaires (créances-clients) sont notées au débit du compte 654.

Cas des cessions d'éléments d'actif (immobilisations). Le P.C.G. prévoit l'inscription en charges et en produits, non du résultat net de la cession (perte ou bénéfice) mais, respectivement de la **valeur comptable** et du **prix de cession.**

Ainsi, une immobilisation figurant en comptabilité pour C et vendue V donnera lieu à :

inscription de C dans les charges (compte 675).	inscription de V dans les produits (compte 775).

Cette solution permet de **faire apparaître dans le compte de Résultat.**

— dans les charges : les *« valeurs comptables des éléments d'actif cédés »,* compte 675.	— dans les produits : les *« produits des cessions des éléments d'actif »,* compte 775.

Exemple : *Un terrain acquis pour 150 000 F figure pour ce montant en comptabilité ; il est vendu 195 000 F (à crédit). L'opération est enregistrée en deux temps :*

1. Valeur comptable.	**675. Valeurs comptables des éléments d'actif cédés**	150 000	
	211. Terrains		150 000
2. Prix de cession.	46. Débiteurs divers	195 000	
	775. Produits des cessions d'éléments d'actif		195 000

Conséquences de cet enregistrement sur le compte de Résultat :

Résultat

	.....	.....	
	.....	.....	
675. Valeurs comptables des éléments d'actif cédés	150 000	775. Produits des cessions d'éléments d'actif	195 000
	.....	.....	

Incidence nette : bénéfice de 45 000.

• DOTATIONS AUX AMORTISSEMENTS ET AUX PROVISIONS, COMPTE 68. Cf. chapitres 17 à 19.

• PARTICIPATION DES SALARIÉS. IMPÔTS SUR LES BÉNÉFICES ; COMPTE 69. Cf. chapitre 22.

Remarque : Charges et TVA :

— la quasi-totalité des charges enregistrées au débit des comptes 60, 61, 62 est soumise à la TVA ;

— les charges inscrites aux comptes 63 à 69 sont en quasi-totalité exemptes de TVA.

III. COMPTES DE PRODUITS

• VENTES DE PRODUITS FABRIQUÉS, PRESTATIONS DE SERVICES, MARCHANDISES ; COMPTE 70.

L'utilisation de ce compte a été étudiée dans le chapitre 9.

701. Ventes de produits finis.
702. Ventes de produits intermédiaires.
703. Ventes de produits résiduels.
704. Travaux.
705. Études.
706. Prestations de services.
707. Ventes de marchandises.
708. Produits des activités annexes.
    7081. Produits des services exploités dans l'intérêt du personnel.
    7082. Commissions et courtages.
    7083. Locations diverses.
    7084. Mise à disposition de personnel facturée.
    7085. Ports et frais accessoires facturés.
    7086. Bonis sur reprises d'emballages consignés.
    7087. Bonifications obtenues des clients et primes sur ventes.
    7088. Autres produits d'activités annexes.
709. Rabais, remises et ristournes accordés par l'entreprise.

Les comptes 701 à 707 sont, ou non, utilisés selon la nature des activités de l'entreprise :

— une firme industrielle utilisera les comptes 701, 702, 703 ;

— un artisan réparateur, le compte 704 ;

— une agence de voyages, le compte 706, etc.

Le compte 708 enregistre les produits des activités annexes diverses de l'entreprise : loyers reçus, commissions occasionnelles perçues, ports facturés aux clients...

Le compte 709, *débiteur,* enregistre les R.R.R. accordés.

Les entreprises relevant du système abrégé regroupent les comptes 704, 705 et 706 sous le n° 706 « Travaux et prestations de services ».

• PRODUCTION STOCKÉE, COMPTE 71

Il enregistre, une fois par an, en fin d'exercice dans le compte 713, la variation de stocks des produits finis et en-cours (cf. chapitre 21).

• PRODUCTION IMMOBILISÉE, COMPTE 72

Ce compte enregistre à son crédit le montant de la production conservée dans l'entreprise en « investissements » ; cette production représente une véritable « vente à soi-même ».

Exemple : *Une entreprise de construction construit pour elle-même un bâtiment achevé le 20 septembre et mis alors en service à titre d'entrepôt. Grâce à sa « C.A.E. », elle en connaît le coût de production, qui s'élève à 160 000 F.*

Cette entreprise doit, le 20-9, constater dans la comptabilité l'entrée dans son patrimoine de cette « immobilisation » qu'elle n'a pas achetée mais « produit pour elle-même » ; cette production constitue une « ressource interne » qu'il faut comptabiliser (compte 72).

	20 sept.		
Mise en service du bâtiment :	2131. Bâtiments	160 000	
	72. Production immobilisée.....		160 000

On notera que l'**incidence de cette opération sur le résultat est nulle** (ni bénéfice, ni perte) ; en effet, les 160 000 F de produits du compte 72 sont contrebalancés, dans le compte de résultat, par les 160 000 F de charges diverses formant le coût de production ; ces 160 000 F de charges sont « noyés » dans les charges de l'entreprise (achats, services extérieurs, charges de personnel, etc.).

• AUTRES PRODUITS DE GESTION COURANTE, COMPTE 75

751. Redevances pour concessions, brevets, licences, marques, procédés, droits...
752. Revenus des immeubles non affectés aux activités professionnelles.
753. Jetons de présence et rémunérations d'administrateurs, gérants, etc.
755. Quote-part des opérations faites en commun.
758. Produits divers de gestion courante.

Ce compte est symétrique du compte 65 ; il s'agit des redevances *reçues,* des jetons de présence *reçus* (société « administrateur » d'une autre société).

Les « opérations faites en commun » ne sont pas étudiées dans ce tome.

• PRODUITS FINANCIERS ; COMPTE 76

761. Produits de participations.
    - 7611. Revenus des titres de participation.
    - 7616. Revenus sur autres formes de participation.
762. Produits des autres immobilisations financières.
763. Revenus des autres créances.
764. Revenus des valeurs mobilières de placement.
765. Escomptes obtenus.
766. Gains de change.
767. Produits nets sur cessions de valeurs mobilières de placement.
768. Autres produits financiers.

Ce compte, presque symétrique du compte 66, enregistre les **intérêts et escomptes en faveur de l'entreprise** (cf. chapitre 9) mais aussi les **revenus de titres** (761, 762, 764).

Par ailleurs, on y inscrit :

- les *gains de change,* 766 (cf. 666) ;
- les *produits nets sur cessions de V.M.P.,* 767.

Exemple : *Cession à 17 000 F DE V.M.P. acquises pour 15 000 F.*

512. Banque	17 000	
50. Valeurs mobilières de placement		15 000
767. Produits nets sur cessions de V.M.P.		2 000

On remarquera que les cessions de V.M.P. ne sont pas enregistrées de la même façon que les cessions d'immobilisations :

— pour ces dernières et, notamment, pour les titres immobilisés *(immobilisations financières)* la comptabilité garde trace, en charges et en produits des *flux :*

675. Valeur comptable des éléments d'actif cédés	775. Produits des cessions d'éléments d'actif

— **pour les V.M.P.**, elle n'enregistre, en charges ou en produits, que le **résultat net de la cession** (d'où les termes utilisés : 667 « Charges nettes sur cession V.M.P. » et 767 « Produits nets sur cession V.M.P. ».

• PRODUITS EXCEPTIONNELS, COMPTE 77

771. Produits exceptionnels sur opérations de gestion.
   7711. Dédits sur achats et sur ventes.
   7713. Libéralités reçues.
   7715. Subventions d'équilibre reçues.
   7717. Dégrèvement d'impôts.
775. Produits des cessions d'éléments d'actif.

Les produits exceptionnels sont, dans l'entreprise, plus rares encore que les charges exceptionnelles, du moins en ce qui concerne les comptes 771.

Quant aux « produits des cessions d'éléments d'actif » (775), leur nature et leur mécanisme viennent d'être étudiés.

• REPRISES SUR AMORTISSEMENTS ET PROVISIONS, COMPTE 78

Symétrique des « D.A.P. » n° 68, ce compte sera étudié chapitre 20.

QUESTIONS

A. *Reprendre, dans les chapitres 1 et 2, l'étude de la « valeur ajoutée ». Comment, à partir des comptes de charges et de produits obtenir une approche de la valeur ajoutée de l'entreprise ?*

B. *Quelles sont les charges des comptes 61/62 dont le « document de base » n'est pas la facture d'une autre entreprise ?*

C. *Quelles différences économiques, juridiques et sociales faites-vous entre la charge de « Personnel intérimaire » 621 et les « Charges de personnel » 64.*

D. *Les charges calculées sur les salaires sont enregistrées dans deux comptes d'ordre 2, différents ; donner le critère et la raison de cette distinction.*

E. *Une entreprise a acheté pour 180 000 F des actions d'une société, qu'elle entend conserver durablement ; deux ans après, le 15-11-19.A, elle revend ces titres au prix de 217 000 F.*

a) *Présenter l'enregistrement de ces opérations.*

b) *Présenter ce que serait l'enregistrement de la cession si les titres étaient, pour l'entreprise, des « V.M.P. ».*

F. *Une entreprise a omis de comptabiliser une « production immobilisée » de 58 000 F, dans ses écritures de l'exercice N ; quelle est l'incidence de cette omission sur le résultat ? sur le bilan ? Comment, en N + 1 ou N + 2, s'apercevra-t-on de l'erreur ?*

G. *Quels comptes d'ordre 3 enregistrent les charges suivantes : intérêts dus à mon prêteur Charles, 500 F ; acheté des rames de papier à lettres, 180 F ; essence consommée par les véhicules, 425 F ; impôt sur les salaires du trimestre, 440 F ; commissions de nos représentants salariés, 5 850 F ; commission payée à un intermédiaire, 400 F ; achat de timbres-poste, 140 F ; de timbres fiscaux, 120 F ; note du restaurant « Le Chapon fin » (réception de nos agents), 950 F ; assurance incendie, 1 500 F.*

H. *Un grossiste en tissus de Paris négocie une affaire pour le compte d'un de ses collègues résidant à Toulouse ; il est rémunéré de ce service occasionnel par une commission de 1 800 F. Comment comptabiliser cette commission ?*

I. *Dans la balance d'une entreprise de mécanique générale, on trouve, entre autres, les comptes suivants : achats de tôles, achats de poutrelles, achats de fournitures d'atelier, achats de combustibles, achats de lubrifiants...*

Quels numéros donneriez-vous à ces comptes ?

Enregistrer les achats suivants (indiquer l'analyse comptable) : tôle de 1 mm, 5 500 F ; poutrelles de 10 cm × 5 cm × 2 cm, 3 880 F ; huiles de graissage, 500 F ; mazout, 2 800 F, essence, 5 000 F.

J. *Dans quels comptes d'ordre 3 sont enregistrés les impôts suivants : taxe sur la valeur ajoutée, taxe à l'importation, droits d'enregistrement, contribution mobilière (pour l'appartement de l'exploitant), taxe d'apprentissage, impôt sur les bénéfices, taxe professionnelle.*

K. *Le 1er avril, une entreprise détermine le montant dû à la Sécurité sociale, au titre des charges sur les salaires du mois de mars 43 650 F. Mais elle ne règle cette somme que le 13 avril, par chèque bancaire.*

Enregistrer ces opérations de deux manières différentes ; laquelle vous paraît préférable ?

L. *Quelles différences faites-vous entre le compte « Charges de Sécurité sociale » et le compte « Sécurité sociale » ?*

M. *Enregistrer les deux opérations suivantes :*

— *Acheté au comptant une scie à métaux, 148 F.*

— *Acheté au comptant une scie électrique, 2 850 F.*

Commenter la différence de nature de ces deux opérations ; dans quel cas pourraient-elles être enregistrées sous le même compte ?

N. *Citer des charges enregistrées, en général, avant qu'elles ne soient consommées ; d'autres enregistrées après consommation ou utilisation.*

O. *Dans quels comptes (d'ordre 3 et 4) sont enregistrées les dépenses suivantes : factures S.N.C.F. pour expédition produits finis ; 2 billets Paris-Rome sur Air-France ; facture des « Cars Nogentais » pour transport des ouvriers en mars : 3 300 F ; transports à notre charge facturés par des fournisseurs : 310 F ; facture de 2 700 F de l'agence de voyages (déplacement du Directeur administratif à Madrid) ; essence pour nos camions : 850 F ; facture des Transports de l'Est : livraison d'une machine-outil achetée par nous : 790 F.*

EXERCICES

• **1.** Présenter l'analyse comptable des opérations suivantes (tenir compte de la TVA au taux normal sur toutes les opérations qui y sont en principe soumises ; montants ci-dessous H.T.) :

1-10. Facture reçue de mon fournisseur Guichet (marchandises) : brut, 5 500 F ; remise, 10 % ; escompte, 1 % ; port, 180 F.
3-10. Reçu avis du Centre téléphonique, 790 F à régler sous quinzaine.
5-10. Payé en espèces le laveur de vitres, 150 F (artisan).
6-10. Reçu la note de réparations de l'électricien, 1 247 F (payable à la fin octobre).
Encaissé le loyer d'un immeuble, 4 200 F (mon locataire aurait dû régler le 1er octobre ; je n'avais pas alors enregistré ma créance).
7-10. Insertion publicitaire réglée comptant en espèces, 723 F.
Adressé à Leroux une facture d'avoir de 800 F (rabais).
8-10. Mon client Thiry refuse de prendre livraison d'une commande antérieure et abandonne les arrhes qu'il m'avait versées, 500 F.
10-10. Réglé abonnement annuel à une revue professionnelle, 120 F (chèque sur le Crédit Lyonnais).

• **2.** Présenter l'analyse comptable des opérations suivantes :

15 novembre. Facture d'avoir de mon fournisseur Recoule (escompte), 95 F.
Payé cotisations à la Sécurité sociale (enregistrées depuis le 31 octobre) par chèque bancaire sur le Crédit Lyonnais, 11 270 F.
16 novembre. Reçu une facture du papetier Sauret (classeurs, chemises, papier), 890 F ; remise, 10 %, payable fin de mois.
17 novembre. Reçu et payé en espèces la note de déplacement d'un chef de service, 370 F.
18 novembre. Payé en espèces la note du garagiste, 246 F, reçue ce jour.
19 novembre. Reçu de l'« Union-Incendie » la quittance annuelle d'assurance incendie, 490 F.
Reçu une facture du transporteur Arnal (pour diverses livraisons aux clients), 480 F.
20 novembre. Reçu une facture de Magny (vendeur d'articles de bureau). Brut, 1 280 F ; remise, 10 % ; escompte, 1 % ; port, 67 F.
Encaissé le revenu de titres de placement, 346 F.
Payé 1 600 F de salaires en espèces.
Réglé la prime d'assurance incendie de 490 F (par chèque bancaire sur le Crédit Lyonnais).
25 novembre. Reçu avertissement percepteur (relatif à la taxe professionnelle à payer au 15 décembre) 4 300 F.

• **3.** Présenter l'analyse comptable des opérations suivantes (TVA au taux normal ; montants H.T.) :

31 mars. Déterminé et réglé en espèces les salaires et appointements du personnel, 21 852 F.
Charges de Sécurité sociale correspondantes, 8 517 F (à régler avant le 15 avril).
1er avril. Enregistré le paiement du loyer du magasin (par chèque bancaire sur la Société Générale), 3 700 F.
2 avril. Comptabilisé la commission (occasionnelle) que doit me régler un collègue, Martin, 1 700 F.
3 avril. Enregistré la note d'honoraires de l'expert-comptable Alex, 3 200 F.
Adressé facture d'avoir à Jouve (son retour de marchandises), 2 350 F.
5 avril. Acheté au comptant, contre espèces, du fuel pour chauffage du magasin, 1 540 F.
Enregistré un mémoire du peintre Coury, payable en fin de mois (réfection peintures, menuiseries extérieures du magasin), 7 680 F.
6 avril. Reçu par virement bancaire à la Société Générale la commission de Martin, 1 700 F.
10 avril. Réglé à la Sécurité sociale les charges du mois de mars par chèque bancaire.
Payé des taxes sur le chiffre d'affaires non récupérables (non encore enregistrées) par chèque bancaire sur la Société générale, 2 790 F.
12 avril. Enregistré une facture de Rousseau (forfait d'entretien de notre matériel comptable), 2 200 F, payable à fin de mois.
Acheté à la Société Générale des valeurs mobilières de placement, 3 890 F ; frais d'achat, 87 F.

• **4.** Au cours d'un mois, une entreprise a comptabilisé les divers frais suivants :

Insertions dans les quotidiens, 1 580 F ; téléphone, 1 997 F ; papeterie, 2 740 F ; réceptions diverses, 992 F ; timbres-poste, 772 F ; impression du catalogue, 1 850 F ; abonnements revues diverses, 1 630 F ; frais de contentieux, 1 725 F ; fournitures de multigraphie, 1 230 F ; imprimés publicitaires, 1 380 F ; télégrammes, 425 F ; frais de foires-expositions, 12 740 F ; frais postaux récupérés sur des clients, 383 F ; cadeaux à la clientèle, 1 140 F ; échantillons, 573 F ; cotisations à la Chambre Syndicale, 500 F ; frais de contentieux récupérés sur des clients, 749 F ; don à la « quinzaine commerciale », 800 F ; achat du jurisclasseur du chef d'entreprise, 480 F.

Travail à faire :

1° Présenter les comptes d'ordre 3.

2° Présenter les comptes d'ordre 4.

• **5.** Au cours du dernier mois, l'Entreprise Arraut a comptabilisé notamment les opérations suivantes :

Commissions des représentants salariés, 12 630 F ; achats de matières premières, 25 637 F ; appointements des employés, 9 391 F ; impôt sur les salaires, 2 570 F ; charges de Sécurité sociale, 16 320 F ; loyers, 3 620 F ; fournitures de bureau, 420 F ; frais de déplacements des représentants, 6 900 F ; primes d'assurances réglées, 1 350 F ; frais de poste et de télécommunications, 575 F ; intérêts des emprunts contractés, 490 F ; commissions et courtages reçus, 1 400 F ; réductions accordées, 4 620 F ; salaires des ouvriers, 31 410 F ; escomptes de règlement obtenus, 730 F ; achats de marchandises, 53 400 F ; réductions obtenues, 3 210 F ; frais de banque, 120 F ; frais d'entretien, 3 630 F ; transports sur achats, 1 300 F ; quittances électricité-gaz, 2 410 F ; taxes indirectes, 12 490 F ; ventes de marchandises, 87 300 F ; frais de publicité, 1 300 F ; ventes de produits fabriqués, 70 500 F ; escomptes accordés, 450 F ; transports sur ventes, 1 475 F ; frais de documentation générale, 200 F ; dépenses de petit outillage, 750 F ; dotations aux amortissements, 8 700 F ; transports récupérés, 240 F.

Présenter schématiquement les comptes de charges et de produits d'ordre 2 correspondant à ces opérations (dans l'ordre prévu au P.C.G.).

• **6.** Indiquer les imputations des opérations suivantes (comptes d'ordre 3).

Amende fiscale de 3 400 F ; cotisations Sécurité sociale, 53 400 F ; frais de garde de titres à la banque : 294 F ; location d'une machine à photocopier : 3 400 F ; bénéfice de 837 F sur cession de valeurs de placement ; achat de produits d'entretien : 434 F ; billets d'avion, 1 400 F ; commissions bancaires sur effets, 160 F ; timbres fiscaux, 240 F ; frais d'huissier, 750 F ; primes d'assurance-incendie, 2 500 F ; honoraires de l'avocat, 1 900 F ; taxe d'apprentissage, 1 400 F ; échantillons publicitaires, 3 100 F ; abonnements à la « Revue fiduciaire », 800 F ; papier d'emballage, 400 F ; sous-traitances effectuées par des tiers, 17 000 F ; loyer d'un immeuble, reçu, 4 000 F ; vendu 19 000 F des titres immobilisés de valeur comptable 17 800 F ; redevances pour brevets payées 2 650 F ; rabais obtenus sur sous-traitances : 1 300 F ; intérêts sur dettes financières, 1 840 F ; ristournes accordées aux clients, 1 750 F ; produits finis facturés aux clients 47 650 F ; pertes sur créances clients, 1 300 F ; payé à une société de services (personnel temporaire) 5 300 F.

Chapitre 13

LIQUIDITÉS ET RÈGLEMENTS

Les opérations commerciales traitées par l'entreprise avec d'autres agents économiques se traduisent, finalement, par des règlements financiers sous forme d'espèces, de chèques, de virements, de lettres de change.

L'entreprise doit ainsi disposer de « liquidités » suffisantes pour pouvoir faire face à ses engagements et effectuer les opérations de son commerce. Les liquidités figurent, en comptabilité, au débit de comptes dont nous allons préciser le fonctionnement : CAISSE, BANQUE, CHÈQUES POSTAUX, CHÈQUES A ENCAISSER.

I. LE COMPTE « 53. CAISSE »

Son fonctionnement nous est familier. *Nécessairement débiteur,* ce compte enregistre les *flux d'entrée et de sortie d'espèces.*

Il fait, en principe, l'objet d'un *contrôle quotidien* de concordance entre son solde comptable et le montant des espèces détenues effectivement en caisse.

II. LE COMPTE « 512. BANQUE »

Tout commerçant est tenu de se faire ouvrir un compte dans une banque ou dans un Centre de chèques postaux. Nous trouvons donc, dans toute entreprise, soit un compte « Banque », soit un compte « Chèques postaux » et souvent les deux.

A la différence du compte « Caisse », le compte « Banque » enregistre des *flux de créances-dettes* et *son solde, s'il est généralement débiteur, peut parfois être créditeur* (cf. chapitre 7, page 115).

L'étude de ce compte ne présente pas de difficultés particulières, mais suppose une parfaite connaissance des documents bancaires (chèques, ordres de virement, bordereaux, etc.).

Débit	BANQUE	Crédit

Créances acquises sur la banque.	**Dettes vis-à-vis de la banque.**
— Versements d'espèces en banque. — Encaissements par la banque de chèques, de créances, d'effets de commerce. — Ordres de virement en notre faveur. — Remises à l'escompte d'effets de commerce à notre ordre. — Encaissements d'intérêts, de coupons, etc., en notre faveur.	— Retraits d'espèces de la banque (chèques à notre ordre). — Chèques et ordres de virements sur la banque, à l'ordre de nos fournisseurs ou créanciers. — Paiements, par la banque, d'effets de commerce tirés sur nous **(effets domiciliés)**. — Paiements, par la banque, de sommes dues par nous à des tiers. — Commissions, frais, intérêts dus à la banque (agios).

Solde débiteur : Créance sur la banque (« avoir » à la banque).
Solde créditeur : Dette envers la banque (crédit de trésorerie).

Remarques :

1. *Les paiements par la banque, pour notre compte, ne sont effectués par elle que si nous lui en avons donné préalablement l'ordre.* Cet ordre peut s'appliquer, soit à une opération particulière, soit à toutes les opérations d'un même type (paiement de factures, de quittances d'électricité, etc.).
2. Les moyennes et grandes entreprises ont souvent des comptes dans plusieurs banques.
3. La plupart des produits et frais de banque sont connus de l'entreprise par le *relevé de compte* reçu mensuellement ou trimestriellement ; ils sont *comptabilisés en bloc pour la période considérée :*

Les **frais de banque** sont à enregistrer en :

627. Services bancaires
pour les commissions diverses prélevées par la banque (cf. chapitre 12).

66. Charges financières
pour les intérêts à notre charge.

Les **pertes de change, les charges nettes sur cessions de V.M.P.,** opérations effectuées par l'intermédiaire de la banque sont elles-mêmes notées au débit du compte 66 « Charges financières ».

Les **produits** versés par la banque sont enregistrés en :

76. Produits financiers
intérêts en notre faveur, revenus de titres, gains de change, produits nets sur cession de V.M.P.

Subdivisions du compte 512 Banque : lorsque l'entreprise utilise les services de plusieurs banques, elle subdivise le compte 512 en autant de comptes d'ordre 4 que de besoin :

5121. Crédit Lyonnais.
5122. B.N.P.
5123. Banque Vernes, etc.

Relevés de compte : les relevés de compte adressés par la banque, mensuels, décadaires ou quotidiens, permettent à l'entreprise de contrôler les mouvements de son compte bancaire.

III. LE COMPTE « 514. CHÈQUES POSTAUX »

Le fonctionnement de ce compte, qui enregistre aussi des *flux de créances-dettes* présente de grandes analogies avec celui du compte « Banque ». Deux différences très importantes sont cependant à souligner :

– *le compte* « Chèques postaux » *ne peut jamais être créditeur,* les Centres de chèques ne consentant ni avances ni découverts aux titulaires des comptes (1) ;

— les Centres de chèques postaux assurent les encaissements de chèques et d'effets de commerce, mais *jamais l'escompte de ces effets.*

Débit — 514. CHÈQUES POSTAUX — Crédit

Créances acquises sur le Centre.	**Dettes vis-à-vis du Centre.**
— Versements d'espèces au Centre de chèques, directement ou par l'intermédiaire des bureaux de poste. — Virements postaux en notre faveur. — Encaissements, par le Centre, de chèques, d'effets de commerce à notre ordre.	Retraits d'espèces (chèques en notre faveur). — Chèques de paiement et chèques de virement en faveur de nos fournisseurs, nos créanciers ou de bénéficiaires quelconques. — Paiements par le Centre, sur notre ordre, de toutes sommes dues par nous à des tiers, et, notamment, des **effets domiciliés** au Centre, des quittances d'électricité, téléphone, etc. — Taxes prélevées par le Centre.

Solde débiteur : Créance sur les « Chèques postaux » (« avoir » chez eux).

Un *contrôle quotidien* des mouvements du compte peut être effectué grâce aux extraits de comptes envoyés, par le Centre de chèques postaux, après chaque journée d'opérations. Ces extraits indiquent le montant de l'opération (ou des opérations du jour), les « taxes) (2) prélevées, l'avoir en compte avant et après l'opération.

Les taxes sont comptabilisées au débit du compte 626 Frais postaux :

— soit au fur et à mesure de la réception des extraits de compte ;

— soit mensuellement, en bloc.

---

(1) Une tolérance de découvert est admise, sous certaines conditions de limite maximale et de délai.

(2) Les frais prélevés par les chèques postaux sont appelés « taxes » par l'Administration des P et T ; malgré cet intitulé, il faut les considérer comme des services consommés (services extérieurs).

IV. LE COMPTE « 5112. CHÈQUES A ENCAISSER »

Les chèques reçus en paiement sont, lorsqu'ils sont nombreux, comptabilisés dans un compte spécial **« 5112 Chèques à encaisser »**, subdivisions du compte 511 « valeurs à l'encaissement ».

Par exemple, le comptable qui reçoit, le 8 juin, un chèque de 1 000 F en règlement d'une vente au comptant peut comptabiliser ainsi cette remise :

Débit :

512. Banque 1 000

Crédit :

70. Ventes 1 000

Mais ces 1 000 F ne sont pas immédiatement disponibles à la banque ; il faut, en effet :

- que le chèque ait été remis au banquier, pour encaissement ;
- que cet encaissement par le banquier ait été effectivement opéré, ce qui peut demander plusieurs jours.

Dans l'intervalle de temps séparant la date de reception du chèque de celle de son encaissement effectif, on note l'« emploi » provisoire dans le compte 5112 Chèques à encaisser.

Exemple :

a) *Remise d'un chèque par le client, le 15-3 :*
Débit :
5112. **Chèques à encaisser** 1 000
Crédit :
70. Ventes 1 000
(ou *Crédit :* 411. Client X...)

b) *Encaissement du chèque par la banque le 22-3 :*
Débit :
512. Banque 1 000
(ou 514. Chèques postaux)
(ou 57. Caisse)
Crédit :
5112. **Chèques à encaisser** 1 000

Le compte CHÈQUES A ENCAISSER *est toujours débiteur.*

Remarque. — Dans les exercices, on n'utilisera le compte « Chèques à encaisser » que si l'énoncé en fait mention ou s'il distingue la date de remise du chèque par le client et la date d'avis de l'encaissement effectif par la banque ou par le Centre de Chèques Postaux.

V. JEU DES COMPTES DE TRÉSORERIE

Nous traitons parallèlement les opérations portant sur les comptes BANQUE et CHÈQUES POSTAUX (1).

---

(1) Les mouvements de ces comptes résultant d'opérations sur effets de commerce ne seront étudiés qu'au cours du chapitre suivant.

Documents de base de ces opérations :

(r) : reçu ; *(a) :* mandat poste de versement à un C.C.P. ; *(b) :* ordre de virement bancaire ; *(c) :* chèque postal de virement ; *(d) :* chèque bancaire ; *(e) :* chèque postal de paiement ; *(f) :* chèque de paiement à moi-même (retrait) ou chèque de virement à l'ordre du receveur des P. et T. (retrait à vue au guichet de la poste) ; *(g) :* avis d'encaissement ; *(h) :* extrait de compte ; *(i) :* avis de paiement.

Opérations bancaires avec la Banque du Sud (avoir initial : nul).				**Opérations avec le Centre de Chèques postaux** (avoir initial : nul).			

1. *Mon versement d'espèces, 8 000 F.*

	D. Banque du Sud	8 000			**D.** Chèques postaux	8 000	
(r)	**C.** Caisse		8 000	*(a)*	**C.** Caisse		8 000

2. *Virement en ma faveur, émanant du client Dubout, 5 000 F.*

	D. Banque du Sud	5 000			**D.** Chèques postaux	5 000	
(b)	**C.** Client Dubout		5 000	*(c)*	**C.** Client Dubout		5 000

3. *Mon chèque à l'ordre du fournisseur Matras, 2 100 F.*

	D. Fournisseur Matras	2 100			**D.** Fournisseur Matras	2 100	
(d)	**C.** Banque du Sud		2 100	*(e)*	**C.** Chèques postaux		2 100

4. *Mon virement à l'ordre du percepteur, 1 480 F (la somme due a déjà été enregistrée).*

	D. État	1 480			**D.** État	1 480	
(b)	**C.** Banque du Sud		1 480	*(c)*	**C.** Chèques postaux		1 480

5. *En règlement d'une vente au comptant, il m'est remis un chèque de 700 F.*

D. Chèques à l'encaissement	700	
C. Ventes de marchandises		700

6. *Retrait d'espèces, 1 000 F.*

	D. Caisse	1 000			**D.** Caisse	1 000	
(d)	**C.** Banque du Sud		1 000	*(f)*	**C.** Chèques postaux		1 000

7. *Le chèque de 700 F est porté en compte.*

	D. Banque du Sud	700			**D.** Chèques postaux	700	
(g)	**C.** Chèques à l'encaiss.		700	*(h)*	**C.** Chèques à l'encaiss.		700

8. *Paiement par domiciliation à la banque (ou au centre de chèques postaux), d'une facture de l'Électricité de France, 185 F, non encore enregistrée :*

	D. Achats d'approvisionnem.	185			**D.** Achats d'approvisionnem.	185	
(i)	**C.** Banque du Sud		185	*(h)*	**C.** Chèques postaux		185

9. *Frais de banque (ou de Chèques postaux) du trimestre, 17 F.*

	D. Services bancaires	17			**D.** Frais postaux	17	
(h)	**C.** Banque du Sud		17	*(h)*	**C.** Chèques postaux		17

10. *Achat au comptant de matériel (4 000 F) payé par chèque.*

	D. Matériel	4 000			**D.** Matériel	4 000	
(d) ou *(b)*	**C.** Banque du Sud		4 000	*(c)* ou *(e)*	**C.** Chèques postaux		4 000

11. *Un client, Montfort, nous remet un chèque de 1 350 F sur la « Banque du Nord » ; ce chèque est remis aussitôt à l'encaissement.*

	D. Banque du Nord	1 350			**D.** Chèques postaux	1 350	
(g)	**C.** Client Montfort		1 350	*(h)*	**C.** Client Montfort		1 350

• A la suite de ces opérations, le compte Banque du Sud et le compte Chèques postaux se présentent schématiquement ainsi :

BANQUE DU SUD	
8 000	2 100
5 000	1 480
700	1 000
1 350	385
	17
	4 000
15 050	*8 982*

Solde débiteur : 6 068.

CHÈQUES POSTAUX	
8 000	2 100
5 000	1 480
700	1 000
1 350	385
	17
	4 000
15 050	*8 982*

Solde débiteur : 6 068.

12. *Mon chèque à l'ordre du fournisseur Dubos, 18 000 F.*

Ce chèque sera « provisionné » si la banque nous a consenti un « découvert » d'au moins 11 932 F

D. Fournisseur Dubos	18 000	
(d) **C.** Banque du Sud		18 000

Solution impossible : le chèque est « sans provision » et ne sera pas honoré par le Centre de Chèques postaux.

VI. ÉTAT DE RAPPROCHEMENT

La banque, le Centre de chèques postaux tiennent eux-mêmes le compte de l'entreprise, **compte réciproque** du compte « Banque », du compte « Chèques postaux » tenu par l'entreprise (cf. chapitre 5).

Or, ces établissements adressent à l'entreprise des relevés de compte quotidiens ou périodiques : le pointage du relevé établi par la Banque (ou le Centre de chèques), donc du compte « Entreprise » tenu par elle (ou par le Centre) et du compte Banque (ou Chèques postaux) tenu par l'entreprise, fournit un contrôle capital ; on appelle **« état de rapprochement »** le document qui permet ce contrôle.

Les opérations de rapprochement sont effectuées périodiquement, en cours d'exercice, en fonction du volume des opérations enregistrées ; l'état de rapprochement permet de **vérifier la concordance des deux comptes réciproques** et de trouver les erreurs éventuelles ; en fin d'exercice, l'établissement d'états de rapprochement des comptes Banques, Chèques postaux est indispensable.

Le compte « Banque » (1) tenu par l'entreprise ne présente pratiquement jamais le même solde (2) à la même date que le compte tenu par la Banque, en raison des décalages dans l'enregistrement des opérations ; l'état de rapprochement permet de vérifier la concordance des deux comptes et de trouver les erreurs éventuelles.

1° Principe.

a) **Sur l'état de rapprochement, on dispose les deux comptes réciproques** (présentation schématique), avec leurs soldes à la date considérée.

Compte BANQUE (1) *(tenu par l'entreprise)*			**Compte CLIENT Z** *(tenu par la banque)*
Solde débiteur X.			Solde créditeur Y.

b) **On inscrit dans chacun de ces comptes,** les opérations qui le concernent, mais qui n'y sont pas encore enregistrées, alors qu'elles sont déjà inscrites sur l'autre compte en raison du décalage des écritures dans les deux comptabilités.

Si aucune erreur n'a été commise dans la tenue des comptes, on doit alors obtenir des **soldes opposés.**

(1) Ou « Chèques postaux ».

(2) En valeur arithmétique, puisque les comptes sont réciproques.

c) Il reste alors à **enregistrer dans la comptabilité de l'entreprise** les écritures correspondant aux inscriptions nouvelles du compte « Banque » (frais bancaires, agios, règlement d'effets domiciliés, virement en faveur de l'entreprise, dont cette dernière prend connaissance à la réception du relevé de compte).

2° Exemple :

Le 31 mars 19.., le compte « Crédit Lyonnais » présente dans nos livres un solde débiteur de 14 456,15 F et le relevé de compte à la même date, que nous adresse le « Crédit Lyonnais » fait apparaître un solde en notre faveur de 13 652,30 F.

Le pointage des deux comptes nous révèle que :

a) **Des opérations inscrites sur le compte tenu par la banque n'ont pas encore été enregistrées dans nos livres** :

- agio de 81,34 F sur remise à l'escompte du 28 mars ;
- commissions bancaires du quatrième trimestre : 132 F ;
- virement à notre ordre du client Charles : 574 F ;
- domiciliation (1) (n° 51), réglée le 31 mars par le Crédit Lyonnais : 2 667,41 F ;
- coupons d'obligations encaissés par le Crédit Lyonnais pour notre compte : 246 F.

b) **D'autres opérations, enregistrées dans nos livres, ne l'ont pas encore été par la banque** :

- chèque n° 6341 à l'ordre du fournisseur Guy : 258,90 F ;
- chèque n° 6343 à l'ordre du fournisseur Piot : 998 F.

L'état de rapprochement peut être ainsi disposé :

31 mars 19...

Compte BANQUE *(dans nos livres)*

Libellés	Débit	Crédit
Solde débiteur	14 456,15	
Agio *(a)*		81,34
Commissions *(b)*		132
Virement Charles *(c)*	574	
Domiciliation *(d)*		2 667,41
Coupons *(e)*	246	
Solde débiteur après rapprochement		12 395,40
	15 276,15	15 276,15

Compte CLIENT X *(tenu par la banque)*

Libellés	Débit	Crédit
Solde créditeur		13 652,30
Chèque n° 6341 à l'ordre de Guy	258,90	
Chèque n° 6343 à l'ordre de Piot	998	
Solde créditeur après rapprochement	12 395,40	
	13 652,30	13 652,30

La concordance des deux soldes est ici observée ; il n'y a donc pas eu d'erreurs de tenue de l'un ou l'autre compte.

(1) Dette « fournisseurs » ou « emprunts » dont le paiement est assuré automatiquement par la banque (en vertu d'un ordre de domiciliation donné par l'entreprise à la banque lors de la naissance de la dette).

A la suite de ce « rapprochement », nous enregistrons dans nos livres comptables les opérations dont nous avons pris connaissance par le « relevé » de la banque :

— Agios (charges financières) sur effets (compte 66).	661. Charges d'intérêts	81,34	
— Commissions (compte 627).	627. Services bancaires	132	
— Paiement du fournisseur Z par domiciliation.	401. Fournisseurs (Z)	2 667,41	
	512. Crédit Lyonnais ...		2 880,75
— Virement reçu de Charles.	512. Crédit Lyonnais	820	
— Revenus de titres (cpte 76).	411. Clients (Charles)...		574
	76.. Produits financiers .		246

Après ces enregistrements le compte « Crédit Lyonnais » est bien, dans notre comptabilité, débiteur de 12 395,40.

$$14\,456,15 + 820 - 2\,880,75 = 12\,395,40.$$

QUESTIONS

A. *Examiner le compte « Société Générale » ci-après tenu par l'entreprise Gaston ; quelles erreurs contient-il ? (Les libellés sont exacts.)*

Débit **Société Générale** *Crédit*

1er mars.	*Solde débiteur*	*18 000*	*3 mars.*	*Virement à mon ordre effectué par Plon*	*3 000*
8 mars.	*Chèque B.N.P. remis par le client Marion*	*692*	*10 mars.*	*Mon chèque de retrait*	*5 000*
13 mars.	*Commissions de banque du trimestre*	*180*	*12 mars.*	*Virement à l'ordre du fournisseur Méric*	*2 400*
15 mars.	*Versement en espèces*	*6 300*	*13 mars.*	*Intérêts en ma faveur*.......	*270*
			14 mars.	*Mon chèque à Paul*	*1 930*

B. *Présenter l'analyse comptable des opérations suivantes :*

a) *Mon chèque postal de paiement adressé à Robin, 2 450 F.*

b) *Virement postal de Dubois, 1 890 F (avis de crédit reçu ce jour).*

c) *Mon chèque postal de virement à l'ordre de la Société Générale (pour alimenter mon compte), 4 000 F.*

d) *Avis de crédit : virement du client Lesage, 812 F.*

e) *Mon retrait à vue au guichet de la poste (virement au compte du receveur), 1 000 F, taxe postale réglée au guichet, 1,50 F.*

f) *Avis de débit : redevances téléphoniques, 257,25 F.*

g) *Avis de crédit : chèque bancaire reçu du client Gay, endossé pour encaissement à l'ordre du chef de Centre de chèques postaux, 5 420 F.*

Présenter le compte « Chèques postaux », dont le solde initial est 7 880,12 F.

C. *Une entreprise possède deux comptes en banque (l'un à la Banque A, l'autre à la Banque B), un compte « Chèques postaux » et un compte « Caisse ». A une certaine date, ils se présentent ainsi :*

5121. Banque A

Caisse *12 000*	*Banque B* . *10 000* (a)
Chèques postaux *40 000* (b)	

5122. Banque B

Caisse *50 000*	*Chèques postaux* *30 000* (c)
	Caisse .... *15 000* (d)

514. Chèques postaux

Clients *48 000*	*Banque A* . *40 000*
	Fournisseur Y ?
	Caisse .... *10 000* (e)

Solde : 5 000.

53. Caisse

Ventes *90 000*	*Banque A* . *12 000*
	Banque B . 50 000
	Chèques postaux. *20 000* (f)
	Charges .. *17 000*

— *Retrouver les imputations manquantes.*
— *Quels documents commerciaux ont été utilisés pour les opérations correspondant aux imputations suivantes :* (a), (b), (c), (d), (e), (f).

D. *On comptabilise normalement les chèques et virements postaux lors de leur émission par l'entreprise ; quelle est dans ce cas la source essentielle de divergence entre le solde du compte « Chèques postaux » tenu par l'entreprise et le solde figurant sur les extraits de compte journaliers ?*

E. *Le relevé de compte de la Banque Nationale de Paris, arrêté le 31 décembre, présente un solde créditeur de 18 312 F ; le compte « Banque Nationale de Paris » est dans nos livres, à la même date, débiteur de 19 556 F ; la différence provient d'une domiciliation de 1 210 F et d'agios bancaires ; quel est le montant de ces agios ?*

F. *Le 31 décembre 19.., le solde du compte « Crédit Lyonnais » est, dans nos livres, débiteur de 10 654 F et notre compte au Crédit Lyonnais, créditeur de 15 312 F ; la différence provient d'un virement à notre ordre adressé directement à la banque par notre client Gautier le 27 décembre et d'un chèque de 3 150 F remis par nous le 30 décembre au fournisseur Lambert ; quel est le montant du virement de Gautier ?*

G. *Cf. question A ci-dessus ; présenter le compte « Client Gaston » tenu par la Société Générale, le 16 mars, sachant que ce compte ne comporte pas d'erreurs mais que la banque ignore, à cette date le virement en faveur de Méric et le chèque en faveur de Paul.*

H. *Le compte « Chèques postaux » tenu par M. Dupont se présente ainsi (libellés exacts) :*

Chèques postaux

5 mai	*Solde à nouveau*	*18 000*	*7 mai*	*Mon virement n° 193 pour Dubois*	*8 900*
11 mai	*Virement de Lafont*	*3 400*	*9 mai*	*Domiciliation des taxes téléphoniques*	*217*
18 mai	*Chèque encaissé (Puig)* ..	*21 200*	*14 mai*	*Mon virement n° 194 pour Peyre*	*13 000*
19 mai	*Mon versement en espèces*	*5 400*			

Quelle anomalie constatez-vous ? Est-ce que, en fait, le compte « Chèques postaux », tenu par Dupont, peut se présenter ainsi (toutes les sommes inscrites dans le compte sont exactes).

Présenter le compte réciproque « Dupont » tenu par le Centre de chèques postaux sachant que le virement n° 184 n'a été enregistré par le centre que le 22 mai.

I. *Présenter l'analyse comptable des opérations suivantes :*

1° *Chèque d'assignation au profit du fournisseur Édouard : 3 500 F (taxe : fixe, 2 F) ; en sus, par 100 F jusqu'à 3 000 F : 0,30 F, par 1 000 F ou fraction de 1 000 F excédant 3 000 F : 0,30 F)*

2° *Versement par mandat à mon compte de chèques postaux : 2 000 F (taxe, 2 F).*

J. *Une petite entreprise tient un compte « Trésorerie » dont le tracé est le suivant :*

TRÉSORERIE

Dates	Libellés	Trésorerie		Caisse		Crédit Lyonnais		Chèques postaux	
		D.	C.	D.	C.	D.	C.	D.	C.

Le 1er février, le solde débiteur du compte « Trésorerie » est 25 600 F (dont 8 110 F en caisse, et 7 420 F aux chèques postaux).

3 février. Ventes au comptant réglées : en espèces, 1 520 F, par virements postaux, 3 000 F.
4 février. Réglé le fournisseur Catar par chèque bancaire, 8 000 F.
5 février. Versé, en espèces, aux chèques postaux, 3 000 F et en banque, 5 000 F.
9 février. Virement postal de 6 000 F au client Godot.
10 février. Viré des Chèques postaux au Crédit Lyonnais, 5 000 F.
Présenter l'analyse comptable de ces opérations et établir le compte « Trésorerie ».

K. *Le 10 avril, mon compte « Chèques à l'encaissement » est débiteur de 3 770 F (chèques remis par Marion : 1 370 F, et par Jouffroy : 2 400 F).*

Le 11 avril, je reçois un chèque non barré de 1 750 F, remis par Dufour, en règlement d'une vente au comptant.

Le 12 avril, je reçois un avis de crédit de la Société Générale, relatif à l'encaissement des chèques Marion et Jouffroy.

Le même jour, j'encaisse directement aux guichets de la Banque du Midi le chèque remis par Dufour.

Le 13 avril, je paye par chèque bancaire mon fournisseur Mérigot, 890 F.

Présenter l'analyse comptable de ces opérations, ainsi que le compte « Chèques à encaisser ».

EXERCICES

> *Nota :* Les exercices sur l'état de rapprochement ne seront proposés qu'à la fin du chapitre suivant, après étude des effets de commerce, dont les mouvements sont nombreux dans les comptes Banque et Chèques postaux.

• **1.** Le 15 mars, M. Pernaud se fait ouvrir un compte à la Banque Nationale de Paris (B.N.P.) et y dépose 10 000 F en espèces.

20 mars. Pernaud remet à la B.N.P. pour encaissement un chèque de 1 700 F, remis par le client Char.
25 mars. Il retire par chèque 3 000 F.
31 mars. Il remet à un de ses fournisseurs, M. Paul, un chèque de 2 000 F.
Il remet à la B.N.P. un ordre de virement de 1 400 F en faveur de Bodin, un de ses fournisseurs.
1er avril. La B.N.P. l'avise de l'encaissement :
— d'un chèque de virement postal en sa faveur (remis par Valot), 2 700 F ;
— de coupons d'intérêts sur titres, en sa faveur, 147 F.

Présenter l'analyse comptable de ces opérations et le compte « B.N.P. ».

• **2.** Le 10 juillet, le solde de mon compte au Crédit Lyonnais est créditeur de 12 621 F dans les livres de cette banque.

11 juillet. Mon chèque de retrait, 1 600 F.
12 juillet. Mon ordre de virement en faveur de Bois, 2 400 F.
13 juillet. Je remets au Crédit Lyonnais pour encaissement un chèque de 800 F sur le Crédit du Sud-Ouest, ce chèque m'a été remis ce jour en paiement d'une vente au comptant.
19 juillet. Le Crédit Lyonnais m'avise de l'encaissement du chèque remis le 13.
20 juillet. Endossé à l'ordre du chef de Centre de chèques postaux un chèque de 3 000 F sur le Crédit Lyonnais remis par un client Morin.
22 juillet. Donné à la banque l'ordre de virer à mon fournisseur Barthe, 3 490 F.

Travail à faire : Présenter l'analyse comptable de ces opérations, le compte Crédit Lyonnais, et le compte tenu par la banque à mon nom (M. Paul).

• **3.** Le 1er mars, Joinot ouvre son commerce ; il apporte un capital de 100 000 F (10 000 F aux Chèques postaux ; 90 000 F à la B.N.P.).

2 mars. Remis un chèque sur la B.N.P. n° 1 pour un achat de mobilier et matériel de bureau, à Darras, au total, 17 510 F.
3 mars. Chèque B.N.P. n° 2 à l'ordre du propriétaire du magasin, 10 000 F (2 500 F de cautionnement et 7 500 F de loyer trimestriel).
4 mars. Achat de marchandises à Feuillère, au total, 8 900 F dont 1 900 F sont payés au comptant par virement postal n° 1, le solde à fin mai.
Retrait par chèque postal n° 2, 5 000 F ; taxe postale, 2 F.
6 mars. Enregistré une facture de l'entrepreneur Russeil, 12 000 F (aménagements, installation du magasin et du dépôt).
Ventes de marchandises, 3 200 F (1 000 F contre espèces, 2 200 F contre un chèque barré sur le Crédit Lyonnais remis immédiatement à la B.N.P.).
7 mars. Achat à crédit de marchandises, 25 400 F, au fournisseur Dré.
Vente à crédit à Duriez, 4 650 F.
8 mars. La B.N.P. avise Joinot de l'encaissement du chèque sur le Crédit Lyonnais. Pas de frais.
9 mars. Envoyé à Dré un chèque sur la B.N.P. n° 3, en règlement anticipé de sa facture du 7 mars, 24 800 F. Le compte de Dré est alors soldé (accord obtenu de Dré).
Joinot transfère de la B.N.P. aux Chèques postaux 7 000 F (indiquer le document qu'il établit).
Payé par virement postal 350 F à l'Électricité de France (pour consommation d'avance).
10 mars. Vente au comptant de marchandises, 2 100 F (réglée par chèque sur le Crédit Lyonnais).

Travail demandé : Analyse comptable de ces opérations (Journal). Établir les comptes « B.N.P. », « Chèques postaux », « Chèques à encaisser ».

• **4.** 1er décembre, on lit, dans la balance par soldes des Etablissements Valette :

511. Chèques à l'encaissement	4 230 F
512. Banque du Centre (solde créditeur)	2 700 F
514. Chèques postaux	13 740 F
53. Caisse	37 400 F

Opérations de décembre (extrait) :

— Chèques reçus des clients :
- — en règlement de ventes au comptant ... 11 520 F
- — en règlement de créances en compte ... 8 300 F

— Encaissement de chèques :
- — direct en espèces ... 2 100 F
- — par la Banque du Centre ... 15 300 F
- — par les chèques postaux ... 5 180 F

— Ventes au comptant contre espèces ... 83 620 F

— Versements d'espèces :
- — à la banque ... 65 400 F
- — aux chèques postaux ... 27 200 F
- — à des fournisseurs (règlements de dettes en compte) ... 11 300 F

— Frais payés en espèces :
- — fournitures de bureau ... 310 F
- — réparations diverses ... 530 F

— Virements à notre ordre reçus de clients (règlements de nos créances en compte) :
- — par les Chèques postaux ... 13 150 F
- — par la Banque du Centre ... 4 310 F

— Chèques bancaires émis :
- — à l'ordre de fournisseurs ... 51 020 F
- — en règlement de salaires ... 1 800 F
- — en règlement des impôts ... 370 F
- — en règlement de frais de transports ... 535 F
- — en règlement du loyer ... 800 F
- — pour achats au comptant ... 12 300 F
  (marchandises, 8 020 F ; machine à écrire, 4 280 F).

— Chèques et virements postaux émis :
- — au profit de fournisseurs ... 23 600 F
- — en règlement de salaires ... 2 750 F
- — en règlement d'impôts ... 9 320 F
- — en règlement d'assurances ... 1 350 F
- — en règlement de charges sociales ... 1 870 F
- — à l'ordre de la Banque du Centre ... 10 000 F

— Domiciliations au Centre de chèques postaux :
- — dépenses d'électricité ... 390 F
- — dépenses de téléphone ... 495 F

— Frais retenus par la banque, 47 F ; par les Chèques postaux, 18 F.

Travail proposé :

1° Analyse comptable de ces opérations (Journal).

2° Présenter les comptes 511, 512, 514 et 53.

Chapitre 14

LES EFFETS DE COMMERCE

La lettre de change et le billet à ordre (1), **« effets de commerce », sont :**

1° Essentiellement, des instruments de mobilisation de crédits.

« Mobiliser » un crédit, c'est incorporer à un effet de commerce négociable le montant d'une créance.

> ***Exemple** : Le client Roy me doit 5 000 F payables à fin juin (montant d'une facture du 5 avril).*
>
> *Le 15 avril, je tire sur lui une lettre de change de 5 000 F à fin juin que Roy accepte le 17 avril. Grâce à la lettre de change acceptée, ma créance ainsi mobilisée peut être, dès le 18 ou le 19 avril, vendue à un banquier (escompte) contre augmentation de mon avoir en banque.*
>
> *Est accrue, en outre, la sécurité du règlement, le refus de paiement de l'effet à son échéance pouvant avoir alors de graves conséquences pour le tiré.*

2° Plus rarement, des instruments de paiement.

> ***Exemple** : Le 20 août, je suis bénéficiaire d'une lettre de change de 1 000 F tirée sur Goven et payable le 31 octobre ; je dois, d'autre part, 1 000 F à Pontier, payables fin octobre. Je peux, pour régler Pontier, endosser à son ordre la lettre de change tirée sur Goven.*

I. CRÉATION DES EFFETS DE COMMERCE

La création d'un effet de commerce transforme une *créance ordinaire en une créance mobilisable ayant des caractères juridiques différents ;* il est donc logique de distinguer les créances ordinaires des effets, aussi bien chez le créancier que chez le débiteur.

Toutefois, il est important de conserver trace, dans les comptes comme dans le bilan de la *nature des tiers* concernés par l'effet : Client, Fournisseur, Débiteur ou Créditeur divers... C'est pourquoi le P.C.G. a prévu des comptes spécifiques d'**Effets à recevoir** (créances), d'**Effets à payer** (dettes), mais comme des subdivisions des comptes de tiers correspondants : Clients, Fournisseurs...

(1) Cf. un cours de « documents commerciaux » et un cours de droit commercial.

— *L'entreprise bénéficiaire de l'effet note sa créance mobilisable dans un compte d'actif* **413 « Effets à recevoir »** (subdivision du compte *« 41 Clients et comptes rattachés ».*

— *L'entreprise tirée note sa dette matérialisée par un effet dans le compte de passif* **403 « Effets à payer » (exploitation)** ou **405 « Effets à payer » (immobilisations)**, subdivisions du compte 40 « Fournisseurs et comptes rattachés ».

Exemple : *Le 18 février, Dumont tire sur son client Duval une lettre de change de 5 000 F, au 30 avril (en mobilisation d'une créance antérieure) ;*

— *(ou bien), Duval souscrit à l'ordre de son fournisseur Dumont un billet de 5 000 F au 30 avril. (Dumont est fournisseur d'exploitation.)*

Les enregistrements sont les suivants :

Chez Dumont **(bénéficiaire)**			*Chez Duval* **(tiré** ou **souscripteur)**		
D. **413. Effets à recevoir**	5 000		D. 401. Fournisseur Dumont	5 000	
C. 411. Client Duval ...		5 000	C. **403. Effets à payer** ..		5 000

• **Timbres des effets de commerce.** Les effets sont assujettis, dès leur création, à un droit de timbre :

— de 3,50 F pour les effets domiciliés dans un établissement de crédit ou un Centre de chèques postaux ;
— de 11 F pour les effets non domiciliés (tarif 1988).

Le tireur ne comptabilise pas la charge correspondante lors de la création de chaque effet, mais, *de façon globale (par débit du compte* « Impôts »), *au moment de l'achat des timbres fiscaux* à apposer sur les effets (le même procédé a été utilisé en ce qui concerne les timbres-poste).

II. RÈGLEMENT DES EFFETS DE COMMERCE

1° Encaissement direct par le bénéficiaire chez le tiré.

(Dans le cas, peu fréquent, d'effets non domiciliés.)

Exemple : *Dumont encaisse, en espèces, au domicile de Duval, l'effet de 5 000 F, le 30 avril (cf. ci-dessus, I).*

On note :

Chez Dumont **(bénéficiaire).**			*Chez Duval* **(tiré).**		
D. 53. Caisse	5 000		D. **403. Effets à payer**	5 000	
C. **413. Effets à recevoir**		5 000	C. 53. Caisse		5 000

2° Encaissement par l'intermédiaire d'une banque ou d'un Centre de chèques postaux.

Le bénéficiaire charge alors son banquier ou son Centre de chèques postaux de l'encaissement de l'effet qui a été généralement **domicilié** par le tiré.

Exemple : *Le 16 septembre, Dumont endosse au Crédit Lyonnais, pour encaissement, un effet au 30 septembre sur Duval de 5 000 F, domicilié à la B.N.P. ; il est avisé le 5 octobre de l'encaissement (commissions dues, 4 F + TVA à 18,60 %).*

Dans le P.C.G., les commissions d'encaissement des effets constituent des « services bancaires » (compte 62) et non des charges financières.

On enregistre :

Chez Dumont (le 5 octobre).

D. 512. Crédit Lyonnais ...	5,26	
D. 627. Services bancaires .	4	
D. 44566. État, T.V.A. déductible (B.S.)	0,74	
C. 413. Effets à recevoir		5 000

Chez Duval (tiré, le 30 septembre).

D. 403. Effets à payer	5 000	
C. 512. B.N.P.		5 000

Remarque : Si l'effet n'avait pas été domicilié à la B.N.P., il aurait été payé en espèces par Duval et le compte « Caisse » aurait été crédité.

III. CIRCULATION DES EFFETS DE COMMERCE

Les effets de commerce circulent par *endossements :* ces opérations ne concernent que les bénéficiaires successifs des effets et non les tirés (1), sauf, bien entendu, s'il y a annulation des effets.

• **Pour le tiré** (ou le souscripteur), la dette notée au crédit du compte « Effets à payer » n'est pas modifiée par ces endossements et *aucun mouvement comptable n'est à noter avant le règlement à l'échéance* ou l'annulation de l'effet.

• **Pour le tireur,** bénéficiaire initial, les endossements sont comptabilisés comme il est indiqué ci-après :

1° Endossements à l'ordre de tiers.

Exemple 1 : **L'échéance de l'effet coïncide avec celle de la dette réglée.**

Le 15 mai, Py endosse à l'ordre de son fournisseur Régis, à qui il doit 11 680 F payables le 31 juillet, une traite sur Barthe, de 10 000 F, payable également le 31 juillet. (Py réglera les 1 680 F restant dus, à la date prévue, par chèque).

*Chez l'***endosseur** *Py* (ancien bénéficiaire).

D. 401. Fournisseur Régis	10 000	
C. 413. Effets à recevoir		10 000

*Chez l'***endossataire** *Régis* (nouveau bénéficiaire).

D. 413. Effets à recevoir	10 000	
C. 411. Client Py		10 000

Ainsi, par cet endossement, Py a réglé à Régis une partie de sa dette.

Exemple 2 : **L'échéance de l'effet ne coïncide pas avec celle de la dette réglée.**

Si le montant de l'effet ou les différences des dates sont importants, les parties conviendront d'un taux d'intérêt. (Cf. un cours de mathématiques financières). Les intérêts calculés constitueront pour les parties, selon leur signe, soit une charge financière, soit un produit financier.

(1) Ou les souscripteurs de billets à ordre.

2° Effets remis à l'escompte.

Le banquier escompteur achète les effets au remettant et procure en échange à ce dernier des disponibilités immédiates.

Valeur escomptée (ou nette) = Valeur nominale — Agio.

Agio = Escompte + Commission variable assimilable à l'escompte (commission d'endos).

Pour le remettant, l'agio constitue une charge financière ; cette charge n'est pas soumise à T.V.A. (sauf pour certaines commissions fixes, relativement négligeables).

Exemple : *Le 20 juin, Dupin négocie divers effets d'un montant nominal total de 4 800 F. Le bordereau d'escompte que lui adresse la B.N.P. présente un montant net de 4 682 F.*

Agio = 4 800 F — 4 682 F = 118 F.

Comptabilité du remettant Dupin (le 20 juin) :

D. 512. B.N.P.	4 682	
D. 66. Charges financières	118	
C. 413. Effets à recevoir		4 800

3° Lettres de change tirées sur des tiers au bénéfice d'autres tiers.

Nous n'avons envisagé, jusqu'ici, que le cas — le plus fréquent — où le tireur et premier bénéficiaire sont une seule et même personne.

Si la traite est émise par le tireur à l'ordre d'un tiers, elle constitue alors un moyen de règlement entre le tireur et ce tiers.

Exemple : *Nous — Privat — devons à Dupin 1 000 F à fin juin et avons sur André une créance de 1 000 F à même échéance. Le 2 mai, nous tirons une lettre de change sur André (1 000 F à fin juin), à l'ordre de Dupin ; cette lettre de change est acceptée le 4 mai par André ; nous l'envoyons le jour même à Dupin.*

• **Pour nous (Privat),** ces opérations reviennent :

— à créer une lettre de change payable par André ;
— à l'endosser à l'ordre de Dupin ;

c'est-à-dire à payer Dupin à l'aide de notre créance sur André.

• **Pour Dupin,** il s'agit d'un effet à recevoir endossé par nous (Privat) et entré chez lui.

• **Pour André,** peu importe que le bénéficiaire soit nous-même ou Dupin ; il s'agit de constater que la dette est mobilisée : elle doit donc être notée au crédit du compte « Effets à payer ».

Analyse comptable de l'opération :

Chez nous (Privat)			*Chez le bénéficiaire Dupin.*		
D. 401. Fournisseur Dupin	1 000		**D.** 413. Effets à recevoir	1 000	
C. 411. Client André		1 000	**C.** 411. Client Privat		1 000

Remarque : Dans notre comptabilité, le compte « Effets à recevoir » n'intervient pas, puisque nous ne sommes jamais bénéficiaire de l'effet.

IV. UTILISATION DES COMPTES « EFFETS A L'ENCAISSEMENT » ET « EFFETS NÉGOCIÉS »

1° Le compte 5113. Effets à l'encaissement.

Le bénéficiaire de l'effet, qui remet celui-ci à son banquier ou au Centre de chèques postaux, pour encaissement, une dizaine de jours avant l'échéance, ne peut disposer des fonds correspondants que plusieurs jours après l'échéance (en raison des délais matériels d'encaissement). Pendant l'intervalle de dix à vingt jours séparant la date de remise des effets à la date à laquelle les fonds sont effectivement disponibles, il peut être souhaitable de noter que *les effets ne sont plus en « portefeuille », mais en cours d'encaissement. Les mouvements d'effets à l'encaissement sont enregistrés, comme les chèques à encaisser, dans le compte d'attente 511 « Valeurs à l'encaissement », compte que l'on peut subdiviser en :*

5112. Chèques à encaisser (cf. chapitre précédent).
5113. Effets à l'encaissement.

Exemple : *Le 20 février, je remets à la Société Générale, pour encaissement, un effet de 3 000 F, à fin février. Le 8 mars, la Société Générale m'adresse le bordereau d'encaissement qui comporte un agio de 3,50 F.*

Le montant porté à mon compte (net du bordereau), est :

3 000 F — 3,5 F = 2 996,50 F.

1. *Remise de l'effet à l'encaissement* (20 février) :

D. 5112. Effets à l'encaissement	3 000	
C. 413. Effets à recevoir		3 000

2. *Encaissement effectif* (8 mars) :

D. 512. Société Générale	2 996,50	
D. 627. Services bancaires	3,50	
C. 5113. Effets à l'encaissement		3 000

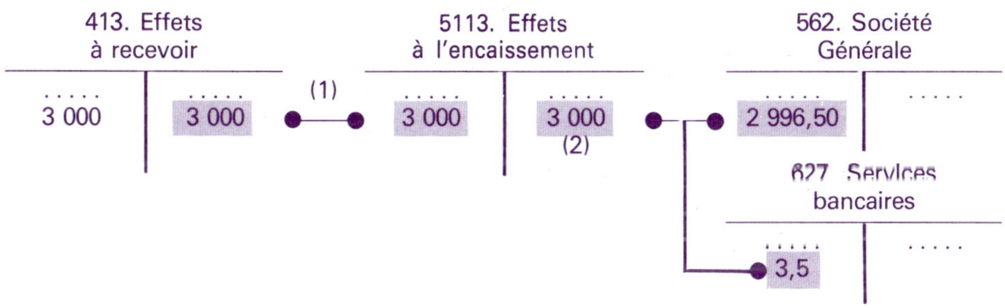

Le compte « Effets à l'encaissement » est soldé lorsque tous les effets entrés ont été encaissés ; *le solde débiteur de ce compte, à une date donnée, représente donc le montant des effets sortis du portefeuille et en cours d'encaissement.*

2° Le compte « Effets à l'escompte ».

Ce compte intermédiaire joue, *pour les effets remis à l'escompte, un rôle analogue à celui du compte « Effets à l'encaissement »* et fonctionne comme lui.

Toutefois, comme dans l'opération d'escompte, le banquier porte dans un délai très court (un ou deux jours) les fonds disponibles au compte du remettant, le compte *« Effets à l'escompte »* est moins utile à la plupart des entreprises que le compte « Effets à l'encaissement » ; ce compte est une subdivision du compte 511, et porte le numéro 5114.

V. RÉCAPITULATION : LE JEU DES COMPTES D'EFFETS

L'étude de ce chapitre nous a montré :

a) que *les mouvements des effets,* qu'ils soient « à recevoir » ou « à payer », *sont toujours comptabilisés à leurs* **valeurs nominales ;**

b) que les comptes « Effets à recevoir » et « Effets à payer » enregistrent des *flux d'entrées et des flux de sorties d'effets.*

413. Effets à recevoir

(Effets dont nous sommes bénéficiaires)

Débit	Crédit
Entrées d'effets :	*Sorties d'effets :*
— Lettres de change tirées par nous sur nos débiteurs et à notre ordre (comptes crédités : Clients ou Débiteurs divers). — Billets souscrits à notre ordre (comptes crédités : Clients ou Débiteurs divers). — Lettres de change ou billets endossés à notre ordre (comptes crédités : Clients ou Débiteurs divers).	— Effets encaissés par nos soins (compte débité : Caisse). — Effets remis à l'encaissement à notre banque ou au Centre de chèques postaux (comptes débités : Banque ou Chèques postaux). — Effets remis à l'escompte à notre banque (comptes débités : Banque). — Effets endossés par nous à l'ordre de tiers (comptes débités : Fournisseurs ou Créditeurs divers). — Effets annulés (comptes débités : Clients ou Débiteurs divers).

Solde débiteur : montant nominal des effets en portefeuille.

403 ou 405. Effets à payer

Débit	(Lettres de change tirées sur nous, billets à ordre souscrits par nous). Crédit
Rentrées d'effets (1) :	*Sorties d'effets* (1) :
— Effets payés à leur échéance en espèces par nous-mêmes (compte crédité : Caisse). — Effets domiciliés par nous et payés à leur échéance soit par notre banque, soit par notre Centre de chèques postaux (comptes crédités : Banque ou Chèques postaux). — Effets annulés (comptes crédités : Fournisseurs ou Créditeurs divers).	— Lettres de change tirées sur nous par nos fournisseurs ou créanciers (2) (comptes débités : Fournisseurs ou Créditeurs divers). — Billets à ordre souscrits par nous (comptes débités : Fournisseurs ou Créditeurs divers).

Solde créditeur : montant nominal des effets dus à des tiers.

VI. PERFECTIONNEMENTS ET MODALITÉS DIVERSES

1° Tenue pratique des comptes d'effets.

a) *Comptes d'effets par échéances.*

La plupart des effets ont leur échéance *en fin de mois ;* c'est pourquoi les entreprises, afin de mieux prévoir les mouvements de leur trésorerie, créent souvent des comptes d'effets à recevoir et d'effets à payer par échéances.

Le 15 février, par exemple, sont ouverts les comptes suivants :

— Effets à recevoir à fin février.	— Effets à payer à fin février.
— Effets à recevoir à fin mars.	— Effets à payer à fin mars.
— Effets à recevoir à fin avril.	— Effets à payer à fin avril.
— Effets à recevoir à fin mai.	— Effets à payer à fin mai.

A cette même date, les comptes correspondant à des échéances antérieures doivent normalement être soldés (sauf incidents ou refus de paiements).

b) *Échéanciers.*

Qu'elles utilisent ou non les comptes par échéances, les entreprises inscrivent les effets, selon leurs échéances, dans des registres ou des fichiers appelés échéanciers. Elles tiennent ainsi :

— un échéancier des effets à recevoir ;

— un échéancier des effets à payer.

(1) La lettre de change acceptée, le billet souscrit « sortent » matériellement de l'entreprise et sont détenus par leur bénéficiaire ; ils « rentrent » matériellement au moment du paiement, à l'échéance.

(2) Le compte « Effets à payer » est crédité au moment où le commerçant apprend que la traite est créée, c'est-à-dire, le plus souvent, lorsqu'il l'accepte par écrit ou tacitement (l'acceptation tacite, courante, a lieu lorsque le débiteur reçoit de son créancier l'avis de tirage de la traite et ne proteste pas dans les délais d'usage).

c) *Suppression des comptes « Effets à recevoir » et « Effets à payer ».*

Certaines petites entreprises se dispensent parfois d'utiliser les comptes « Effets à payer » et « Effets à recevoir » et ne constatent donc pas la mobilisation des crédits correspondants qui restent « en compte » au débit des comptes de clients, au crédit des comptes de fournisseurs, jusqu'au moment des règlements aux échéances.

2° Modalités de crédit tendant à la suppression des effets.

Le traitement matériel et financier des effets de commerce est lourd et coûteux, surtout lorsqu'il s'agit de petites sommes (un fabricant de tricots peut être conduit à tirer des milliers de traites, de faible montant sur ses clients, petits commerçants et boutiquiers...).

C'est pourquoi les pouvoirs publics ont créé des moyens de crédit destinés à se substituer, au moins partiellement, aux effets de commerce :

a) *Le C.M.C.C. (Crédit de Mobilisation de Créances Commerciales) ;* cette formule consiste à réunir sur un seul billet un ensemble de créances (factures) ayant des échéances identiques ou voisines ; on peut ainsi émettre un billet au lieu de centaines de traites, la banque accordant le crédit à l'entreprise en fonction du total de ce billet. La formule connaît assez peu de succès, car le C.M.C.C. présente moins de garanties pour le fournisseur que les effets de commerce.

b) *La L.C.R. (Lettre de Change Relevé).*

Les créances de l'entreprise sont relevées (à partir des factures) sur bandes magnétiques ; ces bandes, remises à la banque, peuvent être traitées par l'ordinateur de la banque tant pour le recouvrement des créances (par « compensation » entre banques) que pour l'octroi d'un crédit d'escompte à la firme (crédit du type C.M.C.C. calculé en fonction des totaux par échéances de la L.C.R.). Le développement des L.C.R. sera lié à celui des ordinateurs dans la gestion.

Dans la comptabilité de l'entreprise bénéficiaire du C.M.C.C. ou de la L.C.R., on note :

— le montant des liquidités débloquées par la banque ainsi que les agios ;

— le montant de la dette à l'égard du banquier (dette à l'échéance des créances remises).

Exemple : *Le Crédit Lyonnais nous accorde le 10 avril un crédit de mobilisation de nos créances de 250 000 F au 30 juin prochain. Agios : 11 000 F.*

	10-04-82		
512..	Crédit Lyonnais (compte courant)	239 000	
66	Charges financières	11 000	
	519 Crédit Lyonnais (crédits de mobilisation des créances)		250 000

Ainsi, le 10-04, le Crédit Lyonnais nous remet 239 000 F ; il nous faudra lui rembourser 250 000 F le 30 juin. La garantie du Crédit Lyonnais consiste en l'ensemble des factures remises.

VII. RENOUVELLEMENT D'EFFETS DE COMMERCE

Un certain nombre d'incidents peuvent survenir dans le règlement des effets de commerce ; ils sont généralement liés à des *difficultés de trésorerie du tiré, a)* qui demande :

- soit l'annulation de l'effet déjà créé et son remplacement par un effet à une échéance plus lointaine ;
- soit la prorogation d'échéance de l'effet existant ;

b) qui ne paie pas l'effet à l'échéance.

Le tiré prévoit parfois qu'il lui sera impossible d'honorer sa signature à l'échéance convenue ; il peut alors demander au tireur de vouloir bien remplacer ce premier effet par un second, à échéance plus éloignée (1).

Le nouvel effet diffère du premier par :

- son échéance, retardée d'un ou plusieurs mois ;
- son nominal, égal au nominal du premier augmenté des majorations pour intérêts de retard et frais de renouvellement, mis, bien entendu, à la charge du tiré défaillant.

1° L'effet est encore en la possession du tireur

(ou du bénéficiaire initial, s'il s'agit d'un billet à ordre).

Le renouvellement dépend de la seule bonne volonté du tireur qui :

- *annule l'effet initial ;*
- *détermine les intérêts de retard et les frais à récupérer ;*
- *crée le nouvel effet.*

> ***Exemple** : Le 15 mai, Duval prévient son fournisseur Dumont (fournisseur d'équipements) qu'il ne pourra payer à l'échéance de fin mai la lettre de change de 2 000 F que Dumont avait tirée sur lui. Il sollicite un report d'échéance à fin juillet. Dumont donne son accord à Duval, le 18 mai, et lui adresse le 22 mai la nouvelle lettre de change à fin juillet, pour acceptation, compte tenu d'intérêts de retard (taux 12 % calculés sur 2 000 F, par mois entiers), de la récupération du timbre fiscal (1 F) et de frais divers de correspondance (4 F).*

a) *Annulation de l'effet initial* (18 mai).

*Chez le **tireur** Dumont.*

La créance mobilisée est annulée et son montant réinscrit au débit du compte du client.

D. 411. Client Duval 2 000
  C. 413. Effets à recevoir 2 000

*Chez le **tiré** Duval.*

A la dette mobilisée est substituée la dette en compte.

D. 405. Effets à payer 2 000
  C. 404. Fournis. Dumont 2 000

b) *Frais et intérêts de retard.*

Le tireur détermine leur montant et le porte **au débit du compte de son client** : les intérêts sont pour le tireur des Produits financiers ; pour le tiré, les intérêts et les frais sont des Charges financières.

---

(1) Si le tireur détient toujours l'effet et accepte de ne pas demander d'intérêts de retard au tiré, il se contentera de modifier la date initialement portée sur l'effet ; les enregistrements comptables n'en sont pas modifiés (sauf si l'on utilise des comptes d'effets par échéances ; cf. questions). Ce report d'échéance appelé « prorogation d'échéance » est d'ailleurs rarement possible sous cette forme.

*Chez le **tireur** Dumont.*
(18-22 mai)

D. 411.	Client Duval	45	
C. 63.	Impôts, taxes (1)		1
C. 708.	Produits des activités annexes ...		4
C. 76.	Produits financ.		40

*Chez le **tiré** Duval.*

Duval ne sera informé du montant des frais qu'à réception du nouvel effet pour acceptation.

c) *Création du nouvel effet.*

Date : 18-22 mai.

D. 413.	Effets à recevoir	2 045	
C. 411.	Client Duval		2 045

Date : 22 mai (acceptation).

D. 404.	Fournisseur Dumont ..	2 000	
D. 66.	Charges financières ...	45	
C. 405.	Effets à payer ...		2 045

2° L'effet, négocié ou donné à l'encaissement, doit être « réclamé ».

Le tireur, bien que n'étant plus en possession de l'effet, peut parfois le récupérer auprès de l'endossataire : banquier ayant escompté l'effet, banquier (ou Centre de chèques) l'ayant reçu à l'encaissement ou même tiers quelconque (par exemple, un fournisseur du tireur).

Dans ce cas, *le tireur enregistre en comptabilité la récupération de l'effet et les frais annexes, puis l'annule et crée un nouvel effet.*

***Exemple** : Dumont réclame l'effet sur Duval à la Société Générale qui le détient pour encaissement ; frais de retour, 10 F.*

*Chez le **tireur** Dumont.*

D. 413.	Effets à recevoir	2 000	
C. 5113.	Effets à l'encaissement ..		2 000

Puis, pour les frais :

D. 627.	Services bancaires	10	
C. 512.	Société Générale		10

*Chez le **tiré** Duval.*

Néant.

Nous retrouvons alors l'hypothèse étudiée dans le paragraphe 1°, ci-dessus ; seraient ajoutés au montant de l'effet les frais supplémentaires prélevés par la Société Générale, soit 10 F ; le nominal du nouvel effet serait : 2 045 F + 10 F = 2 055 F.

3° Avance de fonds au tiré.

En fait, le tireur hésite le plus souvent à réclamer l'effet à la banque, car :

- d'une part, la restitution par le banquier n'est pas toujours possible (effet réescompté auprès d'une autre banque ; imminence de l'échéance, etc.) ;
- d'autre part, le retrait d'un effet jette le discrédit non seulement sur le tiré, mais aussi sur le tireur remettant.

Aussi, le tireur est-il parfois amené à faire au tiré l'avance des fonds nécessaires au paiement de l'effet ; il crée ensuite une nouvelle lettre de change, dont le nomi-

(1) Pratiquement, pour simplifier, on peut créditer le compte « 708 Produits des activités annexes » du total des frais, 5 F.

nal est égal au montant de l'avance ainsi consentie, augmenté des frais et des intérêts de retard.

> ***Exemple*** *: Reprenons l'exemple du paragraphe 1°. Dumont, ayant négocié la lettre de change sur Duval, fait à ce dernier, par virement postal du 25 mai, l'avance du nominal, soit des 2 000 F, et adresse le même jour à Duval une nouvelle lettre de change à fin juillet, pour acceptation (intérêts de retard : 40 F ; frais récupérés : 6 F).*

Chez le ***tireur*** *Dumont.*	*Chez le* ***tiré*** *Duval.*
a) **Envoi des fonds** (25 mai).	
D. 411. Client Duval .... 2 000 **C.** 514. Chèques postaux 2 000	**D.** 514. Chèques postaux ..... 2 000 **C.** 404. Fournis. Dumont 2 000
b) **Frais et intérêts de retard.**	
D. 411. Client Duval .... 46 **C.** 708. Produits des activités annexes .. 6 **C.** 76. Produits financ. 40	
c) **Création du deuxième effet** (25 mai).	
D. 413. Effets à recevoir ...... 2 046 **C.** 411. Client Duval 2 046	**D.** 404. Fournisseur Dumont .. 2 000 **D.** 66. Charges financières ... 46 **C.** 405. Effets à payer ... 2 046
d) **Paiement du premier effet** (31 mai).	
Néant (l'effet a été antérieurement négocié à la banque).	**D.** 405. Effets à payer .... 2 000 **C.** 514. Chèques post. .. 2 000

Après le paiement, Duval reste débiteur du montant de la deuxième lettre de change (2 046 F à fin juillet).

VIII. LES EFFETS IMPAYÉS

1° L'effet est présenté à l'encaissement par le tireur lui-même.

> ***Exemple*** *: Dumont présente le 31 mars, au tiré Duval, une lettre de change de 1 000 F, arrivée à échéance. Duval refusant de la payer, Dumont fait dresser un protêt faute de paiement dont le coût est 88,80 F.*

Chez le tireur (et ***bénéficiaire****) Dumont* (le 1-4)	*Chez le* ***tiré*** *Duval.*
(On annule la mobilisation de la créance pour noter, au débit du compte de Duval, le montant de l'effet, augmenté des frais mis à la charge du tiré). **D.** 411. Client Duval ...... 1 038,80 **C.** 413. Effets à recevoir .... 1 000,00 **C.** 53. Caisse 88,80	Néant.

2° L'effet est présenté à l'encaissement par un tiers endossataire.

Dans la comptabilité du tiré, comme dans le cas précédent, *aucun enregistrement n'est à opérer ;* la dette continue à figurer au crédit du compte « Effets à payer », en attendant le dénouement, amiable ou judiciaire, du litige.

Chez le tiers endossataire et chez le tireur contre lequel l'endossataire exerce le recours cambiaire (1), le non-paiement donne lieu, par contre, à des *mouvements comptables.*

Exemple *: Dumont a négocié l'effet de 1 000 F à fin mars sur Duval auprès de la Banque Nationale de Paris : la lettre de change est impayée à l'échéance et est retournée par la B.N.P. à Dumont (frais de retour : 21 F).*

Chez le ***tireur*** *Dumont.*

Dumont constate la créance ordinaire qu'il a sur Duval et qui est égale au montant du nominal plus les frais dus à la B.N.P. ; pourront s'ajouter au débit du compte de Duval les frais engagés par Dumont lui-même.

D. 411. Client Duval	1 021	
C. 512. Banque Nationale de Paris		1 021

*Chez l'****endossataire.***

(ici, la Banque Nationale de Paris).

D. 411. Client Dumont	1 021	
C. 413. Effets à recevoir		1 000
C. 708. Produits des activités annexes ... (frais récupérés)		21

(Voir question E).

Si l'effet avait été remis à l'encaissement par Dumont *et comptabilisé par lui dans le compte « Effets à l'encaissement »,* l'analyse comptable du non-paiement serait :

D. 411. Client Duval	1 021	
C. 5113. Effets à l'encaissement ..		1 000
C. 512. Banque Nationale de Paris ..		21

Remarque. — Lorsque les effets non payés sont nombreux, le bénéficiaire peut ouvrir un compte de transition appelé **Effets impayés,** débité du nominal des effets à recevoir revenus impayés et des frais annexes, puis crédité du même montant lorsqu'une solution est apportée au litige.

Le compte « Effets impayés » exprime, par son solde débiteur, le montant total des créances en litige provenant d'effets en notre faveur non payés ; il peut être classé parmi les sous-comptes du compte 41 « Clients » (sous-compte 416 « Clients douteux ou litigieux »).

IX. BILLETS DE FONDS

Ce sont des billets à ordre, généralement à plus d'un an, souscrits au bénéfice du vendeur d'un fonds de commerce, par l'acquéreur de ce fond ; ils constituent donc, non le financement d'opérations d'exploitation, mais celui d'opérations d'investissement. Ils sont donc classés dans les *« capitaux »* de la classe 1, compte 168 « Autres emprunts et dettes assimilées », à l'intérieur du compte 1681 « Autres emprunts ».

(1) Voir un cours de droit commercial.

***Exemple** : Le 2 janvier, nous disposons de 180 000 F déposés au Crédit Lyonnais pour fonder une entreprise commerciale, et achetons à Barbier son fonds de « café-tabac » (matériel et installations 120 000 F ; mobilier et matériel de bureau 15 960 F ; fonds de commerce proprement dit, 140 000 F ; marchandises, 34 000 F ; créances sur des clients, 40 F), payable de la manière suivante :*

- *100 000 F comptant par chèque bancaire ;*
- *210 000 F au moyen de trois billets de fonds échéant : le premier, le 31 décembre de l'année en cours ; le second, le 31 décembre suivant ; le troisième, un an après le second ; la valeur nominale de chaque billet est égale à un principal de 70 000 F augmenté de ses intérêts à 12 %, calculés pour chaque échéance de la date d'achat du fonds à la date de règlement de ce billet.*

La valeur nominale des billets est ainsi :

— pour le premier :	70 000 F + 70 000 F × 12/100	=	78 400 F
(effet à moins d'un an d'échéance).			
— pour le second :	70 000 F + 70 000 F × 12/100 × 2	=	86 800 F
— pour le troisième :	70 000 F + 70 000 F × 12/100 × 2	=	95 200 F
(ces deux derniers effets sont à plus d'un an d'échéance)			
Totaux :	210 000 F + 50 400	=	260 400 F
	(Principal) (Intérêts)		(Total des valeurs nominales).

Analyse comptable des opérations.

a) *Fondation de l'entreprise :*

Débit	Crédit
D. 512. Crédit Lyonnais ... 180 000	C. 10. Capital 180 000

b) *Achat du fonds de commerce à Barbier :*

Débit	Crédit
D. 2181. Matériel, installat. 120 000	
D. 2183. Mobilier et matériel de bureau 15 960	
D. 207. Fonds commercial 140 000	C. 466. Créditeurs divers .. 310 000 (Barbier)
D. 607. Achats de march. 34 000	
D. 41. Clients 40	

c) *Règlement partiel au comptant par chèque :*

Débit	Crédit
D. 466. Créditeurs divers .. 100 000 (Barbier)	C. 512. Crédit Lyonnais ... 100 000

d) *Souscription des trois billets de fonds à l'ordre de Barbier.*

Le montant total des effets, 260 400 F, est justifié pour 210 000 F par la dette et pour 50 400 F par des intérêts à notre charge.

Débits :		*Crédits :*	
468. Créditeur Barbier	210 000	1681. Autres emprunts	260 400
66. Charges financières	50 400		

Remarque. — Dans la comptabilité du vendeur du fonds, Barbier, les billets de fonds, qui sont pour lui des effets à recevoir, seront notés au débit du compte d'immobilisation financière :

2748. Autres prêts.

Ce dernier compte est une subdivision du compte 274 Prêts.

QUESTIONS

A. *Un fabricant de vêtements de plage adresse chaque mois à ses clients (boutiquiers) le relevé des factures du mois et une traite à 60 jours d'un montant égal à celui du relevé. En fait, disposant d'une trésorerie à l'aise, ce fabricant ne fait pas escompter ces effets. Quels avantages présente cependant pour lui la création de ces traites ?*

B. *L'encaissement direct par nos soins d'une lettre de change sur Rosier notée dans le compte « Effets à recevoir » a été ainsi enregistré :*

Débit : 57. Caisse	300	
Crédit : 411. Client Rosier		300

Corriger l'erreur commise.

C. *Dumont a sur Duval une créance de 500 F à fin mars et doit 700 F à cette même échéance à Dutertre. Le 15 janvier, il tire sur Duval une traite de 500 F, à l'ordre de Dutertre ; cette traite est acceptée le 17 par Duval et reçue le 19 par Dutertre.*
Présenter l'analyse comptable de ces opérations dans les trois comptabilités intéressées.

D. *Montrer, par le jeu des comptes schématiques, que la création d'une lettre de change au profit d'un tiers équivaut à la création d'une traite à l'ordre du tireur, suivie d'un endossement.*

E. *Le 30 juin, je négocie un effet de 1 000 F, à fin août, sur Rico, auprès de la B.N.P. ; taux d'escompte, 12 %. Commissions diverses, 5 F.*
Indiquer l'analyse comptable de cette négociation.

F. *Je dois à Frior 2 000 F, à fin octobre ; mon créancier accepte que je règle, le 15 septembre, par une traite de 2 000 F à fin novembre, endossée par moi à son ordre ; il tient compte d'intérêts au taux de 15 %, l'estimation se faisant à fin octobre.*
Calculer le solde à régler à fin octobre et présenter l'analyse comptable de cette opération le 15 septembre dans ma comptabilité et dans celle de Frior.
Cette solution pratique diffère de la solution mathématique (estimation de l'équivalence au 15 septembre). Résoudre le même exercice dans cette seconde hypothèse.

G. *Ayant cédé un matériel d'occasion, au prix de 18 000 F, à M. Roche (qui n'est pas un client de l'entreprise), nous tirons sur lui une traite de ce montant à deux mois. Dans quel compte noter cette traite ?*

H. *Indiquer les numéros de tous les comptes d'Effets à recevoir et d'Effets à payer qu'une entreprise peut être amenée à ouvrir.*

I. *Brun accorde à son débiteur Dossa, sans intérêts ni frais, la prorogation à fin juillet de l'échéance d'une traite de 1 000 F au 30 juin.*
Brun et Dossa utilisent des comptes d'effets à recevoir et effets à payer par échéances mensuelles.
Présenter l'analyse comptable de cette opération dans chaque comptabilité.

J. *Même question, mais Brun crée une nouvelle traite à fin juillet, en remplacement de la première, annulée. Nominal : 1 020 F.*

K. *Bégon, dans l'impossibilité de régler une traite de 2 500 F à fin juin demande au tireur de l'effet, Lusy, un report d'échéance à fin août. Lusy accepte, annule la première traite et en crée une seconde de 2 660 F (majoration pour intérêts de retard).*
Analyse comptable de ce renouvellement dans chaque comptabilité.

L. *Est-ce simplement par amabilité qu'un tireur consent une avance de fonds au tiré ? Pourquoi est-il de son intérêt que l'effet soit payé à l'échéance ?*

M. *Dans l'exemple du paragraphe VIII, 2°, supposer que le compte de Dumont tenu par la Banque Nationale de Paris soit, avant constatation de l'impayé, créditeur de 420 F. Quel va être le nouveau solde ? Que va faire la Banque Nationale de Paris ?*

N. *Dans les états de rapprochement bancaire, quelles opérations sur effets sont à l'origine d'écarts entre les deux comptes ?*

EXERCICES

Remarque. — Lorsque, dans un exercice, l'énoncé ne distingue pas la date de remise d'un effet à l'encaissement (ou à l'escompte) de la date de réception du bordereau d'encaissement (ou d'escompte), on comptabilise l'opération en considérant que ces deux dates sont confondues.

Si ces dates sont différenciées, il faut utiliser les comptes d'attente : « Effets à l'encaissement » et « Effets négociés ».

• **1.** Présenter l'analyse comptable des opérations suivantes, ainsi que le compte « Effets à recevoir » (solde au 31 août, 7 920 F) :

1er septembre.	Reçu de Bertrand, traite n° 81 sur Cigal, endossée à mon ordre, 1 750 F au 31 octobre.
3 septembre.	Tiré traite n° 82 sur Bousquet, 470 F au 30 novembre.
15 septembre.	Souscrit billet à l'ordre de Duvaux, 5 000 F au 31 décembre.
19 septembre.	Négocié à la B.N.P. la lettre de change n° 82 ; agio, 8,40 F.
30 septembre.	Encaissé directement traite n° 79 sur Parot, 195 F.
4 octobre.	La B.N.P. m'avise de l'encaissement de la traite n° 78 : net porté à mon compte, 4 627 F ; agio : 13 F.

• **2.** Le 1er octobre, j'ai en portefeuille les effets suivants : traite n° 70, 2 000 F au 31 octobre ; traite n° 73, 1 470 F au 31 octobre ; traite n° 74, 540 F au 30 novembre ; traite n° 75, 1 060 F au 15 décembre.

5 octobre.	Tiré traite n° 76 sur Duflos, à l'ordre de Tarlet, 4 500 F au 30 novembre.
10 octobre.	Endossé traite n° 74, à l'ordre de Boyer.
15 octobre.	Vente à Reynard qui accepte une traite n° 77 à mon ordre, à fin décembre, 3 200 F.
17 octobre.	Remis à l'escompte, à la Société Générale, la traite n° 75.
20 octobre.	Bordereau d'escompte à la Société Générale (traite n° 75) ; agio, 24 F.
22 octobre.	Remis à l'encaissement, à la Société Générale, traites nos 70 et 73.
27 octobre.	Mon débiteur Brisson endosse à mon ordre une lettre de change n° 78 de 3 212 F (à fin décembre) sur Barrucand et accepte une traite n° 79 de 1 307 F au 30 novembre.
5 novembre.	Bordereau d'encaissement à la Société Générale de la remise du 22 octobre ; net, 3 447 F.

Travail proposé : Présenter l'analyse comptable de ces opérations et le compte « Effets à recevoir » (numéroter les effets entrant en portefeuille).

• **3.** Le 4 février, je suis débiteur de plusieurs effets : n° 11, 740 F à fin février ; n° 13, 800 F à fin février ; n° 14, 1 130 F à fin avril :

5 février.	Je reçois le relevé de factures de Maury (total, 8 100 F) accompagné d'une lettre de change à fin avril, que j'accepte (les factures avaient déjà été enregistrées).
9 février.	Le client Ripol endosse, à mon ordre, un effet de 380 F à fin février.
17 février.	Je souscris un billet à ordre de Roux, 3 000 F à fin juin.
26 février.	Je reçois la facture de la Maison Unifor, relative à un achat de matériel de fabrication, s'élevant à 15 000 F, payables 5 000 F au comptant et 10 000 F en deux traites égales, à fin avril et fin juin, traites que je renvoie acceptées le jour même, avec un chèque barré de 5 000 F sur le Crédit Commercial de France (C.C.F.).
28 février.	Je règle en espèces, au porteur Nicot, la traite n° 13.
3 mars.	Le C.C.F. m'avise du règlement par lui de l'effet n° 11.
5 mars.	Je reçois un bordereau d'encaissement du C.C.F. (traite Ripol) ; commission, 4 F.

Présenter l'analyse comptable de ces opérations, ainsi que le compte « Effets à payer ».

• **4.** L'Entreprise Rigal achète, le 1er mars, une cintreuse à la Société Mecasud, 128 000 F, payables ainsi : 28 000 F comptant, le solde en cinq traites égales, bimestrielles, la première à fin avril.

1° Présenter l'analyse comptable de cette opération dans les deux comptabilités (Journal).

2° Même question, chaque entreprise utilisant des comptes d'effets par échéances.

• **5.** Mes clients, Dupin et Pineau, auxquels j'ai vendu à crédit des marchandises, sont respectivement débiteurs de 4 000 F et 2 000 F.

Mes fournisseurs, Juron et Jasseron, auxquels j'ai acheté des marchandises à crédit, sont respectivement créditeurs de 1 500 F et 1 000 F.

Le 1er décembre, Dupin règle le solde dû de la manière suivante :

— il me remet un chèque de	1 000 F	
— il accepte une lettre de change au 31 janvier	1 000 F	
— il endosse à mon ordre une lettre de change au 20 décembre, tirée sur Grosjean, de Saint-Étienne	500 F	
— il souscrit à mon ordre, pour solde, un billet à ordre au 30 décembre	1 500 F	
		4 000 F
Le 12 décembre, j'endosse à l'ordre de mon fournisseur Juron le billet souscrit par Dupin, payable le 30 décembre		1 500 F
Le 15 décembre, je remets à ma banque, le Crédit Lyonnais :		
— pour encaissement, l'effet remis par Dupin tiré sur Grosjean		500 F
— pour négociation, l'effet accepté par Dupin au 31 janvier		1 000 F
Le 20 décembre, Pineau endosse à mon ordre un effet au 10 janvier suivant, tiré sur Marini		1 000 F
et me fait parvenir en règlement du solde de ma facture et de son compte un chèque bancaire de		1 000 F
Le 23 décembre, le Crédit Lyonnais porte à mon crédit :		
— la remise à l'encaissement de l'effet sur Grosjean au 20 décembre		500 F
— le net de la négociation de l'effet au 31 janvier tiré sur Dupin		977,50 F

Travail proposé : Présenter l'analyse comptable de ces opérations dans notre comptabilité et dans celle de Dupin, ainsi que les comptes « Effets à recevoir » (chez nous) et « Effets à payer » (chez Dupin) au 23 décembre.

• **6.** Serre a tiré sur Joly une lettre de change de 1 500 F à fin novembre, à l'ordre de Mercier ; Mercier a endossé l'effet à l'ordre d'Alary qui l'a négocié auprès du Crédit Lyonnais. Cet effet est impayé à l'échéance : frais décomptés par le Crédit Lyonnais (protêt), 103 F. Chaque endossataire se retourne contre son propre endosseur ; frais récupérés par chaque endossataire, 12 F.

Présenter l'analyse comptable de ces opérations dans les comptabilités d'Alary, Mercier, Serre et Joly.

• **7.** Nous avons tiré, le 15 mai, une lettre de change sur Dubos s'élevant à 3 600 F et payable le 31 juillet ; cette lettre qui n'a pas été envoyée à l'acceptation a été remise à la B.N.P. le 10 juillet, pour encaissement. Le 8 août, la B.N.P. nous retourne l'effet impayé ; frais, 11 F.

Nous constatons alors qu'une erreur a été commise et que cette traite aurait dû être tirée sur Dubois. Nous nous excusons auprès de Dubos et créons une traite à vue sur Dubois.

Présenter l'analyse comptable des diverses opérations chez nous, chez Dubos, chez Dubois (Journal).

• **8.** Le 10 février, le Crédit Lyonnais nous retourne les effets suivants, à fin janvier, impayés :

N° 71. 1 422 F sur Gardet ; frais, 11 F.

N° 73. 2 171 F sur Estève ; frais, 15 F.

N° 74. 1 200 F sur Perrot ; frais, 143 F (protêt).

Le 12 février, nous constatons que l'effet n° 73 a été tiré par erreur sur Estève et aurait dû l'être sur Etevé ; nous corrigeons notre comptabilité en conséquence.

Le 15 février, nous recevons de Gardet un virement télégraphique de 1 425 F.

Présenter l'analyse de ces opérations, en utilisant le compte « Effets impayés ». Présenter ce compte.

• **9.** Le 10 février, notre client Camus nous avise qu'il ne pourra payer la traite de 2 400 F au 28 février.

Nous annulons l'effet qui se trouve dans notre portefeuille et adressons à Camus, le 15 février, une nouvelle traite à fin mars, dont le principal est augmenté des frais de timbre fiscal, des intérêts de retard à 10 % (calculés par jours) et de 10 F de frais de gestion. La traite est domiciliée au Crédit Lyonnais.

Effectuer l'analyse comptable de ces opérations dans notre comptabilité et chez Camus.

• **10.** Le 27 mars, Hulot est avisé par Dufour, sur qui il avait tiré une lettre de change de 1 000 F au 31 mars, que ce dernier est dans l'impossibilité de régler l'effet, domicilié au Centre de chèques postaux. Dufour demande une prorogation à fin mai ou une avance de fonds. Hulot, ayant négocié la traite, adresse à Dufour, le 28 mars, un virement télégraphique de 1 000 F (taxes postales, 9,50 F) et l'effet est normalement réglé le 31 mars. Le 1er avril, Hulot adresse à Dufour, pour acceptation, une nouvelle traite, dont le principal est augmenté des intérêts de retard à 9 % décomptés à partir du 28 mars, de la taxe postale de 9,50 F, de 11,50 F de frais divers de gestion et du timbre fiscal.

Le 3 avril, Hulot négocie l'effet au Crédit Lyonnais ; net du bordereau d'escompte, 1 008,15 F.

Présenter l'analyse comptable de ces opérations chez Hulot et chez Dufour.

Considérez le montant net de la remise à l'escompte : que constatez-vous ? Sous l'angle financier, l'opération réalisée par Hulot (avance de fonds et renouvellement de l'effet) a-t-elle été, pour lui, avantageuse ?

• **11.** Notre fournisseur Gras nous retourne un effet de 1 300 F sur Boudet que nous avions émis à son ordre. L'effet n'a pas été payé par le tiré ; frais réclamés par Gras, 33,70 F. Nous imputons à Boudet le principal et les frais (y compris 12 F de frais réglés par nous).

Effectuer l'analyse comptable de ces opérations dans notre comptabilité et dans celle de Gras.

• **12.** Delmas a tiré sur Maurin un effet de 3 000 F à fin mars qu'il a remis à l'encaissement à la Société Générale le 20 mars.

Le 23 mars, il reçoit de Maurin une demande de prorogation à fin avril et ne lui donne que partiellement satisfaction. Delmas exige, en effet, un virement postal de 1 000 F par retour et, pour le solde, 2 % d'intérêts de retard.

Il réclame le même jour l'effet à la banque qui le lui retourne le 25 ; frais, 12 F.

Le 25, il tire sur Maurin un nouvel effet à fin avril aux conditions fixées le 23 ; le nominal de 2 065 F comprend le principal, les intérêts de retard et la récupération des divers frais. Ce même jour, le Centre de chèques postaux avise Delmas du virement postal.

Le 26, Maurin accepte l'effet.

Le 27, Delmas négocie l'effet à la Société Générale ; valeur nette, 2 019 F.

Faire l'analyse comptable des ces opérations chez Delmas et chez Maurin (Journal).

• **13.** Le compte « Crédit Lyonnais » chez M. Durand est débiteur de 2 068,20 F le 31 mars 19.. ; le relevé trimestriel au 31 mars, reçu de la banque, indique un solde créditeur de 1 485,20 F.

On constate :

— qu'un chèque de 230 F, remis le 26 mars au fournisseur Benoît, ne figure pas sur le relevé ; non plus qu'un chèque de 195 F du client Laval, remis à l'encaissement le 27 mars ;

— qu'une remise à l'escompte de 620 F inscrite pour ce montant dans le compte « Crédit Lyonnais » figure sur le relevé pour 615,20 F ;

— que le relevé mentionne le règlement d'effets domiciliés pour 798 F, ainsi que le virement du client Bertrand, 190 F ;

— que le relevé porte 13,80 F de frais bancaires et x F d'intérêts en faveur de M. Durand.

Travail à faire :

1° Présenter l'état de rapprochement en déterminant le montant x des intérêts.

2° Passer dans les comptes de M. Durand les enregistrements correspondants.

• **14.** Au 31 décembre 19.A, le compte « Crédit Lyonnais », dans les livres de la société BRIS présente un solde débiteur de 18 734,61 F. Le relevé bancaire établi à la même date indique un solde créditeur de 18 226,36 F. Sachant que :

— un chèque de 260,35 F remis à un fournisseur n'a pas encore été présenté à l'encaissement à la date du 31 décembre ;

— des écritures de frais de banque (18,20 F) et celles relatives aux intérêts du trimestre en faveur de la société (30,50 F) n'ont pas été passées dans les livres de la société ;

des coupons ont été encaissés en décembre par le Crédit Lyonnais sur les titres en dépôt chez lui pour un montant de 51,60 F et l'avis de crédit correspondant n'est pas encore parvenu à la société ;

— un chèque de 832,50 F reçu d'un client a été immédiatement comptabilisé (au compte banque) par l'entreprise, mais ne l'est pas encore par la Banque ;

Travail à faire :

— vérifier l'exactitude du montant du relevé bancaire, à partir du compte de la société BRIS et des informations complémentaires dont vous disposez (justifier le montant et le sens du solde) ;

— quel montant devrait finalement indiquer le compte « Crédit Lyonnais » chez BRIS sur la base de toutes les opérations en-cours.

• **15.** Le relevé du compte ouvert à l'entreprise Gardes par la Banque de l'Ouest se présente ainsi, à la date du 31 décembre 19 A.

Gardes, son compte dans nos livres :

1-12.	A nouveau		7 622
3-12.	Son chèque n° 612	595	
6-12.	Son versement		1 000
10-12.	Achats titres	1 540	
10-12.	Frais sur achats titres	35	
11-12.	Sa remise chèques		904,30
14-12.	Sa remise escompte (net)		1 653
20-12.	Son chèque n° 614	950	
20-12.	Virement à son ordre		412
22-12.	Son chèque n° 615	843,80	
25-12.	Retour impayé	352	
25-12.	Frais de retour	12,50	
27-12.	Sa remise à l'escompte (net)		512,70
31-12.	Commissions du mois	18,75	
31-12.	Intérêt en sa faveur		31,45
	Solde en sa faveur	7 788,40	
		12 135,45	12 135,45

Le 31 décembre 19 A, également, le compte « 562 Banque de l'Ouest » dans les livres de l'Entreprise Gardes, s'établit comme suit :

56. Banque de l'Ouest

1-12	A nouveau	7 622	3-12	Paul, mon chèque n° 612	595
5-12	Mon versement	1 000	10-12	Achat 10 actions X	1 540
8-12	André, son chèque	904,30	15-12	Agio sur négociations du 11	57
11-12	Ma remise à l'escompte	1 710	16-12	S. soc., mon chèque n° 613	435,50
22-12	Martin, son virement	412	18-12	O.D.L., mon chèque n° 614	950
24-12	Ma remise à l'escompte	525	20-12	Securex, mon chèque n° 615	834,80
26-12	Debrant, son chèque	1 041,80	28-12	Trésor, mon chèque n° 616	415,50
				Solde débiteur	8 387,30
		13 215,10			13 215,10

Après recherches, la souche du chèque n° 615 et la facture du fournisseur « Sécurex » confirment que le montant figurant sur le relevé de la banque est exact.

Travail à faire :

1° Présenter l'état de rapprochement permettant d'établir la concordance des soldes au 31 décembre 19 A.

2° Passer dans les comptes de l'Entreprise Gardes les écritures nécessaires.

Chapitre 15

COMPTABILITÉ DES CHARGES DE PERSONNEL

I. GÉNÉRALITÉS SUR LES CHARGES DE PERSONNEL

Les dépenses de personnel constituent, avec les achats la charge la plus importante d'une entreprise ; on peut les diviser en rémunérations du personnel et en charges sur salaires.

Le calcul de ces charges est assez complexe, car il doit tenir compte des dispositions du **droit du Travail** et de la **Sécurité sociale,** ainsi que de la législation fiscale ; de plus, le paiement des salaires au personnel représente souvent un gros travail de préparation ; c'est pourquoi la comptabilité des charges de personnel doit être parfaitement connue du comptable.

Dans ce chapitre, nous n'étudions que les principes de la comptabilité des frais de personnel dont l'organisation pratique sera analysée ultérieurement (cf. tome II).

1° Le personnel.

C'est l'ensemble des personnes qui, se plaçant sous l'autorité du chef d'entreprise, apportent leur travail en échange d'une rémunération convenue appelée *salaire* ; le personnel est donc formé des « salariés » : ouvriers (ateliers), employés (bureaux), cadres et personnel de direction.

L'exploitant individuel ne fait pas partie du personnel de son entreprise. Il en est de même des collaborateurs extérieurs, tels l'expert-comptable ou l'ingénieur-conseil ; ces collaborateurs extérieurs sont rémunérés non par des salaires, mais par des honoraires comptabilisés au débit du compte « 62 Autres services extérieurs ».

De même, le personnel « loué » à d'autres entreprises (personnel extérieur) représente une charge de « services extérieurs » (compte 621).

2° Les charges de personnel.

Elles comprennent les rémunérations du personnel (« salaires » au sens large) et les charges sociales légales ou contractuelles :

- charges de Sécurité sociale et de prévoyance sociale ;
- autres charges sociales.

Ces charges de personnel sont inscrites au débit des comptes suivants, prévus par le P.C.G. :

641. Rémunérations du personnel.
- 6411. Salaires, appointements, commissions de base.
- 6412. Congés payés.
- 6413. Primes et gratifications.
- 6414. Indemnités et avantages divers.
- 6415. Supplément familial.

642. Rémunération du travail de l'exploitant (1).

645. Charges de Sécurité sociale et de prévoyance.
- 6451. Cotisations à l'URSSAF.
- 6452. Cotisations aux mutuelles
- 6453. Cotisations aux caisses de retraites.
- 6454. Cotisations aux Assedic.
- 6458. Cotisations autres organ. sociaux.

646. Cotisations sociales personnelles de l'exploitant.

647. Autres charges sociales.
- 6472. Versements aux comités d'entreprise et d'établissement.
- 6474. Versements aux autres œuvres sociales.
- 6475. Médecine du travail ; pharmacie.

3° Les salaires.

a) Le salaire est le nom par lequel le droit désigne la rémunération versée au personnel. Dans le vocabulaire courant, on désigne toutefois :

— par **salaires** : les rémunérations des ouvriers, payées parfois chaque quinzaine (ou chaque quatorzaine) et, exceptionnellement, chaque semaine ou chaque journée, mais de plus en plus « mensualisées » ;

— par **appointements** : les rémunérations des employés et des cadres, payés mensuellement ; certains membres du personnel (représentants, notamment) sont payés par des **commissions**.

b) Éléments du salaire.

Le *personnel « mensuel »,* reçoit :

— le **salaire de base** mensuel, fixe ;

— des **primes** (ancienneté, assiduité...) ;

— et parfois des **indemnités** (transport).

Les *salaires des ouvriers* comportent :

— le salaire de base, proportionnel au nombre d'heures de travail (taux horaire × nombre d'heures) ;

> Lorsque les salaires des ouvriers sont mensualisés, le montant mensuel de base avant primes et heures supplémentaires est obtenu en multipliant par 169 le taux de l'heure de base (nombre d'heures moyen mensuel correspondant à un horaire de 39 h par semaine soit 39 h × 4 1/3).

— des primes de rendement et des primes diverses ;

— des indemnités (transport, salissure...).

---

(1) Dans l'entreprise individuelle, le droit et la fiscalité françaises considèrent que le bénéfice net de fin d'exercice rémunère tout à la fois le travail de l'exploitant et les capitaux propres investis ; l'entreprise ne peut donc, de ce point de vue juridique et fiscal enregistrer une charge correspondante à l'évaluation du « travail de l'exploitant ». Mais le P.C.G. laisse la possibilité de « passer » une telle charge, afin d'obtenir une « image fidèle » du résultat de l'entreprise ; il faut, dans ce cas, faire apparaître dans l'*Annexe* le montant du résultat *avant* cette rémunération calculée.

Les heures supplémentaires hebdomadaires sont légalement majorées de 25 % de la 40e à la 47e et de 50 % à partir de la 48e.

II. RETENUES SUR LES SALAIRES

Calculée par l'entreprise à partir des éléments contractuels (taux horaires, salaire de base mensuel...) et d'observations de fait (relevé des heures supplémentaires, des absences, etc.), la rémunération n'est pas intégralement versée au salarié, car elle fait l'objet de **certaines retenues de caractère légal** (cotisations à la Sécurité sociale) ou **contractuel.**

Ces montants, retenus au salarié, ne sont donc pas une charge pour l'entreprise, qui se borne à les calculer, à les « retenir à la source » puis à les verser aux tiers concernés (Sécurité sociale principalement).

Ces retenues sont les suivantes (1) :

a) Contribution sociale généralisée (C.S.G.) : 1,10 % sur 95 % du salaire total ; la C.S.G. a le caractère d'un impôt (du salarié) versé à l'URSSAF.

b) Cotisations du salarié aux « Assurances sociales-maladie » : retenue de 6,8 % de la totalité de la rémunération, et à l'*Assurance-veuvage* (0,10 %).

c) Cotisations du salarié aux « Assurances sociales-vieillesse » : retenue de 6,55 % du salaire ne dépassant pas un *plafond* (dit plafond de Sécurité sociale) révisé périodiquement.

Au 1-7-1992, ce plafond est 12 150 F par mois ; 2 804 F par semaine ; 561 F par journée ; 72 F par heure.

De cette cotisation est déduite une « remise forfaitaire » de caractère général, d'un montant de 42 F.

d) Cotisation du salarié à l'assurance-chômage : versée à l'ASSEDIC (2).

e) Cotisations pour la retraite « complémentaire » des cadres et non-cadres versées à des « caisses de retraite » (3).

f) Retenues de caractère personnel :

— ***oppositions*** de créanciers (pensions alimentaires, dettes...) ;

— ***remboursements d'acomptes*** antérieurement versés par l'employeur.

Toutes les retenues doivent être mentionnées sur le **« bulletin de paie »** remis au salarié (cf. page suivante un exemple de bulletin).

III. LES CHARGES « PATRONALES » SUR SALAIRES

Ces charges pèsent évidemment sur le résultat de l'entreprise, puisqu'elles s'ajoutent aux salaires proprement dits :

(1) Au 1er juillet 1992.

(2) Taux et modalités assez fréquemment remaniés : au 1-7-92, 2,39 % sur salaire dans la limite du plafond ; 2,97 % au-dessus.

(3) Taux et modalités complexes et assez fréquemment remaniés.

Exemple de bulletin de paie
Plafond S.S. : 12 150 (2e semestre 1992)

Employeur.	*Salarié.*
Nom :	Nom et prénom : ....
Adresse :	Adresse : ....
N° A.P.E. :	Numéro de S.S. : ....
N° SIRET :	Convention collective : ....
U.R.S.S.A.F. :	Emploi : ....
	Coefficient : ....

Salaire de base : 10 800 F. Prime d'ancienneté : 3 200 F.
Nombre d'heures : 169.
Rémunération brute : 14 000 F.

COTISATIONS SOCIALES	PART SALARIALE			PART PATRONALE		
	Base	Taux	Montant	Base	Taux	Montant
Contribution sociale généralisée ..	13 300	1,10	146			
Sécurité sociale :						
– assurance maladie	14 000	6,80	952	14 000	12,80	1 792
– assurance veuvage	14 000	0,10	14			
– assurance vieillesse :						
– déplafonnée				14 000	1,60	224
– plafonnée	12 150	6,55	796	12 150	8,20	996
– remise forfaitaire			– 42			
– accidents du travail (ici 1,8 %) .				14 000	1,80	252
– allocations familiales				14 000	5,40	756
– F.N.A.L.				12 150	0,10	12
Assurance chômage	12 150	2,39	290	12 150	4,31	524
	* 1 850	2,97	55	1 850	4,43	82
Retraite complémentaire	12 150	2,00	243	12 150	3,00	364
	1 850	4,68	87	1 850	9,36	173
Total des cotisations			2 541			5 175
Salaire net à payer	11 459		Date de paiement : 27 juillet 1992			
Salaire imposable	11 605					

* 1 850 = 14 000 – 12 150

— La majorité est destinée à financer des aides sociales au profit des salariés (assurances-maladie, assurances vieillesse, allocations familiales, aide au logement, accidents du travail, assurance-chômage, retraites complémentaires, œuvres sociales...) ou à compléter le salaire (congés payés, indemnités de préavis...). Elles constituent donc la **forme « indirecte des salaires »** et s'inscrivent, logiquement, dans les *charges de personnel,* compte 64. Ces charges patronales doivent être indiquées sur le bulletin de salaire remis au salarié (qui peut ainsi se rendre compte de l'importance de son « salaire indirect »).

— d'autres constituent non des compléments sociaux mais de véritables impôts, taxe d'apprentissage, taxe sur les salaires... ; ces charges sont enregistrées non au débit du compte 64 mais à celui du compte *63 « Impôts, taxes et versements assimilés » ;* ce sont des charges fiscales.

1° Charges connexes aux salaires (compte **641**).

• *Congés payés :* la durée du congé annuel est, en général, de cinq semaines par an.

L'« indemnité » de congé payé est le salaire de cette période de congé ; elle est généralement versée au moment du départ en vacances, mais peut faire l'objet de versements à des « caisses de congés payés » (dans le bâtiment notamment) ; ces versements sont de 10 % des salaires versés durant la période de référence (salaire de l'année précédant les congés).

• *Indemnités de préavis et de licenciement,* versées en cas de rupture du contrat de travail...

Ces charges constituent des salaires et sont enregistrées au compte 641 « Rémunérations du personnel ».

2° Charges de Sécurité sociale et de prévoyance (compte **645**).

• *Cotisations de Sécurité sociale* (versées à l'URSSAF).

– **Assurances sociales-maladie :** 12,80 % sur la totalité de la rémunération.

– **Assurance-vieillesse :** 8,20 % sur le salaire limité au plafond + 1,60 % sur le salaire total.

– **Allocations familiales :** 5,4 % sur le salaire total.

– **Accident du travail :** taux variable de 1,2 à 10 % en fonction des risques courus (sur le salaire total).

– **Aide au logement :** 0,10 % du salaire plafonné (+ 0,20 du salaire, entreprise > 9 salariés).

– **Versement de transport :** 2,4 % à Paris, variable selon régions (entreprise > 9 salariés) sur salaire plafonné.

• *Autres charges sociales et de prévoyance.*

– **Cotisations aux caisses de retraite :** (de 3 à 9,36 % des salaires selon les branches).

– **Cotisations à l'assurance-chômage :** taux souvent remanié, en 1992, 4,31 % jusqu'au plafond SS et 1,13 au dessus.

– Garanties des créances de salaires, en cas de liquidation de l'entreprise (0,15 % versée à l'ASSEDIC).

– **Assurance-décès des cadres.**

– **Cotisation à l'APEC** (Association Pour l'Émploi des Cadres).

3° Autres charges sociales (compte **667**).

• *Participations aux œuvres sociales de l'entreprise* (bibliothèques, cantines, centres de vacances...) versées au Comité d'Entreprise, aux Comités d'établissements.

• *Charges de médecine du travail.*

4° Charges fiscales (compte **63** Impôts, taxes et versements assimilés).

• *Versées à l'administration des impôts* (compte 631).

— **Taxe sur les salaires** : (entreprises soumises à la T.V.A. pour moins de 90 % de leur C.A.), de 4,25 % jusqu'à 13,60 % selon montant du salaire annuel.

— **Taxe d'apprentissage** : 0,60 % des salaires bruts (versements à fonds perdus).

– **Participation des employeurs à la formation professionnelle continue :** 1,4 % (versements à fonds perdus) si entreprise de plus de 10 salariés.

• *Versées à d'autres organismes* (compte 633).

– **Participation des employeurs à l'effort de construction :** 0,45 %.

– **Participation employeurs formation profess. continue :** versements à organismes habilités.

— **Taxe d'apprentissage** : 0,60 % des salaires bruts.

Remarque : en raison des fréquents changements de taux et/ou de modalités, le lecteur est invité à consulter une documentation sociale et fiscale pour connaître le détail actuel des charges sociales et fiscales. Point n'est besoin de retenir « par cœur » des taux aussi fluctuants.

— **Mention sur le bulletin de paye :** le montant total de la rémunération du travail (rémunération brute + cotisations sociales à la charge de l'employeur) doit être indiquée sur le bulletin de paye remis au salarié.

IV. COMPTABILITÉ DES CHARGES DE PERSONNEL

1° Principe.

A la fin de la période de paie, donc au moins mensuellement, le comptable procède en deux temps :

— il enregistre d'abord la **paie proprement dite** du personnel (salaires et compléments ; retenues sur salaires) *(a).*

Le document de base de ces enregistrements est le **livre de paie,** obligatoire, et qui est à l'image des **bulletins de paie** (eux-mêmes obligatoires) remis aux salariés.

— il enregistre ensuite les **charges sur salaires** *(b).*

a) *Paie proprement dite.*

Le schéma des enregistrements comptables est le suivant :

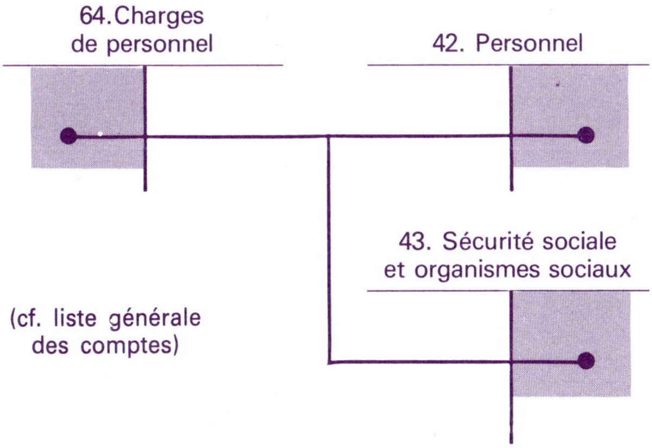

Charge : salaires.

Compte *641 Rémunérations du personnel.*

Dettes :

— Personnel et comptes rattachés.

— Sécurité sociale et autres organismes sociaux.

42. PERSONNEL ET COMPTES RATTACHÉS.
  - 421. Personnel-rémunérations dues.
  - 422. Comités d'entreprise et établissements.
  - 424. Participation des salariés aux fruits de l'expansion.
  - 425. Personnel-avances et acomptes.
  - 426. Personnel-dépôts.
  - 427. Personnel-oppositions.
  - 428. Personnel-charges à payer.

43. SÉCURITÉ SOCIALE ET AUTRES ORGANISMES SOCIAUX.
  - 431. Sécurité sociale.
  - 437. Autres organismes sociaux (à ventiler par organisme).

La paie enregistrée, il reste à payer les salariés et les tiers concernés ; les salariés sont immédiatement réglés, souvent par virements en banque ou aux chèques postaux, mais aussi en espèces ; le compte 421 « Personnel » peut donc rester quelque temps créditeur, lorsque certains salariés ne se présentent pas à la caisse, ce qui est rare évidemment. Les tiers sont payés soit immédiatement (oppositions notamment), soit aux échéances légales fixées : c'est ainsi que les cotisations doivent être versées :

— dans les 15 premiers jours du trimestre suivant pour les employeurs occupant moins de 10 salariés ;
— dans les 15 premiers jours du mois suivant (de 10 à 399 salariés) ;
— dans les 5 premiers jours du mois suivant (plus de 399 salariés).

b) *Charges sur salaires.*

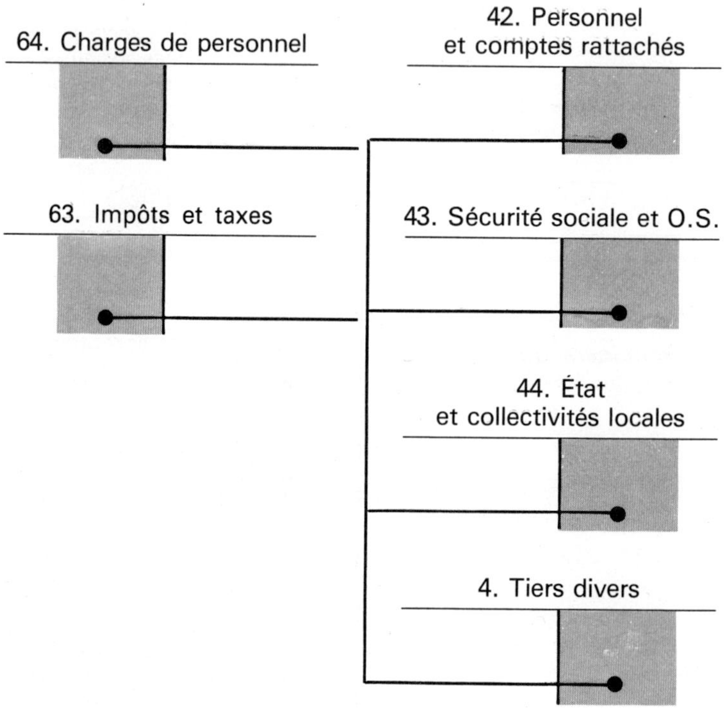

Charges : Comptes 63 et 64.

Dettes : Personnel, Sécurité sociale, etc... (à payer aux échéances légales).

Les dettes envers les « tiers divers » correspondent aux sommes versées à des organismes de formation, de construction...

2° Application.

Exemple *: Éléments de la paie de mars 19.A :*

Salaires de base 210 000 F ; primes diverses 12 000 ; heures supplémentaires 28 000 F (donc total des salaires bruts : 250 000 F).

Acomptes versés au personnel dans le mois : 16 500.
Retenues Sécurité sociale (maladie, vieillesse) : 20 200 F.
– Assurance-chômage : 1 800 F.
– Caisses de retraites complémentaires : 2 385 F.
– Oppositions sur saisies-arrêts : 3 000 F.
– Contribution sociale généralisée : 2 375 F.

} Total des retenues à opérer : 46 260.

Le net à payer sera donc de 250 000 – 46 260 = 203 740 (dû au personnel).

	31 mars		
641. Rémunérations du personnel		250 000	
	421. Personnel (rem. dues)		250 000

Enregistrement des salaires et constatation simultanée des dettes envers le personnel et envers les tiers.

	31 mars		
421. Personnel (rem. dues)		46 260	
	425. Acomptes au Personnel (1)		16 500
	431. Sécurité sociale (ou URSSAF) (2)		22 575
	4321. Caisse de retraite X		2 385
	4324. ASSEDIC		1 800
	427. Oppositions		3 000
Paie du mois de mars.			

Paiements au personnel : 152 000 F par banque, 50 200 en espèces, le 31 mars ; paiements par banque des oppositions le 5 avril.

	31 mars		
421. Personnel (rémunérations dues)		202 200	
	512. Banque		152 000
	53. Caisse		50 200
	5 avril		
427. Oppositions		3 000	
	512. Banque		3 000

Charges sur salaires constatées fin mars :

Cotisations de 10 % à la Caisse de congés payés, pour un département de l'entreprise (bâtiment) : 5 100 F. Cotisations de Sécurité sociale, part patronale : 81 000 F ; cotisations aux caisses de retraite, 7 000 F ; assurance chômage, 5 915 F ; versement au Comité d'entreprise, 3 600 F ; taxe d'apprentissage, 2 900 F ; participation à la formation continue, 2 260 F.

Ces charges sont versées aux organismes ci-contre :

Total : 107 775.

— Sécurité sociale (URSSAF)	81 000
— État : 2 900 + 2 260	5 160
— Caisses de retraite	7 000
— Caisse de congés payés	5 100
— ASSEDIC	5 915
— Comité d'entreprise	3 600

Parmi ces charges, sont des impôts : 2 900 F + 2 260 F = 5 160 F.
Les cotisations de congés payés constituent des « rémunérations » (5 100 F).

(1) Ce compte avait été débité au moment du versement des acomptes.
(2) Organisme de recouvrement des cotisations de la Sécurité sociale.

Enregistrement des charges sur salaires.

	31 mars		
641.	Rémunérations du personnel	5 100	
645.	Charges de Sécurité sociale et de prévoyance (81 000 + 7 000 + 5 915)	93 915	
647.	Autres charges sociales	3 600	
631.	Impôts, taxes 2 900 + 2 160.	5 160	
431.	Sécurité sociale (URSSAF)		21 000
4321.	Caisse de retraite X		7 000
4324.	ASSEDIC		5 915
423.	Caisse congé payés		5 100
422.	Comité d'entreprise		3 600
447.	État, autres impôts		5 160
	Charges sur salaires de mars.		

Seront ensuite enregistrés les **paiements.**

Ainsi conviendra-t-il de payer, avant le 15 avril, la Sécurité sociale (URSSAF) à qui seront versées :

— les retenues opérées sur les salaires	20 200
— les charges patronales	81 000
Total	101 200

	15 avril		
431.	Sécurité sociale (ou URSSAF)	101 200	
512.	Banque		101 200
	Cotisations de mars 19.A.		

3° Pratique de la paie.

L'application très simplifiée qui précède montre la lourdeur et la complexité des opérations comptables liées à la paie et aux charges sur salaires ; on imagine cette lourdeur lorsqu'une firme emploie des dizaines ou des centaines de personnes.

C'est pourquoi il s'agit d'un domaine qui s'est très vite prêté à une mécanisation et une automatisation des tâches matérielles et comptables. Cette organisation pratique de la **comptabilité des salaires** sera étudiée dans le tome II.

Utilisant la technique du décalque et, de plus en plus, de l'*informatique automatisée,* cette organisation est, pour une part, liée aux exigences de la loi qui impose aux entreprises :

- la tenue d'un **livre de paie ;**
- la tenue d'une **fiche individuelle** pour chaque salarié (utilisée pour les déclarations fiscales des revenus, en fin d'année) ;
- la délivrance, lors de chaque paie, d'un **bulletin de paie** (ou de salaire) qui fournit le détail du calcul du **montant net** versé au salarié :

Salaire de base + Primes + Indemnités — Retenues diverses.

QUESTIONS

A. *Relever et commenter les différences et, peut-être, les contradictions existant entre l'analyse des charges de personnel du compte 64 et celle des comptes de tiers 42, 43 et 44 ; quelles difficultés en résultent dans l'enregistrement des charges sur salaires ?*

B. *Quel intérêt présente la comptabilisation d'un « salaire de l'exploitant » dans une entreprise individuelle ?*

C. *Combien représentent, en pourcentage d'un salaire inférieur au plafond de la S.S., les retenues sur ce salaire ? les charges patronales ?*

Même question pour un salaire brut de 40 000 F par mois.

D. *Dans une entreprise, tous les salaires sont inférieurs au plafond de la S.S. ; les retenues opérées sur les salaires au titre des assurances sociales (maladie et vieillesse) s'élèvent à 24 000 F pour le mois de mars. Calculer le montant brut des salaires du mois et calculer les principales retenues et charges sur salaires (assurance accidents, 3 %).*

Présenter l'enregistrement comptable des charges de personnel du mois de mars.

E. *Les retenues opérées sur salaires d'une firme pour le mois de mai sont de 21 584 F en ce qui concerne l'assurance-vieillesse et de 26 352 F pour l'assurance-maladie (utiliser les taux indiqués dans le cours).*

Calculer les montants bruts des salaires (totaux et « plafonnés »).

Présenter l'enregistrement comptable des charges de personnel du mois de mai, mentionnant les principales retenues et charges sur salaires (assurance accidents, 2,8 %).

F. *Une entreprise ferme ateliers et bureaux cinq semaines consécutives par an ; comment verse-t-elle, normalement, les « indemnités » de congés payés ?*

G. *Une entreprise de travail temporaire emploie des personnels pour une durée moyenne de deux mois seulement, ces personnels trouvant rapidement des emplois stables. Comment régler les « congés payés » de ces personnels ?*

EXERCICES

● **1.** Les éléments du salaire de M. Raymond, technicien non-cadre d'une entreprise industrielle, pour le mois de septembre 1992 sont les suivants :
- salaire de base 169 heures à 100 F ;
- 10 heures supplémentaires à 25 % ;
- Prime d'ancienneté : 1 000 F.

M. Raymond a perçu un acompte de 4 500 F le 10 septembre.
a) Présenter le bulletin de salaire de M. Raymond.
b) Calculer les charges « patronales » correspondantes (assurance-accidents du travail, 3,3 %).
c) Présenter (journal) la comptabilisation de ce salaire et des charges.

● **2.** A partir du bulletin de paie présenté dans le § II de ce chapitre comptabiliser ce bulletin et ces charges.

● **3.** Pour le mois de juillet, les éléments relatifs à la paie de la Maison Boisnot se résument ainsi : salaires, 64 852 F ; appointements, 39 500 F ; commissions au personnel, 14 630 F ; trois rémunérations individuelles dépassent le « plafond » des salaires de 5 982 F au total ; acomptes versés durant la période, 16 000 F. Les retenues à pratiquer sont les suivantes : assurances sociales, taux usuels ; assurances-chômage, taux usuel ; caisses de retraite 3 500 F ; opposition d'un créancier 3 920 F.

Charges patronales : Sécurité sociale, taux normaux (accidents du travail, 3,5 %) ; caisse de retraite, 5 400 F ; taxe d'apprentissage ; œuvres sociales, 6 000 F versés au Comité d'entreprise.

Enregistrer dans le Journal les divers éléments de cette « paie ».

● **4.** La paie du mois de septembre d'une entreprise se résume ainsi : salaires bruts, 190 230 F ; cotisations des salariés pour les assurances sociales-maladie et vieillesse, à calculer, sachant que seul un salaire dépasse le plafond de 3 500 F ; acomptes sur salaires, 6 000 F. C.S.G. : 1,10 % sur 95 %.

Salaires non payés du mois d'août, réglés en septembre, 4 000 F ; l'intégralité des salaires de septembre est payée le 30, sauf une somme de 7 500 F (manœuvre absent).

Les cotisations de Sécurité sociale et d'assurance-chômage sont calculées aux taux normaux ; assurance-accidents, 3 %.

Le 5 octobre, les cotisations de Sécurité sociale sont payées à l'U.R.S.S.A.F. par virement postal ; le 7 octobre, l'ASSEDIC est payée par chèque bancaire sur le Crédit Lyonnais ; le 12 octobre, 3 600 F sont versés à un office d'H.L.M. au titre de l'aide à la construction de logements (virement postal) ; le 15 octobre, l'entreprise verse 3 800 F au Comité d'entreprise pour aménagement de la bibliothèque.

Présenter l'analyse comptable de ces opérations (ne pas omettre les impôts sur salaires, comptabilisés dès le 30 septembre) ; l'entreprise est assujettie à la T.V.A.

● **5.** Les appointements mensuels bruts de M. Giroux sont de 19 800 F pour le mois de mai 19.A ; les enregistrements effectués par le comptable correspondent à l'analyse suivante :

12 mai.	**D.** Avances au personnel	13 800 ;	**C.** Caisse	13 800
31 mai.	**D.** Charges de personnel	6 000 ;	**C.** Sécurité sociale	807
			C. ASSEDIC	178
			C. Rémunérations dues au personnel	5 015
31 mai.	**D.** Rémunérations dues au personnel	5 015 ;	**C.** Caisse	5 015

Indiquer quelles erreurs ont été commises. Corriger les erreurs en présentant les comptes schématiques. (On précise que le taux des retenues Sécurité sociale sont dans cet exercice 19A de 6,9 et 6,55 %, que le taux ASSEDIC est de 2,39 et 2,97 %, qu'aucune retenue retraite n'est opérée et que le taux de la C.S.G. est de 1,10 % (0,95).

Chapitre 16

LES EMBALLAGES COMMERCIAUX

I. DÉFINITIONS, CLASSIFICATION

Les emballages, objets destinés à contenir les matières, les produits achetés, fabriqués ou vendus, jouent un rôle important dans la vie de la plupart des entreprises ; ils interviennent dans de nombreuses opérations et notamment à l'occasion des achats-ventes et de la facturation. Il convient de distinguer le matériel d'emballage, des emballages « commerciaux » et de bien comprendre le mécanisme de la consignation d'emballages.

1° Le matériel d'emballage.

Réservés au logement ou au conditionnement des matières, produits et marchandises manutentionnés dans l'entreprise, ces emballages servent aux seuls besoins internes de celle-ci et ne sont pas destinés à être livrés aux clients ; ils constituent un actif permanent, une **immobilisation.**

Exemple *: citerne de stockage, cuve...*

Classé dans les immobilisations corporelles, ce compte fonctionne comme les autres comptes de matériel.

2° Les emballages.

Ce sont des objets destinés à contenir les produits ou marchandises qui sont livrés à la clientèle en même temps que leur contenu, par extension, tous objets employés dans le conditionnement de ce qui est livré. On distingue :

a) **Les emballages perdus** vendus à la clientèle avec la marchandise. Exemples : papier entourant les tablettes de chocolat, bouteilles en matière plastique, boîtes métalliques, etc.

La valeur de ces emballages est incorporée dans le prix des marchandises contenues.

b) **Les emballages récupérables** : emballages susceptibles d'être provisoirement conservés par les tiers et que le livreur s'engage à reprendre dans des conditions déterminées. Ces emballages sont prêtés ou consignés aux clients. Exemple : fûts d'huile de graissage, certaines boîtes métalliques de biscuits (tines), etc.

Ils constituent normalement des *immobilisations* et sont comptabilisés au compte 2186 « Emballages récupérables » (autres immobilisations corporelles).

Toutefois, lorsqu'ils ne sont pas commodément identifiables, unité par unité, ils peuvent être assimilés à des stocks et comptabilisés comme tels.

3° La consignation d'emballages.

Les emballages récupérables sont livrés aux clients à titre provisoire, pour permettre le transport et le stockage de la marchandise ; ils ne sont pas vendus avec celle-ci et restent la propriété du fournisseur à qui ils sont restitués quelque temps après.

Lorsque le fournisseur a pleine confiance en son client, il arrive qu'il lui *prête* ces emballages récupérables ; mais, le plus souvent, il les lui *consigne* à un prix supérieur à leur valeur réelle afin d'inciter le client à une prompte restitution.

Le prix de consignation est facturé au client (en plus du prix des marchandises) ; le fournisseur, de ce fait,

- acquiert une créance sur le client égale au prix de consignation (créance ferme) ;
- mais s'engage à lui rembourser ce prix lorsque le client restitue l'emballage en bon état et dans les délais fixés **(dette conditionnelle du fournisseur).**

Si les conditions ne sont pas remplies (ex. : emballage détérioré) ou si le client désire conserver l'emballage, la consignation se dénoue en une *vente d'emballage.*

Cas particulier. Dans certaines professions ou dans certaines circonstances, le prix de reprise de l'emballage est plus faible que le prix de consignation ; la différence, restant à la charge du client, est destinée à couvrir la détérioration ou l'usure de l'emballage.

II. COMPTABILITÉ DES EMBALLAGES

Les **emballages perdus** et les **emballages récupérables non identifiables** sont traités, du point de vue comptable, comme des « marchandises » achetées, stockées, vendues.

Les **emballages récupérables identifiables** (exemple : citernes consignées ou prêtées), en revanche, constituent des immobilisations corporelles ; le compte 2186 « Emballages récupérables identifiables » fonctionne comme les autres comptes d'immobilisations corporelles (acquisitions, cessions, amortissements).

La suite de cette section ne concerne, en conséquence que les emballages perdus et les emballages récupérables non identifiables, désignés sous le terme générique d'**emballages.**

Les comptes relatifs aux emballages fonctionnent comme les comptes relatifs aux marchandises (achats, stocks, ventes).

1° Achats d'emballages.

Le Plan Comptable Général a créé le compte :

6026. Achats d'emballages

dont les sous-comptes sont :

60261. Achats d'emballages perdus
60265. Achats d'emballages récupérables non identifiables
60267. Achats d'emballages à usage mixte

débités du prix d'achat des emballages par le crédit du compte du fournisseur ou d'un compte financier (achat au comptant).

2° Stocks d'emballages.

Ces comptes ne jouent qu'en fin d'exercice (inventaire intermittent) :

326. Emballages commerciaux
3261. Emballages perdus
3265. Emballages récupérables non identifiables
3267. Emballages à usage mixte

3° Ventes d'emballages.

a) *Cas des emballages perdus.*

Les emballages étant vendus avec les marchandises qu'ils contiennent et leur prix étant inclus dans celui de ces dernières, *il n'y a pas lieu d'utiliser un compte particulier de vente d'emballages perdus.*

b) *Cas des emballages récupérables.*

En revanche, il peut arriver que l'on vende des emballages récupérables ; c'est le cas notamment lorsque les clients ne restituent pas des emballages antérieurement consignés ; cette vente est notée au crédit du compte de ventes de marchandises, *707 Ventes de marchandises* qui peut être subdivisé en un sous-compte ad-hoc 7076 Ventes d'emballages récupérables.

4° En fin d'exercice.

Ces comptes suivent le sort des comptes correspondants de marchandises ; on retrouve donc dans le compte de résultat où ils sont virés.

Résultat

..... 60261. Achats d'emballages perdus 60265. Achats d'emballages récupérables ..... moins 6032. Variations de stocks, autres approvisionnements	.... 7076. Ventes d'emballages récupérables.

III. COMPTABILITÉ DES CONSIGNATIONS D'EMBALLAGES

Elle traduit le mécanisme juridique que nous avons expliqué plus haut (I, 3).

1° Comptes utilisés.

a) *Le fournisseur note sa dette conditionnelle* à l'égard du client au crédit du compte : **4196 Clients, dettes pour emballages consignés.**

b) *Le client* qui acquiert réciproquement une *créance conditionnelle* sur son fournisseur la note au débit du compte : **4096 Fournisseurs, créances pour emballages à rendre.**

Les comptes emballages consignés (4196) et emballages à rendre (4096) sont des sous-comptes des comptes de clients et de fournisseurs.

Leurs soldes sont opposés à ceux des comptes ordinaires de clients et de fournisseurs : ils figurent donc au passif pour les comptes « Clients, dettes pour emballages consignés » et à l'actif pour les comptes « Fournisseurs, créances pour emballages à rendre ».

c) *Lorsque le prix de reprise est inférieur au prix de consignation,* la différence constitue :

— pour le fournisseur, un « produit des activités annexes » noté au crédit du compte 708 (ou du compte divisionnaire **7086 Bonis sur reprises d'emballages consignés**) ;

— pour le client, une charge notée au débit du compte 61 Services extérieurs ou du sous-compte **6136 Malis sur emballages** (ces malis représentent une sorte de loyer, d'où leur classement en 613).

2° Jeu des comptes.

Chez le ***fournisseur.*** | *Chez le* ***client.***

a) *Consignation* (facture comportant 8 F d'emballages consignés).

(enregistrement au moment de la vente ; facture de vente)

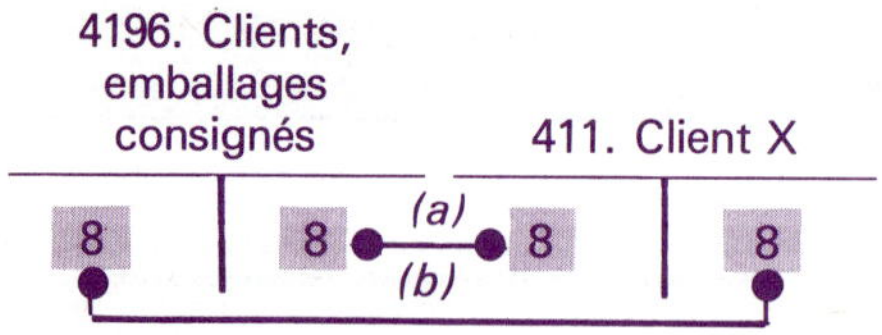

(enregistrement au moment de l'achat ; facture d'achat)

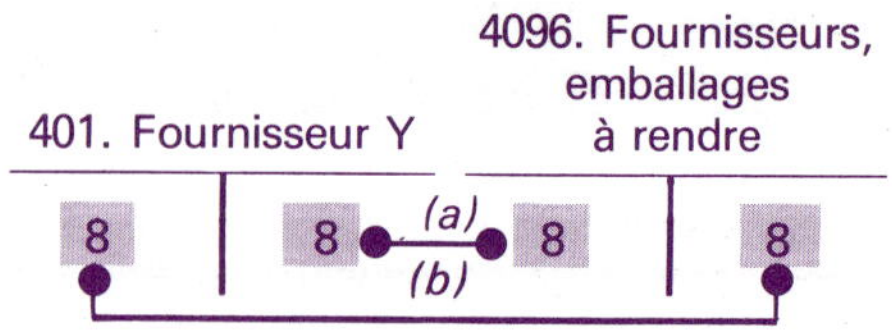

b) *Restitution normale.*

Cf. le schéma ci-dessus (b).

c) *L'emballage n'est pas restitué.*

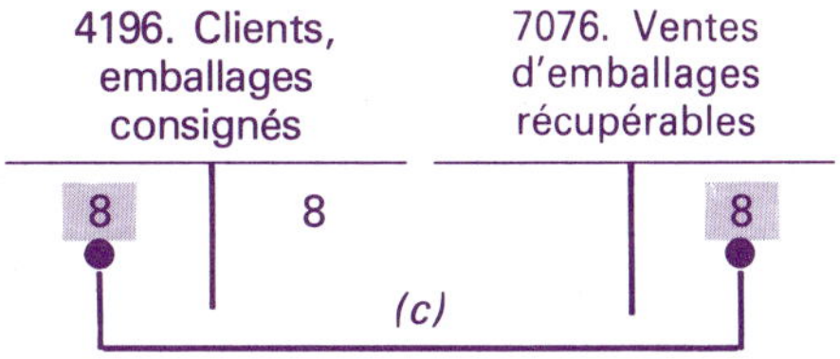

c') Parce qu'il est détruit ou égaré.

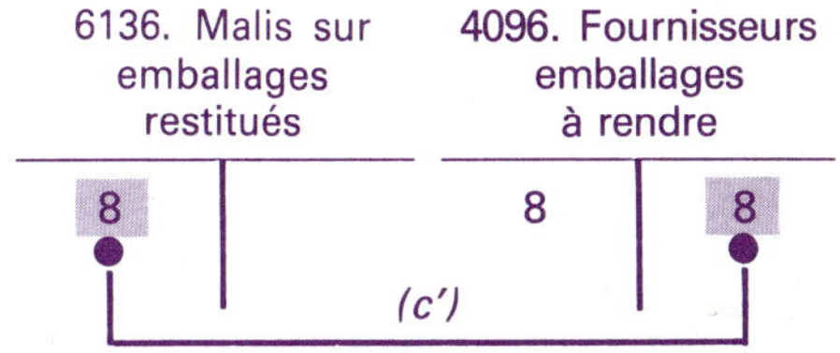

c'') Parce qu'il est conservé :

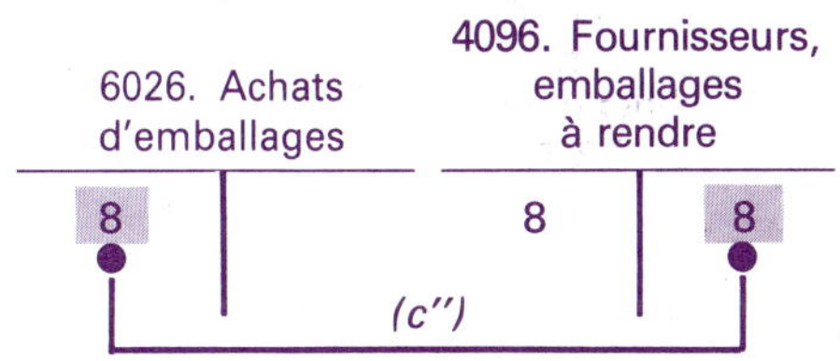

d) *L'emballages est repris à 5 F (au lieu de 8 F).*

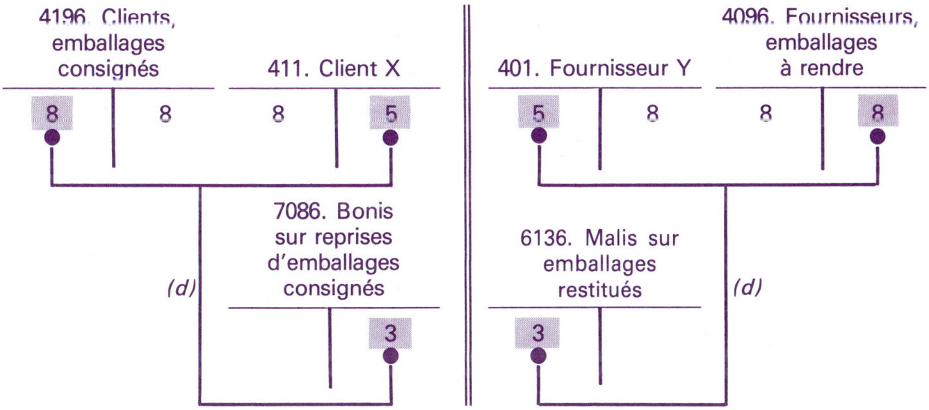

3° Conséquences.

Le compte **4196 Clients, dettes pour emballages consignés,** tenu par le fournisseur, **est toujours créditeur ;** son solde à une date donnée représente le montant des *prix de consignation* dus (conditionnellement) aux clients détenteurs d'emballages qui leur ont été consignés ; ce compte figure donc au passif du bilan.

Inversement, le compte **4096 Fournisseurs, créances pour emballages à rendre,** tenu par le client, **est toujours débiteur ;** son solde à une date donnée représente le montant des créances (conditionnelles) sur les fournisseurs, à raison des emballages consignés qu'ils nous ont facturés antérieurement et qui, n'ayant pas été restitués, peuvent encore l'être ; ce compte figure donc à l'actif du bilan.

Stocks d'emballages. Dans le bilan de fin d'exercice, l'entreprise doit compter dans ses stocks, à leur *coût d'achat, les emballages qui sont sa propriété (qu'ils soient dans ses magasins ou en consignation chez ses clients)*, par contre, elle ne doit pas y inclure les emballages qu'elle détient en consignation, parce qu'ils sont la propriété de ses fournisseurs.

Le stock d'emballages peut être analysé en :
— stock d'emballages en magasin ;
— stock d'emballages sortis.

Emballages prêtés. On peut considérer qu'il s'agit d'un cas particulier de consignation (prix de consignation = zéro). Aucune écriture comptable n'est à passer sauf dans le cas de *non-restitution* de l'emballage : le fournisseur est alors amené à facturer au client le prix de l'emballage détruit ou conservé.

IV. COMPTABILITÉ DES EMBALLAGES EN QUANTITÉS (comptabilité-matières).

En raison de nombreux mouvements d'emballages consignés ou repris aux clients, il convient de noter les entrées, les sorties, les stocks d'emballages (en quantités) sur des « fiches de stocks » qui peuvent avoir le tracé suivant :

Fûts F 4 : 200 litres									**Unité** : 1 fût
Mouvements du stock total			Dates	**Libellés**	**Magasin**			Stock en consignation	Stock total
Achats	Ventes	Pertes			Entrées	Sorties	Stock		
			1-1	Inventaire	(230)		230	195	425
100			2-1	Bon d'entrée	100		330	195	525
			d°	Consignation Rey		40	290	235	
			3-1	Restitution Pic ...	12		302	223	
			4-1	Consignation Beck		22	280	245	
	5		d°	Ventes Yves				240	520
			5-1	Consign. Seguy ..		30	250	270	
		4	d°	Mise au rebut		4	246	270	516

V. EMBALLAGES ET T.V.A.

Sans entrer dans le détail de la fiscalité des emballages, relativement complexe, on peut indiquer les particularités suivantes :

• *Les ventes d'emballages perdus,* sont, de par leur nature même, incorporées aux ventes de marchandises puisque le coût de l'emballage est inclus dans le prix de vente des marchandises ou produits finis. Elles sont donc soumises à la T.V.A. comme les ventes de marchandises (ou de produits finis) elles-mêmes.

Dans le cas, exceptionnel, où l'emballage fait l'objet d'une facturation distincte, le taux de T.V.A. est celui qui est propre à la catégorie de l'emballage.

• *Les emballages consignés ne sont pas soumis à la T.V.A.*

Mais si la consignation se dénoue en vente, alors est due la T.V.A. sur cette vente.

QUESTIONS

A. *Entre le « matériel d'emballage » et les « emballages », il n'y a souvent qu'une différence de fonction, mais non de nature physique ; en trouver des exemples.*

B. *Les emballages récupérables non identifiables constituent-ils pour l'entreprise un actif permanent ou un actif circulant ?*

Dans quelle classe le Plan Comptable aurait-il pu les affecter ? Quelles raisons vous semblent justifier la solution adoptée par le Plan Comptable Général ?

C. *Établir le schéma du jeu des comptes dans le cas de non restitution par le client Dubois d'emballages prêtés par son fournisseur Ribard qui facture ces emballages 56 F (H.T.) :*
— dans la comptabilité de Dubois ;
— dans celle de Ribard.

D. *Même question que ci-dessus (C) mais en tenant compte de la TVA supposée au taux de 20 % et facturée au moment de la non restitution (échéance du délai).*

E. *Quelles similitudes peut-on trouver entre les comptes « Emballages consignés » et « Effets à payer » d'une part et les comptes « Emballages à rendre » et « Effets à recevoir » d'autre part ?*

F. *Un comptable a omis durant un exercice de noter dans les comptes les emballages consignés non restitués dans les délais par les clients et qu'il n'est plus possible à l'entreprise de reprendre ; le coût d'achat de ces emballages est de 3 000 F et leur prix de consignation 5 000 F. Quelle est l'incidence de cet oubli sur le résultat et sur le bilan ?*

G. *Présenter le compte schématique « 4196 Emballages consignés » en indiquant, tant au débit qu'au crédit, les causes des mouvements possibles.*

H. *Même question pour le compte « 4096 Fournisseurs, créances pour emballages à rendre ».*

I. *Une entreprise consigne à ses clients des caisses d'un coût d'achat de 30 F, au prix de consignation de 60 F (H.T.). Dans son bilan au 31 décembre 19 A, on lit à l'actif :*

Stocks d'emballages 30 000 F (dont 20 000 F « sortis »).

Quel autre poste relatif aux emballages figure également dans ce bilan ?

EXERCICES

• **1.** Présenter l'analyse des opérations suivantes :

10 mars. Je reçois la facture de mon fournisseur Renard (4 500 F payables à fin avril), relative à sa livraison de 30 fûts métalliques modèle F 3, destinés aux consignations à ma clientèle.

15 mars. Ma vente à Jouvenel : marchandises, 3 600 F ; emballages consignés, 400 F (2 fûts F 3) ; facture n° V-311 portée en compte.

17 mars. Le client Rivière restitue 5 fûts F 3 consignés antérieurement et en conserve 3 qui lui sont facturés ferme, au prix de consignation.

• **2.** Refaire l'exercice 1, en tenant compte de la T.V.A. au taux normal.

• **3.** Présenter l'analyse comptable de la facture suivante adressée par Brunet à Laurent :

Marchandises H.T., 2 700 F ; remise, 10 % ; escompte, 1 % ; port, 135 F ; emballages consignés, 8 caisses à 30 F.

Tous ces montants sont hors taxe. Tenir compte de la T.V.A. à 18,60 % (Journal de Brunet ; Journal de Laurent).

• **4.** Au cours du mois de mai, les opérations suivantes ont été effectuées dans notre entreprise :

— emballages consignés par nos fournisseurs .... 4 500 F

— emballages restitués à nos fournisseurs .... 3 200 F

— destruction d'emballages consignés par un fournisseur .... 180 F

— des emballages consignés par les fournisseurs sont conservés pour nos propres besoins internes .... 700 F

Au début du mois, le compte « Fournisseurs, emballages à rendre » présentait un solde de 2 950 F. Présenter le schéma du jeu des comptes.

• **5.** A une certaine date, le compte « Clients, emballages consignés » est créditeur de 69 000 F (caisses consignées 30 F l'une et dont le coût d'achat est de 20 F) ; à cette même date, 1 100 caisses sont en magasin et 50 sont prêtées à des clients.

a) Calculer la valeur du stock d'emballages récupérables, telle qu'elle doit apparaître au bilan ;

b) Un client désire conserver 30 caisses qu'il détient en consignation ; quels comptes du bilan sont alors modifiés ? Quelle est l'incidence de cette opération sur le résultat ?

• **6.** Le 1er janvier, les comptes suivants figurent dans votre bilan : emballages perdus, 3 000 F ; emballages récupérables, 85 000 F (dont 60 000 F chez les clients) ; clients, emballages consignés, 75 000 F.

Au cours du mois de janvier, vous effectuez les opérations suivantes :

— achats d'emballages, 24 000 F (dont 8 000 F d'emballages perdus) ;

— consignations à des clients, 15 000 F ;

— restitutions par des clients d'emballages consignés, 10 000 F ;

— des clients conservent des emballages consignés pour 3 000 F.

a) Présenter le journal et les comptes schématiques.

b) Présenter la fiche de stock (en quantités seulement), sachant qu'il n'existe qu'un seul modèle d'emballage récupérable, consigné 50 F pièce.

• **7.** La balance des comptes de la Maison Demissy comporte un compte « Emballages », dont le solde est débiteur de 88 200 F ; ce compte a été établi de façon incorrecte et non conforme au Plan Comptable Général ; les opérations le concernant ont été les suivantes : achats, 18 000 F ; stock au début de la période, 84 000 F ; consignations aux clients, 72 000 F ; emballages retournés par les clients, 54 000 F ; consignations des fournisseurs, 12 000 F ; emballages rendus aux fournisseurs, 7 800 F ; ventes d'emballages, 5 400 F.

a) Présenter le schéma du jeu des comptes permettant de substituer à ce compte unique « Emballages » les comptes prévus par le Plan Comptable Général ;

b) Le prix de consignation des emballages aux clients est les $\frac{3}{2}$ de leur coût d'achat égal au prix d'achat ; calculer le stock final.

• **8.** Le 20 avril, Laurier consigne à Voisin 50 caisses à 60 F l'unité ; le 10 mai, Voisin restitue 30 caisses, reprises par Laurier à 50 F ; sur les 20 restant, Voisin en conserve 17 pour les besoins de son commerce et 3 sont devenues inutilisables.

Présenter l'analyse comptable de ces opérations chez Laurier, puis chez Voisin (journal).

• **9.** La fiche de stock d'emballages de la Maison Gras, relative aux caisses C 2, consignées 60 F et dont le coût d'achat est de 50 F, se présente ainsi, pour les premiers jours du mois de mars (en quantités) :

CAISSES TYPE C 2

Dates	Libellés	Entrées	Sorties	Stock total	Dont en magasin		
					Entrées	Sorties	Stock
1er mars	Stock à l'inventaire	(472)		472	(143)		143
3 mars	Consignation à Lasalle					17	126
4 mars	Reprise à Gounod...............				21		147
5 mars	Vente à Crespon		12	460			
d°	Achat fournisseur Bois	50		510	50		197
6 mars	Bris de caisses		3	507		3	194

Présenter l'analyse comptable de ces opérations, dans le journal de Gras.

• **10.** L'entreprise SOFER utilise un seul type d'emballages ; les emballages achetés aux fournisseurs sont utilisés ensuite pour les consignations aux clients. Les emballages sont consignés aux clients à un prix qui est le double de leur coût d'achat et ils ne sont repris qu'à concurrence de 60 % de leur prix de consignation. Le prix de vente des emballages consignés est égal au prix de consignation.

Au moment de procéder aux travaux d'inventaire, le 31 décembre 19 A, le comptable constate que certains éléments concernant les emballages (annexe 1) n'ont pas été enregistrés durant l'exercice.

Par ailleurs, on vous précise que l'entreprise utilise l'inventaire intermittent pour la comptabilisation de ses opérations sur emballages.

Enfin, on vous communique un extrait des comptes avant écritures de régularisation et d'inventaire et après écritures de régularisation et d'inventaire (annexe 2).

Travail demandé :

A l'aide des renseignements portés en annexes et en faisant abstraction de la TVA :

1° Reconstituer les écritures de régularisation passées par le comptable.

2° Déterminer, à l'inventaire, le stock final d'emballages en distinguant les emballages en magasin et les emballages sortis.

3° Présenter un compte « Résultat - Emballages » incluant tous les comptes de gestion se rapportant aux emballages.

4° Reconstituer le résultat sur emballages en calculant au préalable :
- le coût d'achat des emballages vendus,
- la marge commerciale (appelée aussi « marge sur vente »).

Annexe 1.

- L'entreprise SOFER décide de conserver les emballages consignés par le fournisseur Louis.
- Des emballages consignés au client Morel ont été retournés à l'entreprise SOFER.
- Des emballages consignés au client Jacques n'ont pas été restitués dans les délais et ne seront donc pas repris.

Annexe 2.

Comptes	Situation avant écritures de régularisation	Situation après écritures de régularisation
Stock d'emballages en magasins	18 000	?
Stock d'emballages sortis	24 000	?
Provision pour dépréciation du stock d'emballages	3 000	6 000
Clients - Emballages consignés	46 000	36 000
Fournisseurs - Emballages à rendre	7 000	3 800
Achats d'emballages	13 800	?
Ventes d'emballages	18 000	?
Bonis sur reprises d'emballages	2 400	4 000

IIIe Partie

Travaux de fin d'exercice

GÉNÉRALITÉS

L'un des buts primordiaux de la comptabilité générale est la détermination du résultat et l'établissement du bilan ; la comptabilité doit en effet, aux termes de la loi, donner de ce résultat et de la situation des éléments actifs et passifs du patrimoine une « image fidèle ».

I. EXERCICE ET RÉSULTAT

L'activité de l'entreprise s'étend normalement sur de nombreuses années ; si sa durée est forcément limitée dans les affaires individuelles, elle ne l'est pratiquement pas dans les sociétés de capitaux. Il ne saurait donc être question d'attendre la fin de l'exploitation pour déterminer le *résultat* final de l'entreprise.

Aussi divise-t-on cette exploitation en périodes annuelles, appelées *exercices,* à l'issue desquelles est calculé le résultat et établi le bilan.

Le plus souvent, l'exercice coïncide avec l'année civile et se termine donc le 31 décembre ; si toutes les entreprises procédaient ainsi, l'établissement de statistiques régionales ou nationales en serait considérablement facilité. Toutefois, dans maintes activités, le choix du 31 décembre comme date de fin d'exercice n'est pas souhaitable :

- soit parce qu'à cette date un travail intense ne permet pas de procéder aux lourds travaux d'inventaire ;
- soit parce que cette date s'inscrit au cœur du cycle annuel d'exploitation qu'il convient de ne pas « couper » en deux. *Exemple :* hôtellerie de montagne (saison de ski).

La date de fin d'exercice varie donc selon les entreprises ; la majorité d'entre elles adoptent cependant celle du 31 décembre.

II. OBLIGATIONS LÉGALES ET FISCALES

La loi comptable impose à toutes les personnes physiques et morales tenant une comptabilité générale :

- l'enregistrement systématique des mouvements du patrimoine ;
- l'établissement d'un *inventaire annuel* des éléments actifs et passifs de ce patrimoine ;

— l'établissement des comptes annuels *(bilan, compte de résultat* et *annexe).*

Par ailleurs, l'Administration fiscale des Contributions directes exige des commerçants imposés sur leur bénéfice « réel » (commerçants dont le chiffre d'affaires dépasse un certain montant, les petites affaires étant en principe imposées forfaitairement), la production d'une déclaration annuelle de résultats, justifiée par la copie du bilan, du compte de résultat et d'autres documents annexes.

III. LES TRAVAUX DE FIN D'EXERCICE

1° Caractère incomplet et discontinu des enregistrements comptables de l'exercice.

Ainsi que nous l'avons remarqué dans le chapitre 8, *la balance à une date quelconque* — et notamment la balance mensuelle — *ne donne qu'une vue imparfaite de la situation et de la gestion :*

— les *comptes du bilan* ne reflètent pas nécessairement la réalité économique du moment. *Exemples :* c'est le stock au début de l'exercice qui figure dans la balance ; la dépréciation des immobilisations n'est pas comptabilisée ; le solde du compte « Banque » n'est, en général, pas égal à l'avoir réel à la banque à cette date ;

— les *comptes de gestion* ne correspondent pas exactement à l'exploitation de l'exercice. *Exemples :* des charges, des produits enregistrés durant l'exercice concernent en partie l'exercice passé ou l'exercice suivant ; des charges, des produits se rattachant à l'exercice n'ont pas encore été comptabilisés.

Ces lacunes de la balance résultent surtout :

— de *la nature même des renseignements comptables,* forcément *discontinus* alors que bien des faits économiques à inscrire dans les comptes ont un caractère continu ; tel est, en particulier, le cas de l'amortissement (cf. chapitre 8) : il ne serait pas possible de noter chaque jour l'amortissement des immobilisations ; il en est de même du loyer, exigible donc comptabilisé à une date précise, mais portant sur une période trimestrielle, semestrielle ou annuelle ;

— de ce que la comptabilité enregistre quotidiennement des *faits,* justifiés par des *documents* et non l'évolution en valeur d'un patrimoine ;

— des *retards* intervenant entre la réalisation de ces faits et la réception des documents les justifiant.

2° Les régularisations (ou redressements) et l'inventaire extra-comptable.

La détermination d'un résultat et d'un bilan exacts suppose donc des régularisations préalables des comptes de bilan et des comptes de gestion.

Ces régularisations sont précédées (et résultent pour une large part) de l'**inventaire « extra-comptable »** qui consiste à vérifier et évaluer les différents éléments de l'actif et du passif et, notamment, à déterminer la valeur du *stock* de fin d'exercice.

L'étude de l'inventaire extra-comptable ne sera faite qu'après celle des amortissements et des provisions, dont la connaissance est indispensable à la bonne compréhension des travaux de cet inventaire.

3° Détermination comptable du résultat : établissement du bilan.

Une fois effectuées les régularisations dont nous avons parlé, il reste à déterminer (relire le chapitre 8) dans le compte « Résultat », le **résultat net** final, par virement pour solde, des comptes de gestion.

Dans la *balance* établie ensuite *(balance après inventaire),* seuls les comptes de bilan ne sont pas soldés, alors que le sont tous les comptes des classes 6 et 7.

Le *bilan* de fin d'exercice peut alors être établi ; il sera le reflet de la situation réelle de l'entreprise à la date considérée, puisque, grâce aux régularisations et redressements d'inventaire, le « point » aura été fait à cette date.

Chapitre 17

LES AMORTISSEMENTS ; ÉVALUATION ; CALCUL

Lors de l'étude des diverses charges d'exploitation (chapitre 8), nous avons sommairement indiqué ce qu'étaient les amortissements et les dotations aux amortissements ; leur comptabilisation s'effectuant normalement en fin d'exercice, nous en avons différé l'étude détaillée qu'il convient d'effectuer à l'occasion des travaux d'inventaire.

I. LA NOTION D'AMORTISSEMENT

1° La dépréciation des immobilisations.

a) Certains biens de l'actif immobilisé se **déprécient progressivement avec le temps.**

> ***Exemples*** *: Un camion acquis neuf pour 145 000 F figure un an après dans l'une des cotes des véhicules d'occasion pour 96 000 F, deux ans après pour 70 000 F, trois ans après pour 45 000 F ; la valeur de revente du camion est ainsi voisine de 96 000 F, 70 000 F et 45 000 F après un, deux ou trois ans d'utilisation.*
>
> *Se déprécient de même avec le temps : les constructions, le matériel, l'outillage, le mobilier.*

D'autres biens de l'actif, par contre, ne subissent pas, en principe, de dépréciation en fonction du temps :

> ***Exemples*** *: Les terrains, le fonds de commerce...*

b) *Caractères de cette dépréciation.*

D'autres causes que le temps peuvent conduire à une dépréciation des immobilisations.

> ***Exemple*** *: Dépréciation d'un terrain par suite d'une modification du plan d'urbanisme.*

Mais de telles dépréciations ont un caractère exceptionnel ou accidentel, alors que la dépréciation des constructions, du matériel, du mobilier... a un caractère *continu, inéluctable* et *définitif ;* celle-ci résulte, en effet :

de l'**usure** ou de la **détérioration** de ces biens au fur et à mesure de leur utilisation ou de leur simple existence ;

Exemples :

— *une machine-outil s'use progressivement et devient inutilisable au bout de quelques années ;*

— *un bâtiment se détériore peu à peu (vétusté).*

— de l'**obsolescence,** c'est-à-dire de la dépréciation des biens existants provoquée par l'apparition, du fait du progrès technique, de biens plus modernes, plus productifs ou mieux adaptés aux conditions nouvelles du marché.

C'est à cette **dépréciation continue et définitive** que correspond l'amortissement.

2° L'amortissement.

a) *Définition* d'après le Plan Comptable Général.

L'amortissement pour dépréciation (1) *est la constatation comptable d'un amoindrissement de la valeur d'un élément d'actif résultant de l'usage, du temps, de changement de technique et de toute autre cause.*

En raison des difficultés de mesure de cet amoindrissement, l'amortissement consiste, généralement, dans l'étalement de la valeur des biens amortissables sur leur durée probable de vie ; cet étalement prend le nom de « plan d'amortissement » ; il peut être calculé suivant diverses modalités.

Il résulte de cette définition que l'amortissement constate :

— l'**étalement d'une charge** sur plusieurs exercices.

— la **diminution de valeur** d'un élément d'actif.

b) *Nature comptable.*

La dépréciation d'une immobilisation engendre un *flux interne* transformant des « emplois provisoires » en « emplois définitifs » ; l'amortissement apparaît ainsi comme une « consommation » partielle d'immobilisation :

Ce flux interne est ainsi comptabilisé :

Débit : PERTE *Crédit :* MATÉRIEL (diminution de valeur).

Par l'amortissement, on constate donc :

— la *perte subie,* notée parmi les *charges,* au débit du compte 68 Dotations aux amortissements et aux provisions ;

(1) Dans le P.C.G., l'amortissement « pour dépréciation » est une des formes de l'« amortissement » en général, qui comprend aussi les « amortissements des emprunts » ; ces derniers « amortissements » désignent, en fait, des remboursements. Nous considérons comme très regrettable l'emploi du même terme pour désigner deux opérations nettement différentes :

— l'amortissement pour dépréciation ;

— l'amortissement des emprunts, remboursement d'un capital.

— la *diminution de valeur de l'immobilisation ;* afin de rendre les comptes plus explicites, on crédite non le compte d'immobilisation, mais un sous-compte appelé : « Amortissement de l'immobilisation X... » (cf. chapitre 18).

c) *Nécessité de la comptabilisation des amortissements.*

La dépréciation des immobilisations doit être constatée dans la comptabilité pour que :

— l'actif indique la valeur réelle des immobilisations ;

— les charges de l'exercice comprennent la charge due à la dépréciation de l'actif immobilisé.

Sans cette comptabilisation, le bilan et le résultat seraient gravement faussés.

En raison de son caractère continu, la dépréciation devrait être constatée chaque jour, ce qui, dans la pratique, est impossible : c'est pourquoi l'amortissement n'est noté, normalement, qu'en fin d'exercice, pour la durée de cet exercice.

3° Terminologie.

a) Le *prix d'acquisition* d'une immobilisation amortissable (qui figure au débit du compte d'immobilisation correspondant) est appelé **valeur d'entrée.**

Cette valeur d'entrée est le *coût d'achat* de l'immobilisation formé :

— du *prix d'achat* (hors T.V.A. déductible) ;

— des *frais accessoires :* transport, pose et montage, droits de douane... les droits fiscaux de mutation, les honoraires de notaires, les frais d'actes en sont exclus et sont donc comptabilisés dans les charges de l'exercice (ou étalés sur plusieurs exercices).

Pour les biens fabriqués par l'entreprise et conservés en immobilisations (production « immobilisée »), la valeur d'entrée est le *coût de production.*

b) Le P.C.G. appelle **valeur comptable** (ou valeur comptable nette) *la différence entre la valeur d'entrée et le total des amortissements effectués.*

Exemple :

Valeur d'entrée d'une machine	*60 000 F*
Total des amortissements effectués jusqu'au 31-12-19 A	*27 000 F*
Valeur comptable nette au 31-12-19 A	*33 000 F*

c) *Annuité d'amortissement :* l'annuité d'amortissement d'une immobilisation est le montant de l'amortissement pratiqué à la fin d'un exercice donné.

d) *Taux d'amortissement :* on calcule souvent l'annuité d'amortissement en multipliant la valeur d'entrée (ou la valeur comptable nette) par un coefficient constant exprimé sous forme d'une fraction ou d'un pourcentage appelé *taux d'amortissement.*

Exemple : *Taux d'amortissement 20 % (ou $\frac{1}{5}$).*

II. LE CALCUL DES AMORTISSEMENTS

1° Principe ; difficultés ; plan d'amortissement.

Le calcul des annuités d'amortissement est délicat, car il repose sur une **estimation de la dépréciation future du bien**, laquelle est fonction aussi bien d'**éléments externes** à l'entreprise, d'ordre général (progrès technique, évolution des marchés, conjoncture économique...) que d'**éléments propres à cette entreprise** (durée d'utilisation effective ; mode d'utilisation...).

Le montant de l'amortissement annuel d'une immobilisation dépend en effet :

— de la valeur initiale ou **valeur d'entrée ;**

— de la valeur finale ou **valeur résiduelle**, laquelle est liée à la *durée d'utilisation* du bien ; dans la plupart des cas, on retient, a priori, une durée d'utilisation égale à la *durée de vie économique probable du bien,* à l'issue de laquelle la valeur résiduelle est très faible et peut, par simplification être considérée comme *nulle ;*

— du **mode d'étalement** de la dépréciation année par année, cet étalement pouvant être régulier (linéaire), progressif, dégressif, etc.

Le **plan d'amortissement,** établi lors de l'entrée en service du bien, traduit les choix et les solutions retenues : c'est un tableau prévisionnel des réductions de valeurs du bien et des annuités d'amortissement successives.

Schéma de la problématique du calcul de l'amortissement :

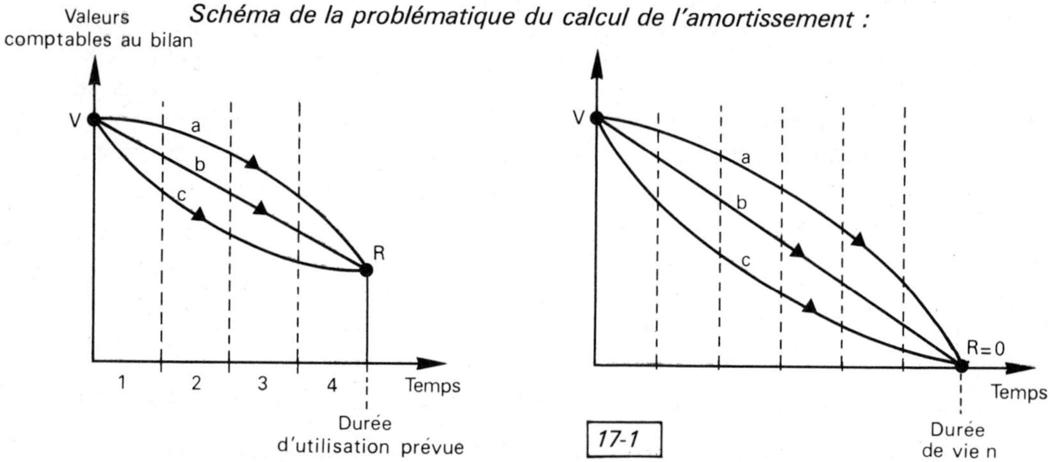

17-1

V = valeur d'entrée (connue) ;
R = valeur résiduelle (estimée) au bout de la durée d'utilisation prévue (supposée inférieure à la durée de vie).

V = valeur d'entrée (connue) ;
R = valeur résiduelle considérée comme nulle, en fin de « durée de vie probable » du bien.

a, b, c : solutions possibles.

a, b, c : solutions possibles :

a : amortissement progressif ;
b : amortissement constant ;
c : amortissement dégressif.

On constate ainsi le caractère incertain du montant de l'amortissement annuel qui dépend fortement des choix de l'entreprise (durée d'utilisation, « chemin » retenu progressif, dégressif, linéaire...) et de l'estimation de R ou de n (durée de vie).

Le plus souvent, dans un souci de simplification de ce problème, on **établit le plan d'amortissement sur la base de la durée probable de vie du bien, et d'une valeur résiduelle nulle** à l'issue de ce laps de temps. Cette hypothèse est implicite dans la majorité des problèmes d'examen, sauf précisions contraires de l'énoncé.

Aspect fiscal de l'amortissement : en raison de l'incertitude qui entoure le calcul de l'amortissement, l'administration fiscale est amenée à définir les durées de vie et les taux d'amortissements qui en découlent. Ces solutions « fiscales » ne touchent qu'indirectement la comptabilité qui se doit d'enregistrer l'**amortissement économiquement justifié,** nonobstant les solutions différentes retenues par le fisc (cf. chapitre suivant).

2° Modalités d'amortissement.

a) *Calcul sur la base de la « durée de vie ».*

Le plus souvent, l'entreprise retient l'hypothèse d'une durée d'utilisation égale à la durée de vie, avec R = 0.

Ces **durées de vie** probables, sont appréciées sur le *plan économique* (durée de vie économique) plus que sur le plan technique ; ainsi retient-on une durée de vie de 4 à 5 ans pour un camion, alors même que, techniquement, le véhicule pourrait être utilisé 6 ou 7 ans.

Les durées de vie probables sont très variables selon la nature des biens amortissables, de 2 ou 3 ans pour certains matériels légers à 10 ans (matériels lourds, installations), voire à 50 ans (immeubles).

b) *Fixation d'une valeur résiduelle nulle.*

Cette simplification est commode et ne fausse pas sensiblement les calculs ; en fait, il est rare que la valeur résiduelle soit exactement nulle :

- elle est souvent positive mais faible (prix de revente sur un marché de l'occasion, valeur « à la casse »...) ;
- parfois, elle est négative, si le remplacement entraîne des frais spécifiques de démolition, démontage, transport...

c) *Choix d'une modalité.*

Les modalités de calcul du « chemin » faisant passer la valeur de V à R (cf. schéma 17-1) sont diverses :

— **amortissement constant,** qui correspond à une chute de valeur régulière, constante donc *« linéaire »* d'un exercice à l'autre ; les schémas des amortissements annuels et des valeurs comptables nettes successives sont les suivants :

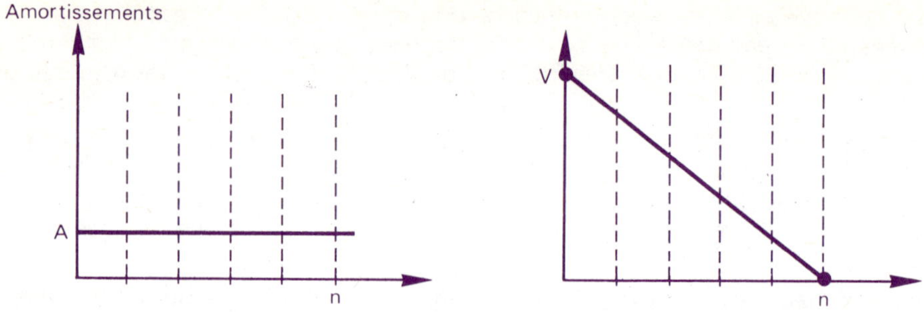

Amortissement (linéaire) 17-2 Valeur comptable nette

— **amortissement progressif,** plus fort en fin de vie, est rare car il ne correspond qu'exceptionnellement à l'observation économique élémentaire ;

— **amortissement dégressif,** plus fréquemment pratiqué, car les marchés de biens d'occasion montrent qu'effectivement, la dépréciation des biens est plus forte en début qu'en fin de vie ; la dégressivité des amortissements peut-être plus ou moins accentuée ; elle se traduit par les graphiques suivants :

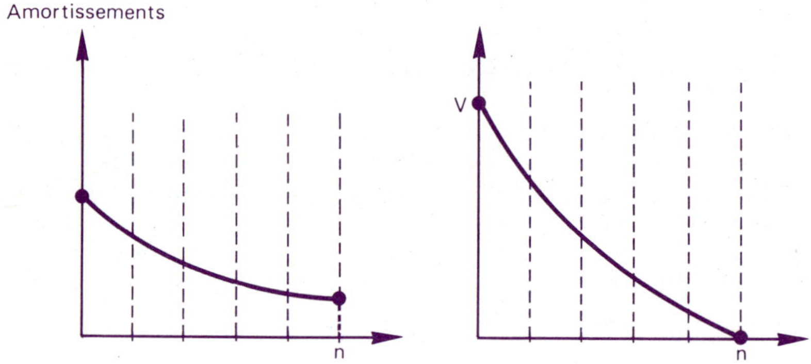

Amortissement (dégressif) 17-3 Valeur comptable nette

d) *Cas particulier.*

Parfois, l'amortissement est calculé chaque année, a posteriori (et non plus par avance dans un plan d'amortissement) sur la base d'observations économiques faites en fin d'exercice :

— valeur vénale (prix de la vente potentielle) du bien sur base des « cours » d'un marché de l'occasion ou d'une cote (cas des automobiles, camions, tracteurs..) ;

— niveau de l'utilisation durant l'exercice ; nombre d'heures de marche d'une machine, nombre de kilomètres parcourus par un véhicule, etc.

Dans ce cas, le « plan d'amortissement » ne peut, lors de l'acquisition du bien, que faire référence à ce mode particulier de calcul mais non pré-calculer les amortissements annuels.

e) *Utilisation pratique.*

L'amortissement linéaire est, dans le monde, le plus répandu ; en France, toutefois, parce qu'il est fiscalement avantageux et économiquement acceptable, les entreprises utilisent principalement, pour les biens pour lesquels il est autorisé, l'amortissement dégressif.

III. L'AMORTISSEMENT CONSTANT

1° Principe.

Une *durée probable d'utilisation* est fixée pour chaque catégorie d'immobilisations ; la valeur résiduelle à la fin de la durée probable d'utilisation étant considérée comme nulle, *l'amortissement annuel est égal au quotient de la valeur d'origine par la durée probable d'utilisation exprimée en années.*

En désignant par *n* cette durée, le taux d'amortissement est donc de : $\mathbf{t = \frac{100}{n}}$.

Les amortissements constants effectués sur une immobilisation sont donc proportionnels aux temps d'utilisation.

> ***Exemple*** : *Pour une voiture automobile acquise pour 72 000 F et dont la durée probable d'utilisation est de cinq ans, l'annuité d'amortissement est : 72 000 F : 5 = 14 400 F.*
>
> *Autre procédé de calcul :*
>
> — Taux d'amortissement : $t = \frac{100}{n} = \frac{100}{5} = 20\ \%$.
>
> — Annuité : 20 % de 72 000 F, soit 14 400 F.

2° Acquisition en cours d'exercice.

Lorsque l'acquisition est faite dans le courant de l'exercice, *le premier amortissement est calculé* « prorata temporis » (en jours).

> ***Exemple*** : *Machine-outil F. 21 acquise pour 145 000 F le 19 août ; l'exercice coïncide avec l'année civile. Taux, 15 %.*
>
> *Annuité d'amortissement : 15 % de 145 000 F, soit 21 750 F.*
>
> *Premier amortissement : 12 jours (août) plus 4 mois (septembre à décembre) :*
>
> $$21\,750 \times \frac{12 + 30 \times 4}{360} = 21\,750 \times \frac{132}{360} = 7\,975 \text{ F.}$$

3° Tableau d'amortissement.

Le tableau d'amortissement met en évidence les amortissements et les valeurs comptables nettes successifs.

Exemple : Amortissement de la machine-outil (F 21) acquise pour 145 000 F.

TABLEAU D'AMORTISSEMENT DE LA MACHINE F 21

Taux d'amortissement constant : 15 %.

Années	Valeur d'entrée (base amortissement)	Amortissements annuels	Valeurs comptables nettes après amortissements
19 A	145 000	(132 jours) 7 975	137 025
19 A + 1	145 000	21 750	115 275
19 A + 2	145 000	21 750	93 525
19 A + 3	145 000	21 750	71 775
19 A + 4	145 000	21 750	50 025
19 A + 5	145 000	21 750	28 275
19 A + 6	145 000	21 750	6 525
19 A + 7	145 000	6 525 (1)	0
		145 000	

(1) Le dernier amortissement est tel que le total des amortissements égale la valeur d'origine.

4° Représentation graphique.

Puisque les amortissements constants sont proportionnels aux temps d'utilisation :

— les **amortissements annuels** successifs **sont égaux** (lorsque la période d'amortissement est égale à l'année) ;

— les valeurs comptables nettes successives sont en **progression arithmétique décroissante.**

Exemple : Chariot élévateur acquis au début janvier 19 A pour 96 000 F. Taux d'amortissement constant, 20 %. Montant de l'annuité : 96 000 F × 20/100 = 19 200 F.

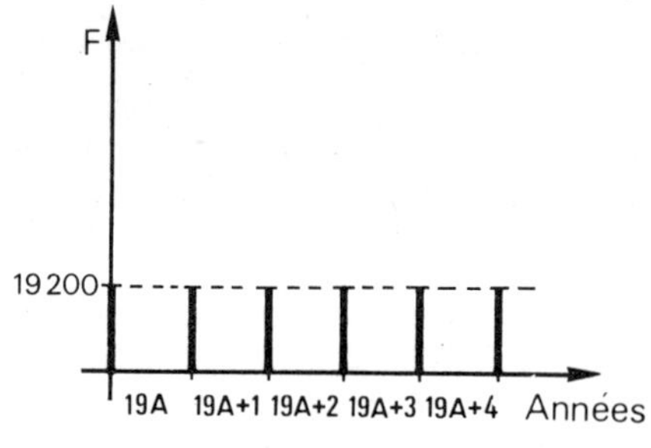

Amortissements

17-4

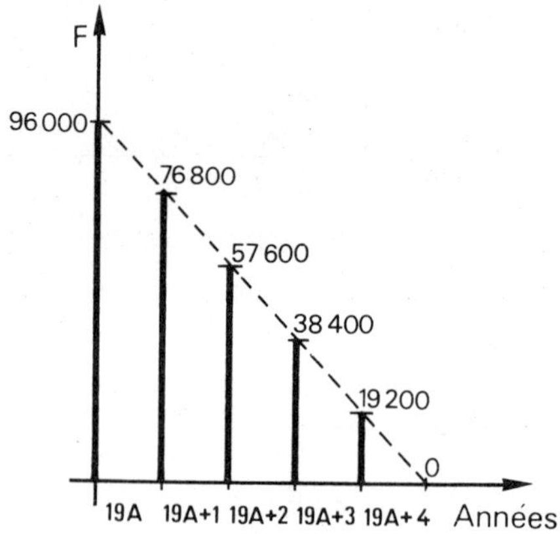

Valeurs comptables nettes

5° Taux usuels d'amortissement :

— bâtiments affectés à un usage industriel ou commercial : 5 % ;
— maisons d'habitation : 2 % ;
— aménagements et installations : 10 % ;
— matériel et outillage fixe, en général : 10 % ;
— moteurs : 20 % ;
— automobiles : 20 % ;
— camions : 25 % ;
— mobilier de bureau, en général : 10 % ;
— matériel de bureau : 10 à 20 %.
— *Brevet : 20 %*

IV. L'AMORTISSEMENT DÉGRESSIF

1° Généralités.

Le principe en a été vu précédemment (progression décroissante).

La progressivité peut être plus ou moins forte, et calculée de diverses façons ; le plus simple des modes de calcul est la *« méthode Softy »* (1) utilisée parfois aux États-Unis, dans laquelle les amortissements sont proportionnels au nombre d'années restant à courir jusqu'à la fin de la durée de vie :

> ***Exemple** : Bien de durée de vie six ans acheté au début de l'année p. Total des années (sum of the years) : 6 + 5 + 4 + 3 + 2 + 1 = 21.*
>
> *Amortissements successifs :* $\frac{6}{21}$; $\frac{5}{21}$; $\frac{4}{21}$; $\frac{3}{21}$; $\frac{2}{21}$; $\frac{1}{21}$.
>
> *Les amortissements sont bien décroissants (dégressifs), selon une progression arithmétique (diminution de* $\frac{1}{21}$ *de la valeur d'entrée chaque année).*

Cette méthode n'est pratiquement pas utilisée en France, à la différence de celle de l'**amortissement dégressif en progression géométrique** que nous décrivons ci-dessous dans ses modalités prévues par le fisc.

Bien que l'amortissement à pratiquer en comptabilité générale doive être **calculé sur des critères économiques** (amortissement économiquement justifié), il faut constater que les entreprises et, surtout les P.M.E., ont fortement tendance à appliquer les méthodes fiscales de calcul des amortissements. C'est pourquoi cet amortissement dégressif « fiscal » est ici décrit.

---

(1) En anglais : « Sum of the years » (total des années).

2° Principe de l'amortissement dégressif (fiscal français).

— L'amortissement est calculé sur la base de la **durée de vie** probable (identique, évidemment, à celle retenue en cas d'amortissement constant).

— Un **taux d'amortissement** est défini, sensiblement supérieur au taux d'amortissement constant correspondant.

— L'annuité d'amortissement est obtenue en **appliquant chaque année ce taux, non à la valeur d'entrée, mais à la valeur comptable nette au début de l'année.**

Exemple *: Soit un matériel acheté 50 000 F et amortissable au taux de 40 %. Les annuités successives ont pour valeur :*

— *annuité n° 1 : 50 000 F × 0,40 = 20 000 F*

— *annuité n° 2 : (50 000 F — 20 000 F) × 0,40 = 12 000 F*

— *annuité n° 3 : (50 000 F — 32 000 F) × 0,40 = 7 200 F, etc.*

Les valeurs comptables nettes étant décroissantes, les amortissements successifs le sont également.

En désignant par x le taux d'amortissement pour 1 F, les amortissements successifs, comme les valeurs comptables nettes, sont en progression géométrique décroissante de raison $1 - x$:

Années	Valeurs comptables nettes en début d'année (bases des amortissements)	Amortissements
1	V_0 = coût d'achat	V_0x
2	$V_1 = V_0 - V_0x = V_0(1 - x)$	$V_1x = V_0x(1 - x)$
3	$V_2 = V_1 - V_1x = V_1(1 - x) = V_0(1 - x)^2$	$V_2x = V_0x(1 - x)^2$
	etc.	

Ce système présente sur celui de l'amortissement constant l'avantage de mieux correspondre dans certains cas à la dépréciation effective du bien, forte les premières années. En outre, les frais d'entretien croissant avec l'ancienneté du matériel, la charge globale d'exploitation « Amortissements + Entretien » est, de ce fait, plus régulière d'une année à l'autre.

3° Modalités pratiques.

a) *Durée.*

La forme mathématique de la valeur comptable nette :

$$V_n = V_0(1 - x)^n \quad \text{avec} \quad 0 < x < 1$$

montre que cette valeur tend vers 0 lorsque n augmente indéfiniment.

Or, il faut pouvoir pratiquer les amortissements dégressifs dans le cadre de la *durée normale d'utilisation* définie à propos de l'amortissement constant.

C'est pourquoi la loi organisant le système d'amortissement dégressif précise que, *lorsque l'annuité dégressive devient inférieure à l'annuité constante calculée sur la valeur comptable nette en fonction du nombre d'années d'amortissement restant à courir,* l'entreprise peut pratiquer un amortissement égal à cette annuité constante (mais elle peut se borner à adopter, au cours de la dernière année normale d'utulisation, une annuité telle que le total des amortissements soit égal à la valeur d'origine).

b) *Taux.*

Les taux d'amortissement dégressifs sont obtenus en multipliant les taux « linéaires » correspondants (1) par des coefficients, qui sont, en 1986 de :

1,5 lorsque la durée normale d'utilisation est de trois ou quatre ans ;

2 lorsque cette durée est de cinq ou six ans ;

2,5 lorsque cette durée excède six ans.

Exemple :

Durée normale d'utilisation	*Taux d'amortissement constant*	*Taux d'amortissement dégressif*
—	—	—
4	*25 %*	*25 × 1,5 ⟶ 37,5 %*
5	*20 %*	*20 × 2 ⟶ 40 %*
6 $\frac{2}{3}$	*15 %*	*15 × 2,5 ⟶ 37,5 %*
10	*10 %*	*10 × 2,5 ⟶ 25 %*

c) *Immobilisations amortissables.*

Sont seules susceptibles de bénéficier de ce système, les immobilisations :

— considérées comme *biens d'équipement,* c'est-à-dire la majorité des matériels, outillages, matériels de transport, de manutention, de bureau... ainsi que les bâtiments industriels ou constructions légères (durée ⩽ 15 ans). Sont notamment exclus les voitures de tourisme, les machines à écrire, les bâtiments administratifs ou commerciaux ;

— achetées *neuves* (sont donc exclus les biens acquis d'occasion) ;

— dont la durée normale d'utilisation est d'au moins trois ans.

Le choix de l'amortissement dégressif est facultatif pour les entreprises, qui peuvent, si elles le désirent, pratiquer l'amortissement constant (solution rare, car l'amortissement dégressif présente certains avantages fiscaux).

4° Acquisition en cours d'exercice.

Dans ce cas, le premier amortissement est calculé « prorata temporis », proportionnellement au *nombre entier de mois* à courir depuis le début du mois d'acquicition jusqu'à la fin de l'exercice.

---

(1) Taux linéaire : taux défini à propos de l'amortissement constant.

Exemple : *Machine-outil F 21 acquise pour 145 000 F le 19 août. Taux linéaire 15 %.*

Durée normale d'utilisation : $\frac{100}{15} = 6\frac{2}{3}$ *ans.*

Taux dégressif : $15 \times 2{,}5 = 37{,}5$ *%.*

Premier amortissement (sur 5 mois, d'août à décembre inclus) :

$$145\,000 \text{ F} \times 0{,}375 \times 5/12 = 22\,656.$$

5° Tableau d'amortissement.

TABLEAU D'AMORTISSEMENT DE LA MACHINE F 21

Taux d'amortissement dégressif : 37,5 %.

Années	Valeurs comptables nettes au début de chaque exercice (bases de l'amortissement)	Taux	Amortissements annuels
19A (5 mois)	145 000 (coût d'achat)	$37{,}5\ \% \times \frac{5}{12}$	22 656
19A + 1	122 344	37,5 %	45 879
19A + 2	76 465	37,5 %	28 674
19A + 3	47 791	37,5 %	17 922
19A + 4	29 869	37,5 %	11 201
19A + 5 (1)	18 668	50 %	9 334
19A + 6	9 334		9 334
			145 000

(1) Au début de l'année 19A + 5, la durée d'amortissement restant à courir est :

— durée normale d'utilisation .... $6\frac{2}{3}$

— moins annuités déjà pratiquées 5

$1\frac{2}{3}$

Ce nombre est arrondi à l'entier supérieur 2.

Amortissement constant, sur la valeur résiduelle au début de 19A + 5 pour deux ans : $t = \frac{100}{2}$, soit 50 % ; ce taux étant supérieur à celui de 37,5 %, l'amortissement constant est pratiqué.

Remarques :

1° Le même raisonnement fait au début de l'année 19A + 4 avait conduit à un taux linéaire de $t = \frac{100}{3}$, soit 33,3 %, inférieur au taux d'amortissement dégressif ; on a donc continué à appliquer ce dernier.

2° Pour les deux dernières années, l'entreprise aurait pu procéder ainsi :

— 19A + 5 : 37,5 % de 18 668 F, soit 7 000 F ;

— 19A + 6 : amortissement égal à la valeur résiduelle, soit 18 668 F − 7 000 F = 11 668 F.

Inconvénient de cette façon de procéder : l'ultime amortissement est supérieur à l'avant-dernier, voire à l'antépénultième, ce qui n'est pas conforme à la dégressivité des amortissements antérieurs.

6° Représentation graphique.

Reprenons l'exemple du chariot élévateur acquis le 4-1-19A pour 96 000 F.
Taux d'amortissement constant : 20 %.

Donc durée normale d'utilisation : $\frac{100}{20}$, *soit 5 ans, d'où coefficient légal 2.*

Taux d'amortissement dégressif : 20 % × 2, soit 40 %.

$A_1 = 96\,000 \times 0{,}4 = 38\,400$; $A_2 = (96\,000 - 38\,400) \times 0{,}4 = 23\,040$.

$A_3 = (96\,000 - 38\,400 - 23\,040) \times 0{,}4 = 13\,824$.

$A_4 = A_5 = (96\,000 - 38\,400 - 23\,040 - 12\,824) \times 0{,}5 = 10\,368$.

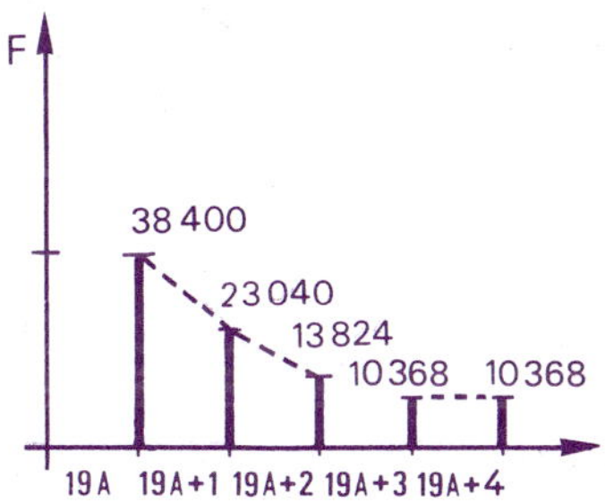

Amortissements successifs

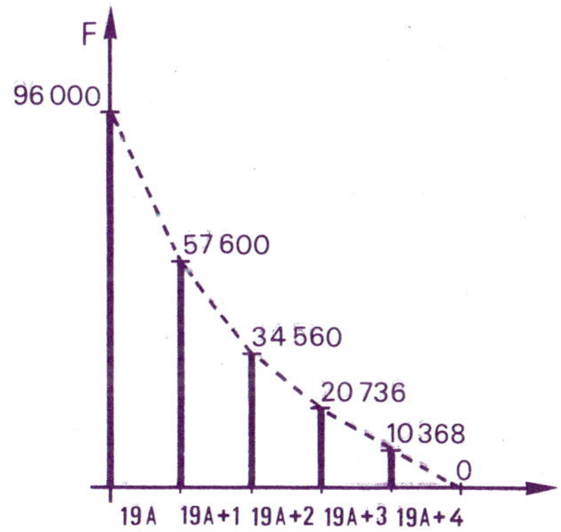

17-5 Valeurs comptables nettes successives

V. AUTRES SYSTÈMES D'AMORTISSEMENT

a) *Amortissement réel,* en fonction de la dépréciation réelle constatée (par une cote, cas des voitures automobiles).

b) *Amortissements proportionnels à l'utilisation.*

Ce procédé est utilisé lorsque la cause essentielle de la dépréciation du bien est l'**usure,** plus que l'obsolescence (matériels de chantiers, véhicules...).

Certains matériels peuvent être amortis au prorata du nombre d'heures d'utilisation, ou en fonction d'un relevé de compteur (exemple : compteur kilométrique d'un camion).

Exemple : *La durée normale d'utilisation d'un moteur acheté* V_0 *francs est fixée à 20 000 h ; durant l'exercice 19A, ce moteur a fonctionné 5 200 h ;*

— *amortissement pour 19A :* $V_0 \times \frac{5\,200}{20\,000}$

c) *Amortissements par séries.*

Un matériel fabriqué spécialement pour la production d'une série de produits ou pour l'exécution d'un chantier (tunnel, par exemple), doit être amorti à la fin de cette production ou de chantier ; c'est spécialement le cas d'*outillages* spéciaux, propres à une commande ou à un chantier.

d) *Amortissements accélérés ou spéciaux.*

— lorsque l'entreprise travaille à deux ou trois équipes (16 h à 24 h par jour), les annuités d'amortissements des matériels utilisés peuvent être majorées afin de tenir compte d'une usure plus rapide ;

— certains matériels et équipements sont amortis à des taux spéciaux ou selon des modalités particulières (navires, recherche scientifique, industrie spatiale, aéronautique...).

e) *Amortissements fiscaux exceptionnels*

Afin d'aider certaines entreprises, ou de stimuler certaines activités en difficultés ou d'intérêt national, l'État met régulièrement en place, dans chaque loi de Finances, des procédures particulières d'amortissement, concernant, selon les circonstances, la *recherche, l'innovation, l'exportation, l'équipement* de certaines régions, *l'antipollution* etc.. Ces amortissements exceptionnels excèdent généralement l'amortissement économiquement justifié ; cet excédent est traité en « amortissements dérogatoires » (cf. chapitre 20, VI).

Exemple :

En 1983 a été mis en place un *« amortissement exceptionnel »* des biens amortissables suivant le *système dégressif :* les biens acquis entre le 1-1-83 et le 31-12-85 donnaient droit à un amortissement supplémentaire de *40 %* (1) (42 % pour durée d'exploitation de 10 ans) déductible à la clôture de l'exercice d'acquisition (prorata temporis) et à celle du suivant (pour le reste).

VI. LES DIFFÉRENTS RÔLES DE L'AMORTISSEMENT

1° Rôle juridique (dépréciation).

L'amortissement constate la **dépréciation** des immobilisations de l'actif et régularise donc le bilan.

L'absence d'amortissement conduirait à un bilan inexact, dont l'actif serait surestimé et le résultat faussé (bénéfice fictif ou perte minorée).

2° Rôle économique (étalement d'une charge).

L'amortissement permet d'**étaler dans le temps** la consommation (en valeur) des immobilisations, consommation dont le montant ne sera connu qu'à la fin de l'utilisation du bien (cession ou mise au rebut).

Cet étalement est opéré dans l'hypothèse d'une « continuité de l'exploitation » qui explique pourquoi les modalités peuvent en être diverses (linéaire, progressif, dégressif).

---

(1) D'une première annuité dégressive calculée sur un an.

3° Rôle financier (renouvellement des immobilisations).

Dès le premier chapitre de ce cours, a été souligné le rôle essentiel de l'amortissement dans l'**autofinancement** de l'entreprise. On sait que le cash-flow ou **capacité d'autofinancement** est formé de la somme algébrique du résultat (qui peut être négatif) et des dotations aux amortissements et aux provisions ; les amortissements permettent à l'entreprise de maintenir intact son capital : les fonds ainsi retenus sur le résultat (à titre de charges) donc non distribués, permettront de *renouveler les immobilisations* lorsque celles-ci sont devenues inutilisables ou caduques ou de les remplacer par des matériels plus *modernes.* En attendant cette utilisation, les fonds correspondants se trouvent en fait « noyés » dans l'actif circulant (stocks, réalisable et disponible).

Toutefois, il faut observer qu'en période d'inflation, la fonction de **maintien du capital** et de **renouvellement** des immobilisations de l'amortissement est sérieusement compromise.

> ***Exemple :*** *Un camion est acquis au prix de 200 000 F au début de 19A ; amorti sur quatre ans, il est remplacé par un véhicule quasi-identique au début de 19A + 4, pour un prix de 320 000 F, la hausse de prix étant essentiellement dûe à l'inflation observée de 19A à 19A + 4.*
>
> *On voit que les 200 000 F d'amortissements pratiqués de fin 19A à fin 19A + 3, ne suffisent pas à financer l'achat d'un véhicule identique qui vaut maintenant 320 000 F.*
>
> *Si, par contre, les amortissements avaient été calculés sur la base de 320 000 F (valeur de remplacement), ils auraient permis d'assurer maintien du capital (en francs constants) et financement du renouvellement.*

En période d'inflation, l'entreprise ne trouve, dans les amortissements, le financement du renouvellement de son capital technique, qu'en *complétant l'amortissement comptable,* calculé sur le coût d'entrée historique, par des dotations supplémentaires (amortissements « réévalués », « provisions » spéciales...).

QUESTIONS

A. *Certains « terrains » se déprécient en fonction du temps ou du moins en fonction de l'exploitation qui en est faite ; ils donnent alors lieu à amortissement. En rechercher des exemples.*

B. *Supposez qu'une automobile achetée neuve 60 000 F en 19A n'ait jamais été utilisée et soit restée « sur cales » dans un garage ; elle est revendue dans cet état neuf en 19A + 4. Son prix de vente n'est que de 25 000 F. Pourquoi ?*

C. *Les amortissements ne sont normalement comptabilisés qu'en fin d'année, lors de l'inventaire. En est-il de même dans les entreprises qui établissent des bilans mensuels ?*

D. *Quel intérêt fiscal (au regard de l'impôt sur les bénéfices) présente pour une entreprise l'emploi de taux d'amortissement élevés ?*

Une entreprise a amorti au taux de 20 % (amortissement constant) une machine qui, en fait, ne se déprécie en moyenne que de 12,5 % ; achetée 50 000 F, cette machine est revendue quatre ans plus tard à la valeur comptable nette réelle. Comment le « fisc » récupère-t-il l'impôt sur les bénéfices évité antérieurement ?

E. *Dans les systèmes usuels d'amortissement, la valeur comptable nette à la fin de la durée « normale » ou « probable » d'utilisation est considérée comme nulle ; ainsi, une automobile amortie pendant cinq ans au taux de 20 % a une valeur comptable nette nulle. Cette simplification vous paraît-elle conforme à la réalité économique ?*

Quels avantages d'ordre pratique et d'ordre économique présente-t-elle ?

F. *Comparer les deux tableaux d'amortissement de la machine F 21 présentés dans ce chapitre et dégagez dans un tableau les différences entre amortissements dégressifs et amortissements linéaires, ainsi qu'entre les valeurs comptables nettes. Que constatez-vous ? Portez sur un graphique (en fonction du nombre d'années* n*) ces différences algébriques. Commentez ces graphiques.*

G. *Une machine d'une durée normale d'utilisation de huit ans, est amortie suivant le système dégressif ; son coût d'achat est de 48 000 F.*

On considère que les frais annuels d'entretien obéissent à la loi suivante : $F = 70\,(3 + x)^2$, x *désignant le nombre d'années d'utilisation (1 pour la première année, 2 pour la seconde, etc.).*

Calculez les amortissements et les frais d'entretien, ainsi que la charge annuelle totale (tableau).

Faites un graphique de cette charge totale, en fonction du nombre d'années. Que constatez-vous ?

Faites ensuite les mêmes calculs, tableau et graphique dans le cas de l'amortissement constant. Commentez.

H. *Dans quel cas la fixation d'un « plan d'amortissement » en fonction de la durée probable d'utilisation ne modifie pas le calcul des annuités d'amortissement, par rapport à celui fondé sur la durée de vie ? (se placer dans le cas de l'amortissement constant, puis de l'amortissement dégressif).*

I. *Une machine à écrire, normalement amortissable sur 6 ans* $\frac{2}{3}$ *(soit au taux de 15 %) est, dans une entreprise de presse, utilisée « à deux équipes » (c'est-à-dire 2 fois 8 heures par jour, au lieu d'une seule fois 8 heures). Faut-il pour autant l'amortir sur 3 ans* $\frac{1}{3}$ *?*

Discuter ce problème en fonction du type de matériel (distinguer usure et obsolescence).

J. *Au cours d'une période de dépréciation monétaire continue (inflation), le prix du matériel de transport augmente de 12 % chaque année, toutes choses égales par ailleurs. Une entreprise amortit au taux constant de 20 % un camion acquis pour 140 000 F en 19A (amortissement constant) ; cinq années après, en 19A + 5, elle achète un camion en remplacement du précédent devenu sans valeur et inutilisable ; le nouveau camion est identique au précédent à quelques détails près ; les amortissements pratiqués permettent-ils de financer cet investissement de remplacement ? En tirer une conclusion générale.*

K. *Une entreprise a déclaré un bénéfice imposable de 123 500 F à l'Administration des Contributions directes ; l'inspecteur n'accepte pas le taux d'amortissement constant de 20 % employé pour le matériel de fabrication et n'admet qu'un taux de 12,5 % ; la valeur d'origine de ce matériel étant de 158 000 F, quel est le bénéfice imposable après redressement ?*

L. *Au début de l'année n, une entreprise, située dans un pays où l'inflation, très élevée, est en moyenne de 30 % par an, achète un matériel 100 000 k (unité monétaire du pays).*

a) *Si les prix de ces types de matériels ne connaissent pas de variations spécifiques, quelle sera la valeur d'entrée du dit matériel fin n (ou début n + 1) ?*

b) *Ce matériel est amortissable en 5 ans (taux constant). L'entreprise désire, pour préserver son autofinancement, pratiquer l'amortissement sur la valeur actuelle du bien et non sur sa valeur historique.*

Quel sera le montant de cet amortissement ?

Pour quel montant le bien figurera-t-il, par conséquent, au bilan à fin n ? Quelle sera, en unités monétaires du moment, sa véritable valeur ?

Montrer que, pour avoir voulu préserver la fonction « financière » de l'amortissement, l'entreprise fausse davantage l'actif du bilan.

c) *Pour éviter cet inconvénient, l'entreprise « réévalue » la valeur d'entrée en faisant apparaître, au passif un « écart de réévaluation » que vous chiffrerez.*

Le bilan est-il alors correct ?

Quel serait, sur ces bases, et en supposant que le taux de l'inflation se maintienne à 30 %, le bilan à fin n + 1 ? (valeur d'entrée, amortissements et valeur comptable nette, écart de réévaluation).

Quels peuvent être les inconvénients de cette « réévaluation permanente » des actifs ?

EXERCICES

• **1.** Présentez le tableau d'amortissement d'une machine à tailler les engrenages, achetée le 3 avril 1979, 275 000 F ; durée normale d'utilisation, dix ans ; exercices comptables coïncidant avec les années civiles. Procédé de l'amortissement constant.

• **2.** Même exercice, dans l'hypothèse de l'amortissement dégressif, tel qu'il est aménagé par l'administration fiscale.

• **3.** Une entreprise de travaux publics a acquis une bétonneuse au prix de 140 000 F ; elle amortit ce matériel en fonction du nombre d'heures d'utilisation, la durée probable étant fixée à 5 000 heures.

La première année, cette bétonneuse a été utilisée 1 700 heures, la suivante 1 800, la troisième 1 200, la quatrième 1 200. Quels sont les amortissements de ces quatres années d'utilisation ?

• **4.** Une entreprise utilise 25 camionnettes de livraison identiques achetées neuves au prix de 44 000 F l'une, au début de 19A pour six d'entre elles, au début de 19A + 1 pour dix autres, au début de 19A + 2 pour les neuf dernières. Cette entreprise amortit ces véhicules de série en fonction de leur dépraciation à la cote des véhicules d'occasion. En supposant que celle-ci indique, de fin 19A à la fin 19A + 4, les cotes suivantes :

— après un an d'utilisation	30 000 F
— après deux ans d'utilisation	21 500 F
— après trois ans d'utilisation	16 000 F
— après quatre ans d'utilisation	8 900 F
— après cinq ans d'utilisation	5 000 F

Déterminer les amortissements à pratiquer et les valeurs nettes :
— à la fin de 19A + 2 ;
— à la fin de 19A + 3 ;
— à la fin de 19A + 4.

• **5.** Une machine achetée 35 000 F, le 29 octobre 19A, figure dans le bilan de fin d'exercice du 31 mars 19A + 3 pour une valeur comptable nette de 22 312,50 F.

Travail à faire :
a) Calculer le taux d'amortissement constant, puis la durée normale d'utilisation.
b) Établir le tableau d'amortissement de cette machine.

• **6.** Une machine-outil est amortie suivant le système dégressif prévu par la loi fiscale. Le premier amortissement est de 20 625 F et le second de 14 180 F (exactement 14 178,6875 F).

Travail à faire :
a) Calculer le taux d'amortissement dégressif.
b) En déduire la durée normale d'utilisation (supérieure à six ans).
c) Établir le tableau d'amortissement.

• **7.** Un matériel est acheté 200 000 F au début de l'année N ; sa durée de vie probable est de 8 ans.

a) Établir les tableaux d'amortissements de ce matériel dans chacune des méthodes : amortissement constant, amortissement dégressif « softy », amortissement dégressif fiscal français.

b) Comparer, graphiquement, les trois méthodes (graphique des amortissements et graphique des valeurs comptables).

• **8.** Un véhicule de transport, acquis par l'entreprise ARIST, le 20 avril 19A, a une durée de vie de 4 ans. Le coefficient fiscal applicable est de 1,5. Le total des amortissements dégressifs pratiqués sur ce véhicule à la date du 31-12-19A + 1 est de 44 062,50 F. Quel est le coût d'acquisition de ce véhicule ?

Présenter le tableau d'amortissement sur toute la durée de vie.

• **9.** Le premier amortissement (constant) d'une machine achetée le 21 avril 19A est de 48 750 F ; l'exercice coïncide avec l'année civile ; la durée de vie du bien est de 6 ans $\frac{2}{3}$. Calculer la valeur d'entrée.

Présenter le tableau d'amortissement.

Chapitre 18

COMPTABILITÉ DES AMORTISSEMENTS

I. COMPTABILISATION DES AMORTISSEMENTS DES IMMOBILISATIONS

Nous connaissons le principe de cette comptabilisation :

Il importe toutefois d'entrer dans le détail de cet enregistrement comptable :

au niveau de la charge

car la « dotation » doit être analysée en :
- dotations « exploitation » ;
- dotations « financières » ;
- dotations « exceptionnelles ».

au niveau du compte d'immobilisation

car, pour améliorer l'information, on créditera des comptes spécifiques « d'amortissements des immobilisations ».

1° Les dotations aux amortissements.

Le compte 68 enregistre à son débit les charges calculées d'amortissements et de provisions (1) d'où son intitulé

68. Dotations aux amortissements et aux provisions

intitulé que nous représenterons souvent par ses initiales « D.A.P. », par simplification.

La distinction des trois catégories de charges (exploitation ; financier ; exceptionnel) (2) a comme conséquence directe la subdivision, en ces trois niveaux, du compte 68 D.A.P.

En effet, si la majorité des dotations aux amortissements sont bien des charges d'exploitation, certaines peuvent présenter un caractère financier ou un caractère exceptionnel.

(1) Les provisions sont étudiées dans le chapitre suivant.
(2) Cf. chapitre 8.

681. D.A.P., charges d'exploitation.

La quasi-totalité des amortissements des immobilisations sont enregistrées au débit de ce compte (compte d'ordre 4 : 6811 D.A.P. sur immobilisations) ; en effet, l'amortissement des immobilisations corporelles (bâtiments, installations, matériels...) et incorporelles (brevets d'invention...) constitue une *charge normale de l'exploitation courante.*

686. D.A.P., charges financières.

Ce compte enregistre principalement des dotations aux provisions (cf. chapitre 19) ; on y trouve aussi quelques dotations aux amortissements, de caractère financier (cf. infra IV).

687. D.A.P., charges exceptionnelles.

Certaines dotations aux amortissements ne sont pas classées en « charges d'exploitation » mais en « charges exceptionnelles » :

— soit parce que la nature de la dépréciation est considérée comme exceptionnelle ;

> ***Exemple :*** *dépréciation irréversible d'un terrain* par suite de la modification du tracé d'une rue.

— soit parce que le montant de la dotation est particulièrement élevé et dépasse le montant « économiquement justifié » ; tel est particulièrement le cas d'amortissements fiscaux, enregistrés au débit du compte 687, mais qui ont toutefois le caractère de « provisions » (cf. infra IV).

• *Nota :* Dans les exercices d'examen, utiliser les comptes 681, 686 et 687 (sauf précisions différentes de l'énoncé) et non pas le seul compte global 68. D.A.P.

2° Les comptes d'amortissements.

a) *Principe.*

La diminution de valeur de l'immobilisation est notée, non pas au crédit du compte de l'immobilisation elle-même, mais au crédit d'un compte particulier d'amortissement ; ce procédé est dit de l'**amortissement « indirect »** (par opposition à un « amortissement direct » qui serait porté directement au crédit du compte d'immobilisation).

Ainsi chaque immobilisation amortissable se trouve-t-elle représentée par **deux comptes :**

— un compte *débiteur* d'immobilisation.

— un compte *créditeur* d'amortissement de cette immobilisation.

Exemple :

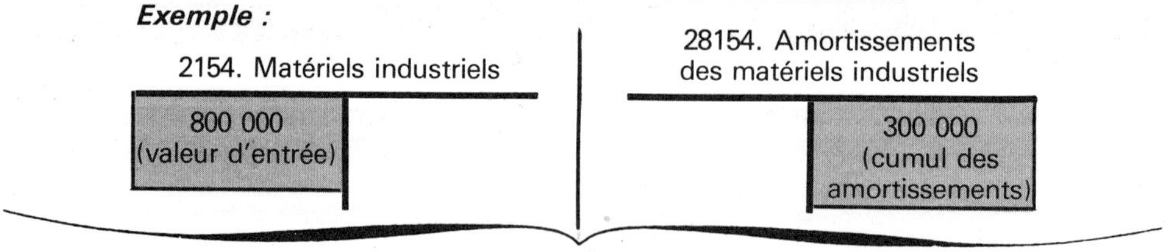

l'ensemble des deux comptes permet d'obtenir la **valeur comptable nette** (500 000).

Les amortissements, cumulés au crédit du compte 28.., ne peuvent excéder la valeur d'entrée. La création des comptes d'amortissements permet d'inscrire **dans le bilan,** pour chaque catégorie d'immobilisation, les trois informations :

- valeur d'entrée ;
- total des amortissements pratiqués ;
- valeur comptable nette.

Dans l'exemple ci-dessus :

Actif du Bilan

	(Brut)	(Amortissements)	(Net)
Matériels industriels	800 000	300 000	500 000

b) *Codification.*

Les comptes d'amortissements sont des subdivisions du compte d'ordre 2 :

28. Amortissements des immobilisations.

Le compte 28 est subdivisé à l'image de la classe 2 :

20. Immobilisations incorporelles. ⟶ *280.* Amortissements des immobilisations incorporelles.
.....
205. Concessions, brevets, marques... ⟶ *2805.* Amortissements des concessions, brevets, marques...
21. Immobilisations corporelles. ⟶ *281.* Amortissements des immobilisations corporelles.
.....
213. Constructions. ⟶ 28*13.* Amortissements des constructions

etc.

Ainsi les numéros des **comptes d'amortissements** sont-ils obtenus, à partir des numéros des comptes d'immobilisations correspondants, en **intercalant un 8 après le 2.**

Compte d'immobilisation : 2 *xyzt* ... (ex. : 2154)
Compte d'amortissement de cette immobilisation : 28 *xyzt* .. (ex. : 28154)

3° Exemple.

En fin d'exercice, l'entreprise Clermont enregistre les amortissements de ses immobilisations :

- *Brevets d'inventions (valeurs d'entrée 200 000 F) : 20 %.*
- *Terrains : dépréciation définitive de 300 000 F (terrains devenus non constructibles).*
- *Constructions (valeur d'entrée 1 000 000 F) : 5 %.*
- *Installations industrielles :......... amortissement de 282 000 F.*
- *Matériels industriels :............. 170 000 F.*
- *Matériels de transport :........... — 89 000 F.*
- *Matériels de bureau, informatique :. — 42 000 F.*

Tous ces amortissements sont, normalement, charges d'exploitation, à l'exception de l'amortissement exceptionnel sur le terrain (a priori non amortissable), qu'il faut considérer comme charge exceptionnelle.

D.A.P., charges d'exploitation :

200 000 F × 0,2 + 1 000 000 × 0,05 + 282 000 F + 170 000 F
+ 89 000 F + 42 000 F = 673 000 F.

D.A.P., charges exceptionnelles : (terrains) 300 000 F.

On enregistrera ces dotations, en bloc, en une seule écriture, en fin d'exercice :	681. Dotations aux amortissements et aux provisions (exploitation)	673 000	
	(ou 6811. Dotations aux amortissements sur immobilisations).		
	2805. Amortissements des concessions, brevets		40 000
	2813. Amortissements des constructions		50 000
Dotations, charges d'exploitation.	2815. Amortissements des installations et matériels industriels . .		452 000
	(ou deux sous-comptes 282 000 + 170 000).		
	2818. Amortissements des autres immobilisations corporelles . .		131 000
	(ou deux sous-comptes 89 000 + 42 000).		
	Amortissements de l'exercice (exploitation).		
Dotations, charges exceptionnelles.	687. Dotations aux amortissements et aux provisions (ch. exceptionnelles)	300 000	
	2811. Amortissements des terrains .		300 000

Nota : L'hypothèse d'amortissement de terrain à bâtir par suite de dépréciation définitive est prévue par le P.C.G., avec la solution ci-dessus ; dans la pratique, on constate plutôt une « provision » (cf. chapitre 19), le caractère *irréversible* de la dépréciation étant toujours difficile à établir.

4° Amortissements et bilan.

• Les comptes d'amortissements figurent, à l'actif, en soustraction des comptes d'immobilisations.

• Chaque compte d'amortissement présente le *cumul des amortissements* de l'immobilisation, depuis l'entrée du bien.

Exemple : Compte d'amortissement de la machine F 21 (cf. chapitre 17, III, 3°) à fin 19A + 3 (amortissement constant).

A cette date, ce compte figurera donc dans le bilan pour 73 225.

28154. Amortissements matériels (F 21)	
	fin 19A 7 975
	fin 19A + 1 . 21 750
	fin 19A + 2 . 21 750
	fin 19A + 3 . 21 750

• Aussi longtemps que le bien est propriété de l'entreprise et continue à être utilisé, il *figure au bilan pour sa valeur d'entrée et son cumul d'amortissements,* quand bien même il serait totalement amorti.

Ainsi peut-on lire dans un bilan :

	Brut	Amortissements	Net
Matériel	100 000	100 000	0

• Si le bien, *totalement amorti, est mis au rebut,* on solde les deux comptes (d'amortissement et d'immobilisation) en virant le premier dans le second :

Débit : Amortissements de l'immobilisation X . .
Crédit : Immobilisation X ....
pour solde de ces deux comptes.

Dans ce cas, bien entendu, le bilan suivant n'en portera plus trace.

• *Si le bien est revendu,* les deux comptes sont également soldés selon le procédé décrit ci-dessous (II).

II. CESSION D'UNE IMMOBILISATION AMORTISSABLE

1° Principe.

*La cession d'une immobilisation amortissable entraîne un « **résultat** » **égal à la** différence algébrique entre le prix de cession et la valeur comptable nette de l'immobilisation.*

Ce résultat, bénéfice ou perte, est à classer dans les **éléments exceptionnels** du résultat, donc dans les comptes 67 et 77.

On pourrait donc s'attendre à trouver :

— dans les charges exceptionnelles, les pertes subies à l'occasion de ces cessions ;

— dans les produits exceptionnels, les bénéfices réalisés.

Telle n'est toutefois pas la solution retenue par le P.C.G. ; pour *conserver les flux* de la période dans le compte de résultat, le P.C.G. préconise d'enregistrer (cf. chapitre 12) :

dans les **charges exceptionnelles** *(67)* la valeur comptable nette de l'immobilisation cédée : **675.** *Valeur comptable des éléments d'actif cédés* (nous abrégerons parfois en « V.C.E.A.C. »).	*dans les* **produits exceptionnels** *(77)* le prix de cession de l'immobilisation : **775.** *Produits des cessions des éléments d'actif* (nous abrégerons parfois en « P.C.E.A. »).

Bien entendu, algébriquement, l'incidence sur le résultat est identique à celle de la solution d'enregistrement direct du bénéfice ou de la perte de cession :

Valeur comptable nette : 12 000 F.	Prix de cession : 15 000 F.

Incidence : + 3 000 (bénéfice).

2° Opérations comptables successives.

a) *Amortissement complémentaire.*

Il convient, si la cession a lieu en cours d'exercice, de compléter l'amortissement du bien, pour la période courue depuis le début de l'exercice.

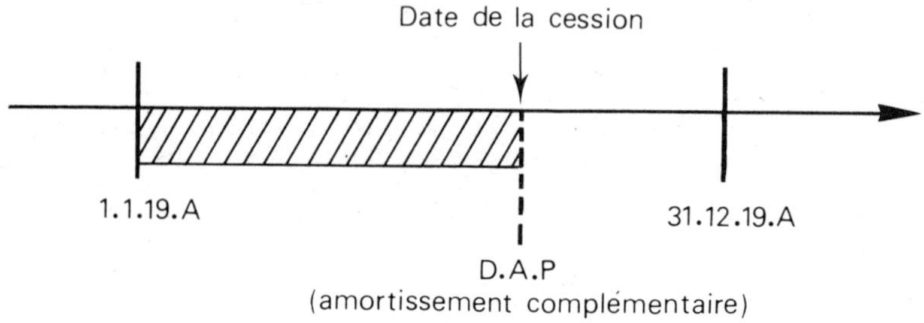

18-2

b) *Détermination de la valeur comptable nette.*

Cette valeur comptable est en effet à comparer au prix de cession ; elle est égale à la **somme algébrique de la valeur d'entrée et des amortissements cumulés** ; il convient donc de **virer, pour solde, le compte d'amortissement au compte d'immobilisation.**

c) *Reprise de la valeur comptable nette* par virement dans le compte de **charge exceptionnelle** : 675 « Valeurs comptables des éléments d'actifs cédés » ; le compte d'immobilisation est alors soldé.

d) *Enregistrement de la cession* au débit du compte de tiers (si la cession est faite à crédit) ou au débit du compte financier, par le crédit du compte de **produit exceptionnel** : 775 « Produits des cessions des éléments d'actif ».

Le schéma ci-contre illustre ces opérations.

3° Exemple.

Reportez-vous au tableau d'amortissement chapitre 17, IV, 5 (amortissement dégressif) ; supposons que cette machine soit revendue le 30 mai 19A + 3 au prix de 40 000 F, réglés par chèque bancaire.

a) *Amortissement complémentaire pour la période du 1er janvier au 31 mai 19A + 3.*

La dotation est égale aux $\frac{5}{12}$ de l'annuité complète, soit 17 922 F $\times \frac{5}{12} = 7\,467$.

Les amortissements précédemment effectués s'élevaient à :

26 256 F + 45 879 F + 28 674 F = 100 809 F.

681. D.A.P. « Exploitation »

(a)	7 467	

28154. Amortissements des matériels industriels

	(100 809) 7467	 *(a)*

Comptabilisation d'une cession d'immobilisation amortissable.
(Immobilisation acquise l'année p et cédée l'année p + 3)
Ordre des opérations comptables : a, b, c et d.

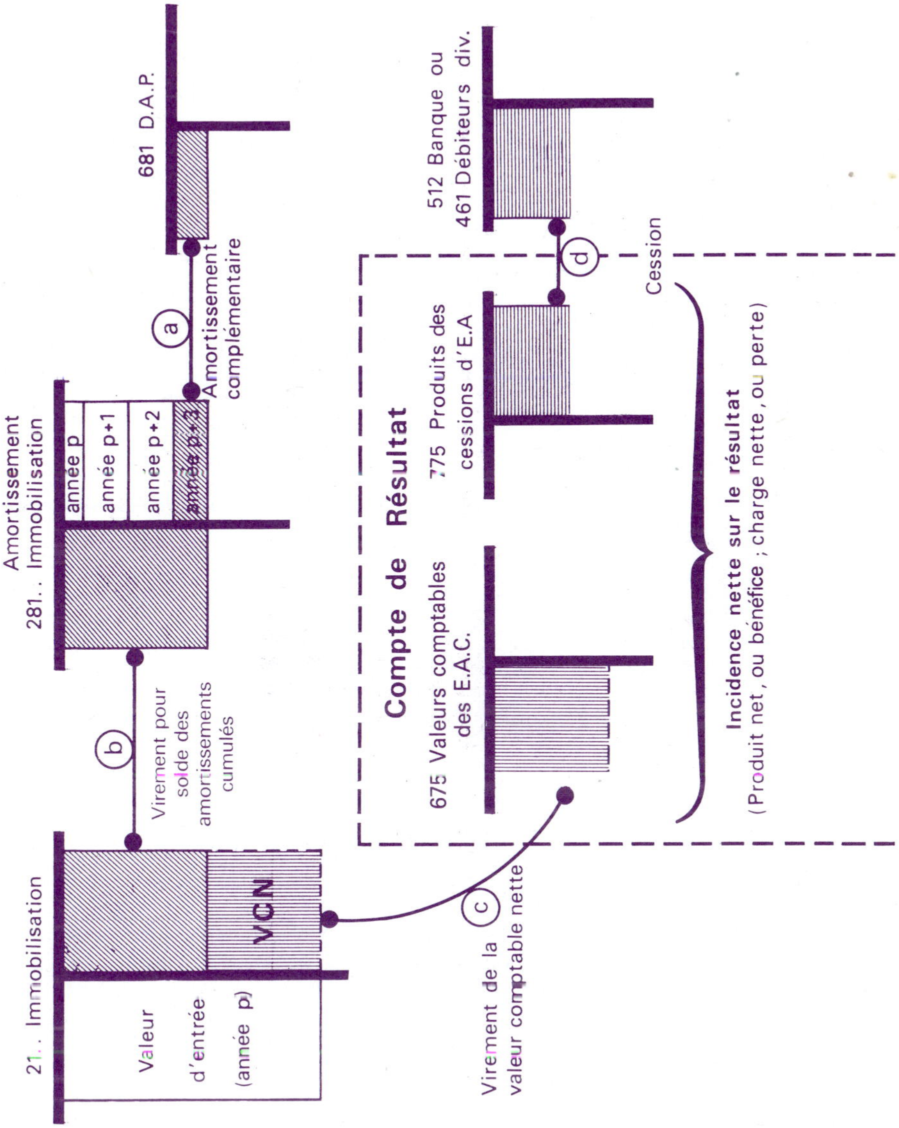

18-1

b) *Réintégration des amortissements pour détermination de la valeur comptable nette.*

Les amortissements s'élevant à : 100 809 F + 7 467 F = 108 276 F sont virés, pour solde, au crédit du compte d'immobilisation ; le solde de ce dernier est alors égal à la valeur comptable nette.

En ce qui concerne la machine F 21, les comptes 28154 et 2154 se présentent alors ainsi :

28154. Amortissements des matériels industriels

(b)	108 276	100 809	
		7 467	

Compte soldé.

2154. Matériels industriels

	145 000	108 276	(b)

Solde débiteur : 36 724.

c) *Virement de la valeur comptable dans les « charges exceptionnelles » (675).*

675. Valeurs comptables des éléments d'actif cédés

(c)	36 724		

2154. Matériels industriels.

	145 000	108 276	(b)
		36 724	(c)

Compte soldé.

d) *Enregistrement de la cession en « produits exceptionnels » (775).*

512. Banque

(d)	40 000		

775. Produits des cessions d'éléments d'actif

		40 000	(d)

d'où **incidence sur le résultat** : 40 000 — 36 724 = 3 276 (bénéfice ou « produit net »).

On vérifie qu'après ces opérations les comptes 2154 et 28154 sont bien *soldés* (en ce qui concerne la machine F 21), puisque l'immobilisation est sortie définitivement du patrimoine de l'entreprise.

4° Cessions d'immobilisations et fiscalité.

a) *Plus-values (et moins-values) à court terme et à long terme.*

Les cessions d'immobilisations (amortissables ou non amortissables) entraînent des plus-values ou moins-values fiscales imposables à des taux différents : les plus-values dites à court terme sont plus sévèrement imposées que les plus-values « à long terme » (cf. un cours de fiscalité).

Le calcul et la comptabilisation des impôts correspondants n'entrent pas dans le cadre de cette étude.

b) *Régularisation de la T.V.A.*

On sait que la T.V.A. grevant les immobilisations acquises est « déductible », sans décalage d'un mois (cf. chapitre 11).

Toutefois, si l'immobilisation est revendue *avant le commencement de la quatrième année civile* (1) suivant celle de l'entrée du bien, une **fraction de la T.V.A. antérieurement déduite doit être reversée.**

Ainsi, un matériel acquis en 1987 donnera lieu à un versement de T.V.A., s'il est revendu avant le 1er janvier 1991, c'est-à-dire s'il est vendu en 1987, 1988, 1989 ou 1990.

Le reversement de T.V.A. est égal **au montant initial diminué d'un cinquième par année civile** ou fraction d'année civile écoulée depuis la date d'entrée.

Dans le cas d'un matériel acquis en 1987, supposons un prix d'acquisition de 1 000 F H.T., avec une T.V.A. à 18,60 %, T.V.A. déductible lors de l'acquisition en 1987 : 186 F.

Reversement à opérer :

Cession en 1987 : reversement de $186 - \frac{1}{5} \times 186 = 148{,}80$ F.

Cession en 1988 : — de $186 - \frac{2}{5} \times 186 = 111{,}60$ F.

Cession en 1989 : — de $186 - \frac{3}{5} \times 186 = 74{,}40$ F.

Cession en 1990 : — de $186 - \frac{4}{5} \times 186 = 37{,}20$ F.

Cession à partir du 1-1-1987 : néant.

Le droit à la déduction de la T.V.A. est transmissible à l'acquéreur de l'immobilisation cédée, pour le montant reversé (exemple : matériel cédé en 1985 ; le vendeur a dû reverser 74,40 F ; l'acquéreur bénéficiera de 74,40 F de T.V.A. déductible).

Comptabilisation : *cession du matériel en 1989 au prix de 300 F (à la date de la cession les amortissements s'élèvent à 660 F).*

- **Chez le cédant.**

		1989		
Détermination de la V.C. nette (soit 1 000 − 660 = 340).	28154	Amortissements du Matériel	660	
		2154 Matériel		660
		1989		
Reversement de T.V.A. (à considérer comme augmentant le coût d'acquisition : 74,40 F) (2)	2154	Matériel	74,40	
		4455 État, T.V.A. à décaisser		74,40
		1989		
d'où V.C. nette : 340 + 74,40 = 414,40 F.	675	V.C. E.A.C.	414,40	
		2154 Matériel (pour solde) ...		414,40

(1) Ou de la quatorzième année pour les immeubles bâtis.
(2) Ou charge exceptionnelle (6788) par simplification admise.

			1989		
Incidence sur le résultat :	461		Cessionnaire (immob.)	300	
414,40 ‖ 300		775	P.C.E.A.		300
charge nette 114,40 (perte)					

- **Chez l'acquéreur** (cessionnaire) :

			1989		
Acquisition au prix de 300 ; possibilité de déduire 74,40	2154		Matériel	225,60	
	44562		État, T.V.A. déductible	74,40	
Coût H.T. : 225,60.		404	Fournisseurs d'immobilisations		300

III. AMORTISSEMENTS DÉROGATOIRES

1° Principe.

Seules des considérations d'ordre économique, et de gestion, justifient le calcul de l'amortissement, étalement sur plusieurs exercices de la « consommation » de capital technique (investissements).

Toutefois, il arrive que les entreprises soient obligées pour des raisons d'ordre juridique — et notamment fiscal, — de comptabiliser des **montants d'amortissements supérieurs aux amortissements économiquement justifiés** (1).

> ***Exemple*** *: Afin d'inciter les entreprises à développer les techniques de lutte contre la pollution, l'État autorise, fiscalement, la déductibilité, la première année, d'un amortissement égal à 50 % du montant de l'investissement habilité.*
>
> *Soit 500 000 F le montant de cet investissement, dont la durée normale de vie est supposée être de 10 ans et dont l'amortissement « économiquement justifié » devrait être de 10 % par an (amortissement constant).*

Ainsi, la première année, **sur le plan économique,** doit-on amortir le bien de 10 % soit 50 000 F ; en fin d'exercice, il figurera donc au bilan pour 450 000 F (90 %).

Mais le fisc ne permet la déductibilité d'un amortissement de 50 % soit 250 000 F **que s'il est comptabilisé ;** pour cette raison fiscale, il faudrait donc :

— inscrire une charge de 250 000 F ;

— faire figurer au bilan de fin d'exercice le bien pour 500 000 F — 250 000 F = 250 000 F.

On constate que cette exigence fiscale fausserait la lecture et la signification du bilan ; en effet, du point de vue économique, le bien peut être estimé, en fin d'exercice, à 450 000 F et non à 250 000 F.

Le procédé de l'**amortissement dérogatoire,** créé par le « nouveau plan comptable » et admis par le fisc permet :

---

(1) Si le montant fiscal AF est inférieur au montant économiquement justifié AE, aucune difficulté : l'entreprise comptabilise AE et le fisc, dans le calcul du bénéfice imposable, ne retient que AF, « réintégrant » la différence AE — AF dans le résultat fiscal.

— de satisfaire aux exigences fiscales, à savoir, comptabiliser une charge de 250 000 F (50 %) ;
— de conserver la signification économique du bilan, en n'inscrivant, dans les amortissements soustractifs de l'actif, que l'*amortissement économiquement justifié,* soit 50 000 F (10 %).

Il n'est à utiliser que si le montant des amortissements dérogatoires est « significatif » par rapport au bilan ou au compte de résultat.

Nota : Il va de soi qu'une meilleure solution consisterait en une « déconnexion » complète de la comptabilité et de la fiscalité, loin d'être encore réalisée en France, mais dont le procédé des « amortissements dérogatoires » montre qu'elle est en marche.

2° Solution.

La solution retenue par le P.C.G. consiste à :

— enregistrer comme **amortissements** normaux les seuls **amortissements économiquement justifiés** (A.E.) ;
— comptabiliser l'excédent de l'amortissement fiscal (AF) sur AE comme une **« provision réglementée »** (compte 14 ; cf. chapitre 19).

687. D.A.P., charges exceptionnelles	
AF — AE	

14.. Provisions réglementées	
	AF — AE

L'excédent AF — AE est appelé **« amortissement dérogatoire »** ; la comptabilisation détaillée en sera présentée dans le chapitre suivant.

En définitive, **l'amortissement dérogatoire n'étant pas « économiquement » justifié est comptabilisé, dans le P.C.G., non comme un amortissement (actif soustractif), mais comme une « provision réglementée » (passif) correspondant à une « charge exceptionnelle ».**

IV. CAS PARTICULIER : FRAIS D'ÉTABLISSEMENT, CHARGES À RÉPARTIR

1° Nature.

Les premières leçons de comptabilité ont montré que seuls peuvent figurer à l'actif :

— les « emplois provisoires » (biens, créances) ;
— les « emplois définitifs » ou pertes (en fait, dans le P.C.G., elles sont portées en soustraction au passif).

Une *exception* importante vient toutefois altérer ce principe ; des emplois définitifs autres que des charges sont, en effet, portés non dans les comptes de gestion, mais à l'actif, parmi les comptes de situation. Ce sont les **frais d'établissement et les charges à répartir.**

• **Les frais d'établissement** (compte 201), classés dans les immobilisations incorporelles, représentent « des frais attachés à des opérations qui conditionnent l'existence, l'activité ou le développement de l'entreprise, mais dont le montant ne peut être rapporté à des productions de biens ou de services déterminés. Ils sont amortis sur un bref délai, ne pouvant excéder 5 ans. Aussi longtemps que cet amortissement n'est pas achevé, l'entreprise, lorsqu'elle est en forme de société, ne peut procéder à une distribution de dividendes (sauf existence de réserves au moins égales) » (1).

Il s'agit de frais de constitution, de « premier établissement » (prospection, publicité...), de transformation du capital engagé à l'occation de la création ou du développement (transformations juridiques) de l'entreprise.

En raison de leur importance et compte tenu de ce que ces frais sont engagés non pour les seuls besoins du premier exercice, mais pour ceux de l'exploitation future de l'entreprise, c'est-à-dire *a priori* pour de nombreuses années, **on répartit la charge correspondante sur plusieurs exercices.**

Les frais d'établissement sont ainsi comptabilisés, **non dans les charges du premier exercice** (ou de l'exercice au cours duquel ils se produisent), **mais dans un compte d'actif 201 Frais d'établissement,** soit par inscription directe au débit de ce compte, soit en fin d'exercice, par l'écriture :

201. Frais d'établissement
à 72 Production immobilisée

Les charges correspondantes ayant été, dans ce cas, inscrites au débit des comptes 6... concernés.

Les frais d'établissement ainsi comptabilisés sont ensuite *amortis* aussi rapidement que possible, en trois, quatre ou cinq années, au maximum.

• **Les charges à répartir sur plusieurs exercices** (comme 481) représentent un *actif fictif* (c'est-à-dire considéré comme sans valeur) formé de charges concernant plusieurs exercices ; on les étale sur ces exercices plutôt que de les inclure dans le résultat de l'exercice au cours duquel elles ont été constatées.

Exemples :

- *Charges liées au démarrage d'un chantier devant se poursuivre durant plusieurs années.*
- *Grosse réparation, exceptionnelle, d'un immeuble (n'accroissant pas sa valeur)*
- *Frais d'acquisition des immobilisations (droits de mutations honoraires, frais d'actes).*

Pour des raisons de gestion, et parce que ces dépenses vont en fait servir à l'activité de plusieurs exercices à venir, les « charges à répartir » sont enregistrées dans un compte d'actif (481), objet d'un « amortissement ».

En fait, elles sont durant l'exercice, enregistrées normalement au débit des comptes de la classe 6 ; en fin d'exercice elles sont transférées au débit du

(1) La même obligation s'impose en ce qui concerne les « frais de recherche et de développement » immobilisés (compte 203).

compte 481 par le crédit d'un compte ad-hoc de produits **« 79 Transferts de charges »** subdivisé en :

791 Transferts de charges d'exploitation

796 Transferts de charges financières.

797 Transferts de charges exceptionnelles.

Exemple *: Un immeuble a été acquis le 15 avril 19A au prix de 2 000 000 F. A cette même date ont été réglés 130 000 F de droit d'enregistrement et 200 000 F d'honoraires et de commissions.*

	15-4		
Enregistrement « par nature » des frais d'acquisition	622 Rémunérations d'intermédiaires, honoraires	200 000	
	635 Impôts, taxes (autres)	130 000	
	5 Trésorerie		330 000
	31-12		
Transferts en fin d'exercice (charges d'exploitation, etc.).	481 Charges à répartir sur plusieurs exercices	330 000	
	791 Transferts de charges d'exploitation		330 000

2° Étalement des charges par « amortissement ».

Par le jeu de l'amortissement, les « frais d'établissement » et les « charges à répartir » sont progressivement incorporés aux résultats des exercices ultérieurs.

L'amortissement est, dans ce cas, un procédé comptable permettant de répartir sur plusieurs exercices des charges inscrites provisoirement dans un compte d'actif fictif.

Étalement de charges par amortissement :

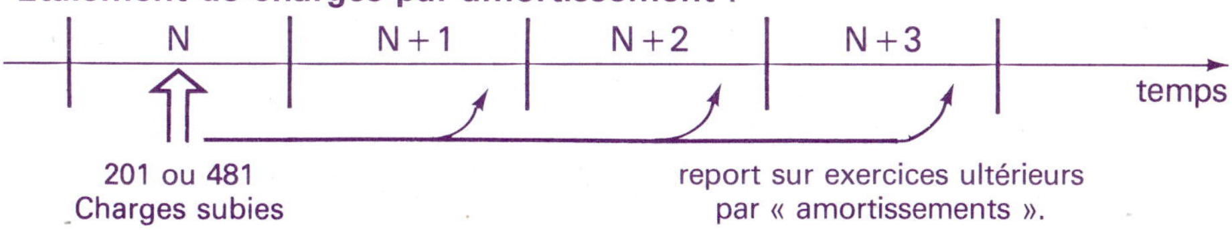

• Amortissement des frais d'établissement.

Même procédé que pour les autres immobilisations incorporelles et corporelles.

Au compte 201 **« Frais d'établissement »** correspond le compte → 2801. **« Amortissement des frais d'établissement ».**

Lorsque, pour une catégorie donnée de frais d'établissement, le total des amortissements est égal au montant initial (valeur d'entrée), les deux comptes 201.. et 2801.. sont soldés par virement de 2801 à 201.

• **Amortissement des « charges à répartir ».**

A la différence des immobilisations, les « charges à répartir sont amorties par *« amortissement direct »* au crédit du compte 481, sans utilisation du compte d'amortissement. ***Exemple :*** le 31-12-19A on amortit 1/3 des frais d'acquisition de l'immeuble acheté le 15-4 :

681. D.A.P. « Exploitation »	110 000	
481. Charges à répartir		110 000

Dans le bilan fin 19A, on lira : **« Charges à répartir »** **220 000**

QUESTIONS

A. *Vous lisez dans le bilan de l'entreprise X.. :*

Matériel	*81 000*	*70 000*	*11 000*

et dans celui de l'entreprise Y... :

Matériel	*108 000*	*21 000*	*87 000*

Quelle conclusion pouvez-vous tirer de ces renseignements quant à l'ancienneté du matériel ? Le procédé de l'amortissement direct au crédit du compte d'immobilisation offrirait-il cette possibilité ?

B. *Dans le cas d'une cession d'immobilisation en cours d'exercice, un amortissement complémentaire est pratiqué, pour la période courue depuis le début de l'exercice jusqu'à la date de cession.*

Quelle est l'incidence de cette opération sur le résultat de l'exercice.

Lorsque le taux de l'impôt sur le « profit exceptionnel » de cession est le même que celui de l'impôt sur le bénéfice, l'amortissement complémentaire modifie-t-il le résultat net final ?

Application. — *Valeur comptable nette au début de l'exercice : 12 500 F ; amortissement complémentaire : 3 800 F ; prix de cession : 10 000 F. Taux de l'impôt : 50 %.*

C. *Une machine achetée 46 000 F fin avril 1981 est revendue fin juillet 1984, 13 000 F ; cette opération entraîne pour l'entreprise une perte de 3 100 F.*

a) *Déterminer le taux d'amortissement constant de ce véhicule.*

b) *Présenter les écritures dans les comptes le 31 juillet 1984 (l'exercice comptable coïncide avec l'année civile).*

D. *Une entreprise a réalisé un bénéfice net de 50 000 F qu'elle décide de ne pas distribuer, afin de pouvoir acquérir de nouvelles immobilisations ; mais le comptable a omis d'inscrire parmi les charges d'exploitation les amortissements de l'exercice s'élevant à 24 000 F.*

a) *Cette ommission a-t-elle une influence sur la capacité de financement de l'entreprise ? (Faire abstraction des impôts).*

b) *Même question, en tenant compte de l'impôt sur les bénéfices égal à 50 % du bénéfice avant calcul de l'impôt (le bénéfice net de 50 000 F trouvé représentait le bénéfice après déduction de l'impôt sur les bénéfices).*

E. *Recherchez les raisons expliquant que l'on n'impute généralement pas l'intégralité des frais d'établissement au seul premier exercice, mais que cependant on cherche à « amortir » ces frais aussi rapidement que possible (en moins de cinq ans).*

F. *Dans la présentation du bilan, les « frais d'établissement » figurent dans les « immobilisations incorporelles », les charges à répartir, au bas de l'actif (page 414). Quelles sont les raisons et les conséquences de ces dispositions ?*

G. *Des « titres de participation » acquis pour 136 000 F en 19A, sont revendus en 19A + 4, au prix de 190 000 F (reçus en banque).*

Présenter l'analyse comptable de cette cession.

H. *Un matériel de valeur d'entrée 600 000 F est amorti de 320 000 F au début de l'exercice N (l'annuité constante d'amortissement est de 60 000 F).*

Sept mois après, il est échangé contre un matériel neuf estimé 500 000 F, moyennant une « soulte » versée par chèque bancaire de 200 000 F.

Enregistrer au journal ces opérations.

I. *Un véhicule acheté 100 000 F fin juin 19A est revendu fin mars 19A + 3 au prix de 41 000 F, soit avec une perte de 4 000 F. Sachant que l'exercice comptable coïncide avec l'année civile :*

a) *Déterminer le taux d'amortissement constant de ce véhicule.*

b) *Indiquer le jeu des comptes schématiques lors de la cession (règlement des 41 000 F par chèque bancaire).*

J. *Une machine-outil, amortissable linéairement en 8 ans, est acquise le 1er octobre 19 A au prix de 200 000 F (H.T.) ; elle est assujettie à la T.V.A. au taux normal.*

Cette immobilisation est revendue le 15 avril 19 A + 3 au prix de 108 000 F (T.T.C.).

a) *Présenter les écritures au Journal le 1-10-19 A.*

b) — — — *le 21-12-19 A (fin d'exercice).*

c) — — — *le 15-4-19 A + 3.*

d) *Comptabiliser chez l'acquéreur l'acquisition de cette immobilisation le 15-4-19 A + 3.*

EXERCICES

• **1.** Le 31 décembre 19.., les valeurs d'entrée des immobilisations de l'Entreprise Prieur sont les suivantes :

		Taux d'amortissement
205. Brevets	160 000 F	
213. Constructions	850 000 F	5 %
215. Matériels industriels	530 000 F	15 %
2181. Agencements, aménagements, installations	77 000 F	10 %
2182. Matériel de transport	170 000 F	20 %
2183. Matériel de bureau et informatique	98 000 F	12,5 %

Les brevets, acquis il y a trois ans, expirent dans cinq ans.

Des frais d'établissement d'un montant total de 80 000 F sont à amortir de 25 %.

Travail à faire :

Passer dans le Journal les écritures d'amortissement.

• **2.** Une machine achetée 120 000 F début 19A, a une durée probable d'utilisation de huit ans.

a) Présenter le tableau d'amortissement constant de cette machine.

b) Enregistrer dans les comptes l'amortissement de fin 19A + 2.

c) Présenter les postes correspondants à ce matériel dans le bilan de fin 19A + 2.

d) Cette machine est revendue fin juin 19A + 3 au prix de 62 000 F réglés par chèque barré. Présenter dans les comptes l'enregistrement relatif à cette cession, le 30 juin 19A + 3.

• **3.** Reprendre l'énoncé de l'exercice précédent ; répondre aux mêmes questions, dans l'hypothèse de l'amortissement dégressif fiscal.

• **4.** Dans le bilan au 31 décembre 19A de l'Entreprise Duriez, on lit :

Matériel et outillage	38 500	25 025
– amortissements	12 475	

Ce matériel, acquis dans le courant de l'année 19A – 2 est amorti selon le procédé d'amortissement constant ; l'annuité pratiquée fin 19A était de 5 775 F.

Travail à faire :

a) Déterminer le taux d'amortissement.

b) Déterminer la date d'acquisition de ce matériel.

c) Passer les écritures d'amortissement de fin 19A + 1 dans les comptes intéressés.

d) Le 3 mai 19A + 2, ce matériel est revendu au prix de 15 000 F, réglés par virement postal ; passer dans les comptes les écritures relatives à cette cession.

• **5.** Une machine acquise pour 60 000 F au début de 19A est amortie le 31 décembre de chaque année au taux d'*amortissement dégressif* de 31,25 %.

Elle est revendue au prix x le 3 octobre 19A + 2.

Passer dans les comptes les écritures de la vente dans chacun des trois cas suivants :

a) x = 27 000 F.

b) x = 10 000 F.

c) x = valeur comptable nette.

• **6.** Le 1er janvier, le compte « Matériel de transport » d'une entreprise était débiteur de 210 000 F. Le matériel comprenait :

— un véhicule A, acheté cinq ans six mois avant, 90 000 F ;

— un véhicule B, acheté trois ans avant, 120 000 F.

Les amortissements avaient été régulièrement pratiqués au taux de 20 % l'an (amortissement constant), le 31 décembre de chaque année.

Le 30 juin suivant, le véhicule B a été échangé contre un véhicule neuf valant 142 500 F ; le règlement a été fait en un chèque de 75 000 F ; le comptable s'est borné à débiter le compte « matériel de transport » de 750 000 F, par le crédit de « Banque ».

Régularisez les écritures en fin d'exercice, en donnant toutes explications nécessaires. Présentez le compte « Matériel de transport » après régularisations.

Le comptable qui avait à cette date commencé à passer les écritures avait débité le compte « Dotations aux amortissements » de 20 % de 285 000 F. Quelles erreurs ont été commises ? Régularisez. Présentez le compte « Amortissements du Matériel de transport » et justifiez son solde.

• **7.** Un matériel est amorti en 5 ans, par le système dégressif (fiscalité française ; coefficient de passage du linéaire au dégressif : 2).

Sachant que :

— ce matériel a été acquis *au début* de la première année d'amortissement ;

— la deuxième année, l'amortissement dégressif pratiqué, comparé à l'amortissement linéaire normal, procure à l'entreprise une économie d'impôt sur le bénéfice de 1 000 F (impôt de 50 %).

a) Déterminer la valeur d'entrée du matériel.

b) Présenter le tableau d'amortissement du matériel.

c) Présenter l'enregistrement de l'amortissement à la fin de la deuxième année.

d) Le matériel est revendu, quatre mois après le début du quatrième exercice, 6 800 F, à DURAND, qui paiera sous deux mois.

Présenter l'enregistrement de cette cession.

• **8.** Une entreprise a acquis un matériel de 200 000 F le 1er juillet 19A. Ce matériel, amorti selon le système dégressif (coeficient 2) a une durée normale d'utilisation de 5 ans. Le 1er avril 19A + 2, on revend ce matériel au fournisseur contre rachat d'une nouvelle machine de 250 000 F. Il est compté que le matériel ancien sera repris 130 000 F et que le solde sera versé par traites acceptées. Enregistrer l'opération de cession-acquisition réalisée le 1er avril 19A + 2.

• **9.** Le 1er juillet 19A, l'entreprise a acquis un matériel d'une valeur de 100 000 F (règlement par chèque).

a) Enregistrer l'entrée du matériel.

b) Établir le tableau d'amortissement dégressif sachant que la durée normale d'utilisation est de 5 ans et que l'exercice comptable coïncide avec l'année civile (dégressif - coefficient 2).

c) Quel serait le prix de cession auquel il faudrait vendre ce matériel pour faire un bénéfice de 5 000 F, sachant que la vente aurait lieu le 31 mars 19A + 3.

d) Enregistrer la cession du matériel dans l'hypothèse précédente.

e) Enregistrer cette cession compte tenu de la T.V.A. au taux normal.

• **10.** Dans la balance avant inventaire de la société MONE au 31 décembre 19A, figurent les comptes :

	Soldes débit	Soldes crédit
— Matériel et outillage	1 000 000	
— Amortissement du matériel et outillage		200 000
— Matériel de transport	414 400	
— Amortissement du matériel de transport		150 000

L'entreprise utilise le système linéaire d'amortissement avec les taux suivants :

Matériel et outillage : 10 % (aucun matériel de plus de 9 ans d'age).

Matériel de transport : 20 % (aucun matériel de transport de plus de 4 ans d'âge).

Un camion acheté 180 000 F le 1-1-19A — 2 a été revendu le 30-9-19A au prix de 85 600 F et le comptable a seulement passé l'écriture « Banque » à « Matériel » pour 85 600 F.

Travail à faire :

a) Régulariser la cession du camion, le 31-12-19A (Journal).

b) Présenter les écritures d'amortissement à la même date.

• **11.** La Société RIMEL achète le 1-8-19A une machine au prix de 120 000 F. Sa durée de vie prévue est de 5 ans. Elle la vend le 1-12-19A + 3 pour 32 000 F (chèque bancaire).

a) Présenter le tableau d'amortissement suivant le système linéaire et suivant le système dégressif fiscal.

b) Enregistrer en comptabilité la cession dans les deux hypothèses, en supposant que toutes les écritures relatives aux dotations aux amortissements jusqu'au 1-12-19A + 3 aient été passées. Ne pas tenir compte de la T.V.A.

c) Enregistrer cette cession compte tenu de la T.V.A. au taux normal.

• **12.** L'entreprise THUYA a été créée le 1er janvier 19A.

Un extrait des balances au 31 décembre 19A + 2 et 31 décembre 19A + 3 se présente ainsi :

	31 XII 19A + 2	31 XII 19A + 3
• Matériel	128 000	112 000
• Amortissement du matériel	92 168	88 024

Tout le matériel a été acquis à la création de l'entreprise excepté un tour acquis le 15 juillet 19A + 1 et revendu le 1er juin 19A + 3 pour 20 000 F.

Par ailleurs, une machine à polir a été achetée 15 000 F en 19A + 3 ; le taux d'amortissement pratiqué est celui correspondant à un amortissement dégressif sur 5 ans pour tout le matériel.

Travail à faire :

a) Déterminer le prix d'achat du tour.

b) Présenter le tableau d'amortissement du tour pour 19A + 1, A + 2 et A + 3.

c) Enregistrer l'écriture de cession (au journal) y compris l'inventaire.

d) Déterminer la date d'acquisition de la machine à polir.

• **13.** Dans la balance avant inventaire de l'Entreprise Cardon, on lit :

215. Matériel industriel	76 800
218. Matériel de transport	108 000

Le comptable a négligé de tenir des comptes d'amortissements et pratique l'amortissement direct.

Le matériel et l'outillage ont été acquis il y a deux ans et le matériel de transport il y a quatre ans ; les taux d'amortissements sont respectivement de 10 et 20 %.

Travail à faire :

a) Retrouver les valeurs d'origine et le montant des amortissements déjà pratiqués.

b) Faire dans les comptes les enregistrements permettant de mettre les comptes d'immobilisations en accord avec les dispositions du Plan Comptable général.

c) Enregistrer dans les comptes les amortissements de l'exercice qui s'achève.

d) Présenter le « haut » de l'actif du bilan de fin d'exercice.

• **14.** M. Ramon a acquis le 2 septembre 19A une machine-outil « Star », au prix de 53 600 F. Il l'amortit normalement le 31 décembre de chaque année ; le 30 avril 19A + 2, il acquiert une seconde machine « Aster », au prix de 24 200 F, qu'il amortit au même taux.

Dans le bilan de fin d'exercice du 31 décembre 19A + 3, la valeur comptable nette de ces deux machines telle qu'elle figure dans le poste « Matériel industriel » est de 44 950 F.

Travail à faire :

a) Calculer le taux (commun) d'amortissement constant de ces deux machines.

b) Le 2 mai 19A + 4, la machine « Star » est échangée contre une machine « Normax », valant 65 000 F ; M. Ramon souscrit deux bilets à ordre de 15 000 F chacun, en règlement de la différence de prix (premier billet à trois mois, le second à six mois).

Passer dans les comptes les écritures relatives à l'échange du 2 mai 19A + 4.

c) La machine « Normax » est amortie de façon dégressive, conformement aux dispositions fiscales ; sa durée d'utilisation est la même que celle des machines « Star » et « Aster » ; on continue à amortir cette dernière façon constante.

Passer dans les comptes les écritures d'amortissement de fin d'exercice 19A + 4.

d) Présenter le poste « Matériel industriel » tel qu'il figure au bilan du 31 décembre 19A + 4.

• **15.** Une entreprise a acquis une machine outil M 2 au prix de 64 800 F le 15 janvier 19A ; cette machine a été amortie suivant le système dégressif fin 19A et fin 19A + 1 ; le 31 décembre 19A + 1, la valeur comptable nette du « Matériel et outillage » figurant au bilan est de 28 512 F ; ce poste correspond à la machine M 2 et à une machine M 1 acquise en janvier 19A – 2 pour 40 000 F et amortie suivant le système dégressif, au même taux que la machine M 2 de fin 19A – 2 à fin 19A + 1.

Travail à faire :

a) Déterminer le taux d'amortissement dégressif.

b) En déduire la durée normale d'utilisation.

c) Enregistrer dans les comptes les amortissements du 31 décembre 1980.

Chapitre 19

LES PROVISIONS ; DÉFINITION ; CALCUL

I. LA NOTION DE PROVISION

1° Nature.

Au cours des deux chapitres précédents consacrés à l'amortissement, nous avons constaté que dans le calcul du résultat interviennent des éléments *certains* dans leur nature comme dans leur montant (charges et produits enregistrés durant l'exercice) et d'autres qui le sont moins (tels les amortissements dont l'évaluation délicate à effectuer est toujours arbitraire).

Les provisions correspondent à des charges comportant quelques incertitudes quant à leur montant et, parfois, quant à leur existence même (1).

Ces charges sont simplement **probables,** mais étant nées au cours de l'exercice qui s'achève, elles doivent être comptabilisées en fin d'exercice pour que le résultat obtenu soit aussi exact que possible ; principe de « spécialisation des exercices ».

2° Exemples de provisions.

a) *Provision pour dépréciation d'actif.*

A l'actif de notre bilan de fin d'exercice figurent 100 actions, de la Société Zed, acquises au cours de l'année pour 25 600 F. Au cours du dernier mois de l'exercice, le cours de ces actions n'a été en moyenne que de 242 F.

Leur valeur à la fin de l'exercice est donc inférieure à leur prix d'acquisition : il est prudent d'inscrire ces actions dans le bilan pour 24 200 F seulement et de comptabiliser la *moins-value* constatée.

Cette *moins-value n'a d'ailleurs pas un caractère définitif,* la baisse du cours pouvant n'être que temporaire ; c'est pourquoi l'*on enregistre cette dépréciation dans un compte de* **« Provision pour dépréciation »** *qui est un compte d'actif soustractif* (1), présenté dans le bilan comme et avec les amortissements.

---

(1) Lorsqu'elles dépendent par exemple de la décision d'un tribunal.

On peut ainsi lire dans le *bilan :*

— le prix d'acquisition des titres : 25 600 ;

— la dépréciation estimée : 1 400 F ;

— la valeur estimée (valeur comptable nette) des actions, soit 24 200 F.

Actif.

Valeurs mobilières de placement	25 600	1 400	24 200

b) *Provision pour risques et charges.*

Au cours de l'exercice, nous avons effectué une livraison à un client (M. Nivaud) avec un retard important et cela malgré plusieurs rappels de sa part. M. Nivaud a intenté contre nous une action en dommages et intérêts auprès du Tribunal de Commerce ; le jugement n'est pas rendu, mais nous estimons que M. Nivaud obtiendra les 50 000 F de dommages et intérêts qu'il réclame.

Puisque nous sommes persuadés de cette issue défavorable, nous devons tenir compte, dans le calcul du résultat, de la charge correspondante qui incombe à l'exercice qui s'achève.

Il serait toutefois prématuré de créditer d'ores et déjà M. Nivaud de 50 000 F, puisque notre dette n'est encore que probable. Nous noterons donc ce **passif éventuel** au crédit d'un compte créé à cet usage **Provisions pour risques et charges** qui figure au passif du bilan de fin d'exercice (1).

II. LES PROVISIONS POUR DÉPRÉCIATION ; LEUR NATURE

Les provisions pour dépréciation sont la constatation comptable des moins-values d'actif non irréversibles observées à l'inventaire.

Ces provisions sont constituées afin que l'actif indique la valeur minimale des biens de l'entreprise, en vertu du principe de *prudence* qui gouverne la comptabilité.

1° Caractère non irréversible des dépréciations.

Le P.C.G. indique que les moins-values constatées sur les immobilisations donnent lieu à constitution :

— d'un **amortissement exeptionnel,** si la dépréciation est jugée définitive ;

— d'une **provision pour dépréciation** si la dépréciation n'est pas jugée irréversible.

Comme, pratiquement, il est le plus souvent difficile, voire impossible, d'affirmer qu'une dépréciation observée est irréversible donc définitive, c'est presque toujours par une « provision pour dépréciation » qu'est constatée une moins-value d'actif (dans les conditions précisées ci-dessous).

(1) La charge correspondante est inscrite selon sa nature, au débit de l'un des trois comptes 681 « D.A.P., charges d'exploitation » ; 686 « D.A.P., charges financières » ; 687 « D.A.P., charges exceptionnelles ».

Pour le P.C.G., c'est donc le caractère irréversible ou non des dépréciations qui différencie l'amortissement de la provision pour dépréciation.

A nos yeux, il existe entre eux une différence plus marquante :

— l'**amortissement** peut être calculé **« a priori »** parce qu'il correspond à une dépréciation prévisible et inéluctable, liée au temps (ou à l'utilisation) ; à cet égard, on peut écrire que l'amortissement est, a priori, fonction du temps :

$$A = f_{(t)}$$

(le plan d'amortissement marque ce caractère) ;

— les *provisions pour dépréciation* ne peuvent être constatées qu'**a posteriori** ; elles ne sont pas prévisibles lors de l'entrée du bien et présentent un **caractère fortuit** :

P : « fortuites »

(liées à des circonstances diverses qui peuvent ou non survenir...).

2° Constatation des dépréciations.

a) *Principe.*

Lors de l'inventaire, il convient de s'assurer que les valeurs comptables sont bien le reflet de la réalité économique et juridique du moment ; or, la comptabilité a enregistré les flux à leurs dates respectives, donc conserve des valeurs « historiques », qui ne traduisent peut-être plus la réalité à la date du bilan.

Exemples :

— *Titres acquis pour 520 F le 15 mai et cotant 650 F fin décembre, à l'inventaire.*

— *Matières premières achetées 3 000 F voici trois mois et, les prix d'achat ayant baissé, ne valant plus que 2 500 F à l'inventaire...*

Il faut donc **rapprocher, à l'inventaire, les valeurs comptables (valeurs d'entrée) et les valeurs « actuelles »** (valeurs à la date du bilan).

C'est pourquoi le P.C.G. définit les « valeurs actuelles » et décrit les modalités des évaluations dans le bilan, sur la base du **« principe de prudence »** qui régit les comptabilités générales :

— les plus-values ne sont pas enregistrées, aussi longtemps qu'elles ne sont pas certaines (donc transformées en créances ou en liquidités) ;

— les **moins-values le sont dès lors qu'elles sont probables.**

b) *Évaluation des éléments d'actif et provisions pour dépréciation* (P.C.G.).

La « valeur actuelle » est comparée systématiquement à la « valeur d'entrée » des biens (pour les immobilisations amortissables, cette valeur d'entrée est diminuée des amortissements) ; les moins-values sont comptabilisées sous forme de « provisions pour dépréciation ».

Valeur d'entrée E	Valeur « actuelle » à l'inventaire A	Valeur au bilan
Coût d'acquisition du bien : prix d'achat plus charges accessoires d'achat ; ou **Coût de production** (bien fabriqué par l'entreprise elle-même).	**Valeur vénale** du bien : « **prix** présumé qu'accepterait d'en donner un **acquéreur éventuel de l'entreprise** dans l'état et le lieu où se trouve le dit bien (dans l'hypothèse d'une « continuité de l'exploitation », sauf exception justifiée par les faits).	E si A $\geqslant$ E (plus-value non comptabilisée). **E – Provis. pour dépréciation** = A si A $<$ E, la provision étant égale à E – A.
Cas particuliers :		
• **Immobilisations amortissables :** Valeur comptable = C = E — amortissements.	Valeur vénale : id. A	Si A $<$ C. Provision à constituer égale à C — A (si dépréciation irréversible, amortissement).
• **Titres immobilisés ; V.M.P.**	— titres cotés : cours moyen du dernier mois ;	
E = prix d'achat (sans charges accessoires).	— autres titres : valeur probable de négociation.	E si A $\geqslant$ E
• **Titres de participation :** E = prix d'achat (sans charges accessoires).	Valeur A = « ce qu'un chef d'entreprise prudent et avisé accepterait alors de décaisser pour obtenir cette participation s'il avait à l'acquérir, c'est-à-dire sa *valeur d'usage* laquelle est fonction de l'utilité que la participation présente pour l'entreprise ».	E – Prov. si A $<$ E

III. LES PRINCIPALES PROVISIONS POUR DÉPRÉCIATION

1° Provisions pour dépréciation des immobilisations.

Ces provisions concernent surtout les **immobilisations non amortissables** : terrains, fonds de commerce ; la dépréciation constatée résulte de faits significatifs : baisse de prix des terrains par suite de la modification du plan d'urbanisme, dépréciation du fonds de commerce révélée par la forte diminution du chiffre d'affaires ou du bénéfice...

Elles peuvent concerner toutefois les **immobilisations amortissables** : la dépréciation de ces dernières, résultant de l'*usure* ou de l'*obsolescence,* est normalement constatée par l'amortissement ; mais des dépréciations exceptionnelles peuvent survenir par suite de circonstances fortuites (*exemple :* inondation endommageant les bâtiments), constatées par amortissements, ou par provisions pour dépréciation si elles n'apparaissent pas irréversibles.

L'évaluation de ces dépréciations est toujours difficile.

2° Provisions pour dépréciation des stocks.

Il arrive fréquemment que, par suite d'une baisse des cours des matières premières, marchandises et produits ou par suite de caducité ou de détérioration fortuites, *la valeur vénale à la date de l'inventaire des marchandises en stock soit inférieure à leur coût d'achat :* l'entreprise doit alors constituer une provision pour dépréciation.

Montant de la provision : cf. tableau précédent.

Pour estimer la valeur vénale, l'entreprise utilise les références les mieux adaptées à la nature du bien :

— *marchandises, approvisionnements :* prix du marché, barêmes, mercuriales, indices, prix de vente probable... ;

— *produits finis et en-cours :* prix de vente probable (sous déduction des frais de distribution à engager...).

Exemple : *Nous détenons en stock « final » 1 000 kilos d'une matière première M dont le coût d'achat s'est élevé à 47 F et qui figure donc en stock pour 47 000 F.*

Or, le cours de cette matière a baissé et est, en fin d'exercice, de 40 F le kilo (+ 10 % de charges accessoires d'achat).

En revanche, une autre matière première N qui figure pour 190 000 F est estimée actuellement 231 000 compte tenu de la hausse des cours.

Solution : L'entreprise :

— **n'a pas à constater la plus-value sur N ;**

— **mais doit constater la moins-value sur M.**

sans possibilité de compensation entre cette moins-value et la plus-value.

Valeur comptable (d'entrée) : 47 000.

Valeur vénale à l'inventaire : (40 F + 4 F) 1 000 = 44 000.

Moins-value (provision pour dépréciation) : 47 000 — 44 000 = 3 000.

• **Évaluation des stocks de « choses de genre » :** les stocks de biens interchangeables, entrés à des valeurs différentes, posent des problèmes spécifiques d'évaluation que nous présenterons rapidement ci-dessous en IV.

3° Provisions pour dépréciation des titres (titres de participation ; titres immobilisés ; valeurs mobilières de placement).

Les titres sont comptabilisés, rappelons-le, à leur prix d'achat, les frais accessoires d'achat étant portés au débit du compte 627 *Services bancaires ;* à la date de l'inventaire, la valeur des titres peut être inférieure à ce prix d'achat : il convient alors de constituer une provision pour dépréciation.

a) *Titres immobilisés et V.M.P.*

Les provisions constituées pour chaque catégorie de titres, *sujets à moins-values, sont égales à la différence entre :*

1. *Le prix d'achat ;*

2. *La valeur actuelle des titres à la fin de l'exercice, ainsi déterminée ;*

— *pour les titres cotés en Bourse, cours moyen du dernier mois ;*

— *pour les titres non cotés, valeur probable de négociation.*

Cette dernière valeur résulte d'une estimation toujours délicate : une moins-value doit être justifiée par des éléments de fait vérifiables, tels que baisse importante des bénéfices de la société émettrice, réduction notable de son activité, etc.

Le total des moins-values probables forme le montant de la « provision pour dépréciation » des titres sans qu'aucune compensation soit effectuée avec les plus-values constatées sur d'autres titres.

b) *Titres de participation.*

La valeur « actuelle » de ces titres est plus difficile à déterminer que celle des titres immobilisés et des valeurs mobilières de placement : en effet, la possession d'une fraction importante du capital d'une société, et notamment la possession de plus de la moitié de ce capital, confère un *pouvoir de contrôle* qui peut donner à la « participation » *une valeur très supérieure à celle qui résulte du cours en Bourse ou de la valeur probable de négociation de quelques titres isolés.* C'est pourquoi le P.C.G. se réfère, pour l'estimation de la valeur actuelle des titres de participation, à la *valeur d'usage* de ces titres, telle que définie plus haut (cf. tableau 19.I).

Une provision pour dépréciation est à constituer pour la différence positive **E** (valeur d'entrée) — **A** (valeur actuelle, en l'occurrence « valeur d'usage »).

4° Provisions pour dépréciation des créances.

Les créances sur les clients, sur les débiteurs divers (classe 4), les prêts et les créances immobilisées (classe 2), sont également sujets à des moins-values lorsque certains faits permettent de douter de la solvabilité ou de la ponctualité du débiteur (cessation de paiement ou mise en faillite du débiteur). On procède à une estimation de la perte probable définie le plus souvent en pourcentage du montant de la créance.

En définitive, tous les comptes d'actif, de biens et de créances, peuvent donner lieu à « provision pour dépréciation » à l'exception :

— du compte « caisse » pour des raisons d'ordre logique (la comptabilité est tenue en francs courants ; il ne peut donc pas être constaté, quelle que soit l'inflation, de dépréciation du compte Caisse) ;

— des comptes « État », « Banques » et « Chèques postaux » pour des raisons d'ordre pratique et juridique : en fait, ces « tiers » (au sens juridique) ne peuvent être « défaillants » et, s'ils l'étaient, leurs engagements seraient honorés en tout état de cause (en ce qui concerne les banques, l'hypothèse d'une faillite, rarissime, ne peut être toutefois totalement exclue).

IV. VALORISATION DES STOCKS DE BIENS INTERCHANGEABLES (1).

Les stocks de biens « fongibles » ou interchangeables (exemple : sacs de ciment, chaises, pièces détachées d'automobiles, panneaux de contreplaqué, etc.), sont, à un instant donné, formés d'éléments entrés à des coûts différents (par exemple sacs de ciment identiques, les uns entrés à 25 F, d'autres à 28 F, d'autres à 30 F). Quel est, dans ces conditions, le coût d'entrée du stock ? Faut-il retenir une valeur de 25 F ? de 28 F ? de 30 F ? Une moyenne entre ces valeurs ?

L'exemple suivant nous montrera les solutions préconisées par le P.C.G.

***Exemple** : Un grand magasin possède en stock « final » 200 chaises du modèle P ; or, durant cet exercice, certaines chaises P ont été achetées à 120 F, d'autres à 140 F, d'autres à 150 F (coût d'achat) ; quel coût d'achat retenir pour évaluer le stock final ?*

Le P.C.G. indique deux types de méthodes possibles :

— la méthode du « premier entré, premier sorti » dite F.I.F.O. (2) ;

— une méthode de « coût moyen pondéré », c'est-à-dire en fait :
  — soit le coût moyen après chaque entrée ;
  — soit le coût moyen correspondant à la durée moyenne de stockage.

Reprenons l'exemple ci-dessus, en précisant les mouvements (entrées et sorties) de la période :

	1-1		10-3		17-10			
Entrées	stock initial 200 à 120 F		achat 500 à 140 F		achat 300 à 150 F		Total entrées 1 000 units	temps
		(a)		*(b)*		*(c)*		
Sorties (quantités)		160		300		340	Total sorties 800 unités	

• **Méthode « premier entré ; premier sorti »** (ou F.I.F.O.).

— Sorties de la période *(a)* : à 120 F donc 120 F × 160.

Il reste en stock à la fin de la période *(a)* : 40 articles à 120 F.

— Sorties de la période *(b)* : 300 articles se décomposant en :
  — 40 articles à 120 F (reste du « premier lot ») ;
  — 260 articles à 140 F (pris sur le 2e lot).

Il reste en stock à la fin de la période *(b)* : 240 articles à 140 F.

— Sorties de la période *(c)* : 340 articles se décomposant en :
  — 240 articles à 140 F (reste du 2e lot) ;
  — 100 articles à 150 F (pris sur le 3e lot).

Il reste donc en stock en fin d'exercice 200 articles à 150 F et, dans cette méthode, le stock serait évalué à 150 F × 200 = 30 000 F.

(1) Choses « de genre » au sens juridique.
(2) En anglais « first in, first out ».

Contrôle : Valeurs entrées : 120 F × 200 + 140 F × 500 + 150 F × 300 = 139 000 F.

Valeurs sorties :

$$\underbrace{120\text{ F} \times 160}_{(a)\ 19\,200\text{ F}} + \underbrace{120\text{ F} \times 40 + 140\text{ F} \times 260}_{(b)\ 41\,200\text{ F}} + \underbrace{140\text{ F} \times 240 + 150\text{ F} \times 100}_{(c)\ 48\,600} = 109\,000\text{ F.}$$

Stock final : 139 000 − 109 000 = 30 000 F.

- **Méthode du coût moyen pondéré après chaque entrée.**

— Sorties de la période *(a)* à 120 F donc 120 F × 160.

Reste à la fin de cette période : 40 articles à 120 F.

— Période *(b) :* compte tenu de l'entrée de 500 articles à 140 F, le stock à cette date de l'entrée est formé de :

40 articles à 120 F	4 800	74 800 F pour 540 articles.
500 articles à 140 F	70 000	

Le coût moyen d'un article en stock dans la période *(b)* est donc de 74 800 : 540 = 138,52 F.

C'est à ce « prix » que se feront les 300 sorties.

Donc, reste en stock à la fin de la période *(b) :*

240 articles à 138,52 F = 33 245 F.

— Période *(c) :*

240 articles à 138,52 F	33 245	78 245 F pour 540 articles.
+ 300 articles à 150 F	45 000	

Coût moyen : 78 245 : 540 = 144,90 F ; c'est à ce coût que seront valorisées les sorties de cette période (340 articles) et c'est aussi à ce coût qu'est valorisé le stock final :

200 articles à 144,90 F .... 28 980 F.

- **Méthode du coût moyen de période de stockage.**

Cette méthode est utilisée pour **calculer directement le coût du stock final.**

L'entreprise a vendu dans l'année 800 chaises ; son stock moyen semble être de 200 (stock initial et stock final sont ici de 200) ; on en déduit une durée d'écoulement moyen de :

$$\frac{200 \times 12 \text{ mois}}{800} = 3 \text{ mois.}$$

(en moyenne une chaise reste trois mois en stock avant d'être vendue).

On évaluera donc le stock au *coût d'achat moyen des trois derniers mois,* soit, dans cet exemple, à 150 F (seul achat de ces trois derniers mois). D'où stock final :

150 F × 200 = 30 000 F.

Ainsi, le coût d'entrée des stocks, comparé à l'inventaire à la valeur vénale, est-il, selon le P.C.G. déterminé selon l'une de ces méthodes qui ne sont pas sans influence sur le résultat (cf. tome 6, T.Q.G.).

V. PROVISIONS POUR RISQUES ET CHARGES ; LEUR NATURE

1° Définition - Nature.

« Ces provisions, évaluées à l'arrêté des comptes, sont destinées à couvrir des risques et des charges que des événements survenus ou en cours rendent probables, nettement précisés quant à leur objet, mais dont la réalisation est incertaine ».

Ces provisions sont ainsi constituées dans un souci de **prudence**, afin que le passif du bilan indique non seulement les dettes juridiquement nées, mais aussi les **« dettes probables »** d'ores et déjà prévisibles, et trouvant leur origine dans l'activité antérieure de la firme ; il peut s'agir :

— **de charges non encore nées mais très probables** : réparations à effectuer prochainement sur les biens de la firme et que des faits précis observés à la fin de l'exercice rendent probables ; indemnités à accorder à des clients, à des salariés, à la suite de litiges en cours ; amendes fiscales ou pénales prévisibles... ;

— **de risques nettement précisés quant à leur nature** mais dont la date de réalisation et le montant sont encore incertains : montants des réparations ou remplacements à assurer gratuitement aux clients au titre des **garanties** accordées (exemple : ventes d'appareils ménagers ; ventes d'automobiles...), risques de pertes de change sur des créances ou des dettes en monnaies étrangères, risques en cours dans des procès et des litiges...

2° Comparaison avec les dettes.

Le caractère primordial de ces « risques et charges » est qu'ils sont simplement **probables, non certains** ; si la charge visée est certaine et ne pose qu'un problème d'évaluation de son montant, ou d'appréciation de sa date d'échéance, elle est alors comptabilisée non comme une « provision pour risques et charges » mais comme une dette appelée **« dette provisionnée »** ou *« charge à payer »* (les « dettes provisionnées » ont une vocation irréversible à se transformer ultérieurement en dette, dit le P.C.G.).

Exemple :

— *A la date d'inventaire, on constate que le chemin d'accès à l'usine (qui fait partie d'un « terrain » figurant pour 30 000 F au bilan) s'est effondré et doit être réparé d'urgence ; on estime à 300 000 F les travaux à effectuer, travaux qui ne devraient pas augmenter la valeur du terrain.*

— *A cette même date, on estime à 200 000 F le montant des travaux de réparations d'un bâtiment industriel effectués d'octobre à décembre par l'entreprise BATIR, qui n'a pas terminé ce chantier et n'a pas adressé, de ce fait, sa facture.*

On voit la différence de ces deux situations :

— dans le premier cas, la charge de 300 000 F n'est que probable ; on n'est pas certain que la réparation sera effectuée et, a fortiori, on en ignore le coût exact (cf. question F) ; on constatera donc une « provision pour risques et charges » ;

— dans le second cas, l'entreprise n'a pas encore reçu la facture de l'entrepreneur BATIR, mais a incontestablement une dette envers lui puisque des travaux ont déjà été effectués, travaux que l'on peut sans doute raisonnablement estimer de façon assez précise ; on constatera donc une « dette provisionnée » ou « charge à payer » (cf. chapitre 21).

3° Comparaison avec les « provisions pour dépréciation ».

Les « provisions pour dépréciation » comme les « provisions pour risques et charges » résultent de l'application du **« principe de prudence »** et de **spécialisation des exercices** aux postes du bilan.

Mais :

les **« provisions pour dépréciation » régularisent l'actif du bilan** (moins-values sur actif).	les **« provisions pour risques et charges » régularisent le passif du bilan** (dettes probables).

VI. PRINCIPALES PROVISIONS POUR RISQUES ET CHARGES

1° Provisions pour risques.

Elles correspondent à des risques assez variés :

- **litiges** avec des tiers (clients, fournisseurs, salariés...) ;
- **garanties** données aux clients ; il s'agit d'un « risque » classique et important dans les entreprises industrielles et dans certaines entreprises de services (de réparations, par exemple) ;
- **amendes** et pénalités ;
- **pertes de change,** liées aux fluctuations des monnaies.

2° Provisions pour charges à répartir sur plusieurs exercices.

Elles correspondent à des charges prévisibles qui, étant donné leur nature et leur importance, ne sauraient logiquement être supportées par le seul exercice au cours duquel elles seront engagées.

Le plus souvent, il s'agit de provisions constituées en prévision de grosses réparations ou de travaux d'entretien à assurer périodiquement.

> ***Exemple :*** *Par suite d'un affaissement de terrain, un mur-maître du bâtiment commercial se lézarde et devra être reconstruit dans deux ou trois ans : cette grosse réparation, fortuite et non couverte par l'amortissement, sera financée par des provisions constituées à la fin de cet article et des suivants ; en estimant le montant total à 300 000 F, on peut constituer une provision annuelle de 100 000 F par exemple.*

Il est à remarquer que ces provisions jouent, par anticipation, le même rôle que les amortissements, *a posteriori,* des frais d'établissement : elles permettent l'étalement sur plusieurs années d'une charge que l'on ne veut pas faire supporter à un seul exercice.

Le schéma suivant rend compte de ce mécanisme :

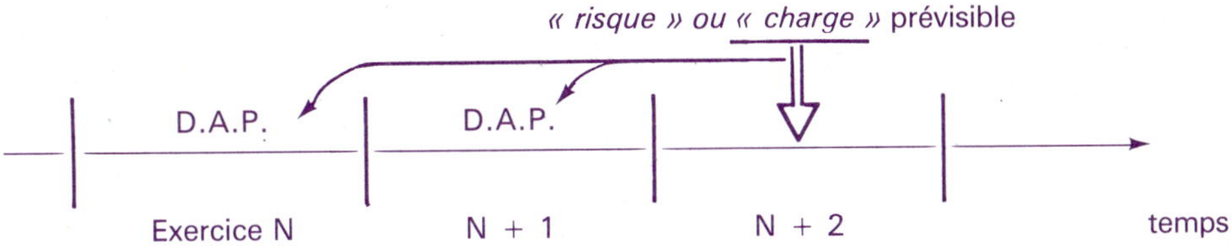

étalement par anticipation d'une charge future sur plusieurs exercices.

VII. RÔLE ÉCONOMIQUE ET FINANCIER DES PROVISIONS

1° Régularisation du bilan.

La création de provisions *régularise le bilan* en faisant apparaître le montant des dépréciations et des dettes probables.

Elle est donc indispensable à l'exactitude de ce document ; il faut toutefois remarquer que les règles de comptabilisation des provisions sont inspirées par un souci de sécurité et de prudence, l'actif du bilan indiquant la *valeur minimale des biens* possédés, le passif, la *valeur maximale des dettes.* Seules sont comptabilisées en effet les *moins-values,* les *plus-values* probables ne l'étant pas (tel est notamment le cas pour les titres de participation ou de placement).

En comptabilité générale, la tradition juridique l'emporte encore souvent sur les considérations économiques.

2° Transfert de charges d'un exercice à un autre.

En créant les provisions, on diminue le résultat de l'exercice qui s'achève. On considère ainsi que les charges prévues sont imputables à cet exercice et non à l'exercice ultérieur au cours duquel elles deviendront effectives ; on évite, en même temps, que le résultat de cet exercice ultérieur soit grevé sensiblement par ces charges. Le mécanisme des provisions opère donc *transfert, dans le temps, des charges.*

Mais la *création de provisions présente des dangers en raison de l'incertitude* qui pèse sur les montants ou les échéances des pertes et des charges ainsi « couvertes » :

— une provision insuffisante laisse une part notable de la charge ou de la perte grever le résultat d'un exercice ultérieur ;

— une provision trop forte fausse le résultat (en le diminuant) et le bilan de l'exercice à la fin duquel elle a été créée ; l'administration fiscale surveille d'ailleurs de près ces provisions qui peuvent procurer l'occasion de fraudes.

Dans l'étude d'un bilan et en l'absence d'informations complémentaires, il faut considérer les « provisions pour risques et charges » comme des dettes (passif exigible).

3° Rôle financier.

En diminuant le bénéfice de l'exercice par les « dotations aux provisions », on maintient dans l'entreprise des capitaux qui auraient pu être distribués ; ces capitaux ainsi conservés permettent :

— de compenser les dépréciations d'actif constatées ;

— de faire face, lors d'un exercice ultérieur, à la charge ou à la perte prévue.

Comme les amortissements, les provisions sont des *ressources internes* de l'entreprise dont l'« emploi », avant utilisation finale se trouve dans les divers postes de l'actif circulant ; les **dotations aux provisions, comme les dotations aux amortissements font donc partie du cash-flow ou capacité d'autofinancement de l'exercice.**

C'est pourquoi, comme les dotations aux amortissements, elles sont comptabilisées au débit du compte 68 « Dotations aux amortissements et aux provisions ».

QUESTIONS

A. *Les provisions pour dépréciation des immobilisations doivent, comme toutes les provisions, être justifiées par des faits certains et vérifiables qui laissent présumer la dépréciation ; en rechercher des exemples.*

B. *Quelles différences de fond distinguent les provisions pour dépéciation des immobilisations des amortissements ?*

C. *En procédant aux opérations d'inventaire, on retient les évaluations suivantes :*
— Stock marchandises A : valeur au cours du jour, 19 700 F. Coût d'achat, 12 500 F.
— Stock marchandises B : valeur au cours du jour, 13 680 F. Coût d'achat, 14 500 F.
Doit-on constituer une provision pour dépréciation ? La solution est-elle justifiée du point de vue économique ?

D. *Pour quelles raisons les valeurs mobilières de placement (ou les titres de participation) sont-ils comptabilisés à leur prix d'achat et non à leur coût d'achat (prix d'achat augmenté des frais accessoires) ?*

E. *Pourquoi évalue-t-on les titres cotés au cours moyen du dernier mois et non au cours du jour de l'inventaire.*

F. *Le 31 décembre, lors des opérations d'inventaire, nous classons parmi les « clients douteux », M. René, débiteur de 9 800 F, en faillite depuis octobre. Nous croyons savoir que le bilan de M. René se résume ainsi :*
Actif : *Valeur de réalisation des biens, 160 000 F.*
Passif : *Créanciers privilégiés (salariés, fisc), 90 000 F.*
Autres créanciers (dont nous-mêmes), 140 000 F.
Quel est le montant de la provision à constituer ?

G. *Rechercher des exemples de dépréciation « fortuite » des biens et des créances à l'actif.*
Peut-on, à votre avis, constituer une « provision pour dépréciation » sur un bien amortissable ? La réponse étant oui, en expliquer les raisons.

H. *Un grand magasin possède en stock 20 canapés, de valeur d'entrée 100 000 F, fortement défraîchis à la suite d'une longue exposition ; la direction commerciale estime qu'il faut solder ces articles à un prix de vente net de 60 000 F ; à ce prix on peut espérer vendre ces articles dans les trois mois. En vertu du « principe de prudence », pour quel montant faire figurer ces articles dans le stock final ? (on estime à 10 % les frais commerciaux de vente).*

I. *Une entreprise possède trois terrains A, B, C dont les caractéristiques à l'inventaire sont les suivantes :*

	A	B	C
Valeur d'entrée	85 000	250 000	197 000
Valeur vénale à l'inventaire	70 000	350 000	180 000

Y a-t-il lieu de constituer une provision pour dépréciation ?

J. *Un matériel acheté 200 000 F est amorti de 80 000 F ; à l'inventaire, sa valeur vénale, compte tenu de récents progrès techniques, est estimée à 50 000 F. Comment constater la dépréciation ? Discuter.*

K. *Une entreprise possède, entre autres, un matériel de polissage des métaux acheté récemment 150 000 F et amorti de 40 000 F à la date de l'inventaire ; quelle valeur « actuelle » retenir sachant que l'arrêt de cette activité a été décidé et que la firme n'a pas, par ailleurs, l'utilisation de ce matériel ; on peut espérer revendre d'occasion ce matériel sur une base de 50 000 F.*

En eût-il été de même dans l'hypothèse de « continuité de l'exploitation » ?

L. *Comparer, juridiquement, puis financièrement, les dettes, les « charges à payer » (ou « dettes provisionnées »), les provisions pour risques et charges.*

M. *Une entreprise vient de lancer, début 19N un produit nouveau (électro-mécanique) qu'elle commercialise au prix de 280 F (10 000 produits vendus dans l'année) ; une garantie d'un an est accordée aux clients. Comment estimer la « provision pour garantie » à constituer fin 19N ? Cette estimation sera-t-elle plus facile fin 19 N + 2 ou 19 N + 3 ?*

N. *On prévoit une très grosse réparation, d'un coût probable de 1 000 000 F, à l'échéance de l'année 19 N + 3. Désireux d'étaler le « poids » de cette charge sur les exercices 19N à 19 N + 3 on crée une « provision pour grosse réparation ». Quelle est l'incidence de cette décision sur les résultats des exercices 19 N à 19 N + 3 (comparaison avec ce que seraient ces résultats si la provision n'était pas créée ; tenir compte de l'impôt sur le bénéfice, à 50 %).*

O. *Le stock de début d'exercice d'une marchandise est de 2 000 unités, de coût d'achat unitaire, 43 F ; achats de la période : 3 000 unités le 15 avril, pour un coût total de 153 000 F ; 4 000 unités le 10 septembre, pour un coût total de 192 000 F. Les ventes de la période ont été de 7 500 unités (1 600 en février-mars ; 3 100 en mai-juin et 2 800 en octobre-novembre).*

Calculer le coût des « sorties » et la « valeur d'entrée » du stock final (31 décembre) dans chacun des cas suivants :

1) *Méthode du « premier entré ; premier sorti » (dite FIFO).*

2) *Méthode du « dernier entré ; premier sorti » (dite LIFO), (même principe de sorties par lots homogènes que la méthode FIFO, mais ordre inversé).*

3) *Méthode du coût moyen pondéré annuel.*

4) *Méthode du coût moyen pondéré après chaque entrée.*

5) *A quel coût évaluer le stock final si on se réfère au coût moyen de période de stockage (durée moyenne d'écoulement du stock estimée à 3 mois).*

P. *Mêmes questions 1 à 5 que dans l'exercice précédent, avec les données suivantes :*

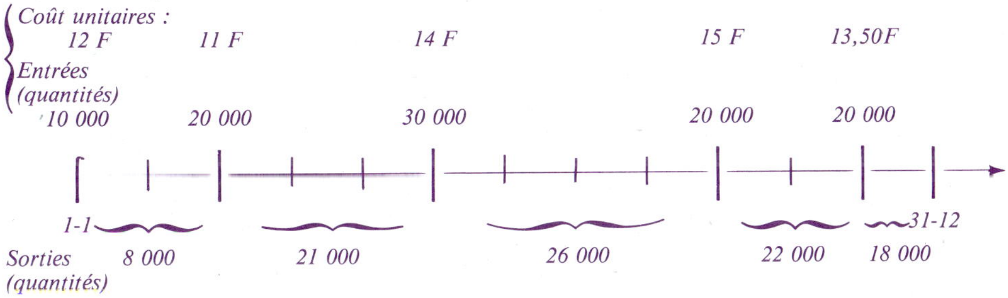

Chapitre 20

COMPTABILITÉ DES PROVISIONS

Dans le nouveau P.C.G. la comptabilité des « provisions pour dépréciation » et celle des « provisions pour risques et charges » sont presque totalement identiques : créées par des « dotations » (compte 68), elles sont réduites ou annulées par des « reprises » (compte 78) ; dotations et reprises constituent respectivement des « charges calculées » et des « produits calculés » qu'il faut savoir comptabiliser.

I. COMPTABILITÉ DES PROVISIONS : LES COMPTES DE PROVISIONS

1° Provisions pour dépréciation (actif soustractif).

Ces comptes, créditeurs, sont analogues aux comptes d'amortissements : la dépréciation n'est pas portée directement au crédit du compte d'actif, mais au crédit d'un compte particulier de « provisions pour dépréciation ».

Tout compte d'actif se voit donc associé un compte de « provisions pour dépréciation » (1) dont le principe de **codification** est le même que celui des amortissements, le chiffre 9 au 2e rang indiquant la provision.

Les comptes de provisions pour dépréciation sont donc des subdivisions des comptes *29, 39, 49 et 59.*

Compte d'actif **x y z t** ——→ Provisions pour dépréciation compte **x 9 y z t.**

> ***Exemple :*** *La dépréciation d'un terrain bâti (compte 2115) sera notée au crédit du compte 29115.*

(1) Sauf État, Banque, Caisse ; cf. Chapitre 19, III.

Les comptes 29, 39, 49 et 59 sont subdivisés à l'image des classes 2, 3, 4 et 5 correspondantes :

Exemples :

20. Immobilisations incorporelles.	→	290. Provisions pour dépréciation des immobilisations incorporelles.
205. Concessions, brevets, marques.	→	2905. Provisions pour dépréciation des concessions, brevets, marques.
207. Fonds commercial.	→	2907. Provisions pour dépréciation du fonds commercial.
.....		.....
3. Classe des stocks et en-cours.	→	39. Provisions pour dépréciation des stocks et en-cours.
.....		.....
331. Produits en cours.	→	3931. Provisions pour dépréciation des produits en cours.
335. Travaux en cours.	→	3935. Provisions pour dépréciation des travaux en cours.
.....		
4. Classe des comptes de tiers.	→	49. Provisions pour dépréciation des comptes de tiers.
.....		.....
411. Clients.	→	4911. Provisions pour dépréciation des comptes de clients.
.....		.....
46. Débiteurs et créditeurs divers.	→	496. Provisions pour dépréciation des comptes de débiteurs divers.
.....		.....
50. Valeurs mobilières de placement.	→	590. Provisions pour dépréciation des V.M.P.

Dans le bilan, les provisions pour dépréciation sont présentées, avec les amortissements, dans une colonne soustractive.

2° Provisions pour risques et charges (passif ; comptes 15).

Représentant des **dettes probables,** les « provisions pour risques et charges » sont des **comptes créditeurs inscrits au passif du bilan ;** le P.C.G. leur a affecté le compte **15 Provisions pour risques et charges,** dont les principales divisions sont :

151. Provisions pour risques.
157. Provisions pour charges à répartir sur plusieurs exercices.

Au passif du bilan, ces comptes suivent donc les comptes de capitaux propres et précèdent les dettes ; ce classement souligne le caractère incertain des provisions qui, correctement évaluées, doivent être assimilées à des dettes, mais dont le montant excédentaire correspondrait à de véritables réserves (bénéfices conservés dans l'entreprise).

II. COMPTABILITÉ DES PROVISIONS : CRÉATION ; AUGMENTATION

« Provisions pour dépréciation » et « Provisions pour risques et charges » connaissent un fonctionnement identique :

— elles sont créées (ou augmentées) par le débit des « D.A.P. » (n° 68) ;

— elles sont annulées (ou réduites) par le crédit des comptes de « R.A.P. » (n° 78), symétriques des « D.A.P. ».

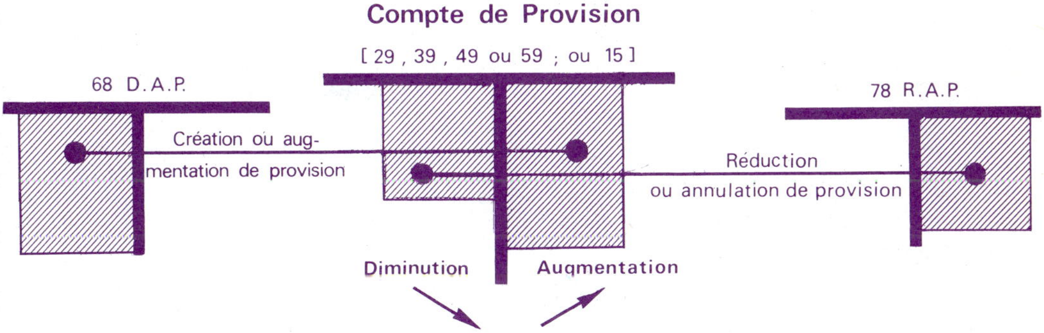

Étudions d'abord la création et l'augmentation des provisions.

1° Création d'une provision.

A l'inventaire, l'estimation des « valeurs actuelles » d'une part, des « risques et charges » probables d'autre part, conduit l'entreprise à enregistrer :

— des provisions pour dépréciation, comptes 29, 39, 49 et 59 ;

— des provisions pour risques et charges, compte 15.

Ces dépréciations comme ces dettes probables correspondent à des **charges** pour l'entreprise, charges qui peuvent être, selon leur nature d'*exploitation* (liées à l'exploitation courante), *financières,* ou *exceptionnelles.*

S'agissant de **charges calculées,** comme les amortissements, elles sont inscrites dans le compte **68 « Dotations aux amortissements et aux provisions »** subdivisé en :

— 681. D.A.P., charges d'exploitation ;
— 686. D.A.P., charges financières ;
— 687. D.A.P., charges exceptionnelles.

Ces trois comptes de charges sont donc débités, par le crédit des comptes 29, 39, 49 et 59, ou du compte 15, en fonction de la nature de la charge et de celle de la provision.

Schéma de la création de provisions :

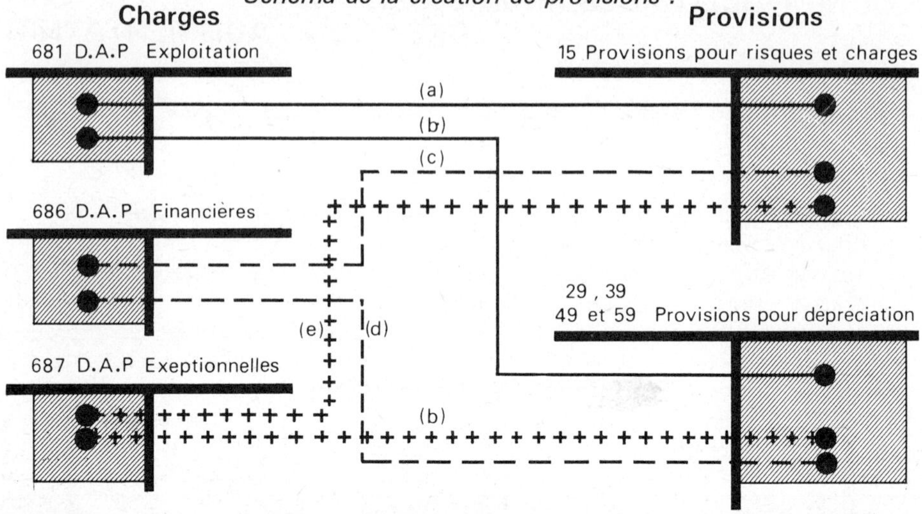

(a) Provision pour risques, charge d'exploitation ; ex. : provision pour garanties aux clients.

(b) Provision pour dépréciation charge d'exploitation ; ex : provision pour dépréciation d'un stock.

(c) Provision pour risques, charge financière ; ex. : provision pour perte de change.

(d) Provision pour dépréciation, charge financière ; ex. : provision pour dépréciation des V.M.P.

(e) Provision pour risques, charge exceptionnelle ; ex. : provision pour amende fiscale.

(f) Provision pour dépréciation, charge exceptionnelle ; ex. : provision pour dépréciation d'un terrain.

2° Réajustement en hausse (augmentation des provisions).

A la fin de l'exercice suivant, une nouvelle évaluation des biens et des risques peut conduire :

— **à augmenter les provisions pour dépréciation déjà constituées.**

> ***Exemple :*** Fin 1987, des « V.M.P. » entrées au prix de 15 900 F étaient cotées en bourse 15 200 F, justifiant ainsi la création d'une provision pour dépréciation de 700 F ; fin 1988 ces mêmes titres, toujours en la possession de l'entreprise, ne cotent que 14 800 F ; il convient donc d'*augmenter la provision préexistante* de 400 F par une dotation d'égal montant (de caractère financier dans le cas présent).

	31 décembre 1988		
686. D.A.P., charges financières		400	
	590. Provisions pour dépréciations des V.M.P.		400

— **à augmenter les provisions relatives à des risques** et des charges déjà « provisionnés » mais non encore survenus.

> ***Exemple :*** Fin 1987, on avait constitué une provision pour litige de 8 000 F, relative à un procès en cours avec un client ; fin 1988, la procédure n'est pas terminée mais, compte tenu d'éléments d'information nouveaux, on estime à 15 000 F le risque de perte en cette affaire (charge d'exploitation).

31 décembre 1988

681. D.A.P., charges d'exploitation		7 000	
	1511. Provisions pour litiges		7 000
15 000 — 8 000.			

Ainsi, les augmentations de provisions sont-elles constatées comme les créations initiales.

3° Cas particulier : dépréciation des comptes clients.

Toutes les provisions donnent lieu au même mécanisme comptable de création ou d'augmentation, sans exception aucune. Toutefois, les dépréciations des comptes clients présentent une petite particularité :

Afin de rendre la comptabilité plus explicite, on *transfère les créances douteuses* des comptes de clients au débit d'un sous-compte particulier du compte 41 : 412 « Clients douteux ou litigieux » (par le crédit du compte Clients).

Lorsque la créance est considérée comme **irrécouvrable** (client totalement insolvable), il convient, d'après le Plan Comptable Général, de **débiter directement le compte 654 « Pertes sur créances irrécouvrables »** du montant de la créance par le débit du compte Clients (montant hors taxe, car la T.V.A. pourra être récupérée auprès de l'État (cf. ch. 21).

Exemple : *A la fin de son premier exercice, l'Entreprise Albert établit un état des créances douteuses et irrécouvrables qui se présente ainsi :*

Clients	*Créances T.T.C. (T.V.A 18,6 %)*	*Créances H.T.*	*Pertes probables calculées sur le H.T.*		*Créances irrécouvrable H.T.*	*Observations*
André	2 965	2 500	30 %	750		Cessations paiements.
Jacques	1 423,20	1 200	60 %	720		Réglement juduciaires.
Pierre	2 312,70	1 950			1 950	Faillite clôturée.
			1 470	1 950		

Pour André et Jacques, on transfère leurs comptes des « Clients » aux « Clients douteux », puis on crée les provisions.

	411. Clients		416. Clients douteux	
Montants T.T.C.	28 724	4 388,2	4 388,20	

	681. Dotations aux amortissements et aux provisions		491. Provisions pour dépréciation des comptes « clients »	
Dotations (sur H.T.)	1 470			1 470

Pour Pierre, on note la perte née de la créance irrécouvrable (cf. chapitre 21 ; II 3°).

Remarque : Bien que les faits justifiant la création de ces provisions surviennent pendant l'exercice, on ne procède aux enregistrements correspondants qu'en fin d'exercice, pour des raisons pratiques.

III. COMPTABILITÉ DES PROVISIONS : DIMINUTION ; ANNULATION

Les provisions sont réduites ou annulées (donc débitées) exclusivement par le crédit d'un compte de produits **78 « Reprises sur amortissements et provisions ».**

De même que les « D.A.P. » constituent des « charges calculées », les « R.A.P. » sont des « produits calculés » non générateurs de recettes ; ils sont le symétrique des dotations et cette symétrie sera précieuse non seulement pour le calcul du résultat, mais aussi pour celui de certains soldes de gestion (cf. chap. 26).

Il est facile de montrer le caractère de « produits » des « R.A.P. » : la réduction d'une provision antérieure représente soit une diminution de dette probable (débit du compte 15), soit un réajustement en hausse d'une évaluation antérieure (débit des comptes 29, 39, 49 et 59) ; dans les deux cas, il en résulte un enrichissement de l'entreprise qui voit ses dettes diminuer ou son actif augmenter ; il s'agit donc bien de *produits.*

1° Réajustement en baisse (diminution des provisions).

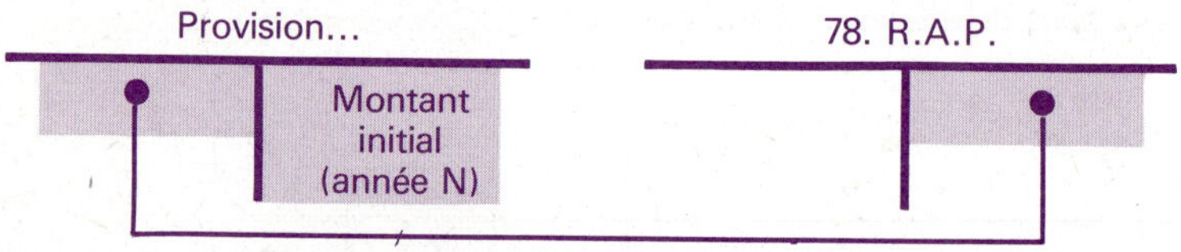

diminution de la provision par « reprise »
(année N + 1 ou N + p...)

Le procédé est applicable aussi bien aux provisions pour risques et charges qu'aux provisions pour dépréciation.

Nature des R.A.P. : symétriques des « D.A.P. », les R.A.P. sont, comme les D.A.P., subdivisées en reprises « Exploitation », « financières » et « exceptionnelles », dans les comptes :

— 781. R.A.P., produits d'exploitation ;
— 786. R.A.P., produits financiers (1) ;
— 787. R.A.P., produits exceptionnels (1).

La ventilation des reprises en ces trois catégories est liée en principe à celle des dotations initiales.

Exemple : A l'inventaire de fin d'exercice N, on constate :

— que des titres de participation figurant au bilan précédent pour 370 000 — 30 000 (provision) = 340 000 ont une « valeur d'usage » estimée à 360 000 F ;

(1) En fait, le P.C.G. ne semble prévoir que des reprises sur provisions (R.P.) qui sont pratiquement les seules reprises de caractère financier ou exceptionnel ; nous les désignerons néanmoins par les expressions « R.A.P. » pour bien marquer la symétrie avec les « D.A.P. ».

— qu'un terrain, qui avait fait l'objet d'une provision pour dépréciation (charge exceptionnelle) de 250 000 F n'est plus déprécié que de 50 000 F ;

— que la perte probable sur une créance client, estimée à 18 000 F fin N — 1, ne sera vraisemblablement que de 10 000 F ;

— qu'une provision pour litige avec un salarié, constituée pour 50 000 F fin N — 1 peut être réduite de moitié.

	fin 19.N		
Reprise à caractère financier.	2961. Provision pour dépréciation des titres de participation .... (360 000 — 340 000)	20 000	
	786. Reprises sur amortissements et provisions ...... (produits financiers)		20 000
Reprise à caractère de produit exceptionnel.	2911. Provisions pour dépréciations des terrains	200 000	
	787. Reprises sur amortissements et provisions ...... (produits exceptionnels)		200 000
Reprise « exploitation ».	4911. Provisions pour dépréciations des comptes clients	8 000	
	781. Reprises sur amortissements et provisions ...... (produits d'exploitation)		8 000
Reprise « Exploitation ».	1511. Provisions pour litiges	25 000	
	781. Reprises sur amortissements et provisions ...... (produits d'exploitation)		25 000

Nota : Ces réajustements « en baisse » des provisions peuvent atteindre 100 % de la provision initiale ; ils constituent alors une annulation de la provision, annulation qui peut avoir d'autres causes (cf. ci-dessous 2°).

2° Annulation des provisions (utilisation finale).

En dehors du cas précédent de réduction de 100 % d'une provision, on est conduit à annuler, donc à solder, les provisions créées antérieurement :

— lors de la sortie du bien de l'actif (cession ou mise au rebut) ou lors de l'encaissement définitif de la créance, dans le cas des provisions pour dépréciation ;

— lors de la survenance du risque ou de la charge prévus, dans le cas des provisions pour risques et charges.

Le mécanisme comptable reste le même : les provisions sont annulées, donc débitées pour solde, par le crédit des comptes de R.A.P. 78.

Toutefois, les circonstances de cette utilisation finale des provisions doivent être précisées (ci-dessous IV).

IV. UTILISATION FINALE DES PROVISIONS POUR DÉPRÉCIATION

Lorsque le bien est vendu, lorsque la créance est définitivement encaissée, on **solde la provision par reprise dans le compte 78 mais la cession du bien, l'encaissement de la créance sont enregistrés comme si aucune provision n'avait été constituée.**

• ***Exemple 1 :*** **Cession d'un bien.**

Un terrain acquis pour 150 000 F et faisant l'objet d'une provision pour dépréciation de 50 000 est vendu au prix de 120 000 F (chèque bancaire).

Cession du terrain (cf. chap. 12) ;	675. Valeurs comptables des E.A.C.	150 000	
	211. Terrains		150 000
La valeur comptable ne tient pas compte de la provision.	512. Banque	120 000	
	775. Produits des cessions d'éléments d'actif		120 000
Reprise de la provision.	2911. Provisions pour dépréciation des terrains	50 000	
	787. R.A.P. produits exceptionnels (ou 781)		50 000

Incidence sur le résultat :

— de la cession (hors provisions) charge 150 000 ; produit 120 000

— de la « reprise » produit 50 000

produit net : 20 000

se décomposant en perte de 30 000 sur la cession et gain de 50 000 sur l'annulation de provision (on avait cru devoir perdre 50 000 ; la perte réelle n'est que de 30 000 ; d'où un gain de 20 000 par rapport à la situation prévue).

Exemple 2 : **Encaissement définitif d'une créance.**

Un client, M. Robert, nous doit 13 000 F ; cette créance a été provisionnée à hauteur de 50 % à la fin du dernier exercice 19.N (M. Robert était alors en état de « cessation de paiements ») ; en avril 19 N + 1, le syndic verse, pour solde définitif, une somme de 5 000 F.

	avril N + 1		
Encaissement définitif (perte, charge d'exploitation de 8 000).	512. Banque	5 000	
	654. Pertes sur créances irrécouvrables ...	8 000	
	412. Clients douteux		13 000
	d°		
Reprise de la provision.	4911. Provisions pour dépréciation des comptes clients .... (pour solde)	6 500	
	781. Reprises sur provisions ... (exploitation)		6 500

Incidence sur le résultat :

— sur encaissement (perte brute) charge 8 000 ;

— sur reprise de provision produit 6 500

charge nette : 1 500

(on avait cru devoir perdre 6 500 ; en fait, on perd 8 000 dont seulement 6 500 sont couverts par la provision ; charge nette supplémentaire de 1 500).

V. UTILISATION FINALE DES « PROVISIONS POUR RISQUES ET CHARGES »

La charge, lorsqu'elle survient, est enregistrée dans les comptes de la classe 6, en fonction de sa nature propre ; la provision est ensuite soldée par « reprise ».

Exemple : *On a constitué, de fin N — 3 à fin N — 1 une provision pour grosse réparation dont le total est de 250 000 F. Cette réparation est effectuée en mai 19 N et la facture de l'entrepreneur s'élève à 298 000 F.*

Enregistrement normal de la charge.	61/62. Services extérieurs	298 000	
	40.. Fournisseur X...		298 000
Annulation de la provision par « reprise ».	157. Provisions pour charges à répartir sur plusieurs exercices (pour solde)......	250 000	
	781. Reprises sur provisions ... (Exploitation)		250 000

Incidence sur le résultat :

— de la réparation ...... charge 298 000

— de la reprise .... produit 250 000

charge nette 48 000

(on avait cru devoir perdre 250 000 ; en fait le coût de la réparation est de 298 000 d'où une charge supplémentaire de 48 000).

Remarque : Ainsi les provisions sont-elles, sans aucune exception, réduites ou annulées par la « reprise » au crédit du compte de produits 78. Malgré son intitulé, ce compte 78 ne joue qu'exceptionnellement pour des « **reprises** » d'**amortissements** ; en effet, nous avons vu (chapitre 18) que, lors de la cession d'une immobilisation amortissable, les *amortissements sont soldés par virement au compte d'immobilisation correspondant* (et non au compte 78). Le compte 78 ne justifie son intitulé « Reprises sur **amortissements** et provisions » que dans le cas très rare où l'on serait conduit à *réduire, parce que jugés excessifs, des amortissements antérieurement pratiqués* (cf. question H).

VI. COMPTABILITÉ DES « PROVISIONS RÉGLEMENTÉES » (COMPTE 14) ; AMORTISSEMENTS DÉROGATOIRES

Le P.C.G. a réservé, dans la classe 1, le numéro 14 à des comptes de **« Provisions réglementées »** qui sont :

- du point de vue de leur nature, proches des réserves ;
- du point de vue de leur fonctionnement, proches des « Provisions pour risques et charges ».

1° Définition - Contenu.

Il s'agit de provisions constituées en vertu de textes fiscaux particuliers : en effet, l'Administration fiscale ne permet la déductibilité de certaines charges que si elles sont effectivement constatées dans les écritures de l'exercice.

Ces « provisions » représentent en fait l'équivalent de **réserves non libérées d'impôts** (1).

Exemple de ce principe : *Pour des raisons d'ordre économique ou fiscal, l'Administration des impôts autorise une entreprise, à la fin de l'année N, à inclure dans ses « charges calculées » une dotation aux provisions réglementées de 10 000 F, qui sera « réintégrable » au résultat 5 ans après ; la condition imposée est une comptabilisation effective de cette charge.*

L'entreprise va donc comptabiliser cette « charge » comme une provision (il s'agira bien entendu d'une « charge exceptionnelle ») :

	Débit	Crédit
fin N		
687. D.A.P. charges exceptionnelles	10 000	
14. Provisions réglementées		10 000

Par cette dotation, les charges auront donc augmenté de 10 000, ce qui diminuera d'autant le bénéfice imposable (économie d'impôt : 5 000).

A la fin de l'exercice N + 5, l'entreprise devra « réintégrer » cette provision à son résultat (par reprise en « produits exceptionnels »).

	Débit	Crédit
fin N + 5		
14. Provisions réglementées (pour solde)	10 000	
787. R.A.P. produits exceptionnels		10 000

D'où en N + 5, accroissement de bénéfice de 10 000, qui entraîne un impôt supplémentaire de 5 000.

En d'autres termes, par cette mesure, l'entreprise a bénéficié d'un **report d'impôt,** de 5 000 F, durant 5 ans. Pendant cette période, les bilans de la firme ont mentionné, au passif, la « provision réglementée » de 10 000 F.

Parmi les provisions réglementées, il faut citer les provisions :

- pour investissement (participation des salariés) ;
- pour hausse des prix ;
- pour fluctuation des cours ;
- pour amortissements dérogatoires...

(1) Sauf provision pour investissement, que l'on peut considérer comme libérée d'impôt, en général.

2° Codification - Fonctionnement.

Les comptes prévus par le P.C.G. sont les suivants :

14. PROVISIONS RÉGLEMENTÉES

142. Provisions réglementées relatives aux immobilisations.
143. Provisions réglementées relatives aux stocks.
144. Provisions réglementées relatives aux autres éléments de l'actif.
145. Amortissements dérogatoires.
148. Autres provisions réglementées.

Les comptes de provisions réglementées fonctionnent exactement comme les comptes de provisions pour pertes et charges, par « dotations » et « reprises » ; mais seuls sont concernés les comptes de charges et de produits *exceptionnels.*

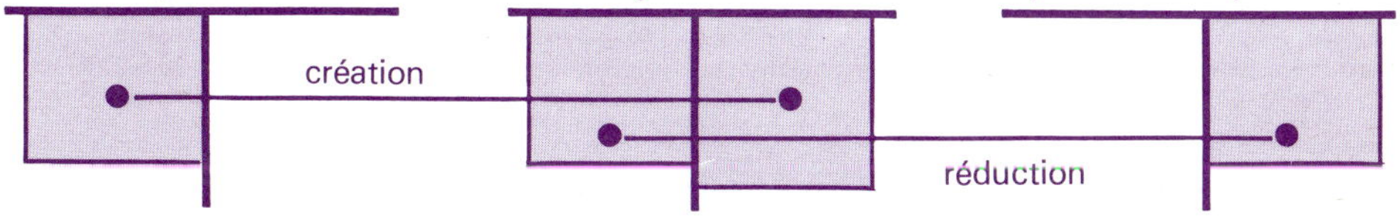

Dans le bilan, les provisions réglementées sont inscrites dans la rubrique *« Capitaux propres »,* à la fin de cette rubrique, avant les « Provisions pour risques et charges » (cf. bilan page 415) ; cette solution est sujette à critique, puisque les provisions réglementées contiennent une fraction de dettes d'impôts latentes.

3° Amortissements dérogatoires.

Ils constituent l'une des « provisions réglementées » les plus courantes. Les conditions de leur création ont été présentées dans le chapitre 19. Nous pouvons maintenant en décrire le fonctionnement comptable complet.

Exemple (1) : *Soit un bien acquis début 19N au prix de 10 000 F, d'une durée de vie économique probable de 5 ans, mais bénéficiant d'un amortissement fiscal exceptionnel, la première année de 50 % (et amorti de 12,5 % chacune des 4 années suivantes).*

On considère que « l'amortissement économiquement justifié » de ce bien est de 20 % par an, compte tenu de sa durée de vie.

Schéma des amortissements (comparaisons) :

—— AF : amortissement fiscal.

------ AE : amortissement économiquement justifié. (Dotations au compte 681.)

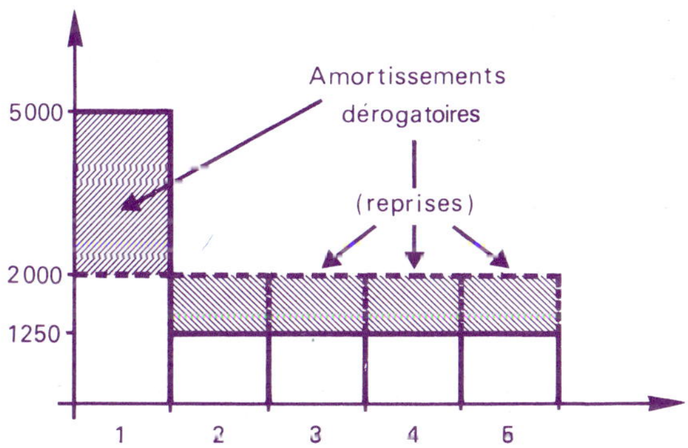

(1) Exemple simplifié de dispositions fiscales existant ou ayant existé.

Année 1 :	*Années 2 à 5*
AF > AE amortissement dérogatoire : 5 000 — 2 000 = 3 000 (charge exceptionnelle, D.A.P. 687).	$AF = \frac{10\,000 - 5\,000}{4} = 1\,250.$ AE = 2 000. D'où réintégration de 2 000 — 1 250 = 750 (produit exceptionnel, R.A.P. 787). A la fin de l'année 5, les quatre reprises de 750 auront compensé l'amortissement dérogatoire de 3 000.

	fin année 1		
Amortissement comptable (économiquement justifié AE).	681. D.A.P. « exploitation »............	2 000	
	281.. Amortissements du matériel		2 000
	d°		
	687. D.A.P. « charges exceptionnelles » ...	3 000	
Amortissement dérogatoire (5 000 — 2 000).	145.. Amortissements dérogatoires		3 000
	fin année 2		
Amortissement comptable AE.	681. D.A.P. « exploitation »............	2 000	
	281.. Amortissements du matériel		2 000
	d°		
Reprise d'amortissements dérogatoires 2 000 — 1 250.	145. Amortissements dérogatoires	750	
	787. R.A.P., « Produits exceptionnels »		750

Incidence sur résultat année 2 : D.A.P. 2 000 ; R.A.P. 750 ⟶ Charge nette 1 250.

Mêmes écritures fin années 3, 4, 5.

A la fin de l'année 5, le compte 145 « Amortissements dérogatoires » sera soldé.

4° Champ d'application.

Il n'y a lieu d'appliquer la procédure comptable des « amortissements dérogatoires » que s'il existe une **différence significative (par rapport au bilan et au résultat)** entre AF et AE ; tel peut être le cas d'amortissements fiscaux « exceptionnels » (cf. chap. 17, V), voire de l'amortissement dégressif fiscal en certaines circonstances (par exemple avec coefficient 2,5).

QUESTIONS

A. *Les créations, les rajustements, les apurements des provisions pour dépréciation des comptes « Clients » sont effectués en fin d'exercice, car il est difficile, en général, de faire ce travail en cours d'année pendant laquelle on se borne à noter des règlements.*

L'enregistrement de ces opérations s'effectue donc de façon aussi synthétique que possible, à partir de tableaux de calcul (cf. II, 3°).

L'entreprise peut-elle pour autant créer une provision globale pour l'ensemble de ses créances douteuses ? Justifier votre réponse.

B. *Dans un bilan, le total des amortissements et des provisions pour dépréciation s'élève à 198 000 F ; au passif figurent des provisions pour risques et charges de 49 000 F. Les capitaux propres sont de 470 000 F (dont 50 000 F de bénéfice).*

On s'aperçoit que le comptable a commis quelques erreurs :

— oubli d'une provision pour litige estimée à 15 000 F ;

— surestimation d'une dépréciation portée pour 31 000 alors qu'elle n'excède pas 10 000 F ;

— une « provision pour grosse réparation » de 14 000 F n'est justifiée par aucun fait précis.

Quel est le véritable montant du bénéfice ? des capitaux propres ?

C. *La combinaison des trois types de « D.A.P. (681, 686, 687) avec les deux types de provisions, conduit à six catégories de flux de provisions ; rechercher des exemples de flux de chaque catégorie.*

D. *On a constitué fin 19.A une provision pour litige avec un représentant salarié, de 180 000 F ; fin 19 A + 1, cette provision est portée à 200 000 F ; courant 19 A + 2, nous sommes condamnés à verser à ce salarié une indemnité de 240 000 F ; nous réglons par ailleurs divers honoraires pour un montant de 25 000 F.*

Enregistrer ces opérations dans le journal.

E. *Une entreprise possède 200 actions Société K, achetées au cours de 350 F et 100 actions Société L, acquises au cours de 1 300 F (titres immobilisés).*

A la fin 19.A, fin A + 1 et fin A + 2, les cours du dernier mois ont été les suivants :

	Société K	*Société L*
Fin 19.A	*362*	*1 192*
Fin 19.A + 1	*331*	*1 307*
Fin 19.A + 2	*342*	*1 234*

Le 15 mars 19.A + 3, les titres Société K sont revendus au cours de 346 F.

Présenter les enregistrements au Journal à fin 19A, fin 19 A + 1, fin 19 A + 2 et au 15 mars 19 A + 3.

F. *Toutes les créances « clients » donnant lieu à perte définitive transitent-elles par le compte 412 « Clients douteux » ?*

G. *Une créance de 18 000 F provisionnée à hauteur de 40 % donne lieu à un paiement définitif exactement égal au montant du recouvrement prévu.*

Quelle est l'incidence de cette opération sur le résultat net ? Cette opération est-elle neutre quant aux montants des charges d'une part, des produits d'autre part. Quelle autre solution technique aurait pu adopter le P.C.G. pour solder les provisions pour dépréciation ? (Comparer au cas des amortissements.)

H. *On a amorti depuis cinq ans une installation technique entrée pour 300 000 F au taux annuel de 15 % ; à la fin de cette cinquième année, on estime avoir commis une erreur d'appréciation des amortissements et on révise le « plan d'amortissement » sur la base d'une durée de vie du bien de 10 ans (taux d'amortissement constant). Quelles écritures passer à la fin de cette cinquième année (expliquer les calculs).*

I. *Expliquer pourquoi les « provisions réglementées » ne constituent pas exactement des « capitaux propres » bien que placées dans cette rubrique dans le bilan par le P.C.G.*

J. *Sur une créance douteuse de 5 000 F, on a constitué le 31 décembre 19.A une provision de 40 % ; à la fin de l'exercice 19A + 1, cette provision a été portée à 60 % ; le 10 mars 19 A + 2, l'entreprise reçoit pour solde 1 200 F.*

Enregistrer ces opérations dans les comptes.

Analyser leur influence sur les résultats des trois exercices concernés ; comparer avec le procédé qui aurait consisté à attendre le 10 mars 19 A + 2 pour enregistrer la perte finale, sans constituer de provision antérieure.

K. Provisions pour dépréciation des stocks : *Le stock de marchandises d'un commerce est au 1er janvier 19.A d'un montant net au bilan de 813 000 F (après déduction d'une provision de 35 000 F). A la fin de l'exercice, le stock est, au coût d'entrée, de 1 039 000 F ; toutefois, sa valeur vénale est estimée à 977 000 F.*

Indiquer deux façons de comptabiliser la provision au 31-12-19.A. Quelle est celle qui vous paraît la plus logique ? (En fait, l'une et l'autre solutions sont admises par le P.C.G.).

EXERCICES

• **1.** Comptabiliser à l'inventaire les provisions suivantes :
— pour dépréciation du fonds de commerce, due à une modification du tracé de la route desservant l'établissement : 120 000 F ;
— pour dépréciation de 50 actions de placement achetées 7 200 F et cotées 130 F l'une ;
— pour réparation d'un immeuble à effectuer l'année suivante : 95 000 F ;
— pour créances douteuses : 40 % de 8 200 F.
Présenter les comptes intéressés.

• **2.** Le stock de marchandises de l'Entreprise Brun comporte trois catégories de marchandises : A, B et C.
Déterminer la valeur à l'inventaire de ce stock compte tenu des éléments suivants :
— marchandises A : coût d'achat, 11 300 F ; prix de vente probable au cours du jour de l'inventaire, 15 000 F ; pourcentage des charges de commercialisation par rapport au prix de vente, 15 % ;
— marchandises B : coût d'achat, 31 400 F ; prix de vente probable au cours du jour de l'inventaire, 33 000 F ; pourcentage des charges de commercialisation, 12 % ;
— marchandises C : coût d'achat, 19 800 F ; valeur probable de réalisation (à l'exclusion d'un lot détérioré), 22 000 F ; pourcentage des charges de commercialisation, 15 % ; le lot détérioré d'un coût d'achat de 600 F (inclus dans les 19 800 F) est déprécié de 75 %.
Préciser le calcul des provisions nécessaires ; les comptabiliser (Journal).

• **3.** Une entreprise a acquis pour 7 520 F, 50 actions Société X..., dans le courant de l'exercice ; en décembre 19 A le cours de ces actions est de 148,60 F ; en décembre 19 A + 1, il est de 153 F ; en décembre 19 A + 2, il est de 146,30 F ; en décembre 19 A + 3, il est de 141,90 F ; les titres sont revendus en mai 19 A + 4 au cours de 140,40 F (règlement par banque).
Enregistrer dans le Journal les régularisations opérées à la fin de chaque année 19A à 19A + 3, ainsi que la cession (il ne s'agit pas de titres de participation).
En ce qui concerne la cession, envisager les deux cas possibles :
— il s'agit de titres immobilisés ;
— il s'agit de « V.M.P. ».

• **4.** L'entreprise ALFA a deux instances en cours au 31/12/19.A.
— l'une devant le Conseil des prud'hommes : demande d'une indemnité de licenciement par un membre du personnel congédié (risque évalué à 15 000 F) ;
— l'autre devant le tribunal de Commerce : demande d'indemnités pour retard de livraison réclamées par le client Paul (risque évalué à 24 000 F).
1° Quelles écritures doit-on passer à cette date pour constater ces faits ?
2° En 19 A + 1, le premier litige est terminé. Le salarié a été débouté de sa demande ; le montant des dommages et intérêts réellement réglés au client PAUL en 19 A + 1 est de 30 000 F.
Présenter les enregistrements passés en cours d'année 19 A + 1, et en fin d'exercice 19 A + 1.

• **5.** L'extrait de la balance avant inventaire de l'entreprise Rapiere se présente comme suit pour 19A :

	Débit	Crédit
• Clients	350 000	
• Clients douteux	16 500	
• Provisions pour dépréciation des comptes clients		13 500

a) L'état des clients douteux anciens.

Noms	Nominal	Provisions à fin 19 A—1	Règlements en 19A
Hauteclair	11 250	7 500	Néant
Durandal	5 250	1 500	4 500 pour solde.
Escal	6 000	4 500	1 500 pour solde.

Hauteclair est totalement insolvable.

b) Clients douteux 19A.

• Charles est débiteur de 1 000 F et déclaré en faillite : ses créanciers espèrent recouvrer 40 % de leur créance.

• Roland débiteur de 36 000 F exige un rabais de 30 % que nous accordons.

• Arthur débiteur de 1 500 F est insolvable.

Présenter au journal les régularisations d'inventaire à fin 19A (faire abstraction de la T.V.A.).

• **6.** Le passif du bilan de la société André indique, à fin 19A, 19 A + 1 et 19 A + 2 :

	19A	19 A + 1	19 A + 2
— Provisions réglementées	138 000	127 000	152 000
— Provisions pour risques	90 000	120 000	70 000
— Provisions pour grosses réparations	40 000	70 000	0

On dispose, par ailleurs, des éléments suivants :

Reprises sur provisions réglementées : 34 000 fin 19 A + 1 ; 0 fin 19 A + 2.

Dotations (exploitation) aux provisions pour risques : 52 000 fin 19 A + 1 ; 22 000 fin 19 A + 2.

Reprises sur provisions pour charges à répartir : néant fin 19A + 1 ; 70 000 fin 19 A + 2.

Il vous est demandé de reconstituer les écritures d'inventaire relatives à ces provisions fin 19 A + 1 et fin 19 A + 2.

• **7.** A la suite d'un litige avec un de ses anciens salariés, une entreprise constitue, le 31 décembre 19A, une provision pour risques de 40 000 F ; on considère que le litige se rattache à l'exploitation.

Enregistrer dans les comptes intéressés la constitution de la provision, puis le règlement final le 20 mai 19 A + 1 dans les cas suivants :

a) L'entreprise est condamnée à verser une indemnité de 40 000 F ;

b) L'indemnité est fixée à 55 000 F ;

c) L'indemnité est fixée à 26 000 F.

Commenter.

• **8.** Reprendre l'énoncé précédent en considérant maintenant que le litige ne se rattache pas à l'activité normale de l'entreprise ; se limiter à l'hypothèse *a*.

• **9.** Dans la balance avant inventaire d'une entreprise, on lit :

Clients	3 422 318	3 018 292
Clients douteux	124 314	60 000
Provisions pour dépréciation des comptes clients		55 000

Les créances douteuses comprenaient en début d'exercice : A... pour 71 224 F et B... pour 53 090 F ; les provisions A... pour 23 000 F et B... pour 32 000 F.

Dans le courant de l'exercice, A... a versé 50 000 F et ne versera plus rien ; B... a versé 10 000 F, mais on peut envisager de récupérer, dans le courant du prochain exercice, au plus 25 000 F.

Par ailleurs, parmi les clients, il faut considérer comme douteux C..., débiteur de 103 128 F ; perte probable, 70 000 F.

Travail à faire :

Enregistrer dans les comptes à la date de l'inventaire, les régularisations relatives à ces créances douteuses (faire abstraction de la T.V.A. ; pour incidence T.V.A., cf. chapitre 21).

• **10.** Le 31 décembre 19 A, la balance avant inventaire de la Maison Lauder présente les comptes suivants :

Clients	137 810	92 550
Clients douteux	12 630	3 520
Provisions pour créances douteuses		(à déterminer)

Dans le courant de l'exercice, seuls les règlements ont été notés au crédit des clients douteux, sans aucune régularisation.

Les renseignements relatifs aux clients douteux du 31 décembre précédent sont les suivants :

Noms	Créances	Provisions		Règlements au cours de l'exercice	Observations
		Taux	Montant		
A	1 770	50 %		520	Pour solde.
B	3 420	30 %		3 000	Pour solde.
C	890	40 %		Néant	Total irrécouvrable.
D	4 100	30 %		Néant	Porter à 50 %.
E, F	2 450	20 %		Néant	Porter à 40 %.
	12 630				

Par ailleurs, on classe parmi les clients douteux, le 31 décembre 19A, les clients G, H, I :
G : provision à créer, 30 % de 4 500 F ;
H : provision à créer, 50 % de 1 750 F ;
I : provision à créer, 60 % de 900 F.
En outre, une créance de 740 F sur le client J... est considérée comme totalement et définitivement irrécouvrable.

Travail à faire (faire abstraction de la T.V.A. ; cf. chapitre 21) :
1° Déterminer les provisions à constituer, les résultats à comptabiliser.
2° Enregistrer dans le journal, les opérations nécessaires.

• **11.** Une installation agréée comme « investissement de recherche » bénéficie la première année d'un amortissement fiscal exceptionnel de 50 %.

Elle a été acquise début janvier 19A pour 800 000 F ; sa durée de vie probable est de 8 ans et l'entreprise décide de l'amortir, du point de vue économique et comptable, de façon linéaire, sur cette durée. Le « fisc » admet un amortissement de 10 % de la valeur d'entrée durant les années 2 à 6.

Présenter, après tous calculs ou tableaux utiles, les écritures de Journal relatives aux amortissements de cette installation à la fin de chacune des 8 années de vie.

Chapitre 21

AUTRES RÉGULARISATIONS ET TRAVAUX DE FIN D'EXERCICE

I. L'INVENTAIRE EXTRA-COMPTABLE

1° Principes.

L'*image fidèle* donnée par le bilan résulte directement de la qualité des comptes eux-mêmes, tant du point de vue arithmétique que de celui de la fidélité à la réalité économique. La comptabilisation des amortissements et des provisions étudiée dans les chapitres précédents procède de cette recherche de l'exactitude que l'on ne peut obtenir, pratiquement, qu'une fois par an, à l'inventaire.

En fait, tous les comptes de situation doivent faire l'objet d'un rapprochement périodique avec les éléments réels qu'ils sont sensés traduire :

— pour certains comptes, ce rapprochement peut être opéré très fréquemment (chaque jour pour le compte « Caisse ») ;

— pour d'autres, il ne peut être effectué qu'au moment de l'inventaire, en raison de l'énorme travail qu'il représente (et c'est le cas des comptes de stocks).

Les travaux de l'**inventaire, dit « extra-comptable »** consistent à déterminer :

a) *Quels sont les éléments* constitutifs de la **situation réelle** de l'entreprise à la date du bilan (biens, créances, dettes...) ; il s'agit d'un **contrôle physique.**

b) *Quelle est la valeur de ces éléments* à cette date ; il s'agit d'un **contrôle d'évaluations.**

Il reste ensuite à mettre la comptabilité en harmonie avec les résultats de cet inventaire extra-comptable :

— certains comptes devront être *rectifiés,* car l'inventaire aura fait apparaître des divergences entre le solde de ces comptes et la situation réelle, dues à des erreurs, des ommissions ; les **redressements** nécessaires seront effectués ;

— les comptes de **stocks** *seront mis à jour* puisque du fait de la pratique de l'inventaire « intermittent » les mouvements des stocks n'ont pas été enregistrés durant l'exercice, ces comptes exprimant toujours le montant des stocks initiaux au début de l'exercice ;

— des *régularisations* diverses seront opérées, destinées à corriger les montants des charges et des produits, donc des éléments actifs et passifs, afin qu'ils représentent fidèlement la situation et le résultat à la date du bilan ;
— des écritures de reclassement des comptes permettront enfin d'obtenir résultat et bilan.

2° Les états d'inventaire, le livre des inventaires.

Pratiquement, les constations et les rapprochements d'inventaire s'effectuent à l'aide d'**états d'inventaire** qui, pour chaque catégorie de comptes de situation, indiquent :
— la nature des éléments constitutifs et éventuellement les quantités (*ex.* stocks de marchandises) ;
— la valeur « actuelle » de ces éléments à la date d'inventaire ;
— des observations diverses (dépréciations, mises au rebut, etc.).

On établit ainsi des états des stocks, des états du matériel, des états des créances, des états des dettes, etc. Ces états constituent les pièces justificatives des rectifications ou des régularisations qui seront opérées ensuite dans les comptes.

Ces documents doivent être conservés pendant dix ans, en annexe du **Livre des inventaires** prescrit par la loi et sur lequel sont recopiés le bilan, le compte de résultat et l'Annexe.

II. PRATIQUE DE L'INVENTAIRE

1° Inventaire des immobilisations.

Normalement, on établit, lors de son entrée, une fiche pour chaque immobilisation. Sur cette fiche sont indiqués, notamment :
— la nature de l'immobilisation ;
— le numéro du compte d'actif correspondant ;
— le prix (ou le coût de production), la date d'entrée ;
— les amortissements successifs s'il s'agit d'une immobilisation amortissable ;
— la date et les conditions de la cession ou de la mise hors service.

Lors de l'inventaire extra-comptable, il convient donc :
— d'établir, à partir de ces fiches, des états par catégories de toutes les immobilisations que possède l'entreprise ;
— de s'assurer de l'existence effective de ces immobilisations et de l'exactitude des fiches ; on vérifie notamment les acquisitions et les cessions récentes ;
— de déterminer les amortissements ;
— de rechercher leur « valeur actuelle » au sens du P.C.G. et d'évaluer les éventuelles *dépréciations,* en vue de leur comptabilisation.

Les immobilisations frappées d'une clause de réserve de propriété sont à inclure dans l'actif immobilisé, mais sur une ligne distincte.

2° Inventaire des stocks et en-cours.

L'inventaire des marchandises, des emballages et, dans l'industrie, des matières premières, des fournitures, des produits finis, exige souvent un travail considérable.

Il oblige même parfois l'entreprise à cesser ou à réduire son activité pendant quelques jours (librairie, quincaillerie...).

L'inventaire extra-comptable consiste à :

a) *Déterminer les quantités* de marchandises, approvisionnements, produits finis en stocks, catégorie par catégorie.

On procède, rayon par rayon, au récolement des diverses marchandises composant le stock. On note les références et les quantités de chaque catégorie de marchandises sur les états de stocks.

Seules doivent être comprises dans le stock les marchandises qui sont la propriété de l'entreprise (1), à l'exclusion toutefois des marchandises achetées mais non encore reçues (marchandises en cours de route).

- Ne sont donc pas comprises dans le stock :

— les marchandises, matières premières et emballages détenus par l'entreprise à titre de dépôt ; tel est notamment le cas des emballages à rendre aux fournisseurs (emballages prêtés ou consignés) ;

les marchandises, matières et fournitures achetées mais non encore reçues.

b) *Évaluer ces existants.*

Après avoir déterminé les quantités, il faut procéder à l'évaluation de ces stocks.

- *L'évaluation au coût d'achat des marchandises, matières premières, approvisionnements.*

Ainsi que le précise le Plan Comptable Général, les stocks de marchandises et approvisionnements sont évalués au *coût d'achat,* c'est-à-dire au prix d'achat augmenté des frais accessoires d'achat et d'approvisionnement (valeur d'entrée).

Les entreprises qui tiennent une comptabilité analytique d'exploitation trouvent dans celle-ci les bases de calcul de ce coût d'achat ; à défaut d'une telle comptabilité, l'entreprise peut connaître approximativement ses coûts d'achats en utilisant un *livre d'achats* qui enregistre, par catégorie de marchandises, les prix d'achats et les frais accessoires d'achat.

Les entreprises qui sont incapables de déterminer le coût d'achat des marchandises en stock peuvent prendre comme base d'évaluation le prix de vente au cours du jour de l'inventaire ou le prix de vente probable, sous déduction d'une décote représentant les frais de distribution et le bénéfice normal.

- *L'évaluation du coût de production* des produits finis et des en-cours.

Pour les biens fongibles, il est fait application d'une méthode de valorisation au coût moyen ou de la méthode FIFO (cf. Chapitre 19).

---

(1) Les emballages prêtés ou consignés aux clients doivent être compris dans le stock d'emballages commerciaux ; les stocks frappés d'une clause de « réserve de propriété » sont aussi à inclure dans les valeurs du bilan, mais portés sur une ligne distincte.

• *Les provisions pour dépréciation.*

Des provisions pour dépréciation doivent être constituées pour les stocks et en-cours dont la valeur vénale à l'inventaire se révèle être inférieure à leur coût d'achat (cf. chapitre 19).

c) *Comptabiliser les variations de stocks et d'en-cours.*

Ce point sera traité ci-dessous, § V.

3° Comptes de tiers.

a) *Créances.*

Le *relevé nominatif des clients, des débiteurs divers* indique le montant des diverses créances de l'entreprise sur ces tiers ; il est prudent de vérifier ce relevé en contrôlant (à partir des dossiers des clients), les éléments du solde de chaque compte individuel. Lorsque ces comptes sont établis par ordinateurs, il est possible de faire une « justification de soldes » systématique en fin de période (pointage des débits et de leurs règlements successifs).

Il convient ensuite de déterminer les *créances douteuses* et le taux de la perte probable ainsi que *les créances irrécouvrables* (cf. chapitres 19 et 20).

b) *Dettes.*

On procède de même ou pointage du relevé *nominatif des fournisseurs,* des créditeurs divers et, si possible, à la « justification » des soldes.

c) *Créances irrécouvrables et T.V.A.*

Lorsqu'une créance ayant donné lieu à collecte (puis paiement) de T.V.A. devient *définitivement irrécouvrable* (homologation du concordat en cas de règlement judiciaire ; clôture de la liquidation ; certificat d'irrécouvrabilité établi par le syndic...), l'entreprise a la possibilité de *récupérer la T.V.A.* en produisant un état spécial des T.V.A. sur créances impayées.

La T.V.A. est alors déductible sur la prochaine déclaration déposée (il n'est évidemment pas nécessaire d'attendre la fin de l'exercice pour demander cette récupération).

> ***Exemple :*** *Une créance de 23 720 F s'avère définitivement irrécouvrable (montant H.T. 20 000 ; T.V.A. 3 720) à la suite de la clôture de la liquidation de la société Erzats. L'entreprise établit l'état spécial d'imputation en décembre 1983.*

Puisque la T.V.A. peut être récupérée par imputation sur les versements ultérieurs, la perte de l'entreprise est limitée au montant H.T. (ici 20 000 F) :

		déc. 83		
Constatation de la perte (20 000) et de la créance de T.V.A. sur l'État (3 720)	654	Pertes sur créances irrécouvrables . . .	20 000	
	4455	État, T.V.A. à décaisser	3 720	
		412 Clients douteux		23 720

Les 3 720 F de T.V.A. seront imputés sur le prochain versement de T.V.A. « à décaisser ».

Conséquence : puisque la perte sur créances clients se limite au montant H.T., *les provisions pour dépréciation des créances doivent être constituées hors T.V.A.* (revoir chapitre 20 précédent et exercices n[os] F, 1 et 2 du présent chapitre).

4° Comptes financiers.

a) *Effets à payer.*

Ce compte doit faire l'objet d'un contrôle avec les *feuilles d'échéanciers.*

b) *Effets à recevoir.*

Le solde de ce compte fait l'objet d'un contrôle analogue : il doit être égal au total des valeurs nominales des effets se trouvant en portefeuille, en cours d'encaissement ou d'escompte (sauf utilisation des comptes « Effets à l'encaissement » et « Effets à l'escompte » qui font alors l'objet d'un contrôle analogue).

c) *Titres (immobilisés ; de participation ; de placement).*

Les titres possédés par l'entreprise se trouvent comptabilisés soit en « Immobilisations financières » (titres de participation ; titres immobilisés) soit en « valeurs mobilières de placement ».

On établit pour chacune des trois catégories un *état* des titres possédés, qu'ils se trouvent dans son portefeuille ou qu'ils soient déposés en banque. Cet état indique le *prix d'achat* des titres, leur *valeur actuelle à l'inventaire, la provision pour dépréciation à la fin de l'exercice précédent et la provision pour dépréciation nécessaire à la date de l'inventaire* (cf. chapitre précédent).

Exemple *: État des valeurs mobilières de placement au 31 décembre 19A.*

Nature des titres	Quantités	Prix d'achat	Évaluation au 31-12 19 A	Provision nécessaire	Provision au 31-12 19 A – 1	Régularisation de provisions	
						augmentation (dotation)	réduction (reprise)
Action Société X .	20	6 100	5 500	600	200	400	
Action Société Y .	10	1 420	1 610				
Obligation Z......	40	3 780	3 650	130		130	
Action Société T..	30	1 930	2 100		180		180

d) *Comptes « Banques ».*

Le solde du compte « Banque » à la date d'inventaire est comparé au solde du compte tenu par la Banque et connu de l'entreprise grace au *relevé de compte* à la même date fourni par le banquier : on établit **l'état de rapprochement** (cf. chapitre 13).

e) *Compte de « Chèques postaux ».*

Le contrôle de ce compte est plus facile que celui du compte Banque, car le Centre de Chèques postaux adresse un **extrait de compte** après chaque journée ayant donné lieu à opération.

f) *Compte « Caisse ».*

Le pointage du compte « Caisse » à l'inventaire est analogue à celui qui est opéré chaque jour : le caissier vérifie que le montant des espèces en caisse est bien égal au solde du compte. Un **bordereau des espèces en caisse** est établi, indiquant les quantités et les montants d'espèces par catégories de pièces et de billets.

III. AUTRES RÉGULARISATIONS : CHARGES, PRODUITS « CONSTATÉS D'AVANCE »

Avant de déterminer le résultat final de l'exercice, par regroupement des charges et des produits, d'autres régularisations de comptes sont à opérer. Elles s'ajoutent à celles qui ont été étudiées précédemment (régularisations résultant de l'inventaire extra-comptable, provisions, amortissements).

Les plus importantes de ces régularisations concernent l'*ajustement dans le temps des charges et des produits ;* d'autres, de moindre intérêt, ont pour but la mise en ordre de certains comptes du bilan.

1° Principe.

La majorité des charges et des produits enregistrés durant l'exercice sont relatifs à l'activité de cet exercice ; toutefois, certaines charges (fournitures de bureau en stock, loyer payé d'avance), certains produits (intérêts perçus d'avance) comptabilisés en fin d'année, concernent partiellement (et parfois totalement) l'exercice suivant, voire des exercices postérieurs.

Il convient donc de **diminuer les comptes concernés des montants se rapportant à l'exercice suivant.** La constatation de cet excès de charges ou de produits constitue en même temps *une régularisation de l'actif ou du passif* (cf. 2e et 3e).

2° Charges constatées d'avance (compte 486).

La *diminution du compte de charges* de l'exercice considéré conduit à *créditer* ce compte du montant concernant l'exercice ultérieur, qui est celui de leur consommation effective.

En contrepartie, on *débite* un compte d'actif créé à cet usage :

486 CHARGES CONSTATÉES D'AVANCE ;

ce compte figure donc parmi les comptes de « tiers », ce qui est fort logique, car il représente, en quelque sorte, la *créance sur l'exercice suivant* résultant de l'excès de charge, « créance en nature », dit le P.C.G.

Au début de l'exercice suivant, ce compte d'actif sera crédité et soldé par le débit du ou des comptes de charges correspondants du nouvel exercice ; la régularisation opère donc un **transfert de charges de l'exercice qui s'achève à celui qui suit.**

Ce transfert est opéré par une **« contre-passation »** de l'écriture d'inventaire : la charge revient au compte de même intitulé que celui d'où elle a été extraite.

***Exemple :** Le 1er octobre, l'entreprise a réglé le loyer du local commercial pour la période 1er octobre-30 septembre de l'année suivante : 90 000 F ; d'autre part, il reste dans les bureaux, lors de l'inventaire du 31 décembre, un stock de papeterie variée (inscrite au débit du compte 6064 Fournitures administratives (non-stockées)) évalué 840 F, ainsi que 133 F de timbres-poste inutilisés.*

a) **Régularisations en fin d'exercice (31 décembre 19 A).**

Le loyer est, le 31 décembre, payé d'avance pour 9 mois : la charge comptabilisée d'avance s'élève donc à 90 000 F × 9/12 = 67 500 F (r_1).

Le total des fournitures non consommées à la même date atteint : 840 F + 133 F = 973 F (r_2 + r_3).

D'où les régularisations suivantes dans les comptes de l'année 19 A.

486. Charges constatées d'avance

r_2	840	
r_1	67 500	
r_3	133	
Total :	68 473	

6064. Fournitures administratives

. . . .	r_2	840

613. Locations

. . . .	r_1	67 500

626. Frais postaux

. . . .	r_3	133

b) **Contre-passations au début de l'exercice suivant (1er janvier 19 A + 1), dans les comptes** (1) **de l'année 19 A + 1.**

486. Charges constatées d'avance

68 473	68 473

6064. Fournitures administratives

840	

613. Locations

67 500	

626. Frais postaux

133	

Ainsi les charges de 840 F, 67 500 F et 133 F ont-elles été transférées de l'exercice 19-A au cours duquel elles ont été juridiquement constatées à l'exercice 19 au cours duquel elles sont, économiquement, consommées.

(1) Les comptes 6064, 613 et 626 de l'exercice achevé ont été soldés par transfert dans le compte de résultat.

3° Produits constatés d'avance (compte 487).

Le raisonnement appliqué aux charges vaut pour les produits :

— *on diminue les comptes de produits en les débitant* des sommes concernant l'exercice suivant ;

— on *crédite,* en contrepartie, un *compte de passif* créé à cet usage :
487 PRODUITS CONSTATÉS D'AVANCE.

Ce compte de tiers représente, en quelque sorte, une *dette envers l'exercice suivant,* résultant des produits comptabilisés d'avance pour le compte de cet exercice suivant (« dette en nature » d'après le P.C.G.).

La contre-passation opérée au début du nouvel exercice permet le **transfert** des produits intéressés sur l'exercice suivant.

4° Place de ces comptes au bilan.

Les comptes 486 et 487 figurent dans le bilan sur une ligne distincte, respectivement en fin d'actif et en fin de passif, au titre de « Comptes de régularisation » (cf. pages 414 et 415).

Actif	Passif
. . . . .	. . . . .
Charges constatées d'avance (incluses dans le total de l'Actif circulant, car elles représentent des actifs réels et non des actifs fictifs telles les « charges à répartir » inscrites sur la ligne suivante, mais hors total de l'Actif circulant).	**Produits constatés d'avance** (inclus dans le total des Dettes).

IV. AUTRES RÉGULARISATIONS : CHARGES A PAYER, PRODUITS A RECEVOIR

1° Principe.

Des produits et des charges se rattachant à l'exploitation de l'exercice n'ont pas été comptabilisés, car les documents les justifiant ne parviendront à l'entreprise ou ne seront créés qu'au cours de l'exercice suivant.

Il convient donc d'*augmenter les comptes de charges et de produits des montants concernant l'exercice qui s'achève.*

2° Charges à payer.

Il faut augmenter les charges de l'exercice, donc *débiter* les comptes correspondants, des montants imputables à l'exercice et non encore comptabilisés.

En contrepartie, on crédite des comptes de « Charges à payer ». Ces comptes représentent les **dettes** correspondant à ces charges qui ne pourront être portées au crédit des comptes de tiers intéressés qu'à la réception de leurs factures, au cours de l'exercice suivant.

La régularisation de charge constitue également une régularisation du passif et la *contre-passation* opérée au début du nouvel exercice opère le *transfert* de charge d'un exercice à l'autre.

Plutôt que de créer un compte de régularisation spécifique « charges à payer », le P.C.G. **rattache ces dettes « provisionnées » (cf. chapitre 19) aux comptes des différents tiers concernés :**

408 Fournisseurs, factures non parvenues.
428 Personnel, charges à payer.
438 Sécurité sociale, charges à payer.
448 État, charges à payer.
4686 Créditeurs divers, charges à payer.
5186 Banques, intérêts courus à payer.

... ainsi que 1688 Autres emprunts, intérêts courus
et 1788 Dettes rattachées à des participations ; intérêts courus.

Exemple *: Le 31 décembre, date de l'inventaire, on constate que :*

— *la réparation d'un camion, effectuée en novembre, ne nous a pas encore été facturée par le garagiste Renard ; montant suivant devis : 1 570 F ;*

— *nous devons régler à terme échu, le 31 janvier prochain, les intérêts trimestriels d'un emprunt de 30 000 F, conclu au taux de 12 % ;*

— *des marchandises reçues au cours des derniers jours de l'exercice ont été comprises dans le stock final (1) ; les factures correspondantes ne nous sont pas encore parvenues ; leur montant doit être de 1 350 F environ.*

a) *Régularisation des comptes en fin d'exercice.*

	31 décembre		
Achats et services à payer (factures non parvenues)	615 Entretien et réparations	1 570	
	607 Achats de marchandises	1 350	
	408 Fournisseurs, factures non parvenues		2 920
	d°		
Intérêts courus : 2 mois à 12 % sur 30 000 F	661 Charges d'intérêts	600	
	1 688 Autres emprunts, intérêts courus		600
	30 000 × 0,12 × 2/12.		

b) *Contre-passation au début de l'exercice suivant* par simple inversion des écritures précédentes.

Ainsi, pour les intérêts :

	1er janvier		
Pour solde du compte de régularisation 1688	1688 Autres emprunts, intérêts courus ...	600	
	661 Charges d'intérêts		600

(1) Conformément aux dispositions du Plan Comptable Général.

On constate qu'après cette écriture, le compte de charge du nouvel exercice 661 « Charges d'intérêts » est créditeur, ce qui est *a priori* anormal ; mais cette position est très temporaire puisque, le 31 janvier, le comptable enregistrera l'échéance d'intérêts pour sa totalité, sans avoir à se soucier des régularisations antérieures :

	31 janvier		
Échéance trimestrielle d'intérêts.	661 Charges d'intérêts	900	
	475 Intérêts échus		900
	(ou 512 Banques).		
	0,12 × 30 000 × 3/12.		

A cette date, le compte 661 se présente ainsi :

661 Charges d'intérêts

(échéance)	31-1	900	1-1	600	(contre-passation)

Solde : D 300

Ce solde représente bien la charge imputable à l'exercice soit 1 mois d'intérêts : 0,12 × 30 000 × 1/12 = 300.

- **Cas particulier : « R.R.R. à accorder ; Avoirs à établir » (compte 4198).**

Des retours de marchandises par les clients, des rabais, remises ou ristournes en faveur des clients peuvent, à l'inventaire, n'avoir pas encore fait l'objet des **« factures d'avoir »** correspondantes. Le compte 4198 « Rabais, remises, ristournes à accorder ; Avoirs à établir », rattaché au compte « Clients » permet d'assurer la régularisation :

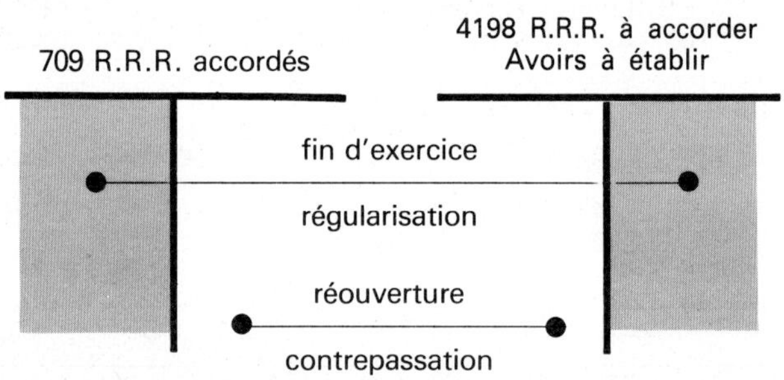

Le compte 4197 est un compte de « Clients-Créditeurs » figurant au passif du bilan.

3° Produits à recevoir.

On crédite, en fin d'exercice, les comptes de la classe 7 des produits acquis à l'entreprise à cette date, mais dont le montant n'est pas définitivement arrêté. *(Exemple : Ristournes sur factures d'avoir non reçues des fournisseurs),* ou n'est pas exigible encore.

On *débite* en contrepartie des comptes de « Produits à recevoir » des *créances* correspondantes, qu'il est prématuré de porter au débit des comptes de tiers intéressés, mais qui sont rattachées à ces comptes.

Ces **quasi-créances** sont parallèles et symétriques aux « dettes provisionnées ». Le P.C.G. les rattache en concéquence aux comptes de tiers concernés ; les principaux sont :

418 Clients. Factures à établir.
4687 Débiteurs divers, produits à recevoir.
2768 Autres créances immobilisées ; intérêts courus.

Ainsi que le compte rattaché aux Fournisseurs :

4098 Rabais, remises, ristournes à obtenir ; avoirs non reçus.

***Exemple** : On constate à l'inventaire le 31-12-19 A :*

— *qu'un lot de marchandises, dont le prix de vente est de 8 500 F a été expédié (donc n'est pas inclus dans le stock) alors que la facture n'a pas encore été établie ni,* a fortiori, *comptabilisée ;*

— *que notre débiteur Paul nous versera le 31 mars prochain une annuité d'emprunt de 64 600 F comprenant 24 600 F d'intérêts annuels ;*

— *que nous devons bénéficier de ristournes d'un total de 12 500 F de divers fournisseurs d'exploitation (achats).*

	31 décembre		
Enregistrement des produits acquis à l'exercice et non encore comptabilisés.	418 Clients ; factures à établir	8 500	
	707 Ventes de marchandises		8 500
9 mois d'intérêts courus en notre faveur.	2768 Créances immobilisées ; intérêts courus	18 450	
	762 Produits des autres immobilisations financières .... (Revenus de prêts).		18 450
	24 600 × 9/12 = 18 450.		
Avoirs non-reçus pour Rabais, remises, ristournes obtenus.	4098 Fournisseurs, Rabais, remises, ristournes à obtenir	12 500	
	609 Rabais, remises, ristournes obtenus sur achats		12 500

Ces écritures sont à contre-passer le 1er janvier 19 A + 1 ; le comptable pourra ainsi procéder à l'enregistrement normal des documents, courant 19 A + 1, lorsqu'ils lui parviendront (facture de vente au client ; encaissement de l'annuité de prêt ; factures d'avoir des fournisseurs).

V. COMPTABILISATION DES VARIATIONS DE STOCKS ET D'EN-COURS

On a vu plus haut (chap. 9 et 12) que, dans le cadre de « l'inventaire intermittent », les comptes de stocks et d'en-cours ne sont ajustés qu'une fois par an, à l'inventaire.

Une fois opérés les pointages quantitatifs et les évaluations des stocks et en-cours, il reste à comptabiliser les **« variations »** de l'exercice (variation = Stock final — Stock initial).

Les variations sont calculées sur les valeurs d'entrée, les dépréciations étant ensuite constatées sous forme de dotations et/ou de reprises de provisions.

Les deux comptes enregistrant ces variations sont :

603 **Variations des stocks (approvisionnements ; marchandises),**
713 **Variations des stocks (en-cours ; produits finis).**

Subdivisés dans les diverses catégories de stocks et en-cours, les comptes 603 et 713 sont :

— débités des stocks (et en-cours) d'ouverture (pour solde) ;

— crédités des stocks (et en-cours) de clôture.

603/713 Variations de stocks et en-cours

Stocks (et en-cours) d'ouverture (I)	Stocks (et en-cours) de clôture (F)

Solde = variation de l'exercice

Solde débiteur : F<I ; joue comme une charge (ou un produit soustractif),
Solde créditeur : F>I ; joue comme un produit (ou une charge négative).

Exemple :

Stocks d'une entreprise	Initial I	Final F
Matières premières	18 700	20 300
Fournitures	9 500	9 100
Produits finis	11 300	11 100
Produits en cours	3 000	3 900

Régularisations d'inventaire :

Pour solde des comptes crédités (Stocks initiaux)	6031 Variation stocks matières premières	18 700	
	6032 Variation stocks fournitures	9 500	
	7133 Variations des en-cours	3 000	
	7135 Variations des stocks de produits finis	11 300	
	31 Stocks matières premières		18 700
	32 Stocks fournitures		9 500
	33 En-cours de biens		3 000
	35 Stocks de produits finis		11 300
Constatation des stocks finals	31 Stocks matières premières	20 300	
	32 Stocks fournitures	9 100	
	33 En-cours de biens	3 900	
	35 Stocks de produits finis	11 100	

6031	Variation stocks matières prem.		20 300
6032	Variation stocks fournitures		9 100
7133	Variations des en-cours		3 900
7135	Variations stocks de produits finis		11 100

d'où **Montants nets des variations :**

Variation stock matières premières.		
Compte 6031. Créditeur		1 600
Variation stock fournitures.		
Compte 6032. Débiteur	400	
Variation en-cours.		
Compte 7133. Créditeur		900
Variation stocks produits finis.		
Compte 7135. Débiteur	200	

Ainsi comptabilisées, les variations de stocks et d'en-cours vont, avec les autres charges et produits, concourir à la formation du résultat.

avec les charges		**avec les produits**	
Variation stocks mat. prem. . .	− 1 600	Variation en-cours	+ 900
Variation stocks fournitures . .	+ 400	Variation stock produits finis . .	− 200

Ces variations apparaîtront avec ces signes dans le compte de résultat.

N.B. Un raisonnement simple en « emplois » et « ressources » permet de retrouver les signes ci-dessus.

Exemple : *Stock de produits finis ; il a diminué de 200 ; on a donc prélevé 200 sur le stock de produits finis ; il s'agit bien d'un produit négatif de 200 ...*

Après ces enregistrements, les comptes de stocks et en-cours sont « à jour » en ce qui concerne les « valeurs d'entrée » ; restent à comptabiliser les éventuelles provisions pour dépréciation (cf. chap. 20).

VI. RÉCAPITULATION DES TRAVAUX ET RÉGULARISATIONS D'INVENTAIRE

Avant de procéder à la détermination comptable du résultat d'exploitation puis du résultat net, récapitulons les travaux d'inventaire,dans l'ordre chronologique de leur déroulement.

1° Établissement de la balance avant inventaire qui permet d'avoir une vue d'ensemble de tous les comptes de situation et de gestion ; cette balance ne diffère en rien d'une balance établie à une date quelconque, en cours d'exercice.

Dans les problèmes relatifs à l'inventaire, l'énoncé fournit généralement la balance avant inventaire ou, au moins, des extraits de cette balance.

2° Inventaire extra-comptable.

Ce sont les constatations de cet inventaire qui sont la base de la majorité des redressements et des régularisations comptables.

3° Comptabilisation des régularisations.

— redressements d'erreurs,
— amortissements,
— provisions pour dépréciation,
— provisions pour risques et charges,
— ajustement, dans le temps, des charges et des produits,
— constatation des variations de stocks.

Il reste à déterminer le résultat par regroupement des charges et des produits dans le compte de résultat.

4° Détermination du résultat : écritures de « reclassement » des charges et des produits (cf. chapitre 22).

QUESTIONS

A. *De nombreuses entreprises établissent des bilans mensuels ou au moins trimestriels ; elles n'effectuent cependant qu'une seule fois par exercice l'inventaire « extra-comptable ». Que peut-on dire de ces bilans mensuels ?*

B. *Imaginez et présentez une disposition possible de la fiche d'inventaire au 31 décembre 1988 du « Matériel de transport », qui comporte :*

— *deux camions Berliet de 3,5 t acquis respectivement le 30 mars 1985 et le 31 mai 1987 (amortissement dégressif, sur quatre ans) ;*
— *une camionnette Citroën acquise le 1er janvier (amortissement dégressif, sur cinq ans) ;*
— *une voiture automobile Citroën acquise le 15 mars 1987.*

C. *Les marchandises non encore entrées en magasin, mais dont la facture d'achat a été reçue avant la date de l'inventaire sont-elles la propriété de l'entreprise ? En conséquence devraient-elles être comprises dans le stock de fin d'exercice ? Le Plan Comptable Général précisant qu'elles ne sont pas comprises dans ce stock, quelle régularisation de comptes faut-il opérer ? Quel inconvénient grave peut résulter de cette solution lorsque, dans la comptabilité nationale ou régionale, on désire connaître le stock global des entreprises ?*

D. *Quel intérêt présente la « justification de solde » des comptes de fournisseurs en matière de contrôle des dettes effectives ?*

E. *Pourquoi n'est-il pas adroit d'attendre la fin de l'exercice pour établir et constater l'état spécial de la T.V.A. à récupérer sur impayés, notamment s'il s'agit de créances importantes ?*

F. *Fin décembre 19 A, à l'inventaire, on constate qu'une créance de 9 878,40 F sur le client Pierre est à provisionner à hauteur de 60 %. Quelle provision constituer, sachant que la T.V.A. incluse dans cette créance est au taux normal ?*

Courant 19 A + 1, on reçoit du syndic pour paiement définitif, une somme de 2 100 F. Présenter les écritures à passer en 19 A + 1 (tenir compte de la T.V.A.).

G. *On comptabilise normalement les chèques et virements postaux lors de leur émission par l'entreprise ; quelle est dans ce cas la source essentielle de divergence entre le solde du compte « Chèques postaux » tenu par l'entreprise et le solde figurant sur les extraits de comptes journaliers ?*

H. *Rechercher des catégories de charges fréquemment « constatées d'avance » et d'autres fréquemment comptabilisées avec retard.*

I. *Même question pour les produits.*

J. *« Les charges constatées d'avance représentent une créance en nature sur l'exercice suivant » : justifier cette phrase et montrer que cette « créance » correspond parfois à des « stocks » et parfois à une véritable créance.*

K. *Comparer les « charges à payer » et les « provisions pour pertes et charges » ; quelles analogies les rapprochent ? Quelles différences profondes les distinguent ?*

L. *Expliquer pourquoi les « produits constatés d'avance » correspondent à une dette ; ne pourrait-on pas, le plus souvent, comptabiliser cette dette lors de l'enregistrement des produits en cours d'exercice ?*

M. *Un jeune comptable a omis de « contrepasser » au début d'un exercice les écritures relatives aux « charges constatées d'avance » de la fin de l'exercice précédent. Quelle est l'incidence de cette omission sur le résultat du nouvel exercice ? A quel moment constatera-t-on nécessairement l'omission et comment sera-t-elle réparée ?*

N. *La contre-passation des écritures de régularisation relatives aux charges à payer (et aux produits à recevoir) est-elle théoriquement nécessaire au début du nouvel exercice ? Ne peut-elle être évitée ? Comment ?*

Quels inconvénients d'ordre pratique présenterait cette dernière solution ?

O. *Certaines entreprises, désireuses d'établir des bilans mensuels, mais trouvant fastidieux de comptabiliser puis de contrepasser à chaque échéance mensuelle les régularisations « prorata-temporis » des charges et des produits, notent ces régularisations « hors comptabilité ». Étudier ce procédé et rechercher ses avantages et ses inconvénients.*

P. *Un comptable trouve un bénéfice net de 19 332 F ; il s'aperçoit qu'il a omis 1 260 F de ristournes à accorder aux clients et 350 F d'intérêts courus en faveur de l'entreprise ; quel est le montant rectifié du bénéfice ?*

Q. *Le 28 décembre, une entreprise a retourné à son fournisseur Jean diverses marchandises facturées 190 F ; la facture d'avoir n'a pas été encore reçue le 31 décembre, date de l'inventaire. Quelle régularisation opérer ?*

R. *Dans le bilan au 31 décembre 19 A, on lit :*
— Charges constatées d'avance : 680 ;
— Résultat (bénéfice net) : 13 750.
Dans le bilan au 31 décembre 19 A + 1, on trouve :
— Résultat (bénéfice net) : 29 650.
Quel aurait été le résultat net de chaque exercice si le comptable n'avait pas régularisé, fin décembre 19 A, les « charges constatées d'avance » ?

S. *Reprendre la question précédente en remplaçant les « charges constatées d'avance » par des « charges à payer ».*

T. *Les stocks d'ouverture et de clôture de l'entreprise Faou sont les suivants :*

	Ouverture	*Clôture*
Marchandises	*39 400*	*38 100*
Fournitures diverses	*7 300*	*7 400*

Comptabiliser les variations de stocks en fin d'exercice et préciser leur place et leur signe dans le calcul du résultat.

U. *Même question que ci-dessus en R avec les éléments suivants :*

	Ouverture	*Clôture*
Matières premières	*139 800*	*152 700*
Matières consommables	*83 400*	*77 500*
Emballages	*21 700*	*26 300*
En-cours	*81 200*	*77 200*
Produits finis	*59 300*	*68 500*

V. *Lors des travaux d'inventaire, on a maintenu — par omission — dans les « Emballages à rendre » aux fournisseurs des emballages qu'ils nous ont consignés 160 F et que nous désirons conserver pour les besoins de notre exploitation ; quelles sont les conséquences de cette erreur sur le montant du résultat et sur les divers postes du bilan ?*

EXERCICES

• **1.** (Créances irrécouvrables et T.V.A.).

Reprendre l'exercice n° 5 du chapitre 20 (entreprise Rapière) en tenant compte de la T.V.A. d'un taux supposé de 25 % ; toutes les créances sont exprimées T.T.C. et les récupérations de T.V.A. par imputation sont opérées dès règlement ou clôture définitifs.

• **2.** (Créances irrécouvrables et T.V.A.)

Reprendre l'exercice n° 10 du chapitre 20 (Maison Lauder) en tenant compte de la T.V.A. au taux normal (arrondir les calculs au décime).

• **3.** A la clôture d'un exercice, on constate ce qui suit :

— Deux factures d'achat de 652 F et de 991 F ont été enregistrées le 30 décembre ; mais les marchandises correspondantes n'ont pas encore été livrées.

— On a comptabilisé, le 1er septembre, le loyer semestriel (payable d'avance) d'un local nous appartenant 3 900 F.

— Il reste en stock diverses fournitures de bureau évaluées 450 F et 5 000 litres de fuel (utilisé pour le chauffage) à 1,20 F le litre.

— Une ristourne de 1 % sur le chiffre d'affaires traitées avec le fournisseur Baran doit être obtenue ; le chiffre d'affaires est d'environ 63 600 F.

— Les « Courriers Modernes » ne nous ont pas transmis leur facture de transport du mois de décembre, dont le montant doit être d'environ 1 400 F.

Travail à faire :

Présenter dans le Journal :
1° les régularisations à effectuer en fin d'exercice ;
2° les inscriptions à faire au début de l'exercice suivant.

• **4.** On constate, à l'inventaire du 31 décembre, les faits suivants :

a) Stock de timbres-postes, 90 F et stock de timbres fiscaux, 186 F.

b) Le 31 mars prochain, un emprunt de 50 000 F payable en dix annuités donnera lieu aux règlements suivants :
— intérêts annuels (à terme échu) : 3 500 F ;
— premier remboursement partiel : 5 000 F.

c) Consommations d'électricité dues au 31 décembre, mais non encore facturées 1 670 F environ.

d) Les frais de téléphone des mois de novembre et décembre seront d'environ 3 850 F.

e) Nous avons reçu, le 27 décembre, une livraison de diverses marchandises d'une valeur globale de 1 315 F ; la facture correspondante n'a pas encore été reçue.

Travail à faire :

Présenter dans le Journal :
1° les régularisations et reclassements à effectuer en fin d'exercice ;
2° les inscriptions à faire le 2 janvier suivant.

• **5.** A la clôture d'un exercice, le 31 décembre 19 A, on constate les faits suivants :

a) On évalue à 6 000 F les notes d'électricité et d'eau pour les deux derniers mois.

b) Il reste en stock des fournitures de bureau, 5 700 F et des timbres-poste, 1 100 F.

c) On a réglé à l'échéance du 1er décembre les primes annuelles d'assurance incendie, 6 300 F.

d) On peut évaluer à 14 500 F le montant des ristournes à obtenir des fournisseurs et à 4 600 F celles à accorder aux clients.

e) Un lot d'emballages récupérables a été reçu le 24 décembre ; sa valeur est, d'après le bon de livraison, de 6 500 F, mais la facture ne nous est pas encore parvenue.

f) On a, par contre, comptabilisé le 28 décembre un achat de marchandises de 13 850 F et les articles correspondants ne sont pas arrivés à la date de l'inventaire.

g) Un confrère doit nous accorder une commission de 8 000 F en rémunération d'un service rendu occasionnellement ; nous n'avons reçu ni avoir ni chèque.

h) On a acheté début novembre un « train de pneus » devant équiper le camion de livraison : 14 000 F ; ces pneus doivent normalement rester en service jusqu'à la fin de l'exercice prochain.

i) Les commissions de nos représentants salariés s'élèveront, pour le mois de décembre, à 28 000 F environ ; elles n'ont pas encore été déterminées exactement, ni comptabilisées ; les charges sociales correspondantes représentent 45 % de ce montant.

j) Le pointage des emballages sortis permet de considérer comme vendues 142 caisses consignées 100 F l'une ; on décide, par ailleurs, de conserver des emballages consignés 2 100 F par les fournisseurs et l'on constate que sont totalement hors d'usage des emballages qui nous avaient été consignés 3 500 F.

Travail à faire :

Enregistrer dans le Journal :

1° les régularisations ;
2° les inscriptions du début du nouvel exercice.

• **6.** Le 31-12-19 A, la balance avant inventaire d'une société commerciale comprend, en particulier, les soldes suivants :

Provision pour litiges		100 000
Frais d'établissement	44 000	
Amortissement des frais d'établissement		39 600
Constructions	500 000	
Amortissement des constructions		90 000
Matériel d'exploitation	360 000	
Amortissement du matériel d'exploitation		162 000
Matériel de transport	526 000	
Amortissement du matériel de transport		275 400
Titres immobilisés	780 000	
Stocks	760 000	
Bons du Trésor	56 700	
Achats	1 975 000	
Primes d'assurances	32 000	
Ventes		2 780 000

Une vérification de la comptabilité conduit aux constatations suivantes :

1° Le litige, pour lequel la provision avait été constituée, a été réglé durant l'exercice 19 A par le versement d'une indemnité de licenciement à un salarié (93 000 F) passée au débit du compte de charges intéressé.

2° Les frais d'établissement et les constructions ont été amortis régulièrement à partir de la date de constitution de la société (la première annuité a été calculée *prorata temporis*). Le taux d'amortissement des frais d'établissement est de 20 %.

3° Un achat de matériel d'exploitation du 1-7-19 A a été passé par erreur au débit du compte « Fonds de commerce » pour 6 800 F. Tous les autres éléments ont été acquis à la date de création de l'entreprise.

4° Pour le poste « Matériel de transport », il faut noter que, le 1-4-19 A, il a été vendu pour 20 000 F un camion acheté, au début de l'exploitation, 180 000 F. Seule l'écriture :

Débit : Banque. Crédit : Matériel de transport.

a été passée.

Début juillet 19 A, on a acheté un nouveau camion : 240 000 F.

5° Le cours moyen du mois de décembre 19 A est de 450 000 F pour un ensemble de titres immobilisés, évalués au bilan 375 000 F. La valeur réelle des autres titres est de 336 000 F.

6° Les bons du Trésor, à deux ans, acquis en cours d'exercice, sont remboursables le 31 août 19 A + 2 pour 60 000 F. Les intérêts ont été payés d'avance au taux annuel de 2,75 %.

7° Dans les comptes de « Stocks », « Achats » et « Ventes », il n'a été fait aucune distinction entre marchandises et emballages (de plus, le compte de stocks ne comprend que les emballages se trouvant en magasin).

Les consignations des fournisseurs et les consignations aux clients ont été comprises dans le total des factures ; les retours des clients et les retours aux fournisseurs ont été enregistrés, comme des retours de marchandises, pour leur valeur de reprise.

Le recensement assuré au 31 décembre vous fournit, à ce sujet, les renseignements suivants :

Stocks d'emballages appartenant à l'entreprise et existant en magasin	48 000
Emballages restant à rendre aux fournisseurs	32 000
Emballages consignés par les fournisseurs et qui ne leur seront pas rendus	26 000
Emballages consignés aux clients (à leur coût d'achat)	54 000

Sur ces derniers emballages :

a) Il en a été retourné et déconsigné pour un montant de 16 000 F.

b) Sont considérés comme acquis définitivement par les clients : 14 400 F.

8° Les primes d'assurances, toutes payées par anticipation pour une année intéressent :

— Une quittance d'incendie, prenant effet le 1er mai 19 A : 24 000 F.
— Une quittance de responsabilité civile prenant effet le 1er janvier 1974.

Travail à faire :

1° Déterminer la date de création de la société qui est celle du début de son exploitation.

2° Dresser, jusqu'à la date de sa vente, le tableau d'amortissement du camion vendu le 1er avril 19 A. (Présenter les calculs préalables.)

3° Présenter dans le Journal, au 31-12-19 A, les régularisations découlant des renseignements ci-dessus.

4° Faire dans les comptes les inscriptions résultant des amortissements de l'exercice 19 A.

Chapitre 22

DÉTERMINATION DU RÉSULTAT DOCUMENTS DE SYNTHÈSE

Une fois opérées les diverses régularisations d'inventaire (dotations et reprises d'amortissements et de provisions, charges et produits constatés d'avance, charges à payer, produits à recevoir, variations de stocks, ...) la comptabilité est, enfin, exactement à jour :

— les comptes de bilan expriment les éléments de la situation à la date considérée ;

— les comptes de charges et de produits indiquent les éléments du résultat de l'exercice.

Il reste donc, simplement, à déterminer ce résultat net en comptabilité, par regroupement des charges et des produits, puis à établir les documents de synthèse, Bilan, Compte de résultat et Annexe.

I. LES ÉCRITURES DE REGROUPEMENT : PRINCIPE

1° Détermination globale du résultat net.

Pour déterminer le **résultat net** (comptabilisé, par le P.C.G., au compte 12) il suffit de faire la somme algébrique des charges et des produits, donc de *virer dans un compte de synthèse unique* ces comptes de charges et de produits qui seront alors soldés.

Le P.C.G. prévoit deux codifications distinctes du résultat net :

120

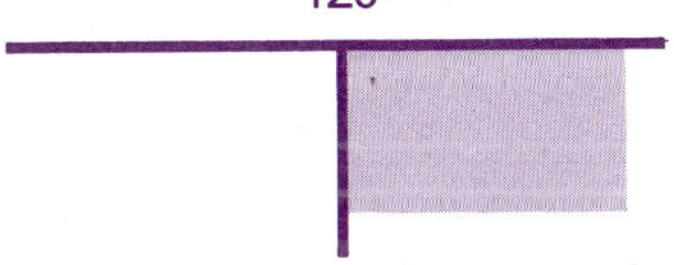

Résultat de l'exercice
(solde créditeur).
Cas d'un **bénéfice**

ou

129

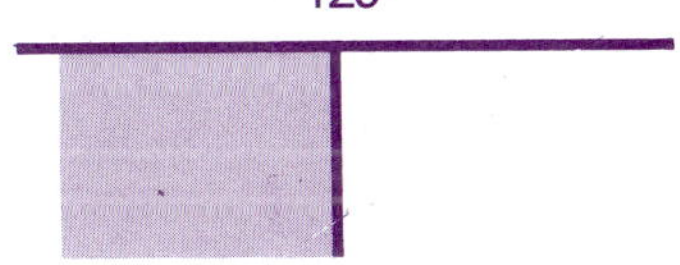

Résultat de l'exercice
(solde débiteur).
Cas d'une **perte**

Il n'indique pas, par contre, les modalités comptables d'obtention de ce résultat net.

Afin de n'inscrire dans le compte 120 (ou 129) que le montant du résultat, on peut regrouper charges et produits dans une autre division du compte 12 :

128 (1) **Détermination du résultat net**

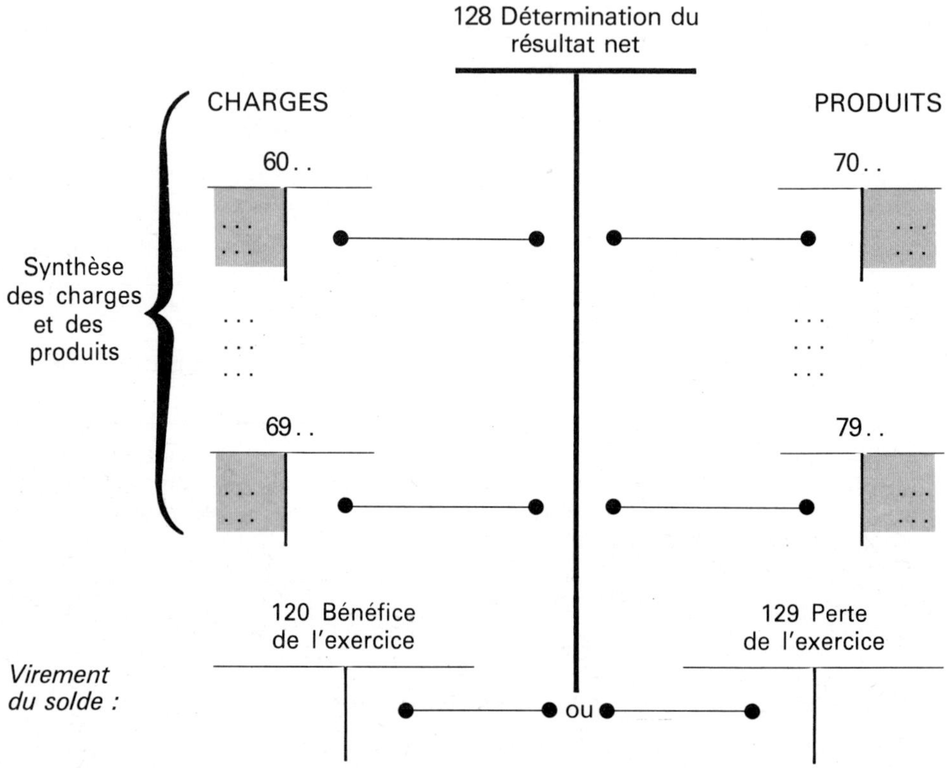

2° Détermination en cascade du résultat.

Puisque les charges et les produits sont analysés en quatre niveaux (Exploitation ; financier ; exceptionnel ; participation et impôt ; cf. chapitre 8) il est intéressant de dégager le résultat net final par étapes successives, correspondant à ces divers niveaux (donc par un **calcul en cascade**) ; l'obtention de ces soldes successifs ne présente aucune difficulté puisqu'ils correspondent à la structure des comptes de gestion :

(1) Numéro de compte non prévu par le P.C.G., mais que nous proposons ; cf. notre « Guide d'application du P.C.G. ». Éditions Foucher.

• **Résultat d'exploitation (n° 125)** (1)

Comptes 60 à 65 plus 681 — Comptes 70 à 75 plus 781

• **Résultat courant avant impôts (n° 126)** (1)

solde du précédent plus

Comptes 66 et 686 — Comptes 76 et 786

• **Résultat exceptionnel (n° 127)** (1)

Le montant de ce résultat exceptionnel avant impôt est exigé, dans le compte de résultat (sous forme de renvoi au bas du document).

Comptes 67 et 687 — Comptes 77 et 787

• **Résultat net (n° 128)** (1)

soldes des précédents 126 et 127 plus

Comptes 691 et 695 — —

solde viré au compte 120 ou 129

3° Comptes « Rabais, remises, ristournes obtenus » ; « Rabais, remises, ristournes accordés ».

Le P.C.G. prévoit la présentation, dans le compte de résultat, des montants d'achats, de services, de ventes **nets après réductions** obtenues ou accordées. En conséquence, **préalablement aux écritures de virement des charges et des produits** dans le compte de synthèse 128 (ou 125) **on vire, pour solde, les comptes :**

— 609, 619, 629 au crédit des comptes 60, 61, 62,
— 709 au débit du compte 70.

On aura ainsi soldé les comptes de « Rabais, remises, ristournes » et les comptes 60, 61, 62 et 70 indiqueront, par leurs soldes, les montants nets des achats (60), des services extérieurs (61, 62), des ventes (70).

---

(1) Numéro non prévu par le P.C.G., mais que nous proposons.

Des virements préalables identiques sont à effectuer dans les entreprises utilisant des comptes de **« Retours sur ventes »** et **« Rendus sur achats ».** Ces comptes enregistrent les retours de marchandises et produits, constatés par « factures d'avoir », afin d'en totaliser les montants, ce qui peut présenter un intérêt pour l'analyse de la gestion ; rappelons que la solution habituelle consiste à enregistrer ces retours directement :

— au crédit des comptes d'achats (n° 60) ;
— au débit des comptes de ventes (n° 70).

II. EXEMPLE DE DÉTERMINATION DU RÉSULTAT « EN CASCADE » DANS LE SYSTÈME DE BASE (système B).

125 Détermination du Résultat d'exploitation.

600	Achats	1 390	70	Ventes	1 200
603	Variation de stocks	115	71	Production stockée	5 740
61	Achats de sous-traitance et services extérieurs	530	72	Production immobilisée	430
62	Autres services extérieurs	490	74	Subventions d'exploitation	300
63	Impôts, taxes et versements assimilés	740	75	Autres produits	50
64	Charges de personnel	2 500	781	Reprises sur amortissements et provisions	165
65	Autres charges de gestion courante	140			
681	Dotations aux amortissements et provisions (exploitation)	790			
	Solde créditeur : bénéfice d'exploitation	1 190		*Solde débiteur :* Perte d'exploitation	

126 Détermination du **résultat courant avant impôts**.

(125	Perte d'exploitation	...	125	Bénéfice d'exploitation	1 190
66	Charges financières	410	76	Produits financiers	120
686	Dotations aux amortissements et provisions (charges financières)	50	786	Reprises sur amortissements et provisions (produits financiers)	40
	Solde créditeur : Bénéfice courant	890			

127 Détermination du Résultat exceptionnel.

67	Charges exceptionnelles	310	77	Produits exceptionnels	240
687	Dotations aux amortissements et provisions (charges exceptionnelles)	30	787	Reprises sur amortissements et provisions	40
				Solde débiteur : perte exceptionnelle	60

128 Détermination du Résultat net.

(126 · Perte courante		126 Bénéfice courant	890
127 Pertes exceptionnelles	60		
691 Participation des salariés ...	150		
695 Impôts sur bénéfices	300		
Solde créditeur : Bénéfice net...	380	(ou solde débiteur : Perte nette).	

120 Bénéfice de l'exercice.

		128 Bénéfice de l'exercice	380

III. DOCUMENTS DE SYNTHÈSE : COMPTE DE RÉSULTAT

L'information comptable et financière externe, sur l'entreprise, est assurée, selon le P.C.G., par les **« documents de synthèse »** annuels, Bilan, Compte de Résultat et Annexe, (appelés aussi *« Comptes annuels »* par la loi et le décret).

Puisque la comptabilité vient de déterminer, par le jeu des comptes, le **résultat de l'exercice,** il est maintenant possible de présenter, sous forme de tableaux (ou de listes) le compte de Résultat et le Bilan ; quant à l'Annexe, elle sera étudiée dans le chapitre suivant car, à la différence des deux autres documents de synthèse, elle ne comprend pas que des informations « comptables » (c'est-à-dire exprimées dans des comptes).

Remarque : dans **l'entreprise individuelle,** il conviendra, avant d'établir les documents de synthèse, de solder, le cas échéant, le **« Compte de l'exploitant »** (n° 108) en le virant au compte 101. Capital individuel (cf. chap. 7).

1° Le compte de Résultat (système B).

Le modèle de compte, sous forme de **tableau,** est présenté en fin d'ouvrage, pages 416 et 417.

Le P.C.G. a également prévu une **présentation en liste** qui dégage, successivement :

- le résultat d'exploitation avant charges financières ;
- puis le « résultat financier » ;
- puis le « résultat exceptionnel » ;
- enfin le résultat net.

La présentation en liste a été retenue par le fisc en ce qui concerne la déclaration annuelle.

2° Établissement du compte de résultat (aspect technique).

La présentation de ce document de synthèse, à partir des soldes des comptes des classes 6 et 7 présente maintes particularités, voire quelques difficultés :

• Une colonne **« exercice précédent »** assure la comparaison entre deux exercices successifs ; il faut donc reprendre les montants de l'exercice N — 1.

• **Terminologie** : chaque ligne du document porte le nom de **« poste »** (exemple : poste « différences négatives de change ») ; les postes sont regroupés en **« rubriques »** (exemple : rubrique « charges exceptionnelles »).

• Les postes de **« variations de stocks »** peuvent comporter des **nombres négatifs** :

du côté des *charges :*	du côté des *produits :*
Variation des stocks (deux lignes, marchandises ; matières premières et consommables) en cas d'augmentation de ces stocks.	*Production stockée* (une ligne) en cas de diminution des stocks de P.F. ou des en-cours.

• Il n'existe **aucune correspondance systématique** entre l'« ordre des comptes » (comptes d'ordre 2, 3, 4...) et les postes ou les rubriques :

— un **poste** peut correspondre à un compte d'ordre 2 (exemple : « Impôts, taxes et versements assimilés » ; compte 63) ;

— à plusieurs comptes d'ordre 2 (exemple : *« Autres charges externes » ; comptes 61 et 62) ;*

— à un compte d'ordre 3 (exemple : *« Différences négatives de change ;* compte 666) ;

— voire à un ou plusieurs comptes d'ordre 4 (exemple : *D.A.P. sur actif circulant ; compte 6817) ;*

— il en est de même des *rubriques :* « charges d'exploitation » totalise une dizaine de comptes d'ordre 2, 3 ou 4 ; « Impôts sur les bénéfices » correspond au seul compte 695.

• **Ordre non séquentiel des comptes** : les postes successifs ne correspondent que très approximativement à l'ordre des numéros de comptes dans la nomenclature.

> ***Exemple** : Après le poste « charges sociales » (645, 646, 647), vient le poste « D.A.P. » Exploitation (681) puis le poste « Autres charges » (65).*

On connaît les raisons de ce caractère non séquentiel des postes : il s'agit en effet de regrouper, dans le compte de résultat, les postes en rubriques significatives (charges d'exploitation ; charges financières, etc...). Il n'en reste pas moins qu'il en résulte une difficulté pratique lors de l'établissement du compte de résultat. Cette difficulté, s'ajoutant à la précédente (absence de correspondance systématique comptes-postes), rend indispensable l'étude et la mémorisation de l'intitulé et du contenu des rubriques et des postes, notamment pour la préparation des examens comptables. Cette remarque vaut pour le *bilan* comme pour le *compte de résultat.*

> En raison des difficultés de passage des comptes de la balance aux postes du compte de résultat, nous indiquons en fin d'ouvrage, page 420 le tableau de correspondance postes-comptes.

• On remarquera que les rubriques de **« Dotations »** et de **charges et produits financiers** sont particulièrement détaillées.

Dans les **charges et les produits exceptionnels,** les « opérations en capital » concernent, essentiellement, la valeur comptable des éléments d'actif cédés (compte 675) et leur prix de cession (compte 775).

• Noter la mention, au bas du document, du montant du « résultat exceptionnel » (cf. supra II).

IV. DOCUMENTS DE SYNTHÈSE : BILAN

1° Le bilan (système B).

Le modèle de bilan, en forme de tableau, est présenté pages 414 et 415.

L'Administration fiscale a retenu la présentation en « tableau » du bilan, strictement conforme à celle du P.C.G.

2° Établissement du bilan (aspect technique).

On retrouve les particularités et difficultés signalées à propos du compte de résultat :

- **Montants de l'exercice précédent.**
- **Rubriques** et **postes.**
- **Nombres négatifs** :

— dans la colonne (soustractive) des amortissements et provisions pour dépréciation (actif) ;

— dans les capitaux propres (passif) : **« Report à nouveau »** et **« Résultat de l'exercice »** figurent en négatif si leurs soldes sont débiteurs.

- **Absence de correspondance systématique entre comptes** d'une part, **postes et rubriques,** d'autre part ; exemples :

— le poste « Provisions réglementées » correspond au compte 14, le poste « Provisions pour risques » au compte 151, le poste « Provisions pour charges » aux comptes 153, 155, 157...

— le poste « Emprunts et dettes financières divers » correspond aux comptes 165, 166, 167, 168, 171, 178, 426, 450, 458... alors que le poste « Avances et acomptes reçus sur commandes » correspond au seul compte 4191 !...

- **Ordre non séquentiel des comptes et des postes** ; cette observation ne vaut, cependant, qu'au niveau de quelques postes (notamment « Avances et acomptes sur immobilisations », « Écarts de conversion »...) ; pour l'essentiel, l'ordre des postes de l'actif et du passif correspond à celui des comptes dans la nomenclature du P.C.G.

Comme pour le compte de résultat, se reporter au tableau de correspondance postes du bilan-numéros de comptes présenté pages 418 et 419.

• **Indication des créances-dettes à moins d'un an et plus d'un an** par renvois au bas du bilan « dont à moins d'un an » ou « dont à plus d'un an ». Cette indication apporte une certaine information financière, heureusement complétée, dans l'*Annexe,* par un « état des échéances des créances et des dettes à la clôture de l'exercice » (cf. chapitre 23).

• **Présentation de deux « passifs » (avant et après répartition)** :

— *Passif avant répartition du résultat.*

Ce bilan met en évidence, dans les capitaux propres, le **résultat de l'exercice,** bénéficiaire (signe +) ou déficitaire (signe —).

— *Passif après répartition du résultat.*

Cette seconde présentation du passif, rapprochée de la première, permet la mise en évidence de la **situation nette** de la firme ; dans les sociétés, elle est publiée, dans les documents de synthèse, sur la base du *projet de répartition du résultat* (car cette répartition sera décidée par l'assemblée des associés, quelques mois plus tard).

La répartition du résultat et la présentation du passif « après répartition » seront étudiées de façon plus détaillée chapitre 24.

• **Principe de non-compensation** : aucune compensation, dans le bilan, ne doit être opérée entre créances et dettes.

Exemples :

— les comptes-clients créditeurs (n° 419) ne doivent pas être soustraits, à l'actif, du poste « Créances résultant de ventes », mais doivent être inscrits distinctement au passif, poste « Avances et acomptes reçus » ;

— il en est de même, réciproquement, pour les comptes-fournisseurs débiteurs (n° 409) ;

— la créance sur l'État « État, T.V.A. déductible » (n° 4 456) doit figurer à l'actif, poste « Créances diverses », et non portée en soustraction de la dette envers l'État « T.V.A. collectée » (n° 4 457), dans le poste « Dettes fiscales et sociales ».

QUESTIONS

A. *Quel intérêt présentent, pour l'analyse de la gestion de l'entreprise, les soldes de gestion suivants :*
— Résultat d'exploitation avant charges financières ;
— Résultat courant avant impôts ;
— Résultat exceptionnel (hors impôts) ;
— Résultat net.
Établir ces soldes successifs et montrer les comparaisons qu'ils permettent entre des entreprises d'une même branche d'activité (notamment si elles ont une structure financière différente).

B. *Les cas de perte nette et de bénéfice net final étant alternatifs, la création de deux comptes 120 et 129 prévue par le P.C.G. vous paraît-elle indispensable ?*

C. *Considérer l'exemple de calcul du résultat « en cascade » du § II.*
On précise que dans la balance d'inventaire figuraient les comptes suivants :
609 R.R.R. obtenus sur achats 58
619 R.R.R. obtenus sur achats de sous-traitance et services extérieurs 17
629 R.R.R. obtenus sur autres services extérieurs 9
709 R.R.R. accordés par l'entreprise 93
Après avoir reconstitué les montants bruts des achats et des ventes, présenter ***dans le journal,*** *les écritures de regroupement des charges et des produits en* ***un seul compte de synthèse*** *« Détermination du résultat net ».*

D. *Même question que la précédente, mais regrouper charges et produits dans les comptes en « cascade » 125, 126, 127 et 128 (articles de Journal).*

E. *Lors des travaux d'inventaire, le comptable d'une entreprise a omis les éléments suivants :*
— dotation à une provision financière : 44 ;
— un lot de produits finis, d'un coût de production de 80 aurait dû être estimé à 50, par suite de vices de fabrication ;
— rabais à obtenir d'un fournisseur : 24 ;
— réduction d'une provision pour risques, de caractère exceptionnel, de 250 à 160.
Il avait trouvé un bénéfice d'exploitation avant charges financières de 647, un résultat courant de 509, un bénéfice exceptionnel de 31 et un résultat net de 208.
Quels sont les divers résultats rectifiés (ne pas tenir compte de l'impôt sur le bénéfice).

F. *Mêmes questions, en tenant compte, cette fois, de l'impôt sur le bénéfice au taux de 50 %.*

G. *Une entreprise a déterminé les quatre soldes de gestion présentés ci-dessus dans le § II.*
On sait que le bénéfice net de l'exercice est de 437, l'impôt sur les bénéfices de 703, le résultat exceptionnel une perte de 540, malgré 850 de « produits exceptionnels » ; les charges financières ont été de 470, les produits financiers de 210 ; les diverses charges d'exploitation sont de 9 450.
Calculer le montant des ventes, seul produit d'exploitation de l'entreprise à l'exception de 22 de « R.A.P. ».
Présenter le schéma de la « cascade » des comptes de résultat.

H. *Après régularisations d'inventaire, on trouve, dans le grand-livre d'une entreprise, les comptes suivants :*

6071	*Achats marchandises A .....*	*179 405*
6072	*Achats marchandises B .....*	*108 582*
6091	*R.R.R. obtenus sur achats A*	*8 370*
6092	*R.R.R. obtenus sur achats B.*	*4 023*
7071	*Ventes marchandises A .....*	*263 471*
7072	*Ventes marchandises B .....*	*152 300*
7091	*R.R.R. accordés sur ventes A*	*18 410*
7092	*R.R.R. accordés sur ventes B*	*3 270*

Présenter les virements à opérer, dans le Journal, avant regroupement des charges et des produits. Que lira-t-on dans le compte de résultat ?

• •

I. *A partir des éléments suivants relatifs à l'exploitation d'une entreprise commerciale pour l'année 19 A :*

Stock au 1-1	*133 600*	*Autres charges par nature*	*123 610*
Stock au 31-12	*143 750*	*R.R.R. obtenus*	*7 550*
Achats	*345 340*	*Bénéfice d'exploitation avant charges financières*	*48 630*
R.R.R. accordés	*13 935*		

Déterminer le montant brut des ventes.

J. *On lit dans la balance avant inventaire et dans la balance après inventaire d'une entreprise les soldes suivants :*

	Avant inventaire		*Après inventaire*	
Amortissements du matériel de transport		*18 650*		*21 375*
Clients	*51 817*		*50 122*	
Clients douteux	*2 630*		*4 325*	
Provisions pour dépréciation des comptes « Clients »		*1 320*		*2 730*
Charges de personnel à payer				*232*

Retrouver les régularisations d'inventaire (Journal).

K. *Analyser les tableaux de correspondance postes-comptes pages 418 à 420. Noter, en ce qui concerne les comptes étudiés dans cet ouvrage, les exceptions à l'ordre « séquentiel » des numéros ; observer les postes regroupant de nombreux comptes... tant pour le compte de résultat que pour le bilan.*

L. *Pourquoi la situation nette n'est-elle dégagée qu'après répartition du résultat ? Quelles incertitudes existent quant à cette « situation nette » avant la répartition du résultat ?*

EXERCICES

• **1.** Après régularisations d'inventaire, les soldes des comptes de gestion d'une entreprise sont les suivants :

Reprises sur provisions pour dépréciations des stocks	450
Reprises sur provisions pour risques et charges d'exploitation	1 500
Vente de produits finis	123 700
Achats de matières premières	51 410
R.R.R. accordés par l'entreprise	2 640
Charges d'intérêts	1 644
Autres services extérieurs	13 225
R.R.R. obtenus sur achats	3 055
Autres produits de gestion courante	4 525
Produits financiers	937
Charges de personnel	41 630
Achats de matières consommables	5 413
Impôts, taxes et versements assimilés	20 590
Dotations aux amortissements et aux provisions : — Charges d'exploitation	4 520
Dotations aux amortissements et aux provisions : — Charges financières	3 500

Les autres éléments, à caractère exceptionnel, sont les suivants :

Reprises sur provisions pour risques et charges	2 050
Produits des cessions d'éléments d'actif	1 840
Dotations aux amortissements et aux provisions : — Charges exceptionnelles	1 000
Valeurs comptables des éléments d'actif cédés	640

Les renseignements concernant les stocks se présentent ainsi :

au 1er janvier :	Matières premières	10 300
	Matières consommables	3 600
	Produits finis	10 000
au 31 décembre :	Matières premières	12 400
	Matières consommables	4 750
	Produits finis	15 000

Travail à faire :

1° Présenter le compte de résultat selon le système de base.
2° Déterminer les différents soldes de gestion, calculés « en cascade ».

• **2.** La balance avant inventaire des Établissements MTC se présente comme suit au 31 décembre :

Capital	100 000
Comptes de l'exploitant	7 000
Matériels industriels	370 000
Amortissements des matériels industriels	14 500
Constructions	200 000
Amortissements des constructions	140 000
Dépôts et cautionnements	2 000
Stocks de marchandises	141 800
Clients	368 000
Provisions pour dépréciation des comptes de clients	5 000
Fournisseurs	771 800
Avances sur commandes d'exploitation	7 000
Disponibilités	93 750
Ventes de marchandises	2 223 000
R.R.R. accordés par l'entreprise	23 000
Autres produits de gestion courante	13 000
Impôts, taxes et versements assimilés	360 000
Achats de marchandises	1 050 000
R.R.R. obtenus sur achats	10 000
Achats de fournitures de bureau	20 000
Stocks de fournitures de bureau	1 000
Charges de personnel	414 000
Transports sur ventes	57 200
Publicité	14 050
Services bancaires	24 000
Locations	132 000
Travaux d'entretien et de réparation	37 000
Frais postaux et frais de télécommunications	9 000
Charges d'intérêts	4 300
Valeurs comptables des éléments d'actifs cédés	5 000
Produits des cessions d'éléments d'actif	40 000
Produits nets sur cessions de V.M.P.	?

On indique par ailleurs :

— Stocks de marchandises au 31/12	181 800
Stocks de fournitures de bureau au 31/12	6 000
— Au titre des opérations de régularisation :	
Charges de publicité constatées d'avance	3 250
Charges sociales à payer	25 000
Taxe d'apprentissage à payer	5 000
Frais de publicité à payer	10 000
Frais de télécommunications à payer	2 000
Loyers à recevoir	15 000

— amortissement des matériels industriels : 15 % par an ;
— amortissement des constructions : 5 % par an ;
— provision pour dépréciation des clients de 2 000 est devenue sans objet ;
— constitution d'une provision de 30 % sur une créance client de 30 000 ;
— constitution d'une provision pour risques à caractère exceptionnel de 10 000.

Travail à faire :

1° Présenter la balance avant inventaire, en classant et en numérotant les comptes conformément au N.P.C.
2° Enregistrer au Journal les écritures d'inventaire sur la base des informations fournies.
3° Présenter le compte de résultat selon le système de base.
4° Présenter le bilan des Établissements M.T.C. au 31 décembre selon le système de base.

N.B. : L'entreprise est sensée continuer normalement son exploitation au cours de l'exercice suivant.

• **3.** Le 31 mars 19A, fin de son exercice annuel, la balance avant inventaire de la Maison Laverne se présente ainsi :

101	Capital		1 800 000
108	Compte de l'exploitant	120 000	
201	Frais d'établissement	50 000	
211	Terrains	80 000	
213	Constructions	1 400 000	
215	Matériels industriels	380 000	
261	Titres de participation	100 000	
2801	Amortissements des frais d'établissement		40 000
2813	Amortissements des constructions		112 000
2815	Amortissements des matériels industriels		304 000
3225	Stocks de fournitures de bureau	8 000	
327	Stocks d'emballages	35 000	
370	Stocks de marchandises	512 000	
3970	Provisions pour dépréciation des marchandises		5 000
401	Fournisseurs		286 000
411	Clients	295 200	
413	Effets à recevoir sur ventes de biens	44 000	
4196	Clients - Dettes pour emballages consignés		32 000
44	État et autres collectivités publiques		44 000
512	Banque du Nord		20 150
53	Caisse	38 000	
607	Achats de marchandises	2 400 000	
60225	Achats de fournitures de bureau	32 000	
61	Achats de sous-traitance et services extérieurs	85 000	
62	Autres services extérieurs	102 000	
63	Impôts, taxes et versements assimilés	161 650	
66	Charges financières	83 000	
707	Ventes de marchandises		3 292 700
709	R.R.R. accordés par l'entreprise	20 000	
771	Produits exceptionnels sur opérations de gestion de l'exercice		10 000
	Total	5 945 850	5 945 850

Renseignements d'inventaire :

1° Les frais d'établissement et les matériels et outillages industriels sont amortis annuellement de 20 %, les constructions de 2 %.

2° La valeur actuelle des titres de participation à la date de l'inventaire ne dépasse pas 30 000 F.

3° Le stock des marchandises se monte à 572 000 F et celui d'emballages à 42 000 F au 31 mars 19A. La provision sur le stock de marchandises n'est plus justifiée mais il est décidé de faire une provision de 11 000 F sur les emballages récupérables pour tenir compte de leur usure.

Le stock de fournitures de bureau non utilisées se monte à 3 800 F.

4° Le loyer d'un entrepôt pour le 1er trimestre 19A sera payé début avril : 4 500.

5° Un fournisseur doit nous accorder une ristourne de 1 800 F pour les affaires traitées pendant le 1er trimestre 19A.

6° Des marchandises comprises dans le stock : 41 000 F n'ont pas été facturées par le fournisseur.

7° Une provision pour litige avec un client est à constituer : 50 000 F ; elle n'est pas considérée comme liée à l'exploitation normale.

Travail à faire :

a) Présenter dans les comptes intéressés les régularisations d'inventaire.

b) Présenter le compte de résultat du système de base et donner les soldes caractéristiques de gestion.

c) Établir le bilan dans le système de base.

N.B. : L'entreprise est sensée continuer son exploitation dans les conditions normales au cours du nouvel exercice.

● **4.** L'entreprise Porcher, créée le 1er juillet 1982, étend régulièrement son exercice comptable du 1er juillet de chaque année au 30 juin de l'année suivante.

Le 30 juin 1986, avant inventaire, la balance par soldes des comptes de cette maison se présente comme suit :

Capital		1 000 000
Immobilisations amortissables	342 900	
Immobilisations non amortissables	412 500	
Stock de marchandises	298 700	
Provisions pour dépréciation des marchandises		3 800
Fournisseurs		153 000
Effets à payer sur achats de biens		87 200
Clients	185 400	
Clients douteux	8 600	
Effets à recevoir sur ventes de biens	79 140	
Compte courant M. Porcher	93 000	
Provisions pour dépréciation des comptes de clients		5 040
Bons du Trésor	26 100	
Crédit Lyonnais	34 200	
Chèques postaux	19 400	
Caisse	16 200	
Achats de marchandises	1 258 200	
R.R.R. obtenus sur achats		91 700
Achats de sous-traitance et services extérieurs	147 500	
Autres services extérieurs	92 500	
Impôts, taxes et versements assimilés	109 800	
Charges de personnel	234 600	
Autres charges de gestion courante	115 700	
Charges financières	78 100	
Ventes de marchandises		2 247 100
R.R.R. accordés par l'entreprise	87 600	
Produits financiers		52 300

Depuis la création de l'entreprise, le comptable a utilisé, exclusivement en ce qui concerne les immobilisations, les deux comptes figurant à la balance.

Le compte « *Immobilisations amortissables* » a été débité du prix d'acquisition des immobilisations et crédité des amortissements annuels. Le solde de ce compte exprime en principe la valeur d'inventaire de l'ensemble des immobilisations amortissables.

M. Porcher décide de modifier cette méthode et demande à son comptable de remplacer ce compte par les comptes correspondant à chaque catégorie d'immobilisation en faisant ressortir les valeurs d'entrée des immobilisations d'une part et, d'autre part, les amortissements pratiqués.

Après recherche, vous avez reconstitué les éléments ci-dessous :

Nature		Valeur d'entrée	Taux annuel d'amortissements
Frais d'établissement		40 000 F	25 %
Matériels et outillages industriels		150 000 F	12 %
Matériels de transport		174 000 F	20 %
dont camionnette Peugeot	66 000 F		
Citroën	108 000 F		
Matériel de bureau		65 000 F	10 %
Installations générales, agencements, aménagements		96 000 F	1/12

Toutes ces immobilisations ont été acquises à la création de l'entreprise, sauf la camionnette Citroën entrée à l'actif le 1er janvier 1980, en échange de la camionnette Peugeot, reprise par le vendeur à la même date pour 15 000 F.

A cette date, le compte d'« immobilisations amortissables » a été débité de la différence entre le prix d'achat de la nouvelle camionnette et le prix de reprise de l'ancienne. Aucune écriture n'a été passée.

« *Immobilisations non amortissables* ».

Il faut également faire apparaître dans des comptes distincts les éléments inscrits à ce poste, soit :
— Fonds commercial : 400 000 F.
— Cautionnements versés : 12 500 F.

Autres régularisations.

— Les bons du Trésor, à deux ans, acquis au cours de l'exercice, sont remboursables le 28 février 1988 pour 30 000 F. Les intérêts de ces bons ont été payés d'avance au taux annuel de 6,5 % et le comptable a passé la seule écriture :

Bons du Trésor	26 100	
Banque		26 100

Régulariser cette opération.

— L'extrait de compte adressé par la banque fait ressortir un solde de 25 450 F en notre faveur. La différence provient d'un effet revenu impayé sur le Client Gamard pour 8 500 F, dont nous n'avons pas été avisés et de frais de tenue de compte pour 250 F.

La créance sur Gamard est considérée comme douteuse et la provision pour dépréciation des créances doit se monter à 50 % de la somme due par l'ensemble des clients douteux au 30 juin 1986.

— Le stock de marchandises à l'inventaire se monte à 219 840 F, y compris des marchandises d'une valeur de 27 800 F, reçues sans facture le 26 juin. Des articles détériorés rendent nécessaire une provision de 7 500 F.

— Un abonnement d'un an pour insertion publicitaire mensuelle dans une revue commerciale a été réglé le 1er mars pour une somme forfaitaire de 18 000 F.

Travail à faire :

1° Présenter un tableau faisant ressortir le détail des immobilisations amortissables avec pour chacune :
— la valeur d'entrée et la date d'acquisition ;
— les amortissements pratiqués jusqu'au 30 juin 1985 ;
— la dotation aux amortissements pour l'exercice 1985-1986.

Passer à partir de ce tableau les écritures relatives à la modification de la comptabilisation des immobilisations suivant les instructions de M. Porcher.

2° Passer les écritures d'inventaire y compris les dotations de l'exercice et la régularisation de l'échange de matériel de transport, jusqu'à la détermination du résultat net.

3° Présenter le compte de résultat selon le système de base.

4° Calculer les soldes de gestion « en cascade ».

5° Présenter le bilan au 30 juin 1986 selon le système de base.

● **5.** Le 31/12/1986, les soldes de la balance avant inventaire de l'entreprise Parrot étaient les suivants (en francs) :

Capital		100 000
Compte de l'exploitant	36 000	
Fonds commercial	30 000	
Matériels industriels	40 000	
Matériel de transport	57 000	
Mobilier	14 200	
Dépôts et cautionnements	2 320	
Amortissements des matériels industriels		24 000
Amortissements du matériel de transport		36 000
Amortissements du mobilier		3 420
Stocks de marchandises	14 860	
Fournisseurs		8 850
Effets à payer pour achats de biens		5 740
Clients	9 780	
Clients douteux	2 200	
Effets à recevoir sur ventes de biens	2 310	
État et autres collectivités publiques		1 245
Créditeurs divers		633
Provisions pour dépréciation des comptes clients ...		2 380

Société Générale de banque	11 656	
Chèques postaux	8 713	
Caisse	4 720	
Achats de marchandises	124 834	
Achats de sous-traitance et services extérieurs	4 280	
Autres services extérieurs	7 425	
Impôts, taxes et versements assimilés	3 600	
Charges de personnel	23 200	
Autres charges de gestion courante	1 300	
Charges financières	262	
Ventes		216 200
Autres produits de gestion courante		68
Produits financiers		124
Total	398 660	398 660

Données d'inventaire :

A. L'entreprise pratique l'amortissement constant au taux de 5 % sur le mobilier, 10 % sur les matériels industriels et 20 % sur le matériel de transport. Ce dernier se compose de :
— un véhicule A acheté 12 000 F le 31-3-1986 ;
— un véhicule B acheté 10 000 F le 30-6-1984 ;
— un véhicule C acheté 20 000 F le 30-6-1981 ;
— un véhicule D acheté 15 000 F le 1-1-1980.

B. L'extrait de compte reçu de la banque fait ressortir un solde créditeur de 12 421 F. Les sommes figurant en rapprochement sont les suivantes :
a) les chèques n°s 504 et 505 émis le 28-12 au profit des fournisseurs Mateu et Mauret n'ont pas encore été présentés à l'encaissement. Montants respectifs de ces chèques : 148 F et 342 F ;
b) virement de 264 F effectué par notre client Simon ;
c) des frais de tenue de compte : 13 F ;
d) des intérêts créditeurs : 24 F.

C. Fin 1985, les créances sur Belloir, Rocher, Mazurie, débiteurs respectivement de 1 260 F, 1 480 F et 960 F avaient été classées parmi les créances douteuses et les provisions correspondantes s'élevaient à 630 F, 1 110 F et 640 F.

Dans le courant de l'exercice 1986, nous avons encaissé 800 F de Belloir, 300 F de Rocher et 400 F de Mazurie, mais les comptes de provisions n'ont pas été régularisés. Les créances sur Belloir et Rocher sont définitivement perdues ; en ce qui concerne Mazurie, une perte de 50 % de la somme restant due doit être envisagée.

Un autre client, Février, est en faillite ; notre créance s'élève à 2 400 F et son bilan peut se résumer ainsi :

Actif net : 18 000 F.	Passif privilégié	8 000 F
	Passif chirographaire	20 000 F

D. Il reste à payer :
— le loyer du dernier trimestre .... 750 F
— une facture de publicité .... 175 F

E. Il reste fin décembre un stock de marchandises de 18 420 F sur lequel sera constituée une provision de 580 F (marchandises défraîchies). Les achats de marchandises ont enregistré une facture de 224 F dont la livraison n'était pas effectuée au 31-12-1986.

F. Une provision pour risque à caractère exceptionnel est à constituer : 8 000 F.

Travail à faire :

1° Passer les écritures d'inventaire qui résultent des informations données.

2° Présenter le compte de Résultat selon le système de base. Déterminer les soldes caractéristiques de gestion.

3° Établir le bilan au 31-12-86.

N.B. : Les comptes de créances douteuses seront régularisés individuellement.
L'entreprise est supposée continuer normalement son exploitation au cours de l'exercice suivant.

• **6.** Les balances pour soldes, avant et après inventaire du 31 décembre, de la Maison Roux sont présentées dans le tableau ci-dessous.

Comptes		Avant inventaire Soldes Débiteurs	Avant inventaire Soldes Créditeurs	Après inventaire Soldes Débiteurs	Après inventaire Soldes Créditeurs
101	Capital		1 000 000		1 000 000
106	Réserves		750 000		750 000
120	Résultat de l'exercice				286 950
164	Emprunts		250 000		250 000
207	Fonds commercial	150 000		150 000	
215	Matériels industriels	300 000		300 000	
2182	Matériel de transport	320 000		320 000	
2184	Mobilier	180 000		180 000	
275	Dépôts et cautionnements versés	5 000		5 000	
2815	Amortissements des matériels industriels		120 000		150 000
28182	Amortissements du matériel de transport		182 000		234 000
28184	Amortissements du mobilier		50 000		75 000
327	Stocks d'emballages	32 400		41 600	
37	Stocks de marchandises	1 236 000		1 558 000	
397	Provisions pour dépréciation des stocks de marchandises		11 000		13 000
401	Fournisseurs		392 000		392 000
408	Fournisseurs - Factures non parvenues				75 250
4096	Fournisseurs - Créances pour emballages à rendre	10 500		10 500	
411	Clients	317 000		314 000	
416	Clients douteux	24 000		27 000	
4196	Clients - Dettes pour emballages consignés		13 800		13 800
486	Charges constatées d'avance			98 800	
491	Provisions pour dépréciation des comptes de clients		15 000		16 500
512	Crédit Lyonnais	184 500		184 500	
53	Caisse	67 100		67 100	
6027	Achats d'emballages	198 090			
607	Achats de marchandises	3 248 500			
609	Rabais, ristournes, remises obtenus sur achats		4 280		
61	Achats de sous-traitance et services intérieurs	70 260			
62	Autres services extérieurs	21 050			
63	Impôts, taxes et versements assimilés	1 771 000			
64	Charges de personnel	303 200			
65	Autres charges de gestion courante	12 350			
66	Charges financières	950			
675	Valeur comptable des éléments d'actif cédés	21 000			
707	Ventes de marchandises		5 659 400		
709	Rabais, ristournes, remises accordés par l'entreprise	19 000			
76	Produits financiers		1 720		
775	Produits des cessions d'éléments d'actif		42 700		
	Total	8 491 900	8 491 900	3 256 500	3 256 500

Renseignements :

1. Une facture s'élevant à 87 100 F a été enregistrée : les marchandises ne figurent pas en stock.

2. Des marchandises figurent en stock alors que la facture ne nous est pas parvenue ; montant : 72 000 F.

3. Consommation EDF de décembre à payer : 650 F.

4. L'assurance du matériel payée le 30/9 s'élevait à 15 600 F (quittance annuelle).

5. Loyer (à terme échu) à payer relatif à l'exercice qui s'achève : 2 600 F.

Travail à faire :

1. Retrouver les opérations d'inventaire et les enregistrer, y compris les opérations de regroupement dans le compte de résultat.

2. Présenter le compte du résultat selon le système de base.

3. Présenter le bilan au 31 décembre selon le système de base.

N.B. L'entreprise est supposée continuer normalement son exploitation lors de l'exercice suivant.

Chapitre 23

DOCUMENTS DE SYNTHÈSE : L'ANNEXE

I. L'ANNEXE, NATURE, RÔLE

L'information des tiers est assurée par l'ensemble de trois « documents de synthèse » **indissociables** :

— le bilan et le compte de résultat, tableaux comptables obtenus directement à partir des comptes de l'entreprise ;
— l'annexe.

1° Nature et rôle de l'annexe.

« L'annexe est un état qui comporte les explications nécessaires pour une meilleure compréhension des autres documents de synthèse et complète, pour autant que de besoin, ou présente sous une autre forme les informations qu'ils contiennent ».

Ainsi **l'annexe est-elle conçue pour compléter et éclairer l'information donnée par le bilan et le compte de résultat.**

L'annexe proposée par le P.C.G. reprend et complète l'annexe prévue par la IVe Directive de la C.E.E. (cf. chapitre 6) et applicable aux sociétés par actions et aux SARL.

L'annexe joue un rôle capital dans l'obtention de l'**image fidèle** que doivent donner de la situation et du résultat les documents annuels, par les précisions qu'elle apporte, les informations qu'elle ajoute à celles du bilan et du compte de résultat.

Toutefois, pour éviter l'alourdissement inutile de ces documents annuels, l'annexe ne doit pas faire double emploi avec les éléments déjà inscrits dans le bilan et le compte de résultat. Est requise la production de **toute information susceptible d'influencer le jugement que les destinataires des documents peuvent porter sur le patrimoine, la situation financière et les résultats de l'entreprise** (notion d'**importance significative**).

La majeure partie des éléments de l'annexe ne sont à fournir que s'ils présentent une **importance significative.**

2° Liste des éléments de l'annexe.

L'Annexe comporte une liste **d'informations** requises ainsi que des tableaux.

La production des informations n'est requise que pour **autant qu'elles** aient une **importance significative** par rapport aux données des autres documents sauf obligations légales.

II. LISTE DES INFORMATIONS DE L'ANNEXE

1° Règles et méthodes comptables

• Mention de l'application des conventions générales et des adaptations professionnelles (avis C.N.C.) et, le cas échéant, indication des dérogations (à motiver avec indication de leur influence sur le patrimoine, la situation financière et les résultats) :

— aux hypothèses de base sur lesquelles sont normalement fondés les comptes annuels ;
— aux règles générales d'établissement et de présentation des comptes annuels ;
— à la méthode des coûts historiques (dans le respect du droit en vigueur).

• Lorsque pour certaines opérations plusieurs méthodes sont également praticables, mention de la méthode retenue (pour l'évaluation des stocks, par exemple) et, si nécessaire, justification de cette méthode (prise en compte d'un bénéfice sur opérations partiellement exécutées, par exemple).

• En cas de changement de méthode, justification de ce changement avec indication de son influence sur le patrimoine, la situation financière et les résultats.

2° Compléments d'informations relatifs au bilan et au compte de résultat.

Ces informations ne sont toutes requises que des sociétés de moyenne et grande dimensions (plus de 50 salariés permanents) ; pour les commerçants « personnes physiques » seules sont requises les informations 1 à 9 + 14 ; pour les sociétés de moins de 50 salariés une solution intermédiaire entre ces deux extrêmes est prévue par le décret.

En tout état de cause, la notion d'**importance significative** limite heureusement le volume de l'annexe.

1. Indication des postes du bilan concernés également par un élément d'actif ou de passif imputé à un autre poste (1).
2. État de l'actif immobilisé en indiquant pour chaque poste :
   • Les entrées (2) sorties et virements de poste à poste (3) :
3. État des amortissements avec indication des modes de calcul utilisés (4).

Toute reprise d'amortissement est signalée en mentionnant le cas exceptionnel qui l'a motivée.

4. État des provisions (5).
5. En cas de comptabilisation de valeurs réévaluées :
   — variation au cours de l'exercice et ventilation de l'écart de réévaluation :
   — mention de la part du capital correspondant à une incorporation de l'écart ;
   — rétablissement des informations en coûts historiques pour les immobilisations réévaluées, par la mise en évidence des compléments de valeur et des amortissements supplémentaires qui s'y rapportent.

---

(1) Les postes dont les montants doivent être mentionnés séparément dans l'annexe sont les suivants : dettes et créances concernant les entreprises liées et les entreprises avec lesquelles la société a un lien de participation, dettes et créances représentées par des effets de commerce (y compris billets de fonds).

(2) Dans des cas exceptionnels, lors de l'établissement des premiers comptes normalisés, certains éléments d'actif entreront en comptabilité pour leur valeur en l'état à l'ouverture de l'exercice.

(3) Cette information est présentée dans la forme du tableau n° 1 ci-après.

(4) Cette information est présentée dans la forme du tableau n° 2 ci-après.

(5) Cette information est présentée dans la forme du tableau n° 3 ci-après.

6. Montant des intérêts éventuellement inclus dans le coût de production d'immobilisations faites par l'entreprise pour elle-même, dès lors que ces intérêts se rapportent à des capitaux empruntés pour le financement de cette production et qu'ils se rattachent à la période de fabrication. Mention doit être faite de la durée pendant laquelle les intérêts ont été inclus dans le coût.

7. État des échéances des créances et des dettes à la clôture de l'exercice (1).

8. Indication pour chacun des postes relatifs aux dettes de celles garanties par des sûretés réelles données (2) (3).

9. Montant des engagements financiers avec indication distincte, pour les engagements donnés de ceux :
— consentis à l'égard d'entreprises liées,
— pris en matière de pensions ou d'indemnités assimilées ;
— assortis de sûretés réelles,
— concernant les effets de commerce escomptés non échus ;
— pris en matière de crédit-bail (4).

10. Commentaires sur les éventuelles dérogations, en matière de frais de recherche et de développement, aux règles :
— d'amortissement sur une durée maximale de cinq ans,
— de non distribution de bénéfice aussi longtemps que l'amortissement n'est pas achevé.

11. Indication sur les montants inscrits au poste « Fonds Commercial » et sur les modalités de comptabilisation de leur dépréciation définitive ou non.

12. Indication, pour chaque poste d'éléments fongibles de l'actif circulant, de la différence, lorsqu'elle est importante, entre :
— d'une part, leur évaluation suivant la méthode pratiquée,
— d'autre part, leur évaluation sur la base du dernier prix de marché connu à la clôture des comptes.

13. Indication de l'incorporation dûment justifiée de frais financiers, de recherche et de développement, d'administration générale incorporés au coût d'acquisition et de production des stocks.

Sur ce qui concerne les frais financiers, mention doit être faite de la durée pendant laquelle les intérêts ont été inclus dans le coût de production des stocks, cette faculté d'incorporation est limitée aux stocks dont le cycle de production dépasse nécessairement la durée de l'exercice.

14. Précisions sur la nature, le montant et le traitement comptable :
— des frais d'établissement,
— des produits à recevoir et charges à payer au titre de l'exercice,
— des écarts de conversion en francs d'éléments chiffrés en devises,
— des produits et charges imputables à un autre exercice (charges et produits constatés d'avance, charges à répartir sur plusieurs exercices, charges et produits sur exercices antérieurs) ;
— quotes-parts de résultat sur opérations faites en commun (perte ou bénéfice transféré, bénéfice attribué ou perte supportée) ;
— des produits exceptionnels et des charges exceptionnelles ;
— des transferts de charges.

(1) Cette information est présentée dans la forme du tableau n° 4 ci-après.
(2) Cette information peut être fournie dans l'état des échéances (tableau n°4 ci-après).
(3) Pour les entreprises appliquant le système abrégé, cette information peut être fournie globalement.
(4) Cf. Dispositions spéciales p. 218 du P.C.G.

15. Ventilation du chiffre d'affaires :
— par catégories d'activités ;
— par marchés géographiques,
dans la mesure où ces catégories d'activités ou marchés diffèrent entre eux de façon très importante et pour autant que la loi n'en dispense pas l'entreprise en raison du préjudice que la publication d'une telle ventilation pourrait lui porter.

16. Montant détaillé des frais accessoires d'achat lorsqu'ils n'ont pas été enregistrés dans les comptes de charges par nature prévus à cet effet.

17. Répartition du montant global des impôts sur le bénéfice entre le résultat courant et le résultat exceptionnel, en précisant notamment les bases et taux d'imposition ainsi que les crédits d'impôts, avoirs fiscaux et imputations diverses.

18. Détail et justification des corrections exceptionnelles de valeurs liées à la législation fiscale et concernant :
— les immobilisations ;
— les actifs circulants.

19. Indication, même approximative, de la mesure dans laquelle le résultat a été affecté par des évaluations dérogatoires en vue d'obtenir des allègements fiscaux.

20. Montant des dettes et créances d'impôts différées provenant des décalages dans le temps entre le régime fiscal et le traitement comptable de produits ou de charges.

Lorsque ces montants proviennent d'évaluations visées au point 18 ci-dessus des indications doivent être données.

III. Autres éléments d'information (1)

21. Indication sur les modalités d'amortissement des primes de remboursement d'emprunts.

22. L'entreprise qui produit l'annexe doit donner l'identité de la société qui l'inclut dans son périmètre de consolidation par intégration globale.

23. Liste des sociétés dans lesquelles la société détient au moins 10 % des actions.

24. Tableau des divergences constatées entre la variation des capitaux propres au cours de l'exercice et le résultat dudit exercice.

25. Nombre et valeur nominale des actions et parts sociales :
— émises pendant l'exercice,
— composant le capital social, le cas échéant par catégories ;
— accompagné d'un état des réserves affectées à la contrepartie de la valeur comptable des actions détenues par la société elle-même (ou par une personne morale agissant pour son compte).

26. Parts bénéficiaires, obligations convertibles et titres similaires émis par la société avec indication de leur nombre et de l'étendue des droits qu'ils confèrent.

27. Effectif moyen employé pendant l'exercice (ventilé par catégories).

28. Pour les membres des organes d'administration, de direction ou de surveillance, montant global, pour chaque catégorie :
— des avances et crédits alloués avec indication des conditions consenties et des remboursements opérés pendant l'exercice, ainsi que le montant des engagements pris pour leur compte ;
— des rémunérations allouées ainsi que le montant des engagements contractés pour pensions de retraite à leur profit.

(1) Concernent essentiellement les sociétés.

III. TABLEAUX DES IMMOBILISATIONS, DES AMORTISSEMENTS, DES PROVISIONS

(tableaux dits 1, 2 et 3).

Ces tableaux présentent les mouvements des immobilisations, des amortissements, des provisions durant l'exercice, mouvements expliquant le passage de la situation du début d'exercice (ou à la fin de l'exercice précédent, ce qui est la même chose) à la situation à la clôture.

La structure de ces trois tableaux est identique :

Poste de l'actif	Montant à la fin de l'exercice précédent	Augmentations	Diminutions	Montant à la clôture de l'exercice
Immobilisations (tab. I) .	....	....	....	....
ou Amortissements (tab. 2)	....	....	....	....
ou Provisions (tab. 3) . . .	....	....	....	....

Ils sont établis *à partir des comptes de fin d'exercice* (1).

Exemple :

A la fin de l'exercice 19.A, les comptes de l'entreprise Tanex se présentent ainsi (extraits du Grand Livre) :

201 Frais d'établissement

1-1-19A	18 000	31-12-19A	5 000
15-4	7 000		

205 Brevets et licences

1-1-19A	50 000	10-9-19A	11 000
16-6	30 000	10-9-19A	5 000

213 Constructions

1-1-19A	120 000	10-9-19A	30 000
15-3	100 000	10-9	50 000

215 Installations techniques, matériels

1-1-19A	350 000	19-3	48 000
10-5	230 000	19-3	22 000

271 Titres immobilisés (actions)

1-1-19A	170 000	14-6	35 000
10-10	56 000	20-9	100 000

274 Prêts

1-1-19A	40 000	31-3	12 000
5-7	7 000		

(1) La seule balance après inventaire ne fournit pas tous les éléments nécessaires.

Amortissements et provisions :

2801 Amortissements des Frais Établissement

31-12-19A	5 000	1-1-19A	9 000
		31-12	8 000

2805 Amortissements des Brevets, Licences ...

10-9-19A	11 000	1-1-19A	19 000
		10-9	2 000
		31-12	18 000

2813 Amortissement des constructions

10-9-19A	30 000	1-1-19A	49 000
		10-9	1 000
		31-12	10 000

2815 Amortissement installations techniques, matériels

19-3	48 000	1-1-19A	114 000
		19-3	8 000
		31-12	93 000

2971 Provisions pour dépréciation des titres immobilisés

31-12-19A	3 500	1-1-19A	6 000
		31-12	5 000

2974 Provisions pour dépréciation des prêts

		1-1-19A	800
		31-12	600

3910 Provisions pour dépréciation des matières premières

		1-1-19A	3 200
		31-12	1 300

590 Provisions pour dépréciation des V.M.P.

31-12-19A	600	1-1-19A	1 350
		31-12	2 300

145 Provisions réglementées pour amortissements dérogatoires

31-12-19A	5 000	1-1-19A	23 000
		31-12	1 500

1431 Provisions réglementées pour hausse des prix

31-12-19A	8 000	1-1-19A	17 000
		31-12	4 300

151 Provisions pour risques

31-12-19A	16 000	1-1-19A	37 500
		31-12	4 500

157 Provisions pour charges à répartir

		1-1-19A	19 000
		31-12	20 000

On précise que les mouvements d'amortissements, de provisions et d'immobilisations inscrits dans les comptes correspondent à des opérations « classiques » de cessions ou remboursements, dotations et reprises (cf. chapitres 17 à 20).

- **Tableaux 1, 2 et 3** : ils comportent les mêmes lignes que le bilan (postes).

• **Tableau n° 1. Tableau des immobilisations.**

Rubriques / Situations et mouvements	A Valeur brute à la fin de l'exercice précédent	B Augmentations	C Diminutions	D Valeur brute à la clôture de l'exercice
Immobilisations incorporelles				
Frais d'établissement	18 000	7 000	5 000	20 000
Brevets et licences	50 000	30 000	16 000	64 000
Immobilisations corporelles				
Constructions	120 000	100 000	80 000	140 000
Installations techniques, matériels	350 000	230 000	70 000	510 000
Immobilisations financières				
Titres immobilisés	170 000	56 000	135 000	91 000
Prêts	40 000	7 000	12 000	35 000
Totaux	748 000	430 000	318 000	860 000

Contrôle : A + B − C = D 748 000 + 430 000 − 318 000 = 860 000

Le tableau détaille les mouvements des immobilisations de l'exercice, poste par poste. Il présente un grand intérêt dans les études financières, de même que les deux tableaux suivants (1).

• **Tableau n° 2. Tableau des amortissements.**

Rubriques / Situations et mouvements	A Amortissements à la fin de l'exercice précédent	B Dotations de l'exercice	C Diminutions d'amortissements de l'exercice	D Amortissements cumulés à la clôture de l'exercice
Immobilisations incorporelles				
Amort. des frais d'établissement .	9 000	8 000	5 000	12 000
Amort. des brevets, licences	19 000	20 000	11 000	28 000
Immobilisations corporelles				
Amort. des constructions	49 000	11 000	30 000	30 000
Amort. des install. et matériels ...	114 000	101 000	48 000	167 000
Immobilisations financières				
Néant	—	—	—	
Totaux	191 000	140 000	94 000	237 000

Contrôle : A + B − C = D 191 000 + 140 000 − 94 000 = 237 000

(1) Pratiquement, ces tableaux peuvent être plus ou moins détaillés que dans les présentations ci-dessus, en fonction de l'importance relative (significative) des différents montants. Cf. notre « Guide d'application du P.C.G. » Éditions Foucher.

• **Tableau n° 3. Tableau des provisions.**

Situations et mouvements / Rubriques	A — Provisions compta-bilisées à la fin de l'exercice précédent	B — Dotations de l'exercice	C — Reprises de l'exercice	D — Provisions compta-bilisées à la clôture de l'exercice
Provisions réglementées				
Pour hausse des prix	23 000	1 500	5 000	19 500
Pour amortissements dérogatoires	17 000	4 300	8 000	13 300
Provisions p. risques et charges				
Provisions pour risques	37 500	4 500	16 000	26 000
Provisions pour charges à répartir	19 000	20 000	—	39 000
Provisions pour dépréciation				
— des immob. financières (1) ...	6 800	5 600	3 500	8 900
— des stocks de mat. premières .	3 200	1 300	—	4 500
— des V.M.P.	1 350	2 300	600	3 050
Totaux.............	107 850	39 500	33 100	114 250

Contrôle : $A + B - C = D$ 107 850 + 39 500 − 33 100 = 114 250

(1) Comptes 2971 et 2974.

IV. L'ÉTAT DES ÉCHÉANCES (dit tableau n° 4)

On a remarqué que le bilan du P.C.G. ne présente pas les créances et les dettes classées en fonction des critères financiers de liquidité et d'exigibilité (cf. chapitre 6 et 7). Comme il est essentiel de connaître la répartition des créances et des dettes par grandes catégories d'échéances (moins d'un an notamment) le P.C.G. a prévu, dans l'Annexe (élément 7) un

« État des échéances des créances et des dettes à la clôture de l'exercice ».

Cet état est établi à partir d'une analyse des contrats. Il peut être obtenu de façon automatique (« comptable ») par la création de sous-comptes de créances et de dettes en fonction de l'échéance :

— pour **les créances** { créances à moins d'un an / créances à plus d'un an

— pour **les dettes** { dettes à moins d'un an / dettes à plus d'un an (et à moins de cinq ans) / dettes à plus de cinq ans

La tenue de tels comptes alourdit incontestablement la comptabilité et oblige notamment, en fin d'exercice, à enregistrer les changements de catégories d'échéances, des créances et des dettes (créances à plus d'un an passant à moins d'un an, ... ou dette à plus de cinq ans passant à moins de cinq ans).

Le P.C.G. prévoit, dans le « système développé », l'ouverture de ces comptes qui font, du « tableau n° 4 », un document « comptable » et non « extra-comptable » comme dans le système de base.

Exemple d'état des échéances (tableau n° 4 de l'annexe).

* *Tableau n° 4*

ÉTAT DES ÉCHÉANCES DES CRÉANCES ET DES DETTES A LA CLÔTURE DE L'EXERCICE

CRÉANCES (non compris avances et acomptes versés)	Montant brut au bilan	Degré de liquidité de l'actif	
		Échéances à − 1 an	Échéances à + 1 an
Créances de l'actif immobilisé :			
Créances rattachées à des participations	18 000	7 000	11 000
Prêts	9 000	1 500	7 500
Autres créances immobilisées	12 000	6 500	5 500
Créances de l'actif circulant :			
Créances Clients et Comptes rattachés	98 000	96 400	1 600
Créances autres	11 000	11 000	
Charges constatées d'avance	8 900	8 300	600
TOTAL	156 900	130 700	26 200

DETTES (non compris avances et acomptes reçus sur commandes en cours)	Montant brut au bilan	Degré d'exigibilité du passif		
		Échéances à − 1 an	Échéances A + 1 an	Échéances A + 5 ans
Emprunts obligataires convertibles	16 000	1 200	9 000	5 800
Autres emprunts obligataires	3 000	400	1 850	750
Emprunts auprès d'établissements de crédit dont :				
— à + 2 ans à l'origine	1 650	1 650		
— à 2 ans au plus à l'origine	4 000	800	3 200	
Emprunts et dettes financières divers	3 400	400	2 260	740
Dettes sur fournisseurs et Comptes rattachés	63 400	62 100	1 300	
Dettes fiscales et sociales	7 300	7 300		
Dettes sur immobilisations et Comptes rattachés	4 900	1 400	3 500	
Autres dettes	8 300	7 800	500	
Produits constatés d'avance	1 640	1 400	240	
TOTAL	113 590	84 450	21 850	7 290

Ce tableau de l'annexe est indispensable à toute étude financière de l'entreprise ; il permet, à partir du bilan « comptable » d'établir un bilan « financier » classant les capitaux par ordre de liquidité et d'exigibilité croissante.

QUESTIONS

A. *On a pu dire que Bilan et Compte de Résultat fournissent les « chiffres » et l'Annexe « les lettres » (au sens de : « les textes explicatifs »).*

L'Annexe peut-elle se résumer à des informations qualitatives et explicatives ; quels éléments quantitatifs contient-elle ?

B. *Quels dangers pourrait présenter, pour l'information des tiers, une « Annexe » trop abondante et volumineuse ? En tirer des conséquences pratiques quant à la rédaction de ce document de synthèse.*

C. *Observer les comptes de l'entreprise TANEX présentés dans le paragraphe III.*

a) *Indiquer les opérations effectuées durant l'exercice 19.A et à la fin de cet exercice.*

b) *Présenter les écritures correspondante dans le journal.*

D. *En quoi la « balance à six colonnes » facilite-t-elle la préparationdes tableaux 1, 2 et 3 de l'Annexe ?*

Présenter les comptes de l'entreprise TANEX (paragraphe III) tels qu'ils apparaissent dans cette balance après inventaire.

E. *Considérer le modèle de bilan des pages 414 et 415.*

On dispose des précisions suivantes :

— *dans les « immobilisations financières » 89 000 F de créances ont une échéance à moins d'un an ;*

— *dans les « créances » de l'actif, 20 000 F sont « à plus d'un an » ;*

— *les « charges constatées d'avance » comportent une somme de 13 000 F à plus d'un an (abonnement à valoir en N + 2 et N + 3) ;*

— *les dettes et « produits constatés d'avance » se subdivisent en 1 152 000 F de dettes à plus d'un an et 981 800 F de dettes à moins d'un an (passif* après *répartition).*

Par ailleurs, on considère que les capitaux propres et les provisions pour risques et charges constituent des ressources à plus d'un an.

Présenter, simplifié à quelques grandes rubriques, un schéma financier de ce bilan (cf. chapitre 6).

Chapitre 24

CLÔTURE ET RÉOUVERTURE DES COMPTES AFFECTATION DES RÉSULTATS

I. FERMETURE ET RÉOUVERTURE DES COMPTES

Pour d'évidentes raisons pratiques, les comptes n'enregistrent que les opérations de l'exercice, non cumulées avec des imputations des exercices précédents ; la totalisation des colonnes débit et crédit de chaque compte est donc interrompue en fin d'exercice, et seul le *solde à nouveau* de chaque compte est repris à l'ouverture des enregistrements dans le nouvel exercice.

On est donc conduit à :

a) **Clore tous les comptes** (du Grand Livre et des Grands Livres auxiliaires) à la date de l'inventaire.

Pour *fermer* ou *arrêter* un compte :

— on *inscrit le solde* du côté dont les totaux sont les *plus faibles ;*

— on *inscrit les totaux (égaux)* que l'on souligne d'un double trait.

b) **Rouvrir les comptes non soldés.**

Pour rouvrir un compte, on inscrit son solde du côté correspondant à la nature débitrice ou créditrice de ce solde.

Exemple : 410012. Client Paul

	Débit					*Crédit*
	1er janv.	Solde à nouveau	817	15 février	Son virement postal ..	817
	10 oct.	Ma facture n° 313 ...	1 350	4 déc.	Son chèque	500
				31 déc.	Solde débiteur	850
Fermeture →			2 167			2 167
Réouverture →	1er janv.	Solde à nouveau	850			

II. CONTRE-PASSATION DES ÉCRITURES DE RÉGULARISATION

Dès la réouverture des livres, on contre-passe les régularisations des charges et des produits afin de solder les *comptes transitoires de régularisation :*

Comptes de régularisation inscrits **à l'actif** :

• **Rattachés aux divers comptes d'actif** immobilisé ou circulant.

2778 (Créances) Intérêts courus.

4098 Fournisseurs, R.R.R. à obtenir ; avoirs non encore reçus.

418 Clients, factures à établir.

4687 Débiteurs divers, produits à recevoir.

• **Inscrits comme « Comptes de régularisation ».**

486 Charges constatées d'avance.

Comptes de régularisation inscrits **au passif** :

• **Rattachés aux divers comptes de dettes.**

1688 (Dettes) Intérêts courus.
1788 — — — — —

4198 Clients, R.R.R. à accorder ; avoirs à établir.

408 Fournisseurs, factures non parvenues.
428 Personnel, charges à payer.
438 Sécurité sociale, charges à payer.
448 État, charges à payer.
4686 Créditeurs divers, charges à payer.

• **Inscrits comme « Comptes de régularisation ».**

487 Produits constatés d'avance.

La **« contre-passation »** des écritures de régularisation concernant les comptes « rattachés » rend provisoirement débiteurs des comptes de produits, et créditeurs des comptes de charges ; mais, dès réception des documents définitifs (factures ; avoirs ; échéances d'intérêts) les comptes de charges et de produits retrouveront une position normale puisque le comptable *enregistrera ces documents comme des opérations de l'exercice, sans avoir à se préoccuper des régularisations antérieures* (cf. chapitre 21, IV).

Quant à la contre-passation concernant les comptes de charges constatées d'avance (486) et de produits constatés d'avance, elle opère le *transfert de l'exercice précédent au nouvel exercice des charges et des produits concernés* (cf. chapitre 21, III).

Rappelons, enfin, que les autres comptes de régularisation (n° 481 « charges à répartir sur plusieurs exercices ») n'ont pas à être « contre-passés » et qu'ils font l'objet d'un *amortissement direct* en fin d'exercice.

III. AFFECTATION DU RÉSULTAT DANS LES SOCIÉTÉS

Le P.C.G. exige, nous l'avons vu, la présentation de deux « passifs », l'un **avant** répartition du résultat, l'autre **après.**

Pratiquement, les sociétés ne peuvent présenter, pour l'information des associés préalable à la tenue de l'Assemblée Générale (5 à 6 mois après la fin de l'exercice), qu'un **« projet de répartition »** proposé à cette assemblée par les dirigeants.

Dans l'intervalle de temps séparant le début de l'exercice de la date de cette Assemblée, le résultat reste inscrit au compte 120 (Bénéfice) ou au compte 129 (Perte) ; aucun cumul avec des flux du nouvel exercice ne risque de se produire dans ce compte 12, puisque charges et produits du nouvel exercice sont enregistrés dans les comptes des classes 6 et 7 de ce nouvel exercice.

1° Cas d'un bénéfice : affectation du bénéfice.

Le bénéfice réalisé peut être :

— *retiré* par les associés ; on dit que le bénéfice est « distribué » (« distribution ») ;

— *laissé définitivement ou durablement* dans l'entreprise, afin de venir augmenter les ressources permanentes (autofinancement) à titre de **réserves** (bénéfices conservés à la disposition de l'entreprise et non incorporés au capital ; compte 106 du P.C.G.) ;

— *laissé temporairement* dans l'entreprise, en attendant de recevoir une affectation définitive : il constitue alors un **report à nouveau** créditeur (compte n° 110).

Les associés peuvent évidemment opter pour des solutions intermédiaires (*exemple :* retrait de la moitié du bénéfice).

***Exemple** : Le bénéfice net d'une société pour l'exercice 19.A s'est élevé à 187 000 F ; le 12 juin 19 A + 1, l'Assemblée Générale décide d'affecter ainsi ce résultat :*

— mise en réserve de 80 000 F ;

— distribution de 100 000 F ;

— « report à nouveau » du solde 7 000 F.

	12-6 A + 1		
Affectation du résultat : — mise en réserve (80 000) ; — dette de dividendes envers les associés (100 000) ; — « report à nouveau », (7 000).	120. Résultat de l'exercice - bénéfice . (pour solde).	187 000	
	106. Réserves		80 000
	110. Report à nouveau		7 000
	457. Associés, dividendes à payer		100 000
	Affectation du bénéfice 19.A.		

(la dette de *dividendes* est notée non dans le compte 45 « Associés », mais dans le sous-compte 457. « Dividende à payer »).

2° Cas d'une perte : affectations possibles.

• Le plus souvent, pour des raisons fiscales notamment (1), la perte est virée dans le compte **119 « Report à nouveau - solde débiteur »** ; ce report débiteur, cumulé avec d'éventuels « reports à nouveau » antérieurs s'inscrira dans les « capitaux propres » du passif, avec le signe moins, donc en **soustraction.**

	12-6-A + 1		
Virement de la perte nette :	119. Report à nouveau (solde débiteur)	29 000	
	129. Résultat de l'exercice - perte .... (pour solde).		29 000
	Virement de la perte de 19.A.		

(1) L'administration fiscale ne permet la déduction des déficits sur des bénéfices ultérieurs (« rapport déficitaire ») que si ces pertes restent inscrites au bilan ; d'où le « report à nouveau » débiteur et non l'inscription sur des réserves.

• Éventuellement, l'Assemblée peut décider de compenser la perte subie par des réserves antérieures.

__Exemple__ : perte 19.A : 29 000 ; il existe des réserves disponibles, dans le bilan à fin 19.A d'un montant de 56 000.

Après cet enregistrement, les réserves ne sont plus que de : 56 000 − 29 000 = *27 000.*

	12-6-19 A + 1		
106. Réserves		29 000	
	129. Résultat de l'exercice-perte (pour solde).		29 000
Virement de la perte 19.A.			

L'étude détaillée de l'affectation des résultats dans les sociétés relève d'un cours de « comptabilité des sociétés ».

IV. AFFECTATION DU RÉSULTAT DANS LES ENTREPRISES INDIVIDUELLES

Le Plan Comptable Général préconise une solution très simple : au début de l'exercice on vire, pour solde, dans le compte **101 Capital individuel** : le compte « Résultat de l'exercice » qu'il soit débiteur (n° 129) ou créditeur (n° 120) ;

Ainsi, par ces virements, le compte « Capital individuel » 101 exprime le montant net des capitaux propres de l'affaire (1). Cette solution a pour conséquence l'absence de comptes de « Réserves » dans les entreprises individuelles : le bénéfice est en effet porté en augmentation du capital et non isolé dans un compte particulier de réserves.

__Exemple :__ Capital personnel au début de l'exercice N : 150 000 F. ; Résultat de l'exercice (bénéfice) : 95 000 F. (Montants à la fin de l'exercice N).

Au début de l'exercice N + 1, on vire pour solde le compte 120.

101. Capital personnel (débit)	101. Capital personnel (crédit)	120. Résultat de l'exercice (bénéfice) (débit)	120. Résultat de l'exercice (bénéfice) (crédit)
	150 000		*95 000*
	95 000	95 000	
s.c. : 245 000			

(1) On a, au préalable, soldé le « compte de l'exploitant » à la fin de l'exercice.

La solution du P.C.G. présente l'avantage de mettre en évidence, au début de l'exercice, la « situation nette » de l'entreprise individuelle qui est indiquée par son compte de « Capital personnel ». En revanche, on peut regretter que le bilan de l'entreprise individuelle ne mette pas en relief les « apports » d'une part, les « réserves » d'autre part, rubriques qui présenteraient un intérêt économique certain, malgré l'absence de portée juridique de cette analyse.

V. PRÉSENTATION DU PASSIF « APRÈS RÉPARTITION »

Le passif « après répartition du résultat » diffère du passif « avant répartition » par :

• La mise en évidence de la **situation nette** :
— qui est le montant du « capital personnel » dans l'entreprise individuelle ;
— qui est la somme algébrique du Capital, des réserves, du report à nouveau (débiteur ou créditeur) dans les sociétés (cf. page 415).

• L'accroissement des postes de **Réserves** et de **Dettes diverses** à la suite de l'affectation du résultat.

Exemple *: A l'issue de la répartition du bénéfice présentée plus haut (III) :*
— *les réserves sont majorées de 80 000 ;*
— *le report à nouveau est majoré de 7 000* (ces deux postes sont inclus dans la « situation nette ») ;
— *les dettes sont majorées de 100 000 F (distribution).*

La situation nette représente la valeur comptable des capitaux propres de l'entreprise, c'est-à-dire le montant des droits des associés (ou de l'exploitant) tels qu'ils sont traduits par la comptabilité.

En fait, la valeur comptable de la firme (appelée *« actif net comptable »*) est inférieure au montant de la situation nette en raison de la présence de non-valeurs à l'actif (actif fictif : « frais d'établissement » ; « charges à répartir sur plusieurs exercices »).

QUESTIONS

A. *Clore le 31-12 et réouvrir le 1-1 le compte schématique ci-contre :*

40031. Fournisseur Jean

15-2	*891*	*1-1*	*891*
30-5	*530*	*18-5*	*1 370*
31-7	*800*	*15-11*	*690*

B. *Quels sont les comptes soustractifs susceptibles de figurer dans le bilan d'une entreprise individuelle ? d'une entreprise sociétaire ?*

C. *Dans le bilan de fin d'exercice d'une entreprise, on lit :*

Immobilisations	*49 000*	*31 500*	*Capital personnel*	*52 700*
— amortissements........	*17 500*		*Résultat de l'exercice (bénéfice)*.....	*19 700*
Stocks	*38 500*	*37 000*	*Divers comptes du passif*	*126 000*
— provisions pour dépréc..	*1 500*			
Clients	*61 300*	*58 600*		
— provisions pour dépréc..	*2 700*			
Autres comptes d'actif		*71 300*		
		198 400		*198 400*

Quels sont les totaux des soldes de la balance d'inventaire ?

Inscrire les soldes dans les comptes, puis procéder aux virements de réouverture et présenter le bilan après ces virements.

D. *On lit dans la balance de fin d'exercice de M. Seguin :*
Capital personnel .... *80 000* (a)
Compte de l'exploitant (débiteur) .... *12 000* (b)
Bénéfice de l'exercice .... *8 000* (c)
Présenter les articles de fin d'exercice et de réouverture concernant ces 3 comptes.

E. *Reprendre la question* **D** *avec les données suivantes :*
(a) : *80 000 F ;* (b) : *12 000 F (débiteur) ;* (c) : *18 000 F (profit).*

F. *Reprendre la question* **D** *avec les données suivantes :*
(a) : *80 000 F ;* (b) : *11 000 F (créditeur) ;* (c) : *9 000 F (perte).*

G. *Reprendre la question* **D** *avec les données suivantes :*
(a) : *80 000 F ;* (b) : *3 000 F (débiteur) ;* (c) : *5 000 F (perte).*

H. *Courant mars 19.N, le compte 709 « R.R.R. accordés par l'entreprise » présente les totaux suivants : débit 4 950 F ; crédit 2 320 F. L'exercice coïncide avec l'année civile. Commenter et expliquer ces totaux (on précise que les corrections d'erreurs comptables sont effectuées par nombres négatifs). Quelles écritures ont été passées (Journal) le 31 décembre 19 N – 1 et le 2 janvier 19.N ?*

I. *Le compte 613 « Locations » de l'entreprise Lubin présente, courant février 19.N les totaux suivants : débit 12 600 ; crédit 3 500.*

Sachant que cette entreprise clôt son bilan le 31 décembre de chaque année et que les corrections d'écritures erronées sont toujours effectuées par nombres négatifs, retrouver les deux seules écritures ayant affecté ce compte depuis la réouverture des comptes, le 2 janvier. Le loyer est-il payable d'avance ou à terme échu ?

J. *Fin mars 19.N, les comptes de charges et de produits de l'entreprise LAUBER présentent les totaux suivants :*

Comptes		*Cumuls débits*	*Cumuls crédits*
60225	*Achats fournitures bureau*.....................	*3 417*	*783*
60613	*Achats d'électricité*..........................	*4 800*	*1 700*
6091	*R.R.R. obtenus sur achats de matières premières*....	*2 000*	*2 700*
613	*Locations*................................	*7 000*	—
643	*Charges de Sécurité sociale*	*10 380*	*5 600*
707	*Ventes de marchandises*......................	*4 350*	*98 000*
709	*R.R.R. accordés*	*1 610*	*3 250*
7624	*Revenus de prêts*..........................	*6 700*	*9 000*

L'exercice comptable coïncide avec l'année civile ; cette entreprise corrige les erreurs comptables par nombres négatifs et non par contre-passation ; on précise par ailleurs que le loyer annuel est payable le 1er juin de chaque année.

Reconstituer les écritures passées :
a) *le 31 décembre 19.N ;*
b) *le 2 janvier 19 N + 1 ;*
c) *durant le premier trimestre 19 N + 1 ;*

EXERCICES

• **1.** Dans un bilan de fin d'exercice, on trouve les postes ou les éléments suivants :
- — charges constatées d'avance : 28 000 F (concernant pour 13 000 F des assurances, pour 15 000 F des achats) ;
- — Produits constatés d'avance : 11 000 F (produits financiers) ;
- — Rabais, remises, ristournes à obtenir sur achats : 7 500 F ;
- — Rabais, remises, ristournes à accorder : 2 800 F ;
- — Factures d'avoir à recevoir des fournisseurs pour retours de marchandises : 1 900 F ;
- — Fournisseurs factures non parvenues : 8 300 F ;
- — État, charges à payer : 4 750 F ;
- — Emprunts, intérêts courus non échus : 6 340 F ;
- — Capital personnel : 560 000 F ;
- — Compte de l'exploitant (débiteur) : 137 000 F ;
- — Résultat de l'exercice (bénéfices) : 151 000 F.

Présenter les écritures (Journal) à passer à la réouverture des comptes, au début de l'exercice suivant.

• **2.** Au 31 décembre 19.., le bilan de l'Entreprise Gras se présente ainsi :

ACTIF			PASSIF	
Fonds de commerce		6 000	Capital personnel	85 600
Mobilier et matériel	7 000		Résultat de l'exercice (bénéfice)	13 200
– Amortissements	3 000	4 000	Fournisseurs	13 900
Dépôts et cautionnements		570	État	2 270
Stock de marchandises		62 410	Produits constatés d'avance	630
Clients		8 400		
Clients douteux	820			
– Provision	470	350		
Effets à recevoir (clients)		2 550		
Crédit Lyonnais		18 250		
Compte courant postal		10 400		
Caisse		1 950		
Charges constatées d'avance		720		
		115 600		115 600

Le 2 janvier, vous êtes chargé de la réouverture des livres, d'après les indications suivantes.

Les charges constatées d'avance comprennent des fournitures de bureau. Dans le compte Fournisseurs figurent 2 400 F de « dettes provisionnées » (factures non parvenues) et dans le compte État pour 300 F de charges à payer.

Présenter les écritures au Journal du 2 janvier.

• **3.** PREMIÈRE PARTIE.

Après inventaire, au 31-12-19A, M. Robert, négociant, a établi le bilan provisoire de son entreprise avec les soldes indiqués ci-après :

Achats constatés d'avance	4 370
Amortissements des matériels industriels	216 000
Amortissements du mobilier	51 200
Banque du Centre	169 000
Caisse	21 090
Capital	900 000
Chèques postaux	8 320
Clients	122 750
Clients douteux	34 700
Clients - Dettes pour emballages consignés	27 900

Compte de l'exploitant (prélèvements de l'année)	180 000
Dépôts et cautionnements	5 200
Fonds commercial	275 000
Fournisseurs	121 350
Fournisseurs - Créances pour emballages à rendre	14 200
Impôts et taxes à payer	91 070
Matériels industriels	327 500
Mobilier	92 300
Provisions pour dépréciation des comptes de clients	17 350
Provisions pour dépréciation des valeurs mobilières de placement	10 500
Provisions pour amendes, doubles droits, pénalités	30 000
Provisions pour grosses réparations	275 000
Rabais, remises, ristournes à accorder	2 310
Rabais, remises, ristournes à obtenir	3 270
Résultat net de l'exercice (solde créditeur)	261 210
Sécurité sociale	13 110
Stock de marchandises	617 090
Stock d'emballages	37 210
Valeurs mobilières de placement	105 000

Le comptable chargé de vérifier la comptabilité constate les erreurs suivantes :

a) Des dépenses personnelles ont été imputées dans les frais commerciaux de l'exercice, pour une somme de 2 570 F.

b) Le stock d'emballages qui figure au bilan provisoire ne correspond pas au stock dont l'entreprise était propriétaire au 31-12-19A, *mais au stock en magasin ;* par suite, les emballages à rendre ont été comptés dans le stock et inversement les emballages consignés n'ont pas été ajoutés ; il s'agit de caisses dont le coût d'achat unitaire est de 40 F, consignées à ce prix par les fournisseurs et consignées 50 F à ses clients par M. Robert.

c) Les amortissements de l'exercice, sur les matériels industriels, ont été calculés de manière inexacte ; il en résulte une insuffisance des amortissements de 3 570 F.

d) Une quote-part de 1 750 F sur une prime d'assurances doit être reportée dans les charges de l'exercice 19A + 1 ; elle n'a pas fait l'objet d'une écriture d'inventaire.

e) Un loyer de 4 500 F, pour un garage loué par M. Robert, a été encaissé le 1-10-19A et concerne la période : 1-10-19A au 31-3-19A + 1 ; la régularisation n'a pas été faite à l'inventaire.

Travail demandé :

1° Rectifier les comptes (par le procédé le plus rapide).
2° Dresser le bilan exact de l'entreprise au 31-12-19A.
3° Ouvrir à nouveau les comptes.
4° Présenter (Journal et Comptes) les écritures du 2 janvier 19A + 1.

DEUXIÈME PARTIE.

Opérations de l'entreprise de M. Robert en avril et mai 19A + 1 :

— Le 21 avril, les valeurs mobilières de placement sont vendues par l'intermédiaire de la Banque du Centre. La banque a porté la somme nette de 90 640 F au compte de M. Robert.
— Les grosses réparations sont effectuées en avril, le paiement est réalisé par chèque du 29 avril pour un montant de : 278 350 F ; ces réparations se rattachent à l'exploitation normale.
— Le recouvrement des créances douteuses a été confié à une maison spécialisée. Le 5 mai, cette maison adresse un chèque de 19 320 F, pour règlement définitif des créances douteuses. Le chèque est immédiatement remis à la Banque du Centre pour encaissement.
— L'amende fiscale est payée le 9 mai, par chèque bancaire d'un montant de : 31 250 F. Elle présente un caractère exceptionnel.

Travail demandé :

Enregistrer au Journal ces opérations.

Chapitre 25

LE SYSTÈME ABRÉGÉ

I. VUE D'ENSEMBLE SUR LES « SYSTÈMES » DU P.C.G.

1° Les trois « systèmes ».

• Le P.C.G. invite (cf. chapitre 6) les entreprises à présenter les comptes annuels par référence à l'un des trois systèmes qu'il propose :

– le **système de base (B)** comportant les dispositions minimales de la comptabilité que doivent tenir les entreprises de moyenne et de grande dimensions ;

— le **système abrégé** ou **simplifié (A)** concernant les entreprises, de dimension modeste, ne justifiant pas nécessairement le recours au système de base ;

– le **système développé (C)** proposant des documents plus complets, mettant en évidence l'analyse des données de base destinées à mieux éclairer la gestion.

• Mais chaque entreprise n'est pas « enfermée » dans l'application d'un système et peut toujours utiliser des éléments du système plus élaboré (donc des éléments du système B, voir du système C, si elle utilise le système A ; des éléments du système C, si elle utilise le système B).

• A chaque système correspondent :

— des modèles de **« documents de synthèse »,** évidemment plus élaborés pour le système C que pour le système A. Dans les chapitres précédents, c'est le système de base qui a été le modèle de référence, notamment en ce qui concerne bilan et compte de résultat ;

— une **liste de comptes,** articulés dans un **plan** commun aux trois systèmes (cf. *cadre comptable* page 412).

2° Système comptable et plan de comptes.

Compte tenu de la complexité croissante des systèmes A, B et C, le plan des comptes à utiliser, bien qu'identique dans sa structure et dans ses règles générales de fonctionnement, est lui-même d'une richesse et d'une complexité croissante lorsque l'on passe du système A au système B, puis au système C. Dans les chapitres précédents, il a été fait référence, principalement, au système B, mais sans exclusive ; en effet, dans nombre de cas il est intéressant d'ouvrir des comptes un peu plus « analytiques » que ceux prévus par le système B, sans que cela alourdisse considérablement la comptabilité.

Exemple : Le système B prévoit le compte 151 Provisions pour risques (non subdivisé), ou le compte 6022 Fournitures consommables.

Pour l'information de gestion, il est intéressant, le plus souvent, d'ouvrir les sous-comptes :

1511 Provisions pour litiges
1512 Provisions pour garanties données aux clients
....
1515 Provisions pour pertes de change

ou 60221 Achats de combustibles
60222 Achats de produits d'entretien
..... etc.

... s'il apparaît que ces informations « analytiques » sont utiles au chef d'entreprise ou aux dirigeants.

C'est pourquoi les différents comptes utilisés dans ce tome appartiennent principalement au système B, de temps à autre au système C ; le lecteur a intérêt à consulter la liste générale des comptes du P.C.G. (cf., par exemple, dépliant Foucher).

Quant aux comptes du système A, ils sont essentiellement formés des comptes d'ordre 2 du plan comptable général.

Le système B ayant fait l'objet principal des études précédentes, seules vont être ci-après traitées les particularités des systèmes A et C.

II. LE SYSTÈME ABRÉGÉ ou SIMPLIFIÉ

Destiné aux entreprises de dimension modeste (ne dépassant pas certains seuils fixés par décret), le système A présente des *documents de synthèse simplifiés,* servis par une *liste de comptes réduits* (1).

1° Documents de synthèse.

a) *Bilan* (cf. modèle pages suivantes).

Son caractère synthétique est accusé :

— 11 postes à l'actif, au maximum ;
— 14 postes au passif, au maximum.

Il s'agit d'un **bilan avant répartition du résultat ;** il ne fait donc pas mention d'une situation nette ; il n'est pas prévu de bilan « après répartition du résultat ».

Bilan du système abrégé. *(page suivante)*

(1) Début 1991 ces seuils sont les suivants : chiffre d'affaires HT ⩽ 3 000 000 F ; total bilan ⩽ 1 500 000 F ; effectif salarié permanent ⩽ 10 (nécessité de répondre à deux au moins des 3 critères), pour les personnes morales. Pour les personnes physiques, le seuil est fixé en chiffre d'affaires, par références aux textes fiscaux qui autorisent l'utilisation du système simplifié si le C.A.H.T. est inférieur à 3 500 000 F (négoce) ou 1 000 000 F (prestataire de service).

MODÈLE DE BILAN (avant répartition)

ACTIF	Exercice N – Brut	Exercice N – Amortissements et provisions (à déduire)	Exercice N – Net	Exercice (N – 1) – Net
Actif immobilisé :				
Immobilisations incorporelles :				
– fonds commercial *(a)*				
– autres				
Immobilisations corporelles				
Immobilisations financières (1)				
Total I	X	X	X	X
Actif circulant :				
Stocks et en-cours (autres que marchandises)				
Marchandises				
Avances et acomptes versés sur commandes				
Créances (2) :				
– clients et comptes rattachés				
– autres (3)				
Valeurs mobilières de placement				
Disponibilités (autres que caisse)				
Caisse				
Charges constatées d'avance (2)				
Total II*	X	X	X	X
TOTAL GÉNÉRAL (I + II)	X	X	X	X
(1) Dont à moins d'un an (2) Dont à plus d'un an (3) Dont comptes courants d'associés				

PASSIF	Exercice N	Exercice N – 1
Capitaux propres *(b)* :		
Capital		
Écart de réévaluation *(b)*		
Réserves :		
– réserve légale		
– réserves réglementées		
– autres (4)		
Report à nouveau *(c)*		
Résultat de l'exercice [bénéfice ou perte] *(c)*		
Provisions réglementées		
Total I	X	X
Provisions pour risques et charges (II)	X	X
Dettes (5) :		
Emprunts et dettes assimilées		
Avances et acomptes reçus sur commandes en cours		
Fournisseurs et comptes rattachés		
Autres (3)		
Produits constatés d'avance (2)		
Total III	X	X
TOTAL GÉNÉRAL (I + II + III)	X	X
(4) Dont réserves statutaires (5) Dont à plus de 5 ans Dont à plus d'un an et moins de 5 ans Dont à moins d'un an		

(a) Y compris droit au bail.
(b) A détailler conformément à la législation en vigueur.
(c) Montant entre parenthèses ou précédé du signe moins (–) lorsqu'il s'agit de pertes.
* Le cas échéant, les entreprises ouvrent un poste « Charges à répartir sur plusieurs exercices » qui forme le total III, le total général étant modifié en conséquence.

b) *Compte de résultat.* Il est prévu en tableau (cf. page suivante) ou en liste.

Ce compte est nettement plus synthétique que celui du système de base :

— 14 postes de charges (au maximum) ;
— 8 postes de produits (au maximum).

Charges financières (comptes 66 et 686) et **produits financiers** (comptes 76) sont totalisés avec les charges et les produits d'exploitation mais sont inscrits de façon distincte.

Comme dans le système de base, le **résultat exceptionnel** avant impôts doit être indiqué dans un renvoi au bas du compte.

Compte de résultat du système abrégé.

(page suivante)

c) *Annexe.*

Doivent être fournies seules les informations prévues dans la liste des éléments concernant l'entreprise et revêtant une importance significative.

2° Liste des comptes.

Le système A est conçu pour fonctionner, presque exclusivement, avec des **comptes d'ordre 3** (sauf bien entendu subdivisions de ces comptes en comptes « individuels », tels Clients et Fournisseurs).

La majorité des comptes nécessaires au système A correspondent aux seuls comptes d'ordre 2 du P.C.G., qu'il n'est pas utile de subdiviser ; dans un souci d'homogénéité, le P.C.G. réserve le 0 de l'ordre 3 à ces comptes, chaque fois que les autres divisions du même compte d'ordre 2 n'ont pas à être ouvertes dans l'entreprise.

> ***Exemple :*** Le compte **160 « Emprunts et dettes assimilées »** (correspondant au compte 16 de même intitulé) sera ouvert, si l'entreprise ne juge pas utile d'ouvrir les comptes 161, 163, 164, 165, etc.

C'est ainsi que le P.C.G. préconise, pour le système A, les comptes suivants :

- **Comptes de bilan.**

Actif	*Passif*
201 ; 206 ; 207 : 208 ; 210 ;	101 ; 105 ; 106 ; 108 ; 110 ;
230 ; 270 ; 280 ; 281 ; 290 ;	119 ; 120 ; 129 ; 145 ; 146 ;
291 ; 297 ; 310 ; 350 ; 370 ;	147 ; 148 ; 150 ; 160 ; 400 ;

MODÈLE DE COMPTE DE RÉSULTAT DE L'EXERCICE
(Présentation sous forme de tableau)

Charges (hors taxes)	Exercice N	Exercice N − 1	Produits (hors taxes)	Exercice N	Exercice N − 1
Charges d'exploitation :			Produits d'exploitation :		
Achats de marchandises *(a)*			Ventes de marchandises		
Variation de stock [marchandises] *(b)*			Production vendue [biens et services] *(c)*		
Achats d'approvisionnements *(a)*			Production stockée *(d)*		
Variation de stocks [approvisionnements] *(b)*			Production immobilisée		
* Autres charges externes			Subventions d'exploitation		
Impôts, taxes et versements assimilés			Autres produits (2)		
Rémunérations du personnel					
Charges sociales					
Dotations aux amortissements					
Dotations aux provisions					
Autres charges					
Charges financières			Produits financiers (2)		
Total I	X	X	**Total I**	X	X
Charges exceptionnelles (II)	X	X	*dont à l'exportation*		
Impôts sur les bénéfices (III)	X	X	Produits exceptionnels (2) (II)	X	X
Total des charges (I + II + III)	X	X	**Total des produits (I + II)**	X	X
Solde créditeur : **bénéfice** (1)	X	X	Solde débiteur : **perte** (3)	X	X
TOTAL GÉNÉRAL	X	X	**TOTAL GÉNÉRAL**	X	X
* Y compris : – redevances de crédit-bail mobilier – redevances de crédit-bail immobilier					
(1) Compte tenu d'un résultat exceptionnel avant impôts de			(2) Dont reprises sur provisions (et amortissements) (3) Compte tenu d'un résultat exceptionnel avant impôts de		

(a) Y compris droits de douane.
(b) Stock initial moins stock final : montant de la variation en moins entre parenthèses ou précédé du signe (−).
(c) A inscrire, le cas échéant, sur des lignes distinctes.
(d) Stock final moins stock initial : montant de la variation en moins entre parenthèses ou précédé du signe (−).

391 ; 395 ; 397 ; 409 ; 410 ; 428 D ; 460 D ; 470 D ; 481 ; 486 ; 491 ; 496 ; 500 ; 510 D ; 530 ; 590.	419 ; 421 ; 428 C ; 430 ; 444 ; 445 ; 447 ; 455 ; 460 C ; 470 C ; 487 ; 510 C.

• **Comptes de gestion.**

Charges	*Produits*
600 ; 603 ; 610 ; 620 ; 630 ; 641 ; 644 ; 645 ; 646 ; 650 ; 660 ; 670 ; 681 ; 686 ; 687 ; 691 ; 695 ; 697.	701 ; 706 ; 707 ; 708 ; 709 ; 713 ; 720 ; 740 ; 750 ; 760 ; 770 ; 781 ; 786 ; 787 ; 790.

En fait, dans de nombreux cas, l'entreprise sera conduite à ouvrir un plus grand nombre de comptes, afin d'améliorer l'information des responsables ou des tiers ; elle puisera, pour cela, dans la liste générale des comptes prévus pour le système B, voire pour le système C.

QUESTIONS

A. *Une entreprise utilise le système A. Sachant qu'elle est soumise à T.V.A. tant sur ses ventes que sur ses achats, indiquer tous les comptes d'ordre 3 (non terminés par 0) et d'ordre 4 ou 5 qu'elle est conduite à ouvrir.*

B. *Dans le bilan du système A, où inscrire :*

1. les dépôts et cautionnements versés ;
2. la perte reportée d'un exercice antérieur ;
3. les découverts et avances bancaires.

C. *Expliquer pour quelles raisons les éléments financiers du résultat sont, dans le système A, inscrits dans la rubrique « Exploitation » ?*

D. *Une entreprise utilisant le système A obtient un résultat net bénéficiaire de 38 600 F ; sachant qu'elle n'est pas soumise à l'impôt sur les bénéfices (1), qu'elle a comptabilisé un résultat exceptionnel avant impôts de 23 400 (bénéfice) et que ses charges d'exploitation sont de 897 600 F, déterminer le montant de ses ventes, seul produit d'exploitation de la firme.*

---

(1) L'exploitant étant imposé personnellement sur le bénéfice, cumulé avec ses autres revenus.

E. *Étudier les « éléments » de l'annexe par comparaison avec les postes du bilan et du compte de résultat du système A. Estimez-vous que le système de comptes A permet d'obtenir aisément ces éléments ? Si l'entreprise est une société, quelles difficultés principales voyez-vous ? Quel principe général vient toutefois alléger les tâches du responsable comptable ?*

EXERCICES

• **1.** Reprendre l'énoncé de l'exercice 1 chapitre 22.

Présenter le compte de résultat dans le système abrégé (éventuellement complété).

• **2.** Reprendre l'énoncé de l'exercice 2 chapitre 22.

Traiter les quatre questions posées en supposant que l'entreprise utilise le système abrégé (éventuellement complété).

• **3.** Reprendre l'énoncé de l'exercice 3 chapitre 22.

Traiter les trois questions posées en supposant que l'entreprise utilise le système abrégé, éventuellement complété.

• **4.** La balance générale provisoire, avant inventaire, de l'entreprise Clara présente au 31 décembre 19A les soldes suivants :

Achats	588 000
Agencements et installations	26 400
Amortissement du matériel et outillage	46 080
Amortissement du matériel de transport	9 480
Amortissement des agencements et installations	4 400
Banque (solde créditeur)	33 380
Caisse	2 100
Impôts, taxes et versements assimilés	14 000
Capital	320 000
Clients	292 280
Produits exceptionnels	2 500
Clients douteux	36 280
Dépôts et cautionnements	7 450
Emprunt Franck (dette financière)	29 400
Effets à recevoir (clients)	12 150
Fournisseurs	246 960
Charges financières	19 756
Charges de personnel	291 950
Services extérieurs	25 100
Matériel et outillage	96 000
Matériel de transport	35 550
Charges exceptionnelles	750
Provisions pour dépréciation des créances	13 710
Rabais, remises, ristournes obtenus sur achats	32 600
Report à nouveau créditeur	62 600
Stock au 31 décembre 19A-1	134 900
Achats de sous-traitance	38 444
Ventes	820 000

L'examen détaillé des comptes fournit les renseignements suivants :

1. Toutes les immobilisations ont été acquises à la création de l'entreprise, le 1er septembre 19A-2 :

— le matériel et outillage est amorti dégressivement sur 5 ans ;
— le matériel de transport est amorti linéairement ;
— les agencements sont amortis linéairement.

2. L'état des créances douteuses se présente comme suit :

Clients	Solde créance fin 19A	Provision constituée	Observations
Albert	4 116,00	2 175	Porter la provision à 50 % du solde
Bertin	412,00	315	A solder. Aucun règlement
Caramel	31 752,00	10 800	Porter la provision à 50 % du solde
Didier	—	420	—

Il n'y a pas de nouvelles créances contentieuses.

3. En établissant l'état de rapprochement bancaire, le comptable a mis en évidence :
— le retour d'un effet impayé du client Léger 1 545,00
. . . . . . frais 45,00
— un prélèvement E.D.F. 1 250,00
— une remise de chèques non encore portée sur le relevé . . . 14 700,00

4. L'inventaire physique a été fait et le comptable a relevé que :

— Le stock final s'élève à 157 400 F.

Toutefois, une partie de ce stock d'une valeur de 37 000 F est vraisemblablement invendable.

— Il reste en stock une valeur de 2 500 F de fuel non utilisé.

— Sur les achats effectués chez le fournisseur Romo, pour un montant total de 350 000 F, l'entreprise doit bénéficier d'une ristourne de 1,2 %.

5. Des commissions de 18 000 F, dues à des représentants salariés, n'ont pas été comptabilisées.

6. L'emprunt Franck a été contracté en 19A-2. Les intérêts au taux de 12 % l'an sont payables annuellement à terme échu, le 1er septembre.

Travail à faire :

1. Passer les écritures d'inventaire découlant des renseignements ci-dessus.
2. Présenter le Compte de résultat et le bilan.

Chapitre 26

LE SYSTÈME DÉVELOPPÉ

I. CARACTÉRISTIQUES GÉNÉRALES

Plus complet que le système de base, le système C est destiné à améliorer l'analyse de la gestion et l'information économique et financière. **Toute entreprise peut y recourir** soit en totalité, soit partiellement, en complétant ainsi les analyses du système B, voire du système A.

1° Bilan du système C.

La présentation de ce bilan est très proche de celle du système B ; en fait ces deux bilans ne diffèrent que par deux lignes à l'actif et trois au passif : le bilan du système C fait, en effet, apparaître distinctement :

à l'actif	au passif
les **créances d'exploitation**	les **dettes d'exploitation**

Cette mise en évidence des créances et des dettes d'exploitation est en effet précieuse pour l'analyse financière, en raison du caractère cyclique de ces créances-dettes (cf. chapitres 1 et 2).

L'obtention de ces rubriques implique :

l'éclatement des « créances diverses » du système B en :
- autres créances d'exploitation ;
- créances diverses.

l'éclatement des « dettes fiscales et sociales » et des « dettes diverses » en :
- dettes d'exploitation ;
- dettes diverses.

Bien entendu, la comptabilité ne peut fournir l'information permettant d'établir cette analyse dans le bilan que par un aménagement des comptes distinguant :

- *les créances d'exploitation des autres créances.*

(ainsi seront classées en « autres créances d'exploitation » les Rabais, remises, ristournes à obtenir », compte 4097, et en « créances diverses » les créances sur cessions d'immobilisations, compte 461).

- *les dettes d'exploitation des autres dettes.*

(ainsi la dette d'impôt sur les bénéfices, compte 444, sera-t-elle inscrite dans les dettes diverses, alors que les dettes de T.V.A. à décaisser seront inscrites dans les dettes d'exploitation).

2° Compte de résultat du système C.

La présentation du compte de résultat du système C est fort proche de celle du système B ; toutefois le compte est plus détaillé : 39 postes de charges contre 26 dans le système B ; 32 postes de produits contre 24 dans le système B.

Un exemple de présentation figure pages suivantes 396 et 397.

On notera :

• **l'identité des rubriques générales** : charges d'exploitation, charges financières, charges exceptionnelles, etc. ;

• **l'analyse plus poussée** des charges et des produits :

> ***Exemple :*** A la ligne unique du système B *« Autres achats et charges externes » est substitué un ensemble de six postes :*

— Achats de sous-traitance — Achats non stockés — Personnel extérieur — Loyers en crédit-bail immobilier — Loyers en crédit-bail mobilier — Autres services extérieurs	Achats de services extérieurs

L'obtention de ces informations plus « analytiques » ne présente aucune difficulté : elles figurent en effet dans les comptes utilisés dans le système C mais aussi dans le système B.

• **la présence de deux sous-rubriques** particulières :

– **Coût d'achat des marchandises vendues**

Achats de marchandises (*y compris frais accessoires* (1)).

– **Consommations de l'exercice** en provenance des tiers

Achats d'approvisionnements (*y compris frais accessoires* (1)).

Il s'agit là de la différence *fondamentale* entre les deux comptes de résultat ; dans le système C sont calculés :

— le coût d'achat externe des marchandises vendues ;
— le coût d'achat externe des approvisionnements,

car ces coûts sont indispensables au calcul des *« soldes de gestion »* exigés par ailleurs (cf. III).

Ce calcul des *coûts d'achat* externes repose sur une comptabilisation des **« frais accessoires d'achat »** (cf. *infra*) qui représente la difficulté majeure, théorique et pratique, de passage du système B au système C.

3° Annexe.

Le P.C.G. ne prévoit pas de dispositions spécifiques, pour le système C, dans l'Annexe. Néanmoins, il va de soi que, dès lors que bilan et compte de résultat sont plus détaillés, l'Annexe, pour fournir une **image fidèle** par ces documents doit comporter davantage de commentaires ou d'explications que dans le système A et B, la liste des éléments à fournir restant la même (dans la mesure où ils sont significatifs).

---

(1) Cf. renvoi (a) du tableau.

4° Autres éléments d'information.

Le P.C.G. prévoit, pour le système C, la publication, dans les documents annuels, d'informations complémentaires dont les deux plus importants sont :

— le **tableau des soldes intermédiaires de gestion ;**
— le **tableau de financement.**

Ces deux tableaux qui seront étudiés plus bas (§ III, IV et V) sont d'un intérêt capital pour l'analyse de gestion et l'analyse financière ; ils ne peuvent être rigoureusement établis qu'à partir d'une tenue des comptes telle que celle que propose le P.C.G. pour le système C.

Toutefois, dans le système B, on peut, de façon « extra-comptable » reconstituer avec une bonne approximation ces deux tableaux.

II. PLAN COMPTABLE DE L'ENTREPRISE ET SYSTÈME C

1° Liste des comptes à utiliser.

Les documents de synthèse prévus pour le système C ne peuvent être obtenus de façon « comptable » (c'est-à-dire par le seul jeu des comptes utilisés au cours de l'exercice) que si l'entreprise utilise, en fonction de ses besoins et des opérations qu'elle traite, les différents comptes prévus par le P.C.G. dans la « liste des comptes ».

Cette liste des comptes comprend la liste générale des comptes d'ordre 2, 3 et 4 prévue pour le système B, mais également des **subdivisions de ces comptes.**

> ***Exemple :*** Dans le système B est seulement exigée la tenue du compte **201 Frais d'établissement.**
>
> Dans le système C doivent être, normalement ouverts les comptes 2011, 20121, 20122, 2013 (cf. liste) ...

L'ouverture et l'utilisation de ces comptes, plus analytiques que ceux du système de base, ne pose qu'un problème d'alourdissement de l'organisation comptable, à vrai dire mineur eu égard aux possibilités actuelles de l'informatique appliquée à la comptabilité ; toutefois l'enregistrement des « frais accessoires d'achat » fait exception (cf. *infra,* 2°).

Bien entendu, la liste générale des comptes figurant dans le P.C.G. représente le *minimum exigé ;* il est toujours loisible à l'entreprise utilisant le système C de pousser plus loin l'analyse des opérations, à condition de respecter l'ordre et les intitulés de la codification officielle.

2° Cas particuliers des « frais accessoires d'achat » (n° 608).

Il s'agit là de la seule difficulté pratique du système C. Afin d'obtenir en fin d'exercice les coûts d'achat des marchandises d'une part, des matières et approvisionnements d'autre part (cf. *supra* 1, 2°), l'entreprise doit identifier les « frais accessoires d'achats » (transports, commissions, assurances, ...) et les ventiler selon les deux catégories d'achats visés (marchandises ; matières et approvisionnements).

COMPTE DE RÉSULTAT DE L'EXERCICE N

Entreprise PÉCÉGÉ *Système développé (Système C)*

CHARGES (hors taxes)	EXERCICE N		EXERCICE N - 1
		Totaux partiels	Totaux partiels
CHARGES D'EXPLOITATION (1) :			
Coût d'achat des marchandises vendues dans l'exercice		70 600	×
Achats de marchandises (a)	72 600		
Variation des stocks de marchandises (b)	– 2 000		
Consommations de l'exercice en provenance des tiers		1 650 000	×
Achats stockés d'approvisionnements (a)			
Matières premières	914 900		
Autres approvisionnements (matières et fournitures consommables)	218 500		
Variation des stocks d'approvisionnements (b)	27 000		
Achats de sous-traitances			
Achats non stockés	110 000		
Services extérieurs :			
Personnel extérieur	—		
Loyers en crédit-bail immobilier	13 000		
— mobilier	133 000		
Autres	233 600		
Impôts, taxes et versements assimilés		207 800	×
Sur rémunérations	71 000		
Autres	136 800		
Charges de personnel		657 000	×
Salaires et traitements	437 000		
Charges sociales	220 000		
Dotations aux amortissements et aux provisions		223 600	×
Sur immobilisations : dotations aux amortissements (c)	155 600		
Sur actif circulant : dotations aux provisions	24 000		
Pour risques et charges : dotations aux provisions	44 000		
Autres charges		67 600	×
TOTAL		2 876 600	×
QUOTES-PARTS DE RÉSULTAT SUR OPÉRATIONS FAITES EN COMMUN		3 000	×
CHARGES FINANCIÈRES		142 700	×
Dotations aux amortissements et aux provisions	30 000		
Intérêts et charges assimilées (2)	101 300		
Différences négatives de change	6 400		
Charges nettes sur cession de valeurs mobilières de placement	5 000		
CHARGES EXCEPTIONNELLES		98 200	×
Sur opérations de gestion	17 000		
Sur opérations en capital :			
Valeur comptable des éléments immobilisés et financiers cédés (d)	47 000		
Autres	—		
Dotations aux amortissements et aux provisions			
Dotations aux provisions réglementées	27 200		
Dotations aux amortissements et aux autres provisions exceptionnelles	7 000		
PARTICIPATION DES SALARIÉS AUX RÉSULTATS DE L'ENTREPRISE		27 000	×
IMPOT SUR LES BÉNÉFICES		73 000	×
SOLDE CRÉDITEUR = BÉNÉFICE		95 300	×
TOTAL GÉNÉRAL		3 315 800	×
(1) Dont charges afférentes à des exercices antérieurs. (2) Dont intérêts concernant les entreprises liées.			

(a) Y compris frais accessoires.

(b) Stock initial moins stock final : montant de la variation en moins entre parenthèses ou précédé du signe (—).

(c) Y compris éventuellement dotations aux amortissements des charges à répartir.

COMPTE DE RÉSULTAT DE L'EXERCICE N

Entreprise PÉCÉGÉ *Système développé (Système C)*

PRODUITS (hors taxes)	EXERCICE N		EXERCICE N - 1
		Totaux partiels	Totaux partiels
PRODUITS D'EXPLOITATION (1)			
Ventes de marchandises	100 000	100 000	×
Production vendue		2 465 500	×
Ventes	2 370 800		
Travaux	—		
Prestations de services	94 700		
Montant net du chiffre d'affaires dont à l'exportation	2 565 500		
Production stockée (a)		76 000	×
En cours de production de biens (a)	— 13 000		
En cours de production de services (a)	—		
Produits (a)	89 000		
Production immobilisée		328 000	×
Subventions d'exploitation		—	×
Reprises sur charges d'exploitation		148 800	×
Reprises sur provisions et amortissements	46 800		
Reprises de charges transférées	102 000		
Autres produits		10 900	×
TOTAL		3 129 200	×
QUOTES-PARTS DE RÉSULTAT SUR OPÉRATIONS FAITES EN COMMUN		9 000	×
PRODUITS FINANCIERS		98 200	×
De participation (2)	90 000		
D'autres valeurs mobilières et créances de l'actif immobilisé (2)	—		
Autres intérêts et produits assimilés (2)	—		
Reprises sur provisions et transfert de charges	4 700		
Différences positives de change	—		
Produits nets sur cession de valeurs mobilières de placement	3 500		
PRODUITS EXCEPTIONNELS		79 400	×
Sur opérations de gestion	—		
Sur opérations en capital :			
Produits de cessions d'éléments d'actif (b)	60 000		
Subventions d'investissement virées aux résultats de l'exercice	8 400		
Autres	—		
Reprises sur provisions	11 000		
SOLDE DÉBITEUR = PERTE		—	×
TOTAL GÉNÉRAL		3 315 800	×

(1) Dont produits afférents à des exercices antérieurs.
(2) Dont produits concernant les entreprises liées.

(a) Stock final moins stock initial : montant de la variation en moins entre parenthèses ou précédé du signe (—) dans le cas du distockage de production.
(b) A l'exception des valeurs mobilières de placement.

Trois cas se présentent :

a) ou bien ces frais accessoires sont connus à la réception des achats ; dans ce cas il est possible de les **ajouter au prix d'achat**, donc de les comptabiliser directement dans les comptes 601, 602, 607. Ce cas est rare, pratiquement ;

b) ou bien ces frais accessoires, connus un certain temps après l'achat (factures de transporteurs, de commissionnaires arrivant quelques semaines après les marchandises ou matières) sont aisément identifiables et **ventilables dans les catégories marchandises, matières ...** ; dans ce cas on passe, à la réception des documents externes, l'écriture :

Inscription des « frais accessoires d'achat » au débit du compte 608 que l'on peut subdiviser :
— F.A.A. des M.P. ;
— F.A.A. des autres approvisionnements à stocker ;
— F.A.A. des marchandises.

6081	Frais accessoires d'achat de M.P.	1 280	
6082	Frais accessoires d'achat d'autres approvisionnements à stocker	730	
6087	Frais accessoires d'achats de marchandises	344	
	40.. Fournisseurs (transporteurs, commissionnaires, etc.)		2 354

Ce cas, moins rare que le précédent (a), n'est cependant pas très fréquent, car nombre de frais accessoires d'achat, communs à plusieurs catégories d'achat, ne peuvent directement être ventilés dans les deux ou trois catégories ; d'où le troisième cas :

c) **calcul périodique des frais accessoires d'achat.** Compte tenu des décalages de temps et des difficultés d'identification des frais accessoires d'achat, on utilise le plus souvent la méthode suivante :

- **enregistrement des Frais accessoires d'achat par nature** au fur et à mesure des opérations (donc dans les comptes usuels de charges par nature : 624 Transports ; 622 Rémunérations d'intermédiaires, 616 Primes d'assurances ...) ;
- **en fin d'exercice, calcul des Frais accessoires d'achat en « C.A.E. »** (ou de façon extra-comptable) et inscription de ce montant calculé au débit des comptes 6081, 6082 et 6087 par :
  - crédit direct des comptes 61, 62 si les services extérieurs sont nettement identifiés.
  - crédit du compte 791 « transferts de charges d'exploitation » dans le cas contraire, et pour les autres charges 63, 64 et 65.

Écriture d'inventaire : ventilation des frais accessoires d'achat par « transfert de charges ».

31-12-19A			
6081	Frais accessoires d'achat (matières premières)	850	
6082	Frais accessoires d'achat (approvisionnements)	340	
6087	Frais accessoires d'achat (marchandises)	220	
	791 Transferts de charges d'exp.		1 120
	62 Services extérieurs		290

• Le montant des frais accessoires d'achat incorporés aux achats doit faire l'objet d'une **analyse par nature** (transports, commissions, etc.) **dans l'Annexe.**

III. SOLDES INTERMÉDIAIRES DE GESTION : ASPECT TECHNIQUE

Les documents de synthèse du système C comportent un « tableau des soldes intermédiaires de gestion » mettant en évidence des **soldes successifs** dont la somme algébrique (obtenue **en « cascade »**) forme le résultat net comptable de l'exercice.

1° Schéma général *(page suivante).*

Aux huit soldes ci-après s'ajoute un *neuvième solde,* mettant en évidence le *montant net des plus-values ou moins-values de cession d'éléments d'actifs.*

2° Exemple de détermination des soldes intermédiaires de gestion.

Les différents soldes de gestion du système C sont obtenus à partir des comptes de gestion.

Pour déterminer le résultat net final on peut :

— *soit virer globalement charges et produits* dans le compte 128 « Détermination du résultat net » ; dans ce cas le tableau des soldes intermédiaires de gestion est dressé à partir d'un relevé des comptes de gestion dans le tableau d'inventaire ;

— *soit virer charges et produits dans chacun des comptes représentatifs des soldes de gestion ;* ayant déjà ouvert, dans le compte 12, les sous-comptes 125, 126, 127 et 128 que nous avons proposés pour le système de base (cf. chapitre 22), nous proposons d'utiliser les sous-comptes disponibles 121 à 124 pour le calcul en cascade des soldes non prévus pour le système B :

121 Marge commerciale.
122 Production de l'exercice.
123 Valeur ajoutée.
124 Excédent brut d'exploitation.

L'exemple suivant nous montre le contenu de ces soldes successifs :

(121) Marge commerciale

607	Achats marchandises ..... (net après virement des Rabais, remises, ristournes obtenus)	2 745		Ventes de marchandises :	
			707	Ventes de marchandises ... (nettes des Rabais, remises, ristournes accordés)	4 200
6037	Variations de stocks ...... (– ou + selon sens)	210			
6087	Frais accessoires d'achats .	295			
	Coût d'achat des marchandises vendues	3 250			
	Marge commerciale	**950**			
		4 200			4 200

SCHÉMA DES SOLDES INTERMÉDIAIRES DE GESTION

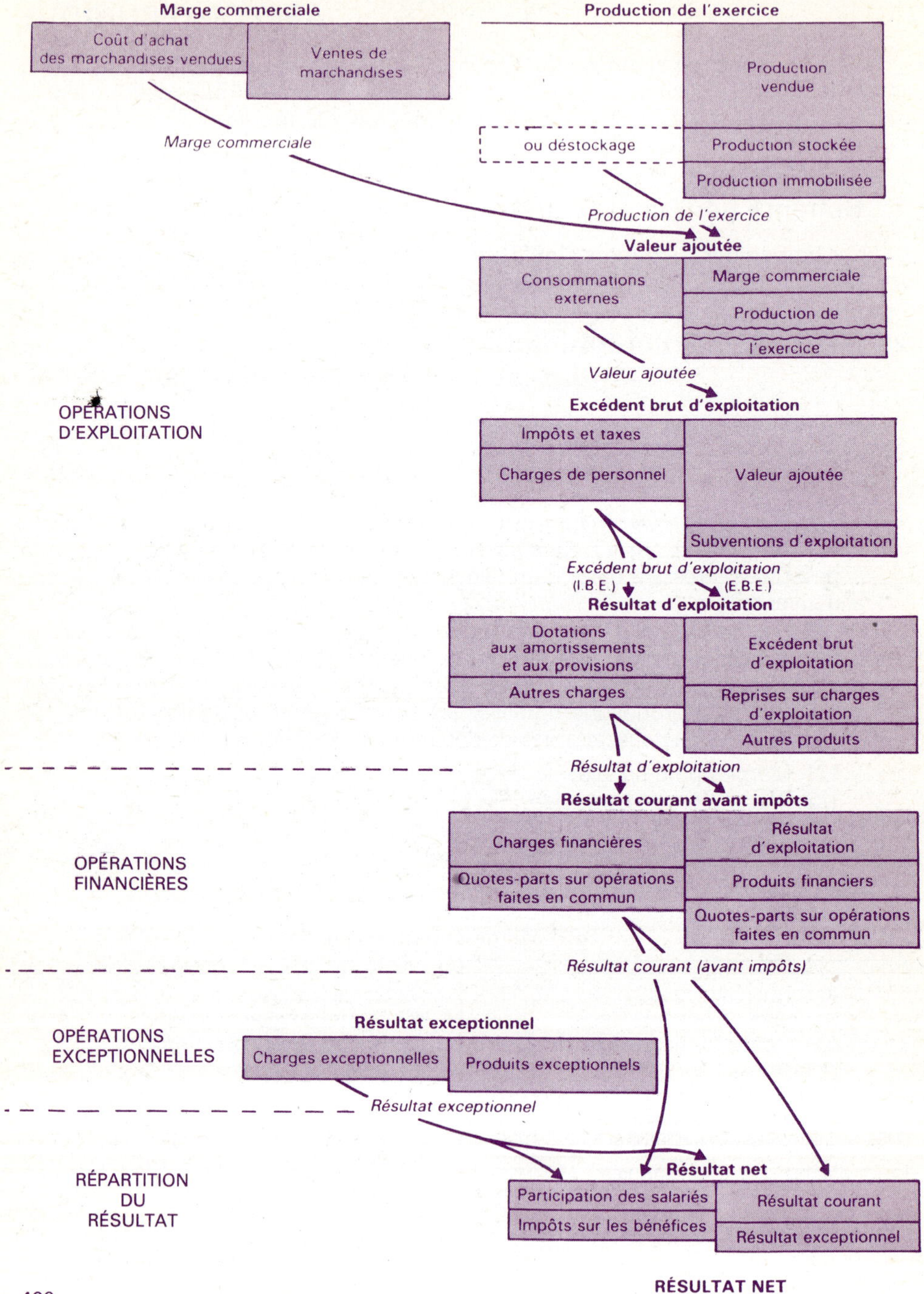

(122) Production de l'exercice

715 Production stockée (variation stocks produits finis)	270	701 Ventes de produits finis (nettes des Rabais, remises, ristournes accordés)	16 300
		704 Travaux facturés (nets des Rabais, remises, ristournes accordés)	2 900
		713 Production stockée (variation en cours)	340
Production de l'exercice	**19 455**	725 Production immobilisée	185
	19 725		19 725

(123) Valeur ajoutée

601 Achats matières (nets des Rabais, remises, ristournes obtenus)	7 140	121 Marge commerciale	950
602 Achats autres approvisionnements (nets des Rabais, remises, ristournes obtenus)	1 850	122 Production de l'exercice	19 455
6031 Variations stocks matières premières	– 145		
6032 Variations stocks autres approvisionnements	70		
6081/2 Frais accessoires d'achats	378		
611 Achats de sous-traitance (nets des Rabais, remises, ristournes obtenus)	580		
612 à 628 Services extérieurs (nets des Rabais, remises, ristournes obtenus)	896		
Consommations de l'exercice	10 769		
Valeur ajoutée	**9 636**		
	20 405		20 405

(124) Excédent brut d'exploitation

63 Impôts, taxes et versements assimilés	1 344	123 Valeur ajoutée	9 636
64 Charges de personnel	6 210	74 Subventions d'exploitation	1 800
Excédent brut d'exploitation	**3 882**		
	11 436		11 436

(125) Résultat d'exploitation

65 Autres charges de gestion courante (sauf 655)*	637	124 Excédent brut d'exploitation	3 882
681 Dotations aux amortissements et aux provisions Exploitation	970	75 Autres produits de gestion courante (sauf 755)*	290
Résultat d'exploitation	**2 840**	781 Reprises sur provisions (Exploitation)	275
	4 447		4 447

(126) Résultat courant avant impôt

(655)		125 Résultat d'exploitation	2 840
66 Charges financières	572	(755)	
686 D.A.P. « financières »	215	76 Produits financiers	110
Résultat courant (avant impôt)	**2 243**	786 R.A.P. financières	80
	3 030		3 030

(127) Résultat exceptionnel

67 Charges exceptionnelles	840	77 Produits exceptionnels	326
687 D.A.P. exceptionnelles	500	787 R.A.P. exceptionnelles	270
		Résultat exceptionnel (perte)	**744**
	1 340		1 340

(128) Détermination du résultat net comptable

127 Résultat exceptionnel	744	126 Résultat courant	2 243
691 Participation des salariés*	70		
695 Impôt sur les bénéfices	910		
Bénéfice net	**519**		
	2 243		2 243

Ainsi, les soldes intermédiaires de gestion expliquent-ils la formation en « cascade » du résultat net. Par ailleurs, le tableau indique le montant net des plus-values et moins-values sur cessions d'éléments d'actif (somme algébrique des comptes 775 et 675 ; cf. chapitres 8 et 18).

Calcul des plus-values ou moins-values sur cessions d'éléments d'actif

675 Valeur comptable des éléments d'actif cédés	570	775 Produits des cessions d'éléments d'actif	310
		Moins-value nette de cession	**260**
	570		570

* Les comptes 655, 755 et 691 enregistrent des charges et produits non étudiés dans le présent ouvrage.

IV. SOLDES DE GESTION : SIGNIFICATION ÉCONOMIQUE

Les soldes intermédiaires de gestion présentent, pour la plupart, un très grand intérêt pour l'analyse de la gestion de l'entreprise (cf. schéma, page 400) :

1° Marge commerciale.

Elle est l'élément fondamental de la gestion des entreprises commerciales.

Dans l'entreprise industrielle elle n'est à calculer que s'il existe une branche « négoce » : ventes d'articles achetés à l'extérieur, s'ajoutant aux ventes de produits fabriqués.

Sensiblement proportionnelle au chiffre d'affaires, elle constitue une première étape de formation de la « valeur ajoutée ».

2° Production de l'exercice.

Elle représente la production économique brute de l'entreprise industrielle ou de la firme prestataire de services ; elle est formée de trois éléments :

- la production vendue (ventes de produits finis) ;
- la production stockée (variation des stocks de produits finis et des en-cours ; signe + augmentation ; signe − diminution) ;
- la production immobilisée (faite par la firme pour elle-même).

3° Valeur ajoutée.

Le système C permet d'obtenir, en comptabilité, cette grandeur essentielle pour l'analyse économique et la gestion (cf. chapitres 1 et 2).

La valeur ajoutée nous renseigne sur :

• *Le montant de la production économique de l'entreprise, nette des consommations* d'origine externe (achats de biens et services consommés) ; c'est donc un excellent critère de la *dimension* de l'entreprise.

> ***Exemple** : Deux entreprises A et B, appartenant à la même branche d'activité ont réalisé respectivement 8 000 000 F et 15 000 000 F de chiffre d'affaires et 5 000 000 F et 4 500 000 F de valeur ajoutée.*
>
> *La comparaison des chiffres d'affaires donnerait à penser que la firme B est nettement plus importante que la firme A ; en fait, la valeur ajoutée de A est supérieure parce que sans doute cette firme fabrique elle-même des éléments que B achète à l'extérieur. Ce point est mis en évidence par le ratio de valeur ajoutée (cf. ci-dessous).*

• *La structure économique de l'entreprise* par le rapport (ou « ratio ») :

$$\frac{\text{valeur ajoutée}}{\text{chiffre d'affaires}} \quad \text{ou, mieux} \quad \frac{\text{valeur ajoutée}}{\text{production}}$$

Ainsi dans l'exemple précédent :

$$\frac{\text{valeur ajoutée}}{\text{chiffre d'affaires}} : \text{Firme A } \frac{5}{8} = 0{,}625 \text{ ; Firme B } = \frac{4{,}5}{15} = 0{,}3.$$

Lorsque A vend pour 100 F de produits, la firme a « ajouté » une valeur de 62,50 F, donc n'a acheté à l'extérieur que pour 37,50 F de biens et services.

Lorsque B vend 100 F, sa valeur ajoutée est de 30 F, donc ses achats extérieurs de 70 F.

De toute évidence, A assure soi-même des phases de production que B confie — donc achète — à divers fournisseurs.

Ainsi le ratio $\frac{\text{valeur ajoutée}}{\text{production}}$ renseigne-t-il puissamment sur la structure économique et technique de l'entreprise.

• *L'organisation économique interne de la firme* par les ratios :

$$\frac{\text{charges de personnel}}{\text{valeur ajoutée}} \text{ et } \frac{\text{amortissements}}{\text{valeur ajoutée}}$$

qui sont, en principe, antagonistes : un important investissement est en effet générateur d'une baisse relative des charges de personnel et d'un accroissement des amortissements (tel est le cas de l'automatisation industrielle, par exemple).

Pour l'ensemble des entreprises, le rapport $\frac{\text{charges de personnel}}{\text{valeur ajoutée}}$ est de l'ordre de 70 %, les amortissements de l'ordre de 8 à 10 %, mais ces valeurs peuvent considérablement varier d'une firme à une autre.

4° Excédent brut d'exploitation (E.B.E.).

Ce solde est sans doute le plus précieux des soldes intermédiaires de gestion. Il indique :

a) *la performance économique* de l'entreprise, en l'occurrence son résultat avant amortissements, charges financières et impôts sur les bénéfices ; c'est donc un *résultat brut comparable d'une firme à une autre* puisqu'indépendant des modalités de calcul des amortissements, des charges financières (donc du financement de la firme), de l'impôt sur les bénéfices (souvent fortement influencé par des éléments étrangers à l'activité de l'exercice, par exemple les reports des déficits antérieurs) ;

b) *le cash-flow de l'entreprise* (cf. chapitres 1 et 2).

L'E.B.E. représente en effet la capacité d'autofinancement de l'exercice avant éléments financiers, éléments exceptionnels et impôts sur bénéfices (cf. page suivante : le calcul de la capacité d'autofinancement).

5° Résultat d'exploitation.

Ce résultat, calculé avant charges financières, permet des comparaisons entre firmes, indépendantes de leur structure financière.

6° Résultat courant avant impôt.

Il exprime le résultat d'exploitation hors éléments exceptionnels et hors impôts sur bénéfices.

Ce résultat est d'une grande importance puisqu'il correspond à l'exploitation cyclique, indépendamment des opérations exceptionnelles.

7° Résultat exceptionnel.

Il met en évidence le solde, avant impôt, des opérations exceptionnelles (parmi lesquelles les cessions d'éléments d'actif sont les plus importantes).

8° Résultat de l'exercice.

Solde net après impôts sur bénéfice, qui figure au passif du bilan.

V. TABLEAU DE FINANCEMENT DU SYSTÈME C

Les entreprises ayant recours au système C doivent publier, dans les documents annuels, un **tableau de financement** décrivant les flux financiers d'emplois et de ressources de l'exercice ; la présentation de ce tableau est précédée d'un calcul de la **capacité d'autofinancement de l'exercice,** ressource capitale dudit tableau.

1° Capacité d'autofinancement de l'exercice.

L'importance du rôle de l'autofinancement dans l'entreprise a été soulignée dès les premiers chapitres de cet ouvrage.

Le P.C.G. aménage, dans le système C, un mode de calcul de la « capacité d'autofinancement » à partir de l'E.B.E.

On peut ainsi résumer la démarche :

Capacité d'autofinancement de l'exercice = **E.B.E.** + **produits financiers et exceptionnels générateurs de recettes ;**
— **charges financières et exceptionnelles génératrices de dépenses.**

Les termes « générateurs de recettes » et « génératrices de dépenses » indiquent qu'il ne faut pas inclure dans ces produits et dans ces charges les flux « calculés » telles les « D.A.P. » et les « R.A.P. ». En outre, on exclut de cette capacité les opérations de cessions d'éléments d'actif (comptes 675 et 775).

Le P.C.G. propose un module de calcul de la capacité d'autofinancement, que nous appliquons ici à l'exemple traité ci-dessus (§ III).

Excédent brut d'exploitation	3 882
+ Autres produits (75) 290 — Autres charges (65) — 637	— 347
+ Produits financiers (76) 110 — Charges financières (66) — 572	— 462
+ Produits exceptionnels (77) sauf produits des cessions (775) + 326 — 310 = 16	+ 16
— Charges exceptionnelles (67) sauf valeur comptable des éléments d'actif cédés : — [840 — 570] = — 270	— 270
— Participation des salariés	— 70
— Impôt sur bénéfices	910
Capacité d'autofinancement de l'exercice	1 839

Contrôle : on peut vérifier ce montant en calculant la capacité d'autofinancement par une *approche additive* dont nous connaissons le principe :

Capacité d'autofinancement = Résultat + Charges calculées – Produits calculés.

	Résultat net comptable de l'exercice	519
–	Résultat sur cession d'éléments d'actif – (310 – 570) = – (– 260)	+ 260
+	D.A.P. Exploitation, financières et exceptionnelles 970 + 215 + 500...................................	+ 1 685
–	R.A.P. Exploitation, financières et exceptionnelles – (275 + 80 + 270) = – 625	– 625
		1 839

Cette approche est généralement plus rapide que la précédente ; mais il est logique de calculer la capacité d'autofinancement, comme le fait le P.C.G., à partir de l'E.B.E.

2° Tableau de financement : principe.

Ce document, qui sera étudié de façon plus approfondie dans un autre tome, présente, en trois volets, les **flux financiers de ressources et d'emplois durables de l'exercice** (deux premiers volets, formant la 1re partie du tableau) et les *variations* des éléments formant le **fonds de roulement** (actifs circulants, dettes à court terme, trésorerie), (2e partie du tableau).

L'établissement du tableau de financement repose sur une nette séparation des dettes financières (classe 1) et des dettes cycliques ou fortuites (classes 4 et 5), des créances financières (classe 2) et des créances cycliques ou fortuites (classes 4 et 5).

On notera que :

— la *première partie* du tableau mentionne les ***flux*** de l'exercice ;

— la *seconde partie* les seules ***variations*** de l'exercice, variations calculées sur les montants bruts des postes du bilan (cette seconde partie peut donc être directement obtenue par comparaison des deux bilans successifs).

L'équilibre comptable du tableau est fondé sur l'égalité

Fonds de roulement = Besoin de financement + trésorerie

qui s'explique, en terme de variations ;

$$\underset{\text{(1re partie du TF)}}{\triangle \text{FR}} = \underset{\text{(2e partie du TF A et B)}}{\triangle \text{BF}} + \underset{\text{(2e partie du TFC)}}{\triangle \text{T}}$$

Schéma du tableau de financement :

1re partie : **Flux de l'année n.**

Emplois stables	**Ressources stables**
— Distribution des dividendes (n – 1). — Acquisitions d'éléments d'actif immobilisé : — incorporels ; — corporels ; — financiers. — Charges à répartir sur plusieurs exercices. — Réduction des capitaux propres. — Remboursement des dettes financières.	– Capacité d'autofinancement. – Cessions d'éléments d'actif et rentrées sur immobilisations financières. – Augmentation des capitaux propres. – Augmentation des dettes financières.

Variation du fonds de roulement net global (ici, augmentation). △ FR

2e partie : **Utilisation de la variation du F.R.N. global.**

	Emplois ou besoins	Ressources ou dégagement
Variations « Exploitation » (A)		
Variations « Hors Exploitation » (B)		
Variations « Trésorerie » (C)		

Contrôle : A + B + C + △ FR = 0.

3° Exemple de tableau de financement.

TABLEAU DE FINANCEMENT DE L'EXERCICE N (1re partie) Entreprise PÉCÉGÉ					
EMPLOIS (stables)	EXERCICE N	EXERCICE N – 1	RESSOURCES (durables)	EXERCICE N	EXERCICE N – 1
Distributions mises en paiement au cours de l'exercice	28 000		Capacité d'autofinancement de l'exercice	197 200	
Acquisitions d'éléments de l'actif immobilisé :			Cessions ou réductions d'éléments de l'actif immobilisé :		
Immobilisations incorporelles ...	62 000		Cessions d'immobilisations :		
Immobilisations corporelles	1 068 000		– incorporelles	22 000	
Immobilisations financières	141 000		– corporelles	30 000	
			Cessions ou réductions d'immobilisations financières	21 000	
Charges à répartir sur plusieurs exercices	32 000		Augmentation des capitaux propres :		
			Augmentation de capital ou apports	620 000	
Réductions des capitaux propres (réduction de capital, retraits) ..			Augmentation des autres capitaux propres	–	
Remboursements de dettes financières (1)	110 000		Augmentation des dettes financières (1)	720 000	
TOTAL des emplois	1 441 000	×	TOTAL des ressources ...	1 610 200	×
Variation du fonds de roulement net global (ressource nette)	169 200		Variation du fonds de roulement net global (emploi net)		

(1) Sauf concours bancaires courants et soldes créditeurs de banques.

Publication d'un tableau de financement (T.F.) :

— le T.F. fait partie des « documents annuels » du système développé.

— la loi et le décret du 1-3-1984 et 1985 sur la « prévention des difficultés des entreprises » rendent obligatoires la publication d'un T.F. (avec les « comptes annuels ») par les sociétés ou les entités économiques d'une certaine taille (plus de 100 salariés ou de 40 000 000 de chiffre d'affaires, à partir de l'exercice 1989). Le modèle de présentation n'est pas imposé.

TABLEAU DE FINANCEMENT DE L'EXERCICE N (2e partie)				
Variation du fonds de roulement net global	EXERCICE N			EXERCICE N – 1
	Besoins (1)	Dégagement (2)	Solde (2-1)	Solde
Variations « Exploitation » :				
Variations des actifs d'exploitation :				
Stocks et en-cours	107 000	56 000		
Avances et acomptes versés sur commandes d'exploitation		14 000		
Créances clients, comptes rattachés et autres créances d'exploitation	22 500	34 300		
Variations des dettes d'exploitation :				
Avances et acomptes reçus sur commandes en cours	44 000			
Dettes fournisseurs, comptes rattachés et autres dettes d'exploitation	20 100	47 000		
Totaux	193 600	151 300		
A. Variation nette « Exploitation » (1)			– 42 300	± ×
Variations « Hors exploitation » :				
Variations des autres débiteurs (2)	255 500			
Variations des autres créditeurs		35 600		
Totaux	255 000	35 600		
B. Variation nette « Hors exploitation » (1)			– 219 000	± ×
Total A + B : besoin de l'exercice en fonds de roulement			– 262 200	– ×
ou : dégagement net du fonds de roulement de l'exercice			+ ×	+ ×
Variations « Trésorerie » :				
Variation des disponibilités		93 000		
Variations des concours bancaires courants et des soldes créditeurs de banques				
Totaux	×	93 000		
C. Variation nette « Trésorerie » (1)			+ 93 000	+ ×
Variation du fonds de roulement net global. (Total A + B + C) :				
Emploi net (—) ou Ressource nette			– 169 200	–
Note de l'auteur : assimiler le terme « Besoins » à emplois et le terme « Dégagement » à ressources.				+

(1) Les montants sont assortis du signe (+) lorsque les dégagements l'emportent sur les besoins et du signe (—) dans le cas contraire.
(2) Y compris valeurs mobilières de placement.

Contrôle : solde 1re partie (+ 169 200) + solde 2e partie (— 169 200) = 0.

Remarque : **Non exigé par le P.C.G. dans le système de base, le tableau de financement peut être établi, de façon simplifiée et approchée, à partir d'une comptabilité tenue dans le « système B » (1).**

(1) Cf. notre « Guide d'application du P.C.G. ». (Éditions Foucher).

QUESTIONS

A. *Quel peut être l'intérêt de faire apparaître, dans le bilan, les créances-dettes d'exploitation ? Quels postes du bilan du système de base indiquent déjà des créances-dettes d'exploitation ?*

B. *Considérer le bilan du système de base, pages 414 et 415.*

On précise que les créances diverses (140 000 F) comportent pour 12 000 F de « Rabais à obtenir des fournisseurs » et pour 43 000 F de créances pour emballages à rendre ; que dans les dettes fiscales et sociales, on trouve une dette d'impôt sur le bénéfice de 28 600 F, le reste étant dû à l'État (au titre de la T.V.A.) et à la Sécurité sociale ; qu'enfin, dans les dettes diverses (31 300), on a 17 000 F d'« emballages consignés » et 34 000 F de ristournes à accorder aux clients.

Déterminer les postes du bilan dans le système C :

- *Créances d'exploitation*
  - *— créances résultant de ventes et comptes rattachés ;*
  - *— autres créances d'exploitation.*
- *Créances diverses*
- *Dettes d'exploitation*
  - *— dettes sur achats et comptes rattachés ;*
  - *— dettes fiscales et sociales ;*
  - *— autres dettes d'exploitation.*
- *Dettes diverses*
  - *— dettes sur immobilisations ;*
  - *— dettes fiscales (I.S.) ;*
  - *— autres dettes diverses.*

C. *Comparer les comptes de résultat du système B et du système C.*

Dresser un tableau mettant en évidence les différences formelles (postes supplémentaires du système C).

D. *Pourquoi la détermination des « coûts d'achats », donc la comptabilisation des frais accessoires externes d'achat, pose-t-elle des problèmes de fond et de forme particuliers ?*

E. *Les stocks de matières, approvisionnements, marchandises peuvent, dans leur évaluation au coût d'achat, inclure des charges non « externes » telles que charges de personnel et amortissements.*

Dans ces conditions, le calcul du « coût d'achat des marchandises vendues » proposé par le P.C.G. pour la détermination de la marge commerciale, vous paraît-il correct ?

Observer de même le calcul des « consommations de l'exercice ».

F. *Quelles raisons justifient l'utilisation du compte 79 pour le transfert des charges par nature dans les frais accessoires d'achat ?*

Quelle autre solution aurait pu retenir le P.C.G. ?

G. *Pourquoi ne peut-on se contenter de l'inscription globale des frais accessoires d'achat au débit du compte 608. A quoi servira la ventilation dans les comptes 6081, 6082 et 6087 ? Pourquoi peut-on regrouper les comptes 6081 et 6082 en un seul (observer le compte de résultat) ?*

H. *Quelle autre analyse est demandée, dans l'annexe, au sujet des frais accessoires d'achat inscrits dans les comptes 60 ?*

I. *Observer avec soin le contenu des soldes intermédiaires de gestion et la liste des comptes du « système de base ».*

Une comptabilité en système B permet-elle d'établir correctement ces soldes de gestion ?

Quels sont les points sur lesquels des difficultés apparaissent ?

Malgré ces difficultés peut-on procéder à un calcul approximatif de ces soldes en système B ? (Application au compte de résultat des pages 416 et 417).

J. *Le ratio* $\frac{\text{valeur ajoutée}}{\text{chiffre d'affaires}}$ *est, méthodologiquement moins correct qu'un rapport voisin (à déterminer) ; expliquer pourquoi.*

K. *Le ratio* $\frac{\text{valeur ajoutée}}{\text{production}}$ *est appelé « ratio d'intégration économique de l'entreprise ». Expliquer pourquoi (il s'agit de l'intégration dite « verticale » de l'entreprise).*

EXERCICES

- **1.** A partir des soldes intermédiaires de gestion calculés ci-dessus (§ III) dans les comptes 121 à 128, il vous est demandé de présenter le compte de résultat de cette entreprise, conformément au modèle du système C (cf. § I).

- **2.** A partir du compte de résultat de l'exercice N présenté dans le § I (entreprise Pécégé), calculer les soldes intermédiaires de gestion.

  Il est précisé que les « quote-part du résultat sur opérations faites en commun » s'inscrivent dans le calcul du résultat courant avant impôt.

- **3.** A partir du compte de résultat de l'exercice N présenté dans le § I (entreprise Pécégé), calculer la capacité d'autofinancement de cette entreprise pour l'année N ; utiliser les deux approches possibles, pour contrôle.

- **4.** A partir des balances avant et après inventaire de l'entreprise Roux (exercice 6, chapitre 22), dont les comptes sont tenus en système B, il vous est demandé :
  - *a)* de calculer aussi précisément que possible les « soldes intermédiaires de gestion » ;
  - *b)* de calculer la capacité d'autofinancement de l'exercice ;
  - *c)* de présenter un tableau de financement, aussi proche que possible du modèle de la page 408.

CADRE

COMPTABILITÉ GÉNÉRALE (TITRE II)			
	COMPTES DE BILAN		
Classe 1	Classe 2	Classe 3	Classe 4
Comptes de capitaux,(capitaux propres, autres fonds propres, emprunts et dettes assimilées)	Comptes d'immobilisations	Comptes de stocks et en-cours	Comptes de tiers
10. Capital et réserves.	20. Immobilisations incorporelles.	30.	40. Fournisseurs et compte rattachés.
11. Report à nouveau.	21. Immobilisations corporelles.	31. Matières premières (et fournitures).	41. Clients et comptes ra tachés.
12. Résultat de l'exercice.	22. Immobilisations mises en concession.	32. Autres approvisionnements.	42. Personnel et compte rattachés.
13. Subventions d'investissement.	23. Immobilisations en cours.	33. En-cours de production de biens.	43. Sécurité sociale et autre organismes sociaux.
14. Provisions réglementées.	24.	34. En-cours de production de services.	44. État et autres collecti vités publiques.
15. Provisions pour risques et charges.	25.	35. Stocks de produits.	45. Groupe et associés.
16. Emprunts et dettes assimilées.	26. Participations et créances rattachées à des participations.	36.	46. Débiteurs divers et cré diteurs divers.
17. Dettes rattachées à des participations.	27. Autres immobilisations financières.	37. Stocks de marchandises.	47. Comptes transitoires o d'attente.
18. Comptes de liaison des établissements et sociétés en participation.	28. Amortissements des immobilisations.	38.	48. Comptes de régularisation.
19.	29. Provisions pour dépréciation des immobilisations.	39. Provision pour dépréciation des stocks et en-cours.	49. Provisions pour dépré ciation des comptes d tiers.

COMPTABILITÉ ANALYTIQUE (TITRE III)

Toute organisation comptable permettant de fournir la nature et le nombre des informations nécessaires à un bon procédure utilisant les **comptes analytiques de la classe 9**

COMPTABLE

	COMPTES DE GESTION		COMPTES SPÉCIAUX
Classe 5	Classe 6	Classe 7	Classe 8
Comptes financiers	Comptes de charges	Comptes de produits	
50. Valeurs mobilières de placement.	60. Achats (sauf 603). 603. Variation des stocks (approvisionnements et marchandises).	70. Ventes de produits fabriqués, prestations de services, marchandises.	Cette classe de comptes regroupe tous les comptes spéciaux qui n'ont pas leur place dans les classes 1 à 7.
51. Banques, établissements financiers et assimilés.	61. Services extérieurs.	71. Production stockée (ou déstockage).	
52.	62. Autres services extérieurs.	72. Production immobilisée.	
53. Caisse.	63. Impôts, taxes et versements assimilés.	73. Produits nets partiels sur opérations à long terme.	
54. Régies d'avances et accréditifs.	64. Charges de personnel.	74. Subventions d'exploitation.	
55.	65. Autres charges de gestion courante.	75. Autres produits de gestion courante.	
56.	66. Charges financières.	76. Produits financiers.	
57.	67. Charges exceptionnelles.	77. Produits exceptionnels.	
58. Virements internes.	68. Dotations aux amortissements et aux provisions.	78. Reprises sur amortissements et provisions.	
59. Provisions pour dépréciation des comptes financiers.	69. Participation des salariés, impôts sur les bénéfices et assimilés.	79. Transferts de charges.	

ontrôle de gestion est admise. Le titre III expose différents processus **d'analyse de gestion**. Ils peuvent s'appuyer sur une

BILAN au 31 décembre N

Système de base

ACTIF		EXERCICE N Brut	EXERCICE N Amortissements et provisions (à déduire)	EXERCICE N Net	EX. N-1 Net
	Actionnaires, capital souscrit, non appelé	200 000	—	200 000	—
ACTIF IMMOBILISÉ	**Immobilisations incorporelles :**				
	Frais d'établissement	21 000	7 000	14 000	6 000
	Frais de recherche et de développement	119 000	24 000	95 000	18 000
	Concessions, brevets, licences, marques, procédés, droits et valeurs similaires	18 000	8 000	10 000	17 000
	Fonds commercial (1)	65 000	—	65 000	65 000
	Autres	—	—	—	—
	Avances et acomptes	—	—	—	6 000
	Immobilisations corporelles :				
	Terrains	40 000	—	40 000	40 000
	Constructions	150 000	38 000	112 000	117 000
	Installations techniques, matériels et outillages industriels	1 710 000	367 000	1 343 000	587 000
	Autres immobilisations corporelles	241 000	96 000	145 000	91 000
	Immobilisations corporelles en cours	110 000	—	110 000	122 000
	Avances et acomptes	150 000	—	150 000	41 000
	Immobilisations financières (2) :				
	Participations	194 000	35 000	159 000	182 000
	Créances rattachées à des participations	224 000	—	224 000	83 000
	Autres titres immobilisés	55 000	2 300	52 700	58 000
	Prêts	29 000	—	29 000	42 000
	Autres	53 000	—	53 000	53 000
	TOTAL (I)	3 379 000	577 300	2 801 700	1 528 000
ACTIF CIRCULANT	**Stocks et en cours :**				
	Matières premières et consommables	186 000	2 000	184 000	213 000
	En cours de production (biens et services) (a)	68 000	—	68 000	81 000
	Produits intermédiaires et finis	141 000	1 700	139 300	49 000
	Marchandises (à revendre en l'état)	15 000	—	15 000	13 000
	Avances et acomptes versés sur commandes d'exploitation	83 000	—	83 000	97 000
	Créances (3) :				
	Créances clients et comptes rattachés (b)	326 100	24 500	301 600	348 000
	Autres créances	140 000	—	140 000	71 000
	Capital souscrit et appelé mais non versé	—	—	—	—
	Valeurs mobilières de placement (c) :				
	Actions propres	—	—	—	—
	Autres titres	64 500	3 200	61 300	79 000
	Disponibilités	427 500	—	427 500	403 000
COMPTES de régularisation	**Charges constatées d'avance** (3)	80 000	—	80 000	71 000
	TOTAL (II)	1 531 100	31 400	1 499 700	1 425 000
	Charges à répartir sur plusieurs exercices (III)	48 400		48 400	62 000
	Primes de remboursement des obligations (IV)	800		800	1 000
	Écarts de conversion. — Actif (V)	4 600		4 600	2 000
	TOTAL GÉNÉRAL (I + II + III + IV + V)	4 963 900	608 700	4 355 200	3 018 000
	(1) Dont droit au bail.			—	—
	(2) Dont à moins d'un an.			22 000	13 000
	(3) Dont à plus d'un an.			19 000	30 000

(a) A ventiler, le cas échéant, entre biens d'une part et services d'autre part.
(b) Créances résultant de ventes ou de prestations de services.
(c) Poste à servir directement s'il n'existe pas de rachat par l'entreprise de ses propres actions.

BILAN au 31 décembre N

Système de base

	PASSIF	AVANT RÉPARTITION		APRÈS RÉPARTITION	
		Exercice N	Exercice N-1	Exercice N	Exercice N-1
CAPITAUX PROPRES	Capital (dont versé : 1 000 000) (a)	1 000 000	600 000	1 000 000	600 000
	Primes d'émission, de fusion, d'apport	320 000	100 000	320 000	100 000
	Écarts de réévaluation (b)	210 000	210 000	210 000	210 000
	Réserves :				
	Réserve légale	52 000	49 400	56 800	52 000
	Réserves statutaires et contractuelles	63 000	63 000	63 000	63 000
	Réserves réglementées	31 000	31 000	31 000	31 000
	Autres	251 000	201 600	293 500	251 000
	Report à nouveau (c)	2 000	2 000	—	2 000
	Résultat de l'exercice (bénéfice ou perte) (d)	95 300	52 000	//////////	//////////
	Sous-total : *Situation nette*	//////////	//////////	1 974 300	1 309 000
	Subventions d'investissement	33 600	42 000	33 600	42 000
	Provisions réglementées	51 200	35 000	51 200	35 000
	TOTAL (I)	2 109 100	1 386 000	2 059 100	1 386 000
	***				
PROVISIONS POUR RISQUES ET CHARGES	Provisions pour risques	78 600	65 000	78 000	65 000
	Provisions pour charges	30 000	30 000	30 000	30 000
	TOTAL (II)	108 600	95 000	108 600	95 000
DETTES (1, f)	Emprunts obligataires convertibles	—	—	—	—
	Autres emprunts obligataires	918 000	323 000	918 000	323 000
	Emprunts auprès d'établissements de crédit (2)	390 000	375 000	390 000	375 000
	Emprunts et dettes financières divers (3)	153 300	154 000	153 300	154 000
	Avances et acomptes reçus sur commandes en cours	63 000	107 000	63 000	107 000
	Dettes fournisseurs et comptes rattachés (e)	346 900	367 000	346 900	367 000
	Dettes fiscales et sociales	186 800	134 000	186 800	134 000
	Dettes sur immobilisations et comptes rattachés	38 000	21 000	38 000	21 000
	Autres dettes	31 300	45 000	81 300	45 000
C. Rég.	Produits constatés d'avance (1)	6 500	8 000	6 500	8 000
	TOTAL (III)	2 133 800	1 534 000	2 183 800	1 534 000
	Écarts de conversion — passif (IV)	3 700	3 000	3 700	3 000
	TOTAL GÉNÉRAL (I + II + III + IV)	4 355 200	3 018 000	4 355 200	3 018 000
	(1) Dont à plus d'un an. Dont à moins d'un an.	1 440 000	780 000	1 440 000	780 000
	(2) Dont concours bancaires courants et soldes créditeurs de banques.	630 800	647 000	680 800	647 000
	(3) Dont emprunts participatifs.	63 000	57 000	63 000	57 000

(a) Y compris capital souscrit non appelé.
(b) A détailler conformément à la législation en vigueur.
(c) Montant entre parenthèses ou précédé du signe (—) lorsqu'il s'agit de pertes reportées.
(d) Montant entre parenthèses ou précédé du signe (—) lorsqu'il s'agit d'une perte.
(e) Dettes sur achats ou prestations de services.
(f) A l'exception, pour application de (1), des avances et acomptes reçus sur commandes en cours.

*** Une rubrique « Autres fonds propres » est destinée à l'inscription le cas échéant de ressources particulières intermédiaires entre les emprunts et les capitaux propres : « Produits des émissions des titres participatifs » et « Avances conditionnées ».

Nota : Les deux bilans, *avant et après répartition*, ont été ici réunis en un seul document afin d'en faciliter la lecture et la comparaison. (Le sous-total « situation nette » n'apparait que dans le bilan après répartition.)

COMPTE DE RÉSULTAT DE L'EXERCICE N

Système de base

CHARGES (hors taxes)	EXERCICE N	EXERCICE N-1
Charges d'exploitation (1) :		
Achats de marchandises (a)	71 100	85 200
Variation de stock (b)	– 2 000	1 900
Achats de matières premières et autres approvis. (a)	1 118 600	983 400
Variation de stock (b)	27 000	– 13 300
* Autres achats et charges externes	505 900	461 200
Impôts, taxes et versements assimilés	207 800	214 300
Salaires et traitements	437 000	391 700
Charges sociales	220 000	197 600
Dotations aux amortissements et aux provisions :		
Sur immobilisations : dotation aux amortissements (c)	155 600	131 000
Sur immobilisations : dotation aux provisions	–	19 000
Sur actif circulant : dotation aux provisions	24 000	11 000
Pour risques et charges : dotation aux provisions	44 000	22 000
Autres charges	67 600	56 500
	2 876 600	2 561 900
Quotes-parts de résultats sur opérations faites en commun (II)	3 000	15 600
Charges financières :		
Dotations aux amortissements et aux provisions	30 000	17 400
Intérêts et charges assimilées (2)	101 300	88 600
Différences négatives de change	6 400	11 900
Charges nettes sur cession de valeurs mobilières de placement	5 000	17 000
TOTAL (III)	142 700	134 900
Charges exceptionnelles :		
Sur opérations de gestion	17 000	8 500
Sur opérations en capital	47 000	11 000
Dotations aux amortissements et aux provisions	34 200	21 400
TOTAL (IV)	98 200	40 900
Participation des salariés aux résultats de l'entreprise (V)	27 000	11 400
Impôts sur les bénéfices (VI)	73 000	36 500
TOTAL des charges (I + II + III + IV + V + VI)	3 220 500	2 785 600
Solde créditeur = bénéfice (3)	95 300	59 200
TOTAL GÉNÉRAL	3 315 800	2 844 800
* Y compris : — redevances de crédit-bail mobilier. 37 600		
— redevances de crédit-bail immobilier.		

(1) Dont charges afférentes à des exercices antérieurs.
(2) Dont intérêts concernant les entreprises liées.
(3) Compte tenu d'un résultat exceptionnel avant impôts de.

(a) Y compris droits de douane.
(b) Stock initial moins stock final : montant de la variation en moins entre parenthèses ou précédé du signe (—).
(c) Y compris éventuellement dotations aux amortissements des charges à répartir.

COMPTE DE RÉSULTAT DE L'EXERCICE N

Système de base

PRODUITS (hors taxes)	EXERCICE N	EXERCICE N-1
Produits d'exploitation (1)		
Ventes de marchandises	100 000	109 000
Production vendues (biens et services) (a)	2 465 500	2 347 400
[Sous-total (A)] *Montant net du chiffre d'affaires*	2 565 500	2 456 400
dont à l'exportation		
Production stockée (b)	76 000	− 45 000
Production immobilisée	328 000	175 000
Subventions d'exploitation	—	30 000
Reprises sur provisions, amortissements et transferts de charges	148 800	103 000
Autres produits	10 900	14 700
Sous-total (B)	563 700	277 700
TOTAL (A + B) (I)	3 129 200	2 734 100
Quote-part de résultat sur opérations faites en commun (II)	9 000	7 300
Produits financiers :		
De participations (2)	90 000	52 000
D'autres valeurs mobilières et créances de l'actif immobilisé (2)	—	1 700
Autres intérêts et produits assimilés (2)	—	2 500
Reprises sur provisions et transferts de charges	4 700	5 000
Différences positives de change	—	700
Produits nets sur cessions de valeurs mobilières de placement	3 500	2 000
TOTAL (III)	98 200	63 900
Produits exeptionnels :		
Sur opérations de gestion	—	3 500
Sur opérations en capital	68 400	17 000
Reprises sur provisions et transferts de charges	11 000	19 000
TOTAL (IV)	79 400	39 500
TOTAL des produits (I + II + III + IV)	3 315 800	2 844 800
Solde débiteur = perte (3)		×
TOTAL GÉNÉRAL	3 315 800	2 844 800

(1) Dont produits afférents à des exercices antérieurs.
(2) Dont produits concernant les entreprises liées.
(3) Compte tenu d'un résultat exceptionnel avant impôts de.

(a) A inscrire, le cas échéant, sur des lignes distinctes.
(b) Stock final moins stock initial : montant de la variation en moins entre parenthèses ou précédé du signe (—).

Tableau de correspondance postes-comptes (Bilan)

ACTIF	N^os des comptes correspondant aux postes du bilan (1).
Actionnaires, capital souscrit, non appelé	109.
ACTIF IMMOBILISÉ	
Immobilisations incorporelles :	
Frais d'établissement	201.
Frais de recherche et de développement	203.
Concessions, brevets, licences, marques, procédés, droits et valeurs similaires	205.
Fonds commercial	206 ; 207.
Autres immobilisations incorporelles	208.
Avances et acomptes sur immobilisations incorporelles	237.
Immobilisations corporelles :	
Terrains	211 ; 212.
Constructions	213 ; 214.
Installations techniques, matériels et outillages industriels	215.
Autres immobilisations corporelles	218.
Immobilisations corporelles en cours	231.
Avances et acomptes sur commandes d'immobilisations corporelles	238.
Immobilisations financières :	
Participations	261 ; 266.
Créances rattachées à des participations	267 ; 268.
Autres titres immobilisés	271 ; 272.
Prêts	274.
Autres créances immobilisées	275 ; 277.
ACTIF CIRCULANT	
Stocks et en-cours :	
Matières premières et consommables	311 ; 312 ; 321 ; 322 ; 327.
En-cours de production (biens ou services)	331 ; 335 ; 341 ; 345.
Produits intermédiaires et finis	351 ; 355 ; 358.
Marchandises (à revendre en l'état)	371 ; 372.
Avances et acomptes versés sur commandes d'exploitation	4091.
Créances :	
Créances clients et comptes rattachés	411 ; 413 ; 418.
Créances diverses	4096; 4097; 425; 438D; 441; 443D; 444D; 445D; 450D; 455D; 458D; 461; 463; 467D; 468D; 472D; 475D.
Capital souscrit et appelé mais non versé	471.
Valeurs mobilières de placement :	
Actions propres	502.
Autres titres	503 à 508.
Disponibilités	511 ; 512D ; 514 ; 515 ; 516 ; 518D ; 530 ; 540.
COMPTES DE RÉGULARISATION	
Charges constatées d'avance	486.
Charges à répartir sur plusieurs exercices	481.
Primes de remboursement des obligations	169.
Écarts de conversion. – Actif	476.

(1) Ces comptes et postes ne sont pas tous étudiés dans le présent tome.

Tableau de correspondance postes-comptes (Bilan)

PASSIF	Nos des comptes correspondant aux postes du bilan (1).
Capitaux propres		
Capital (dont versé :		101.
Primes d'émission, de fusion, d'apport		104.
Écarts de réévaluation		105.
Réserves :		106.
Réserve légale	1061.	
Réserves statutaires et contractuelles	1063.	
Réserves réglementées	1064.	
Autres réserves (facultatives)	1068.	
Report à nouveau (solde créditeur ou solde débiteur)		11.
Résultat net de l'exercice (bénéfice ou perte)		12.
Sous-total : *Situation nette*		
Subventions d'investissement		13.
Provisions réglementées		14.
Provisions pour risques et charges		
Provisions pour risques		151.
Provisions pour charges		153 ; 155 ; 157.
Dettes		
Emprunts obligataires convertibles		161.
Autres emprunts obligataires		163.
Emprunts auprès d'établissements de crédit		164 ; 512C ; 518C ; 519.
Emprunts et dettes financiers divers		165 ; 166 ; 167 ; 168 ; 171 ; 178 ; 426 ; 450C ; 455C ; 458.
Avances et acomptes reçus sur commandes en cours		4191.
Dettes fournisseurs et comptes rattachés		401 ; 403 ; 4081.
Dettes fiscales et sociales		421 ; 422 ; 424 ; 427 ; 428 ; 431 ; 432 ; 438C ; 443C ; 444C ; 445C ; 446 ; 447 ; 448.
Dettes sur immobilisations et comptes rattachés		269 ; 279 ; 404 ; 405 ; 4084.
Dettes diverses		4196 ; 4197 ; 464 ; 466 ; 467C ; 468C ; 472C ; 473 ; 474 ; 475C ; 509.
Produits constatés d'avance		487.
Écarts de conversion — passif		477.

(1) Ces comptes et postes ne sont pas tous étudiés dans le présent tome.

Tableau de correspondance postes-comptes (compte de Résultat) (1)

CHARGES	
Charges d'exploitation (autres que financières) :	
Achats de marchandises	607 ; 6097.
Variation de stock (moins ou plus)	6037.
Achats de matières premières et consommables	601 ; 602 [+ 6091 ; 6092 ; 6098].
Variation de stock (moins ou plus)	6031 ; 6032.
Autres achats et charges externes	604 ; 605 ; 606 ; 61-62 ; et 609 corres.
Impôts, taxes et versements assimilés	63.
Salaires et traitements	641.
Charges sociales	645 ; 646 ; 647.
Dotations aux amortissements et aux provisions (charges calculées)	681.
Sur immobilisations : dotation aux amortissements	6811 ; 6812.
Sur immobilisations : dotation aux provisions	6816.
Sur actif circulant : dotation aux provisions	6817.
Pour risques et charges : dotation aux provisions	6815.
Autres charges	65 (sauf 655).
Quote-part de résultat sur opérations faites en commun	655.
Charges financières : (66 + 686).	
Dotations aux amortissements et aux provisions (charges calculées)	686.
Intérêts et charges assimilées	661 ; 665.
Différences négatives de change	666.
Charges nettes sur cession de valeurs mobilières de placement	667.
Charges exceptionnelles : (67 + 687).	
Sur opérations de gestion	671.
Sur opérations en capital	675 ; 678.
Dotations aux amortissements et aux provisions (charges calculées)	687.
Participation des salariés aux fruits de l'expansion (V)	691.
Impôts sur les bénéfices (VI)	695 ; 697.
PRODUITS	
Produits d'exploitation (autres que financiers).	
Ventes de marchandises	707 ; 7097.
Production vendue	701 à 706 ; 708 + [7091 à 7096 ; 7098].
Production stockée (variation en plus ou en moins)	713.
Production immobilisée	72.
Subventions d'exploitation	74.
Reprises sur amortissements, provisions et transferts de charges	781 ; 791.
Autres produits	75 sauf 755.
Quote-part de résultat sur opérations faites en commun	755.
Produits financiers : (76 + 786).	
De participations	761.
D'autres valeurs mobilières et créances de l'actif immobilisé	762.
Autres intérêts et produits assimilés	763 ; 764 ; 765.
Reprises sur provisions et transfert de charges	786 + 796.
Différences positives de change	766.
Produits nets sur cessions de valeurs mobilières de placement	767.
Produits exceptionnels : (77 + 787).	
Sur opérations de gestion	771 ; 774.
Sur opérations en capital	775 ; 777 ; 778.
Reprises sur provisions et transferts de charges	787 + 797.

(1) Ces comptes et postes ne sont pas tous étudiés dans le présent tome.

Les Éditions Foucher, 31, rue de Fleurus, 75006 Paris - N° 11258-V.G./P.H.N. Août 1992
Imprimerie Hérissey à Évreux - N° 58864